바다를 둘러싼 법적 쟁점과 과제 V

강우예
김인유
김철수
이용희
정 대
정영석
지상규
한병호

pnc publishing and culture
피앤씨미디어

제5권 머리말

1980년 국립 한국해양대학교에 해사법학과(현 해사법학부)가 설치된 지 어느덧 40여년이 되어 가고 있다. 해사법학부는 지금까지 우리나라의 해양 분야 법률 전문가를 지속적으로 교육하여 배출하고 있다. 해사법학부의 교수진은 해양의 다양한 법적 문제를 해결할 수 있는 능력을 갖춘 인재를 양성하기 위하여 혼신의 힘을 기울이고 있다. 이와 함께, 해양 관련 법제 분야에서 국내 어느 대학과도 비교할 수 없을 정도로 활발한 학문적 활동을 하고 있으며, 우수한 학문적 성과를 거두어 오고 있다. 특히, 해상법과 해양법의 분야의 연구는 해사법학부가 독보적이라고 할 수 있다.

해사법학부의 교수진은 해양특성화를 기반으로 한 저서의 출판을 오래전부터 기획하고 있었는데, 해사법학부가 국립대학 혁신지원사업(PoINT)에 참여하게 되면서 출판 지원을 받을 수 있게 되었다. 2017년 12월말, 해사법학부의 교수진은 「바다를 둘러싼 법적 쟁점과 과제」라는 제목의 저서를 출간하였는데, 기존에 연구하여 발표했던 논문들을 수정 및 보완하거나 본서의 특징에 맞도록 새로 집필하였다.

이어서 2018년 12월말, 국립대학 육성사업으로부터 출판 지원을 받아 「바다를 둘러싼 법적 쟁점과 과제 II」를 출간하였고, 이어서 2019년에는 「바다를 둘러싼 법적 쟁점과 과제 III」을 출간하였으며, 2020년에는 「바다를 둘러싼 법적 쟁점과 과제 IV」를 출간하였다.

올해에도 해사법학부는 국립대학 육성사업으로부터 출판 지원을 받아 「바다를 둘러싼 법적 쟁점과 과제 V」라는 제목으로 본서를 준비하였다. 본서의 제1편은 「공법적 쟁점과 과제」라는 제목으로 해사법학부의 공법전공 교수들이 집필하였다. 첫째, 한병호 교수는 "세계 각국의 헌법상 해양관할권 규정의 비교 연구"라는 논문을 집필하였다. 둘째, 이용희 교수는 "국제해양법상 전통적 어업권의 지위에 대한 고찰"이라는 논문을 집필하였다. 셋째, 강우예 교수는 “자초위난에 대한 피난행위로 인한 법익침해의 가벌성 판단”이라는 논문을 집필하였다.

본서의 제2편은 「사법적 쟁점과 과제」라는 제목으로 해사법학부의 사법전공 교수들이 집필하였다. 국제거래 분야, 해상법 분야 및 선박금융 분야의 논문을 중심으로 집필하였다. 첫째, 국제거래 분야에서는 김철수 교수가 “UN국제물품매매협약과 한국민법”이라는 논문을 집필하였다.

둘째, 해상법 분야에서는 김인유 교수가 “공동불법행위로 인한 손해배상책임과 선박충돌로 인한 손해배상책임에 관한 비교연구”이라는 논문을 집필하였고, 정영석 교수가 “용선자와 계약한 하역업자가 선하증권의 히말라야 약관을 원용할 수 있는가? —대법원 2016. 9. 28. 선고 2016다213237판결—”라는 논문을 집필하였으며, 지상규 교수가 “수상레저선박 등의 예인 문제와 민간보험제도의 활용 등에 관한 연구”를 집필하였다.

셋째, 선박금융 분야에서는 정대 교수가 “선박금융상의 선수금환급보증의 법적 쟁점”이라는 논문을 집필하였다.

특별히 이번 제5권에는 해사법학부의 헌법 전공 교수인 한병호 교수님께서 영광스러운 정년을 맞이함과 동시에 논문을 집필하셨습니다. 우리 해사법학부 교수진 모두는 함께 진심으로 영광스러운 한병호 교수님의 정년을 축하드리고 늘 건승하시기를 기원합니다.

우리 해사법학부는 문재인 대통령께서 1984년 민사소송법 강의를 하셨던 유서 깊은 학부라고 할 수 있다. 이와 함께 해양강국을 견인하는 다양한 법률전문가를 지속적으로 교육하고 배출하고 있다고 자부할 수 있다. 향후 우리 해사법학부의 교수진은 미래 4차 산업혁명 시대의 해양강국을 선도할 수 있는 법률 전문가를 지속적으로 양성하도록 최선의 교육을 하고자 한다.

해사법학부 교수진의 학문적 성과를 정리한 본서가 바다와 관련한 법제 분야의 연구자와 실무자에게 유익한 학술적 자료가 되고, 나아가 바다에 관한 법제 분야의 연구 활성화에 작은 기여를 할 수 있기를 기대한다.

2021년 12월 1일

공저자 일동 식

바다 헌장

바다 헌장

바다는 뭇 생명의 근원이자 생존의 토대이며 현재와 미래를 위해 소중하게 아끼고 가꾸어야 할 인류의 마지막 희망이다.

바다는 한민족 번영의 기틀이며, 세계의 바다는 우리 겨레의 원대한 꿈과 이상이 펼쳐질 터전이다.

우리는 바다의 중요성을 깊이 새겨 슬기롭게 가꾸며 풍요로운 바다를 미래 세대에게 물려주어 바다를 통한 인류 공영에 이바지한다.

이에 우리 모두는 생명의 바다, 풍요의 바다, 공생의 바다를 이루기 위하여 다음을 실천한다.

하나, 바다는 우리의 생명이다. 우리는 바다 생태계를 건강하게 지키고 깨끗하게 가꾸어 나간다.

하나, 바다는 우리의 희망이다. 우리는 바다자원을 친환경적으로 개발하여 지속적으로 이용할 수 있게 한다.

하나, 바다는 풍요의 원천이다. 우리는 첨단 해양과학기술을 개발하고 고부가가치 해양산업을 육성한다.

하나, 바다는 우리의 미래다. 우리는 바다인재를 기르고 원대한 바다경영을 통하여 세계일류의 해양력을 키운다.

하나, 바다는 세계로 나아가는 길목이다. 우리는 해양주권과 안전을 확고히 하고 드넓은 대양에서 우리의 웅지를 펼친다.

하나, 바다는 민족의 기상이다. 우리는 진취적인 해양사상을 북돋우고 새로운 해양문화를 일궈낸다.

하나, 바다는 평화의 마당이다. 우리는 바다를 평화적으로 이용하고 보전하여 국제사회에 이바지한다.

바다 헌장(영문본)

THE OCEAN CHARTER

We, AS A MARITIME NATION, AGREE:

The ocean is the very foundation of human life and existence, and it remains the last resort for humankind to protect and develop for its present and future;

The ocean is the cornerstone to build the prosperity of our nation and to realize our dreams and ideals on; and,

Convinced of the importance of the ocean, we are determined to develop it with prudence and to bequeath its abundant resources to posterity, thereby to contribute to the welfare of humankind.

Hence, we commit ourselves herewith toward developing the ocean of life, abundance and universal co-prosperity with the following Action Plan:

Ⅰ. The ocean is our life. We shall protect and preserve its sound and clean ecosystem.

Ⅱ. The ocean is our hope. We shall develop its resources in an environment-friendly and sustainable manner.

Ⅲ. The ocean is the source of our prosperity. We shall develop creative marine science and technology, and foster high value-added marine industries.

Ⅳ. The ocean is our future. We shall cultivate marine expertise and capabilities through long-term ocean management.

Ⅴ. The ocean is our gateway to the world. We shall protect our maritime sovereignty and security, and pursue our maritime aspirations.

Ⅵ. The ocean is a spirit of our nation. We shall promote progressive maritime spirit, and create a new ocean culture.

Ⅶ. The ocean is a sphere of peace. We shall contribute to the international community through its peaceful use.

바다 헌장 해설

<기본방향>

◈ 바다의 보편적 가치, 바다가 우리민족에게 주는 의미와 기회, 우리의 시대적 소명 등을 **'생명'·'풍요'·'공생'**의 바다라는 이념으로 표현
◈ 헌장의 이념을 구체화하기 위한 **해양생태·자원·과학기술 및 해양주권·안전, 국제사회 기여원칙과 책무를 천명**

□ 헌장은 우선 **생명의 근원**이자 인류의 터전인 바다의 보편적 가치와 중요성을 규정하고

□ 더불어 민족번영의 기틀로서의 바다의 역사적 의미와 바다가 **세계로 뻗어나갈 우리 민족의 꿈과 이상의 터전**임을 강조함

□ 다음으로 바다를 소중하게 가꾸어 미래세대에게 물려줄 우리의 의무와 바다를 통해 세계와 손잡고 인류전체의 공존·공영에 기여할 책무를 천명함

□ 끝으로 헌장의 기본이념인 '생명', '풍요', '공생'의 바다를 위한 구체적인 실천 의지를 강조함

□ **헌장이념의 실천을 위하여** 해양생태·자원개발·산업육성·교육 및 해양력 배양·주권 및 안전·문화 및 국제협력 등 7대 실천강령을 규정

○ 첫째, **바다의 중요성 및 해양생태보전의무**를 규정함

○ 둘째, 바다자원의 친환경적 개발과 미래세대를 위한 **지속가능한 이용(Sustainable Use) 및 생물다양성(Bio−diversity) 보장**을 위한 現세대의 책임을 담음

○ 셋째, **해양과학기술(MT: Marine Tech)에 대한 투자 증대 및 해양과학기술의 산업화**를 통한 해양산업의 발전과 다각화 의지를 표명

○ 넷째, 해양인재 양성과 바다를 잘 활용하여 **세계일류의 해양력(Sea Power) 확보의지**를 천명

○ 다섯째, 대외의존도가 높고 삼면이 바다로 둘러싸인 우리나라 환경여건상 **해양주권과 안전** 확보의 중요성을 강조하고

− 선진통상국가로, 세계 중심국가로 발전하기 위한 적극적 해양개척의 의지 천명

○ 여섯째 **장보고 대사**의 진취적 기상을 이어받아 **'新해양문화'를 창달**함으로써 21세기 국가발전의 저변으로 삼음
○ 끝으로 우리와 세계를 이어주는 바다를 통한 **국가간 협력으로 국제사회에의 기여의지**를 천명

바다헌장은 해양수산부에 의해 제정되어 2005년 울산시 장생포해양공원에서 개최된 제10회 바다의 날 기념식에서 공표되었다.

바다헌장은 바다의 중요성에 대한 공감대를 형성하고 진취적인 해양개척정신을 고취시켜 해양강국의 비전을 제시하기 위해 '생명·풍요·공생의 바다'라는 이념을 강조하고 있다. 또 헌장이념의 실천을 위해 해양생태, 자원개발, 산업육성, 교육 및 해양력 배양, 주권 및 안전, 문화 및 국제협력 등 7대 실천강령을 제정했다.

바다헌장은 10명의 기초위원이 기초하고 40여명의 바다헌장 제정위원회의 검토를 거쳐 확정되었다.

한국해양대학교 해사법학부 이용희 교수가 기초위원으로 참여하여 바다헌장의 기틀을 제시하였다.

차 례

제 1 편 공법적 쟁점과 과제

제1장 헌 법

제2장 해양법의 법적 쟁점

제3장 형 법

제 2 편 사법적 쟁점과 과제

제1장 국제거래 분야

제2장 해상법 분야

제3장 선박금융분야

제 1 편 공법적 쟁점과 과제

제 1 장

헌 법

≫ 세계 각국의 헌법상 해양관할권 규정의 비교 연구 _ 한병호

세계 각국의 헌법상 해양관할권 규정의 비교 연구*

한 병 호

Ⅰ. 머리말

한국헌법(제27조 제2항, 제60조 제2항)에서는 "대한민국[의] 영역"이라는 문구가 언급되고 있는데, 여기서 "영역"은 국가의 세 가지 구성요소(국민·영역·주권)의 하나인 국가 영역을 의미하고, 그러한 국가 영역은 국가의 주권이 미치는 공간이라는 전통적인 의미에서는 영토를 비롯하여 영해·영공을 포함하는 것으로 이해된다. 또한 한국헌법(제5조 제2항, 제120조 제2항, 제122조)에서는 "국토"라는 개념도 언급되는데, 여기서 "국토"는, 개별 조항에 따라 그 범위에서 차이가 있을 수는 있으나, 국가의 육지공간인 영토나 토지만을 의미하는 것이 아니라, 국가 주권이 미치는 공간으로서의 국가 영역 전체를 대상으로 한다고 볼 수 있다. 나아가, 이들 두 개념('[국가]영역'과 '국토')은 오늘날 해양공간에서는 유엔해양법협약에 따라 연안국의 배타적 관할권으로서 주권적 관할권이 미치는 해양공간(예컨대, 대륙붕과 배타적 경제수역)까지도 포함하는 것으로 확대하여 이해될 수도 있다.1)

그런데 한국헌법(제3조)에서는, 영토에 관해서는 "대한민국의 영토는 한반도와 그 부속도서로 한다."고 구체적으로 명시하고 있지만, 영해 및 영공에 관

* 이 글은 「해사법연구」 제33권 제3호(한국해사법학회, 2021. 11.)에 게재된 동일 제목의 논문("세계 각국의 헌법상 해양관할권 규정의 비교 연구")을 기본적으로 전재하면서, 다만 '세계 각국의 헌법상 영토조항'(Ⅱ. 2.) 부분을 추가하고 일부 내용을 가필한 것임.

1) 바다와 관련한 현행헌법의 규율에 관해서는, 한병호, "헌법과 바다", 김인유 외, 「바다를 둘러싼 법적 쟁점과 과제」(피앤씨미디어, 2017), 23쪽 이하; 전상구, "해양의 헌법적 의미", 「해항도시문화교섭학」 제24호(한국해양대학교 국제해양문제연구소, 2021. 4), 165쪽 이하.

해서는 전혀 명시적으로 언급하는 규정이 없다. 이와 같이 전통적인 국가 주권영역인 영해조차 언급하지 않는 헌법이라면, 유엔해양법협약에 따라 인정되는 영해 이외의 해양관할권 개념(내수·접속수역·대륙붕과 배타적 경제수역 등)을 헌법에 명시적으로 언급하는 것은 논리적으로는 기대하기 어려울 것이다. 더 나아가 한국헌법에는 바다·해양 자체를 언급하거나 바다와 직접적으로 관련되는 사항(예컨대, 해양자원 또는 해양의 인적·물적인 시설이나 활동)을 구체적으로 언급하는 규정조차도 매우 드물다.[2] 이와 같이 한국은 반도국가로서 연안국이라는 것이 자명하고 아울러 헌법상 영토조항('반도국가'·'부속도서')에서도 그것이 명백히 확인되고 있음에도 불구하고, 헌법에서는 바다와 관련된 사항을 구체적으로 특정하여 규율하는 조항이 드물 뿐 아니라, 한국의 해양관할권 자체에 관해서도 언급조차 없다. 그 결과, 한국의 해양관할권은 국내법상으로는 헌법이 아니라 「영해 및 접속수역법」·「배타적 경제수역 및 대륙붕에 관한 법률」과 같은 법률로 규율되고 있을 뿐이다.

그렇다면 다른 나라(연안국)의 경우는 어떠한가? 한국과는 달리 자국의 해양관할권에 관하여 헌법에서 언급을 하는가, 그러한 언급을 한다면 어떠한 해양관할권을 얼마나 구체적이고 상세하게 규율하는가와 같은 물음이 일차적으로 제기될 수 있다. 이러한 물음에 대해서는 해양관할권의 헌법상 규율에 관한 비교헌법학적 연구를 통하여 해결할 수밖에 없다. 다른 한편으로, 한국의 경우처럼 자국의 해양관할권에 관하여 헌법에서 아무런 언급을 하지 않는 이러한 헌법상 규율방식에 대해서는, 그 타당성 여부에 관한 의문이 제기될 수도 있고, 나아가 해양관할권의 헌법상 법제화 주장이 제기될 수도 있다.[3] 이와 같이 기존의 헌법상 규율방식에 대한 비판적인 입장에서 해양관할권의 헌법상 법제화를 주장하려면, 그 논거로서 그러한 헌법상 법제화의 이론적·현

2) 한국헌법에서는, 유일하게도 "우호통상항해조약"(제60조)이라는 문구의 '항해'라는 단어에서 바다·해양을 뜻하는 글자(해[海])를 찾을 수 있을 뿐이며, "수산자원"·"수력"(제120조 제1항)과 "농수산물"·"어업"·"어촌"·"어민"(제123조)과 같은 단어에서 물과 관련된 글자(수[水] 또는 어[漁])를 찾을 수 있을 뿐이다.

3) 실제로 한국에서도 헌법개정론이 주장되기도 한다. 고문현·박찬호·최용전, "해양수산 환경변화에 따른 기본법제의 개선연구"(해양수산부 용역보고서, 2017. 11), 44쪽 이하; 홍선기·강문찬, "해양수산의 헌법적 가치에 관한 연구", 「법제」 통권 677호(법제처, 2017. 6), 95쪽 이하.

실적인 타당성과 필요성도 제시해야 하지만,[4] 나아가 실제로 그러한 헌법상 법제화의 구체적인 방법도 제시할 필요가 있다. 특히 이러한 헌법상 법제화의 구체적인 방안의 문제는 어떠한 해양관할권을 어떤 범위에서 어떤 방식으로 법제화할 것인가라는 입법기술적인 문제에 속한다. 이와 같은 해양관할권의 헌법상 법제화 여부와 그 구체적인 방법 여하와 관련해서는, 그것과 관련된 외국 헌법의 개별적인 사례도 타산지석이 될 수 있지만, 특히 세계 전체의 국가를 대상으로 하는 비교헌법학적 연구가 크게 도움이 될 것이다. 세계 전체의 국가를 대상으로 하는 비교헌법학적 연구를 통하여,[5] 세계 전체의 추세적인 경향성 여하와 더불어 지역별·국가별 특수성도 함께 확인할 수 있기 때문이다.

1982년 채택된 유엔해양법협약(United Nations Convention on the Law of the Sea; UNCLS)이 1994. 11. 16. 발효됨에 따라, 세계 각국의 해양관할권은 국내법상으로도 통일적으로 규율될 수 있게 되었다. 이 협약에 가입하고 있는 세계의 대다수 국가는 자국의 해양관할권을 국내법으로 규율할 때 이 협약에 따라야 한다. 나아가, 이 협약에 가입하지 않은 국가조차도 국제적 충돌을 불사하지 않는 한 세계적인 추세로서 이 협약을 따를 개연성이 높다. 물론 인접 해양의 지리적 여건에 따라 자국의 해양관할권의 범위에 관한 구체적인 내용은 달라질 수밖에 없겠지만, 국내법 체계에서 헌법보다는 훨씬 더 구체적으로

4) 그러한 타당성과 필요성의 근거로는, 예컨대, 영해를 비롯한 해양관할권 영역은 국가의 주권 내지 주권적 관할권이 미치는 영역으로서 영토와 거의 동등한 지위에 있다든가, 그러한 해양관할권에 관한 사항은 국가의 기본적인 사항으로서 영토의 경우와 마찬가지로 헌법으로 규율해야 할 헌법사항에 속한다든가, 그 밖에 해양이 지니는 법적·현실적 가치에 따른 헌법적 규율의 필요성이 크다든가 하는 것들이 제시될 수 있다. 다양한 측면에서의 바다의 가치에 관해서는, 고문현·박찬호·최용전, 앞의 논문(주 3), 39쪽 이하; 홍선기·강문찬, 앞의 논문(주 3), 86쪽 이하.

5) 선행연구로서 해양관할권에 관한 지역(대륙)별 비교연구로는, 한병호, "미주 지역 국가의 헌법과 바다: 해양관할권을 중심으로", 강우예 외, 「바다를 둘러싼 법적 쟁점과 과제 Ⅱ」(피앤씨미디어, 2018), 5쪽 이하; 한병호, "아시아 지역 국가와 미주 지역 국가의 헌법상 해양관할권 규정의 비교 연구", 김인유 외, 「바다를 둘러싼 법적 쟁점과 과제 Ⅲ」(피앤씨미디어, 2019), 5쪽 이하; 한병호, "아시아 지역 국가의 헌법과 바다－해양관할권을 중심으로－", 「해사법연구」 제31권 제1호(한국해사법학회, 2019. 3), 105쪽 이하; 한병호, "유럽 지역 국가의 헌법상 해양관할권 규정에 관한 연구", 「해사법연구」 제32권 제2호(한국해사법학회, 2020. 7), 1쪽 이하; 한병호, "아프리카 지역 국가의 헌법상 해양관할권 규정에 관한 연구", 강우예 외, 「바다를 둘러싼 법적 쟁점과 과제 Ⅳ」(피앤씨미디어, 2020), 5쪽 이하; 한병호, "오세아니아 지역 국가의 헌법상 해양관할권 규정", 「해사법연구」 제33권 제2호(한국해사법학회, 2021. 7), 91쪽 이하.

규율할 수 있는 법령의 차원에서는, 유엔해양법협약의 채택·발효에 따라 해양관할권의 통일적인 규율이 가능할 뿐 아니라 추세적인 경향성을 띨 것으로 본다.[6)]

그렇지만 국가의 최고법인 헌법의 차원에서는 법률에 의한 해양관할권의 규율과는 사정이 다를 수 있다. 헌법 차원에서는, 해양관할권의 헌법상 법제화의 이론적 타당성과 현실적 필요성에 대한 의문이 제기될 수도 있고, 헌법의 간결성의 요청에 부합되는 적절한 법제화 방안에 대한 논란도 제기될 수 있다. 나아가, 헌법의 역사가 오래될 뿐 아니라 사회현실의 변화에 대해서 근본적인 또는 전면적인 헌법개편이 없이 단지 부분적인 헌법개정만으로 점진적으로 대응해 온 국가의 경우에는, 헌법의 개정절차가 일반적인 법률의 제정절차보다는 매우 어렵다는 헌법의 경직성 및 그러한 경성헌법에 대한 국민적 인식 내지 관념이라는 장애물도 있다. 그리하여 해양관할권의 헌법상 법제화를 둘러싼 헌법개정 문제에 직면하여, 여태까지 법률로 규율하던 사항을 새삼스럽게 헌법개정을 통하여 헌법으로 규율해야만 할 실익 내지 현실적 필요성이 무엇인가라는 물음에 봉착하게 되면, 특별한 사유나 실익이 없는 한 종전대로 규율하게 될 개연성이 높을 것이다. 말하자면 헌법의 규율 대상과 내용 및 방식에 관해서는 나라마다 나름대로의 역사적·문화적 전통이나 관례가 형성되어 있는 경우가 많고, 그렇게 형성된 전통·관례는 정치적 변혁에 따른 국민의 인식의 변화와 같은 특별한 사정이 없는 한 지속될 가능성이 높다는 것이다. 이러한 점은 해양관할권의 헌법상 법제화와 관련해서도 그대로 적용될 수 있을 것이다. 영해를 제외한 나머지 해양관할권 개념은 그 개념이 정립된 역사가 비교적 일천할 뿐 아니라, 각각의 해양관할권의 내용과 범위도 1982년 유엔해양법협약 채택으로 비로소 국제적인 통일적 합의가 이루어졌다고 할 수 있다는 점에서 그러하다.[7)] 더구나 국가영역의 핵심요소인 영토의 범위를

6) 해양관할권의 범위를 규율하는 세계 각국의 법령과 조약에 관해서는, https://www.un.org/Depts/los/LEGISLATIONANDTREATIES/toc.htm; https://www.jag.navy.mil/organization/code_10_mcrm.htm. 아울러 아시아·유럽·미주지역 국가의 경우에 해양관할권의 범위에 관한 각국의 법률상 규율에 대해서는, 주 5)의 아시아·유럽·미주지역의 해당 논문의 해당 부분 참조.

7) 1958년 "영해 및 접속수역에 관한 협약", "대륙붕에 관한 협약", "공해에 관한 협약", "공해의 생물자원의 어획과 보존에 관한 협약"에 대해서는, https://treaties.un.org/doc/Treaties/1964/11/19641122%2002-14%20 AM/Ch_XXI_01_2_3_4_5p.pdf (2021. 10. 15. 검색).

규정하는 헌법상 영토조항[8]조차 없는 국가도 상당수 존재한다는 점을 고려하면 더욱 그러하다. 이러한 점에서 헌법 차원에서는 해양관할권에 관한 법제화 여부와 방식에 관하여 세계 각국의 태도는 법률 차원에서보다는 훨씬 더 다양성을 띨 개연성도 상존한다고 볼 수 있다. 그리하여 각국의 헌법이 해양관할권의 규율과 관련하여 실제로 어느 정도의 다양성 또는 그러한 다양성 속에서 어느 정도의 통일성 내지 경향성을 띠는지 여하는 세계 각국 헌법의 비교연구를 통하여 밝혀질 수밖에 없다.

이러한 관점에 따라, 이 글에서는, 세계 각국의 헌법상 해양관할권 규정이 어떠한가, 즉 세계 각국의 헌법에서 해양관할권에 관하여 어떻게 법제화하고 있는가를 조사하여 분석하고자 한다. 이러한 조사·분석을 위하여 여기서는 유엔해양법협약에서 언급되는 해양관할권 개념, 즉 '영해'·'대륙붕'과 '배타적 경제수역'을 비롯하여 '내수'·'접속수역'·'군도수역'이라는 여섯 개의 개념을 그 지표로서 사용하고자 한다. 물론, 해양관할권 개념, 특히 유엔해양법협약상의 해양관할권 개념을 사용하지 않는다고 해서 해양관할권 자체 또는 그러한 해양관할권에 속하는 사항에 관한 헌법상 규율이 불가능한 것은 아니다. 그렇지만, 유엔해양법협약 채택 이후에는 국제적으로 이미 그 내용과 범위가 통일된 해양관할권 개념이 확립되었고, 세계의 대다수 국가가 그 협약에 가입하고 있는 상황에서는, 해양관할권의 헌법상 규율에서도 유엔해양법협약에 따른 해양관할권 개념을 사용할 개연성이 높고, 나아가 해양관할권의 헌법상 법제화를 헌법개정의 방법으로 새롭게 모색하는 경우에도 유엔해양법협약에 따른 해양관할권 개념의 사용을 고려할 수밖에 없다.

그리하여, 먼저, 해양관할권을 헌법으로 규율하는 국가의 비율 내지 그러한 국가의 확산 정도를 파악하기 위하여, 유엔해양법협약상의 해양관할권 개념이 언급되는가 여부를 전체적으로 그리고 개념별로 조사·분석한다. 둘째로, 해양관할권을 얼마나 충실하게 헌법으로 규율하는가를 파악하기 위하여, 몇 개의 해양관할권 개념이 헌법에서 언급되는가를 조사·분석한다. 셋째로, 해양관할

8) 세계 각국의 헌법상 영토조항에 관해서는, 도회근, "헌법의 영토조항에 관한 비교헌법적 연구", 「법조」 제58권 제11호(법조협회, 2009. 11), 294쪽 이하 및 주 5)의 지역별 비교연구의 영토조항 부분 참조.

권을 얼마나 체계적으로 규율하는가를 파악하기 위하여, 영해·대륙붕 및 배타적 경제수역을 중심으로 헌법에서 언급되는 해양관할권 개념의 조합 유형을 조사·분석한다. 넷째로, 헌법에서 언급되는 해양관할권 개념의 용법 내지 쓰임새, 즉 헌법의 어떤 조항에서 무엇을 규율하기 위하여 해양관할권 개념이 사용되는가를 조사·분석한다. 그 결과는, 예컨대 해양관할권의 법제화를 둘러싼 헌법개정 논의에서, 해양관할권 개념을 사용하여 규율(즉 개정)해야 할 사항이 무엇인가와 관련하여 주요 고려 사항이 될 수 있다. 끝으로, 해양관할권에 관하여 헌법에서 얼마나 구체적으로 규율하는가를 파악하기 위한 하나의 지표로서, 해양관할권의 공간적 범위에 관하여 헌법에서 어떻게 규율하는가를 조사·분석한다. 여기서는, 유엔해양법협약에 따른 해양관할권 개념을 헌법에서 언급하는 경우에, 해양관할권의 공간적 범위에 관하여 헌법에서 직접 구체적으로 명시하는가, 아니면 법률로 정하도록 위임하는가와 같은, 해양관할권의 공간적 범위에 관한 헌법상 규율 방식을 조사·분석한다. 그 결과는 헌법에서 해양관할권에 관하여 얼마나 구체적으로 규율하는가를 판단하는 하나의 척도로 이해할 수 있고, 해양관할권의 법제화와 관련하여 해양관할권을 얼마나 간결하게 또는 상세하게 규율할 것인가를 판단하는 하나의 가늠자가 될 수 있을 것으로 본다.

이러한 헌법상 해양관할권 규정의 비교연구를 위한 조사 대상은 세계 각국의 성문 헌법전이다.[9] 아래에서는, 먼저 해양관할권 문제와 관련하여 조사대상 국가의 범위와 특성을 개관하고, 아울러 국가 영역의 본질적 구성요소로서 해양관할권의 전제가 되는 영토에 관한 헌법상 규율, 즉 헌법상 영토조항에 관하여 살펴본 다음에, 이 연구의 주제인 헌법상 해양관할권 규정을 차례로 비교·분석하기로 한다.

9) 이 연구의 기초자료로서 사용된 세계 각국의 헌법전은 Comparative Constitutions Project에서 제공하는 영어 원문 또는 영역본의 헌법전이다(https://www.constituteproject.org/search?lang=en&status=in_force) (2021. 6. 20.까지 검색).

II. 조사대상 국가와 헌법상 영토조항

1. 조사대상 국가의 범위와 유엔해양법협약 가입 여부

이 연구는 세계 각국의 헌법상 해양관할권 규정을 조사·분석하는 것을 목적으로 하는데, 조사대상 국가는 국제적으로 주권국가임이 명백한 유엔회원국으로 한정하고자 한다. 유엔회원국은 현재 193개국인데,[10] 이들 193개국을 일반적으로 통용되는 유엔의 분류기준에 따라 대륙별로 나누어 살펴보면,[11] [표 1]에서 보는 바와 같이, 아시아 47개국, 유럽 43개국, 아메리카 35개국, 아프리카 54개국, 오세아니아 14개국으로 구분된다. 따라서 아래에서의 비교는 기본적으로 유엔회원국 193개국의 헌법에 대해서 이러한 대륙별 구분에 따라

[표 1] 연안국·내륙국의 구분 및 유엔해양법협약 가입 여부

구분		해당 국가 수					
		아시아	유럽	아메리카	아프리카	오세아니아	세계
연안국	가입	28	30	28	36	14	136
	미가입	7	–	5	2	–	14
	소계	35 (10)	30 (4)	33 (13)	38 (6)	14 (14)	150 (47)
내륙국	가입	5	10	2	11	–	28
	미가입	7	3	–	5	–	15
	소계	12	13	2	16	–	43
합계	가입	33	40	30	47	14	164
	미가입	14	3	5	7	–	29
	계	47	43	35	54	14	193

※ '연안국'의 '소계'에서 괄호 속의 숫자는 연안국에 포함된 섬나라의 숫자임.

10) https://www.un.org/en/about–us (2021. 10. 15. 검색).

11) Department of Economic and Social Affairs, Statistics Division, World statistics pocketbook 2020 edition(New York : United Nations, 2020), pp. 4–264.

행해진다. 다만, 이 연구는 영토와 해양관할권에 관한 헌법규정을 조사·분석하는 것이므로, 형식적 헌법에 해당하는 성문헌법전이 없는 국가는 조사대상에서 제외될 수밖에 없다. 성문헌법전이 없는 국가로는 이른바 불문헌법국가로 널리 알려져 있는 3개국(영국·이스라엘·뉴질랜드)을 들 수 있는데, 이들 3개국은 조사대상 국가에서 제외될 수밖에 없다.

그런데, 이 연구의 기본주제는 헌법상 해양관할권 규정의 조사·분석이고, 그러한 헌법규정은 인접 해양에 대한 해양관할권의 존재를 전제하고 있는데, 유엔해양법협약에 따르면 그러한 해양관할권은 섬나라(도서국)를 포함하여 해안이 있는 연안국에게만 인정되고, 해안이 없는 내륙국에게는 해양관할권이 없다. 이에 따라 유엔회원국 193개국을 연안국과 내륙국으로 구분하면,[12] [표 1]에서 보듯이, 세계 전체로는 연안국이 섬나라 47개국을 포함하여 모두 150개국이고, 내륙국은 43개국이다. 이것을 대륙별로 나누어 살펴보면, [표 1]에서 보듯이, 아시아는 연안국이 섬나라 10개국을 포함하여 35개국이고 내륙국이 12개국이며, 유럽은 연안국이 섬나라 4개국을 포함하여 30개국이고 내륙국이 13개국이다. 또한 아메리카는 연안국이 섬나라 13개국을 포함하여 33개국이고 내륙국이 2개국이며, 아프리카는 연안국이 섬나라 6개국을 포함하여 38개국이고 내륙국이 16개국이며, 오세아니아는 연안국이 모두 섬나라로서 14개국이고 내륙국은 없다. 따라서 이들 150개국의 연안국에게는 유엔해양법협약에 따라 해양관할권이 인정되지만, 이들 연안국 중에서 성문헌법전이 없는 3개국(이스라엘·영국·뉴질랜드)을 각각 제외하면, 헌법상 해양관할권 규정의 조사대상 국가는 아시아 34개국, 유럽 29개국, 아메리카 33개국, 아프리카 38개국, 오세아니아 13개국 등 모두 연안국 147개국이다.

다음으로, 유엔회원국 193개국에 대하여 유엔해양법협약 가입(비준·가입·승계 포함) 여부를 살펴본다.[13] 유엔해양법협약 가입국은 협약준수 의무에 따

12) 이러한 구분에 관해서는, “United Nations Convention on the Law of the Sea”, https://www.un.org/Depts/los/reference_files/UNCLOS%20Status%20table_ENG.pdf (2021. 10. 15. 검색).

13) 조사대상 국가의 대륙별 비교를 위해서는, 유엔해양법협약의 가입 여부 외에도, 해양과 관련한 지리적 특성이라든가, 헌법과 관련한 역사적·문화적 특성을 대륙별로 살펴보는 것도 유용하고 필요할 수 있다. 다만, 여기서 그러한 특성을 모두 살피는 것은 무리이고, 그 반면에 아주 간략한 개관은 일반적인 정보에 그칠 수밖에 없기 때문에, 여기서는 다루지 않는다.

라 자국의 해양관할권을 국내법으로 규율하는 경우에 협약에 따라 해양관할권 개념을 사용하여 해양관할권을 규율하게 될 것이며, 이것은 헌법 차원에서 해양관할권을 규율하는 경우에도 마찬가지이다. 협약 미가입국은 그러한 국제법상의 협약준수 의무가 없지만, 협약 가입이 세계적인 대세인 상황에서는, 미가입국도 자국의 해양관할권을 국내법으로 규율하면서 협약상의 해양관할권의 개념과 내용을 따를 개연성이 높을 것으로 추정된다. 이에 따라 유엔해양법협약 가입 여하를 살펴보면, 협약 가입국은 2021. 5월 말 현재 모두 168개국인데,[14] 여기에는 유엔회원국이 아닌 4개 당사국이 포함되어 있다.[15] 이들 4개 당사국을 제외하면, 유엔회원국인 협약 가입국은, [표 1]에서 보듯이, 연안국 136개국과 내륙국 28개국을 합하여 모두 164개국이다. 따라서 연안국 150개국의 91%, 내륙국 43개국의 65%, 그리고 유엔회원국 193개국의 85%가 유엔해양법협약에 가입하고 있으며, 이러한 점에서 유엔해양법협약 가입은 세계적인 대세로 보아도 무방할 것이다. 그 결과, 유엔회원국으로서 협약 미가입국은 연안국 14개국과 내륙국 15개국을 합하여 모두 29개국에 불과하다. 이들 미가입국을 대륙별로 나누어 살펴보면, [표 1]에서 보듯이, 아시아는 연안국 7개국과 내륙국 7개국 등 14개국이고,[16] 유럽은 내륙국 3개국이며,[17] 아메리카는 연안국 5개국이고,[18] 아프리카는 연안국 2개국과 내륙국 5개국 등 7개국이며,[19] 오세아니아에는 미가입국이 없다.

14) 유엔해양법협약 가입 현황과 국가별 가입 시기에 관해서는, Division for Ocean Affairs and the Law of the Sea, “Chronological lists of ratifications of, accessions and successions to the Convention and the related Agreements”, https://www.un.org/Depts/los/reference_files/chronological_lists_of_ratifications.htm#The%20United%20Nations%20Convention%20on%20the%20Law%20of%20the%20Sea; “United Nations Convention on the Law of the Sea”, https://www.un.org/Depts/los/reference_files/ UNCLOS%20Status%20table_ENG.pdf (2021. 10. 15. 검색).

15) 유엔회원국이 아니면서 유엔해양법협약에 가입한 4개 당사국은 유럽연합·팔레스타인·니우에·쿡제도이다.

16) 아시아의 협약 미가입국은, 연안국(7개국)으로는 북한·시리아·아랍에미리트·이란·이스라엘·캄보디아·터키이고, 내륙국(7개국)으로는 부탄·아프가니스탄·우즈베키스탄·카자흐스탄·키르기스스탄·타지키스탄·투르크메니스탄이다.

17) 유럽의 협약 미가입국은 모두 내륙국(3개국)으로 리히텐슈타인·산마리노·안도라이다.

18) 아메리카의 협약 미가입국은 모두 연안국(5개국)으로 미국·베네수엘라·엘살바도르·콜롬비아·페루이다.

19) 아프리카의 협약 미가입국은, 연안국(2개국)으로는 리비아·에리트레아이고, 내륙국(5개국)으로는 남수단·르완다·부룬디·에티오피아·중앙아프리카공화국이다.

2. 세계 각국의 헌법상 영토조항

연안국이 인접 해양에 대하여 주권 또는 주권적 관할권을 가진다고 보는 근저에는 그러한 인접 해양, 특히 영해와 대륙붕이 국가주권이 미치는 영토의 연장선상에 있다는 관념이 깔려 있다. 그리고 영토는 국가를 구성하는 요소의 하나인 국가영역에서 본질적인 부분에 해당한다. 그러한 점에서 영토주권은 해양관할권에 비해서 근본적이고 우선적이며, 따라서 적어도 논리적으로는 영토에 대한 헌법상 규율이 해양관할권에 관한 헌법상 규율에 비해서 우선적이라고 볼 수 있다. 그러한 점에서 헌법상 해양관할권 규정을 살펴보기 전에 세계 각국의 헌법상 영토조항에 관하여 먼저 살펴보는 것이 유용하다고 본다.

국가의 주권이 미치는 육지공간으로서의 영토의 범위에 관하여 헌법에서 규율하는 방식이 어떠하냐에 따라 헌법상 영토조항은 다양하게 분류할 수 있지만,[20] 여기서는 직접적·적극적 영토조항의 유무로 아주 간단하게 분류하고자 한다. 즉 국가의 영토의 범위나 경계를 헌법에서 직접 특정하고 있거나 그렇지 않더라도 법률·조약 등으로 그것을 특정하도록 위임하는 등의 방법으로 국가의 영토의 범위에 관하여 헌법에서 직접적·적극적으로 규율하는 조항을 두고 있느냐 여부에 따라, 헌법상 직접적·적극적 영토조항이 있는 경우와 그렇지 않은 경우로 나누고자 한다. 이러한 방법에 따라 조사대상 국가 190개국의 헌법을 분류하면 [표 2]에서 보는 바와 같다.

세계 전체로는, [표 2]에서 보듯이, 조사대상 190개국 중에서 헌법상 직접적·적극적 영토조항이 있는 국가는 92개국(48%)으로, 그렇지 않은 국가(98개국)보다 약간 적다. 연안국과 내륙국을 구분해서 살펴보면, 세계의 연안국 147개국 중에서는 헌법상 직접적·적극적 영토조항이 있는 국가가 74개국(50%)인데, 그렇지 않은 국가(73개국)와 그 숫자가 거의 비슷하다. 내륙국 43개국 중에서는 18개국(42%)만 헌법상 직접적·적극적 영토조항이 있는 반면에, 그보다 더 많은 나머지 25개국은 그렇지 않다. 따라서 세계 전체적으로 헌법상 직접적·적극적 영토조항을 두는 국가가 절반에 이르지 못하고, 다만 연안국의

20) 도회근, "헌법의 영토조항에 관한 비교헌법적 연구", 「법조」 제58권 제11호(법조협회, 2009. 11), 294쪽 이하.

[표 2] 헌법상 직접적·적극적 영토조항 유무

구분		해당 국가 수					
		아시아	유럽	아메리카	아프리카	오세아니아	세계
연안국	있음	15	11	22	16	10	74
	없음	19	18	11	22	3	73
	소계	34	29	33	38	13	147
내륙국	있음	2	6	–	10	–	18
	없음	10	7	2	6	–	25
	소계	12	13	2	16	–	43
합계	있음	17	17	22	26	10	92
	없음	29	25	13	28	3	98
	계	46	42	35	54	13	190

※ 연안국 중에서 성문헌법전이 없는 이스라엘·영국·뉴질랜드는 대상에서 제외됨.

경우에는 겨우 절반을 넘길 뿐임을 알 수 있다.

그런데 대륙별로 나누어 살펴보면, 대륙별 편차가 상당하다. [표 2]에서 보듯이, 아메리카에서는 내륙국(2개국)은 모두 헌법상 직접적·적극적 영토조항이 없지만, 연안국 22개국은 헌법상 직접적·적극적 영토조항이 있으며,[21] 이것은 전체(35개국)의 63%, 연안국(33개국)의 67% 가까이 된다. 특히 모두 연안국으로 구성되는 오세아니아의 경우에는, 전체(13개국)의 77%에 가까운 10개국의 헌법에 직접적·적극적 영토조항을 두고 있다.[22] 그 반면에, 아시아의 경우에는 헌법상 직접적·적극적 영토조항이 있는 국가는 전체 46개국 중에서 17개국(37%)에 불과하고, 연안국(34개국) 중에서는 15개국(44%),[23] 내륙국(12

21) 과테말라·니카라과·멕시코·벨리즈·엘살바도르·온두라스·코스타리카·파나마(중앙아메리카 8개국); 가이아나·베네수엘라·수리남·에콰도르·콜롬비아·페루?(남아메리카 6개국); 도미니카공화국·바베이도스·바하마·세인트키츠네비스·아이티·앤티가바부다·쿠바·트리니다드토바고(카리브지역 8개국).

22) 오스트레일리아(1개국), 솔로몬제도·파푸아뉴기니·피지(멜라네시아 3개국), 마셜제도·미크로네시아연방·키리바시·팔라우(미크로네시아 4개국), 사모아·투발루(폴리네시아 2개국).

23) 한국(동아시아 1개국), 동티모르·말레이시아·미얀마·인도네시아·캄보디아·필리핀(동남아시아 6개국), 몰디브·방글라데시·스리랑카·인도·파키스탄(남아시아 5개국), 레바논·아랍에미리

개국) 중에서는 2개국(17%)에 불과하다.[24] 또한 유럽의 경우에도 헌법상 직접적·적극적 영토조항이 있는 국가는 전체 42개국 중에서 17개국(40%)에 불과하고, 연안국(29개국) 중에서는 11개국(38%),[25] 내륙국(13개국) 중에서는 6개국(46%)에 불과하다.[26] 한편, 아프리카의 경우에는, 연안국(38개국) 중에서는 16개국(42%)이,[27] 내륙국(16개국) 중에서는 10개국(63%)이,[28] 그리고 아프리카 전체(54개국)로는 26개국(48%)이 헌법상 직접적·적극적 영토조항이 있는데, 아프리카 전체의 비율은 세계 전체의 평균적인 비율과 거의 같지만, 내륙국만 보면 아프리카의 비율(63%)은 세계 전체의 평균적인 비율(42%)보다 월등히 높다.

이러한 결과에 따라, 헌법상 해양관할권 규정 여하의 문제가 제기될 수 없는 내륙국을 제외하고 연안국의 경우만을 살펴보면, 헌법상 직접적·적극적 영토조항이 있는 국가의 비율은 오세아니아(77%), 아메리카(67%), 아시아(44%), 아프리카(42%), 유럽(38%)의 순서로 나타나는데, 세계 전체의 평균적인 비율(50%)보다는 앞의 두 대륙은 높으나 뒤의 세 대륙은 낮다.

Ⅲ. 헌법상 해양관할권 규정의 비교 분석

1. 헌법상 해양관할권 개념의 언급 여부

유엔해양법협약에서는 연안국의 주권적 해양관할권을 규정하면서, 영해

트·조지아(서아시아 3개국).

24) 네팔(남아시아 1개국)·아제르바이잔(서아시아 1개국).

25) 러시아·루마니아·우크라이나(동유럽 3개국), 독일·벨기에(서유럽 2개국), 몰타·보스니아헤르체고비나·이탈리아·포르투갈(남유럽 4개국), 라트비아·아일랜드(북유럽 2개국).

26) 몰도바·체코(동유럽 2개국), 리히텐슈타인·스위스·오스트리아(서유럽 3개국), 안도라(남유럽 1개국).

27) 모잠비크·세이셸·소말리아·에리트레아·케냐·코모로·탄자니아(동아프리카 7개국), 가나·나이지리아·시에라리온·카보베르데(서아프리카 4개국), 나미비아(남아프리카 1개국), 상투메프린시페·앙골라·적도기니·콩고민주공화국(중앙아프리카 4개국).

28) 남수단·르완다·말라위·에티오피아·우간다·잠비아(동아프리카 6개국), 레소토·보츠와나·에스와티니(남아프리카 3개국), 차드(중앙아프리카 1개국)

(territorial sea), 배타적 경제수역(exclusive economic zone; EEZ), 대륙붕(continental shelf)과 더불어, 내수(internal waters), 접속수역(contiguous zone), 그리고 군도국가에서 군도수역(archipelagic waters)과 같은 해양관할권 개념을 언급하고 있다.[29] 아래에서는 이들 해양관할권 개념이 헌법에서 언급되는가 여부를 살펴본다. 헌법에 따라서는 협약상의 해양관할권 개념과는 약간 다른 표현이 사용되는 경우도 보이는데, 표현만 다를 뿐 실질적으로 협약상의 개념과 같다고 판단되는 경우에는 동일한 개념으로 간주한다.[30]

[표 3] 헌법상 해양관할권 개념의 언급 여부

구분		해당 국가 수					
		아시아	유럽	아메리카	아프리카	오세아니아	세계
총괄	조사대상	34	29	33	38	13	147
	언급 없음	18	18	16	20	8	80
	언급 있음	16	11	17	18	5	67
		(47.1%)	(37.9%)	(51.5%)	(47.4%)	(38.5%)	(45.6%)
개념별 언급	영해	14	8	16	17	4	59
	대륙붕	9	6	15	11	3	44
	EEZ	7	7	11	9	1	35
	내수	2	3	6	3	4	18
	접속수역	1	–	7	5	–	13
	군도수역	3	–	–	3	1	7
	합계	36	24	55	48	13	176
평균 개수		2.25	2.18	3.24	2.67	2.60	2.63

※ 괄호 안의 비율은 '조사대상' 국가에 대비한 '언급 있음' 국가의 비율임(반올림 적용).
※ '평균 개수'는 '합계'를 '언급 있음' 국가 수로 나누어 산출함(반올림 적용).

29) 유엔해양법협약 제2조 이하, 제55조 이하, 제76조 이하, 제8조, 제33조, 제49조.

30) 예컨대, territorial waters 또는 territorial ocean은 영해로, interior waters는 내수로, continental platform은 대륙붕으로 간주하며, 특히 일부 섬나라에서 도서붕(insular shelf; insular base; insular platform)의 표현은 대륙붕과 같은 의미로 간주한다. 그 반면에, 해양수역(maritime waters), 해양영토(maritime territory) 또는 연장된 해양영토(extended maritime territory), 해양영유권(maritime dominion)은 협약상의 해양관할권 개념에 포함시키지 아니한다.

먼저, 해양관할권 개념의 종류를 불문하고, 헌법에서 해양관할권 개념을 하나 이상 언급하고 있는가 여부를 살펴본다. 조사대상 국가는 세계 전체의 연안국 150개국 중에서 성문헌법전이 없는 3개국[31]을 제외한 나머지 147개국이다. 이 가운데에서, [표 3]에서 보듯이, 헌법에서 해양관할권 개념을 전혀 언급하지 않는 국가가 조사대상 147개국의 절반을 넘는 80개국이며, 여기에는 유엔해양법협약 미가입국 7개국이 여기에 포함되어 있다.[32] 그리고 대륙별로는 각각 아시아 18개국,[33] 유럽 18개국,[34] 아메리카 16개국,[35] 아프리카 20개국,[36] 오세아니아 8개국[37]이다. 따라서 헌법에서 해양관할권 개념을 하나 이상 언급하는 국가는, [표 3]에서 보듯이, 조사대상 147개국의 45.6%에 불과한 67개국뿐인데, 여기에는 유엔해양법협약 미가입국 6개국이 포함되어 있다.[38] 이들 67개국을 대륙별로 나누어 살펴보면, 아시아는 조사대상 34개국 중에서 16개국(47.1%),[39] 유럽은 조사대상 29개국 중에서 11개국(37.9%),[40] 아메리카는 조사대상 33개국 중에서 17개국(51.5%),[41] 아프리카는 38개국 중에서 18개

31) 이스라엘(아시아)·영국(유럽)·뉴질랜드(오세아니아).

32) 아시아 4개국(북한·시리아·이란·터키), 아메리카 2개국(미국·페루), 아프리카 1개국(리비아)이 협약 미가입국이다.

33) 동아시아 4개국(한국·북한·일본·중국), 동남아시아 3개국(말레이시아·싱가포르·태국), 서아시아 10개국(레바논·바레인·시리아·오만·요르단·이라크·카타르·쿠웨이트·키프로스·터키), 남아시아 1개국(이란).

34) 동유럽 1개국(폴란드), 서유럽 5개국(네덜란드·독일·모나코·벨기에·프랑스), 남유럽 6개국(그리스·몬테네그로·보스니아헤르체고비나·슬로베니아·알바니아·이탈리아), 북유럽 6개국(노르웨이·덴마크·라트비아·스웨덴·아일랜드·핀란드).

35) 북아메리카 2개국(미국·캐나다), 남아메리카 5개국(가이아나·아르헨티나·우루과이·칠레·페루), 카리브지역 9개국(그레나다·도미니카·바베이도스·바하마·세인트루시아·세인트빈센트그레나딘·세인트키츠네비스·앤티가바부다·자메이카).

36) 동아프리카 2개국(마다가스카르·지부티), 서아프리카 9개국(감비아·기니·라이베리아·모리타니·베냉·세네갈·시에라리온·코트디부아르·토고), 남아프리카 1개국(남아프리카공화국), 북아프리카 5개국(리비아·모로코·수단·이집트·튀니지), 중앙아프리카 3개국(가봉·카메룬·콩고공화국).

37) 오스트레일리아, 멜라네시아 3개국(바누아투·솔로몬제도·피지), 미크로네시아 2개국(나우루·키리바시), 폴리네시아 2개국(사모아·통가).

38) 아시아 2개국(아랍에미리트·캄보디아), 아메리카 3개국(베네수엘라·엘살바도르·콜롬비아), 아프리카 1개국(에리트레아)이 협약 미가입국이다.

39) 동남아시아 6개국(동티모르·미얀마·베트남·브루나이·인도네시아·캄보디아·필리핀), 남아시아 5개국(몰디브·방글라데시·스리랑카·인도·파키스탄), 서아시아 4개국(사우디아라비아·아랍에미리트·예멘·조지아).

40) 동유럽 4개국(러시아·루마니아·불가리아·우크라이나), 남유럽 4개국(몰타·스페인·크로아티아·포르투갈), 북유럽 3개국(리투아니아·아이슬란드·에스토니아).

41) 남아메리카 5개국(베네수엘라·브라질·수리남·에콰도르·콜롬비아), 중앙아메리카 8개국(과테

국(47.4%),[42] 오세아니아는 조사대상 13개국 중에서 5개국(38.5%)[43]이다. 따라서 아메리카에서만 그 비율이 50%를 겨우 초과할 뿐이고, 나머지 대륙은 물론이고 세계 전체의 비율도 50%에 미치지 못한다. 특히, 유럽·오세아니아에서는 그 비율이 40%에도 미치지 못할 정도로 다른 대륙에 비해서 현저히 낮다. 이와 같이 헌법에서 해양관할권 개념을 하나 이상 언급하는 국가(연안국)의 비율(세계 전체 45.6%, 아시아 47.1%, 유럽 37.9%, 아메리카 51.5%, 아프리카 47.4%, 오세아니아 38.5%)과, 이미 앞(Ⅱ. 2.)에서 살펴보았듯이, 헌법상 직접적·적극적 영토조항을 두고 있는 연안국의 비율(세계 전체 50%, 아시아 44%, 유럽 38%, 아메리카 67%, 아프리카 42%, 오세아니아 77%)을 각각 서로 비교해 보면, 아시아·아프리카에서만 전자(해양관할권 개념 언급 비율)가 후자(영토조항의 비율)보다 약간 높을 뿐이고, 세계 전체 및 유럽·아메리카·오세아니아에서는 전자가 후자보다 다소 낮거나 상당히 낮다. 그럼에도 불구하고 전반적으로는 해양관할권 개념을 언급하는 연안국의 비율(45.6%)이 헌법상 직접적·적극적 영토조항을 두고 있는 연안국의 비율(50%)보다 약간 작거나 비슷하다고 할 수 있다.[44] 다른 편으로, 해양관할권 개념을 하나라도 언급하는 국가의 수를 조사대상 국가의 수로 나눈 이러한 비율은 하나 이상의 해양관할권 개념을 언급하는 국가의 분포 비율이라고 할 수 있고, 그러한 분포 비율은 해양관할권 개념을 사용하여 해양관할권을 헌법으로 규율하는 국가의 확산 정도를 나타낸다고 볼 수 있다. 그런데 종류를 불문하고 하나 이상의 해양관할권 개념을 언급하는 국가의 이러한 비율이, 세계 전체로도 그렇지만, 대륙별로도 아메리카를 제외하고는 모두 50%에도 미달한다는 점에서, 해양관

말라·니카라과·멕시코·벨리즈·엘살바도르·온두라스·코스타리카·파나마), 카리브지역 4개국(도미니카공화국·아이티·쿠바·트리니다드토바고). 페루는 해양영유권(maritime dominion)이라는 독특한 해양관할권 개념을 언급하고 있으나, 유엔해양법협약상의 해양관할권 개념이 아니라서 여기서는 통계에서 제외되었다.

42) 동아프리카 8개국(모리셔스·모잠비크·세이셸·소말리아·에리트레아·케냐·코모로·탄자니아), 서아프리카 4개국(가나·기니비사우·나이지리아·카보베르데), 남아프리카 1개국(나미비아), 북아프리카 1개국(알제리), 중앙아프리카 4개국(상투메프린시페·앙골라·적도기니·콩고민주공화국).

43) 멜라네시아 1개국(파푸아뉴기니), 미크로네시아 3개국(마셜제도·미크로네시아연방·팔라우), 폴리네시아 1개국(투발루).

44) 다만, 여기서 유의할 점은, 헌법상 직접적·적극적 영토조항 여부는 '영토'([land] territory)를 헌법에서 언급하느냐 여부를 의미하는 것이 아니라, 영토의 범위나 경계를 직접적으로 또는 적극적으로 규정하고 있는냐 여부를 의미한다는 것이다.

할권을 헌법으로 규율하는 현상이 세계적으로 확산되어 있다고 보기는 어렵다고 볼 수 있다. 특히, 그러한 분포 비율이 38% 내외에 불과한 유럽과 오세아니아에서는 그러한 확산 정도가 현저히 저조하다고 할 수 있다. 다만, 그 비율이 겨우 50%를 초과하는 아메리카에서는 상대적으로는 좀 더 확산되어 있다고 할 수 있을 뿐이다.

다음으로, 해양관할권 개념 각각에 대해서 그것이 얼마나 많은 국가의 헌법에서 언급되는가를 살펴보면, 세계 전체로는, [표 3]에서 보는 바와 같이, 영해 59개국,[45] 대륙붕 44개국, 배타적 경제수역 35개국,[46] 내수 18개국, 접속수역 13개국, 군도수역 7개국의 순서로 언급된다. 물론 국가 수에 따른 이러한 개념별 순위(영해-대륙붕-배타적 경제수역-내수-접속수역-군도수역)는 해양관할권 개념 각각의 중요성이나 개념 확립의 역사에 비추어 볼 때 납득할 만한 결과로 보인다. 영해는 국가의 주권이 인정되는 가장 전통적인 해양관할권이고, 대륙붕 및 배타적 경제수역은 국가의 주권적 권리가 인정되는 해양관할권으로서 대륙붕의 개념이 먼저 정립되었으며, 내수는 국가의 주권이 인정되기는 하지만 영해기선의 설정에 따른 부수적 결과로서 인정되는 해양관할권이고, 접속수역은 국가의 주권이 미치는 영토·영해의 출입과 관련된 부수적이고 한정된 해양관할권이며, 군도수역은 군도국가에서만 극히 제한적으로 인정되는 해양관할권이기 때문이다. 그런데, [표 3]에서 보듯이, 이들 가운데에서 가장 많은 국가의 헌법에서 언급되는 영해조차 조사대상 147개국 중에서 59개국에 불과하고 그 비율이 40% 남짓하다는 점에 비추어보면, 그 개념을 헌법에서 언급하는 국가의 분포 비율 내지 확산 정도가 매우 저조함을 알 수 있다. 가장 많이 언급되는 영해조차 그러하다면, 나머지 다른 해양관할권 개념은 더 이상 따져볼 필요조차 없을 지경이다.[47] 나아가, 해양관할권 개념 각각에 대해서 헌법에서 언급하는 국가를 대륙별로 나누어 살펴보면, [표 3]에서 보듯이, 많

45) 페루 헌법(제54조)에서 언급되는 '해양영유권'(maritime dominion), 에콰도르 헌법(제4조)에서 언급되는 '해양영토'(maritime territory), 쿠바 헌법(제11조)에서 언급되는 '연장된 해양영토'(extended maritime territory)는 아메리카의 통계에서 제외되었다.

46) 200해리까지의 해양을 언급한 엘살바도르·코스타리카는 배타적 경제수역의 아메리카 통계에서 제외되었다.

47) 대륙붕(44개국)은 30%, 배타적 경제수역(35개국)은 24%에 불과할 정도이다.

이 언급되는 해양관할권 개념의 순위는 다소 바뀐다.[48] 다만, 오세아니아에서는 내수의 순위가 여타의 개념을 앞질러 영해의 순위와 같다는 점은 특이하다고 할 수 있다. 그런데 여기서 가장 많이 언급되는 영해의 경우를 보면, 아메리카는 16개국으로 조사대상 33개국의 48% 남짓하고, 아프리카는 17개국으로 조사대상 38개국의 45%, 아시아는 14개국으로 조사대상 34개국의 41% 정도이다. 따라서 이들 세 대륙에서는 세계 전체의 비율(평균)과 비슷하거나 그것보다 다소 높으나 50%에는 여전히 미치지 못하며, 나머지 두 대륙은 그 비율이 30% 내외로 현저히 낮다.

2. 헌법상 언급되는 해양관할권 개념의 개수

여기서는, 헌법에서 하나 이상의 해양관할권 개념을 언급하는 국가를 대상으로 하여 헌법에서 언급되는 해양관할권 개념의 개수에 대해서 살펴본다. 그런데, 헌법으로 해양관할권을 규율하기 위하여 언급되는 해양관할권 개념이 많을수록 그만큼 더 많은 해양관할권을 규율한다는 점에서, 헌법에서 언급되는 해양관할권 개념의 개수는 헌법상 해양관할권 규율의 충실성 정도를 가늠하는 하나의 척도가 될 수 있다. 여기서도 그러한 의미에서 해양관할권 개념의 개수를 살펴보고자 한다. 헌법에서 언급될 수 있는 개념의 개수는 최소 1개에서 최대 6개까지이지만, 군도국가가 아닌 경우에 최대 개수는 군도수역을 제외한 5개까지이다. 그리고 헌법에서 언급되는 해양관할권 개념의 개수는, 언급되는 해양관할권 개념의 개수를 국가별로 조사한 다음에, 그것을 개수별 국가 수로 분류한다. 이러한 방법에 따라 조사한 각국 헌법상 해양관할권 개념의 개수는 [표 4]에서 보는 바와 같다. 아래에서는 먼저, 대륙별 및 세계 전체의 평균 개수를 통하여 세계 전체 및 각 대륙의 전반적인 양상을 개관한 다음에, 언급되는 해양관할권 개념의 국가별 개수(바꾸어 말하면, 개수별 국가 수)를 통하여 구체적으로 살펴본다.

48) 세계 전체의 경우와는 달리, 아시아에서는 군도수역이 내수를 앞지르고, 유럽에서는 대륙붕과 배타적 경제수역의 순위가 뒤바뀌며, 아메리카·아프리카에서는 내수와 접속수역의 순위가 뒤바뀌는 정도이다.

[표 4] 언급되는 해양관할권 개념의 개수

개수	해당 국가 수					
	아시아	유럽	아메리카	아프리카	오세아니아	세계
6개	–	–	–	1	–	1
5개	1	–	4	2	–	7
4개	2	1	3	2	2	10
3개	4	3	3	3	–	13
2개	2	4	6	5	2	19
1개	7	3	1	5	1	17
합계	16	11	17	18	5	67
평균 개수	2.25	2.18	3.24	2.67	2.60	2.63

※ '평균 개수'는 [표 3]에서 전재함.

먼저, 헌법에서 언급되는 해양관할권 개념의 1개국당 평균 개수는, [표 4]에서 보듯이, 세계 전체로는 2.63개로서 전체 해양관할권 개념(6개)의 절반에도 미치지 못한다. 군도수역이 군도국가에서만 제한적으로 인정되는 점을 고려하여, 그것을 제외한 나머지 5개의 해양관할권 개념에 대해서만 살펴보더라도, 세계 전체의 평균 개수는 2.56개로서 겨우 전체 개념(5개)의 절반 남짓하다.[49] 따라서 세계 전체적으로 헌법상 해양관할권 규율이 그다지 충실하지 못하다고 할 수 있다. 이러한 양상은, 해양관할권 개념의 언급 유무와 관련하여 앞에서 보았듯이, 하나 이상 해양관할권을 언급하는 국가가 세계 전체 연안국의 절반에도 미치지 못하고, 따라서 전반적으로 헌법상 해양관할권 규율이 별로 확산되어 있지 못하다는 점과 일맥상통한다고 볼 수도 있다.

대륙별로 나누어 살펴보면, [표 4]에서 보듯이, 헌법에서 언급되는 해양관할권 개념의 평균 개수는 아메리카 3.24개, 아프리카 2.67개, 오세아니아 2.60개, 아시아 2.25개, 유럽 2.18개의 순서이다. 군도국가의 희소성을 고려하여 군도

49) 군도수역을 언급하는 경우(7개국)를 통계에서 제외하면, 개념 개수별 국가 수는, 5개 6개국, 4개 11개국, 3개 13개국, 2개 20개국, 1개 16개국이며, 이들을 합하면 모두 66개국(군도국가만 언급하는 인도네시아 제외)이 된다. 이들 각각에서 개수와 국가 수를 곱하여 합산한 다음에, 합산 결과를 전체 국가 수로 나누면, 평균 개수는 2.56개가 된다.

수역을 제외한 나머지 5개의 개념에 대해서만 살펴보더라도, 군도수역이 언급되지 않는 아메리카와 유럽의 평균 개수는 변함이 없고 순위도 그대로이며, 나머지 대륙의 평균 개수는 약간의 변화에도 불구하고 순위는 그대로이다.[50] 따라서 1순위인 아메리카의 경우에만, 평균 개수가 전체 개념(6개 또는 5개)의 절반을 약간 또는 상당히 초과한다는 점에서, 헌법상 해양관할권 규율이 어느 정도 충실하다고 할 수 있다. 그 반면에, 나머지 대륙(특히, 아시아와 유럽)의 평균 개수는 정도의 차이가 있지만 전체 개념의 절반 이하라는 점에서, 헌법상 해양관할권 규율의 충실성이 다소 또는 상당히 미흡하다고 할 수 있다. 또한 아메리카의 평균 개수는 다른 대륙(특히 아시아와 유럽)에 비해서 차이가 크다는 점에서, 대륙 상호간에 해양관할권 규율의 충실성의 편차가 크다고 할 수 있다. 나아가, 이러한 대륙별 순위 양상은, 앞에서 해양관할권 개념의 언급 유무와 관련하여 이미 보았듯이, 헌법상 해양관할권 규율의 확산 정도와 관련한 대륙별 순위(아메리카-아프리카-아시아-오세아니아-유럽)와 상당한 유사성을 보여준다.

다음으로, 언급되는 해양관할권 개념의 국가별 개수(환언하면, 개수별 국가수)를 [표 4]에 따라 살펴보면, 첫째, 6개의 해양관할권 개념을 모두 언급하는 국가는 아프리카 1개국뿐이다.[51] 둘째, 5개의 개념을 언급하는 국가는 아시아 1개국,[52] 아메리카 4개국[53]과 아프리카 2개국[54]으로 모두 7개국이다. 셋째, 4개의 개념을 언급하는 국가는 모두 10개국인데, 대륙별로는 각각 아시아 2개국,[55] 유럽 1개국,[56] 아메리카 3개국,[57] 아프리카 2개국,[58] 오세아니아 2개국[59]이

50) 이 경우의 평균 개수는 아프리카 2.50개, 오세아니아 2.40개, 아시아 2.20개가 된다.

51) 카보베르데(제6조, 제91조 제1항, 187조 제1항, 제270조 제2항). 괄호 안은 해당 헌법 조항이며 이하 같다.

52) 필리핀(제1조, 제12조 제2항).

53) 과테말라(제121조, 제142조)·니카라과(제10조)·베네수엘라(제11조, 제12조, 제17조)·온두라스(제10조~제12조, 제23조).

54) 앙골라(제3조, 제16조, 제95조 제1항, 제164조)·코모로(제6조, 제7조).

55) 동티모르(제4조, 제95조, 제139조 제1항)·스리랑카(제5조, 제170조, 제154G조 관련 [별표 9]의 [List Ⅱ]).

56) 러시아(제67조, 제71조).

57) 도미니카공화국(제9조)·멕시코(제27조, 제42조, 제48조, 제123조)·콜롬비아(제101조).

58) 가나(제4조, 제257조 제6항)·모잠비크(제6조 제2항, 제98조).

59) 파푸아뉴기니(제2조 제1항, 제325조)·팔라우(제1조 제1항).

다. 넷째, 3개의 개념을 언급하는 국가는 모두 13개국으로서, 대륙별로는 아시아 4개국,[60] 유럽 3개국,[61] 아메리카 3개국,[62] 아프리카 3개국[63]이다. 다섯째, 2개의 개념을 언급하는 국가는 모두 19개국으로서, 대륙별로는 아시아 2개국,[64] 유럽 4개국,[65] 아메리카 6개국,[66] 아프리카 5개국,[67] 오세아니아 2개국[68]이다. 끝으로, 1개의 개념만 언급하는 국가는 모두 17개국이며, 대륙별로는 아시아 7개국,[69] 유럽 3개국,[70] 아메리카 1개국,[71] 아프리카 5개국,[72] 오세아니아 1개국[73]이다.[74]

---

60) 몰디브(제3조, 제243조 제1항, 제248조, 제274조 제1항)·예멘(제8조)·인도(제246조 관련 [별표 7]의 [List Ⅰ], 제297조)·조지아(제3조 제1항).
61) 루마니아(제136조)·리투아니아(제47조)·스페인(제132조 제2항).
62) 브라질(제20조)·수리남(제2조, 제72조)·쿠바(제11조, 제23조). 2019년 개정된 쿠바 헌법(제11조)에서는 종전과는 달리 '영해'라는 표현이 '연장된 해양영토'(extended maritime territories)라는 표현으로 대체되어 있는데, 여기서는 그것을 영해의 범주에서 제외하였다.
63) 나미비아(제100조)·케냐(제5조, 제62조 제1항, 제260조)·콩고민주공화국(제9조, 제55조).
64) 방글라데시(제143조)·파키스탄(제70조 관련 [별표 1], 제172조).
65) 불가리아(제18조 제2항)·우크라이나(제13조, 제92조)·크로아티아(제2조)·포르투갈(제5조, 제84조 제1항, 제164조, 제227조 제1항).
66) 벨리즈(제1조 제2항, 제17조, 제131조 관련 [별표 1] 제1항)·에콰도르(제4조, 제408조)·엘살바도르(제84조)·코스타리카(제6조)·트리니다드토바고(제1조 제2항)·파나마(제3조, 제258조). 에콰도르 헌법(제4조)에서는 '해양영토'(maritime territory)도 언급되는데, 그것이 무엇을 의미하는지는 분명하지 않다. 그리고 엘살바도르 헌법(제84)에서는 200해리까지의 해양에 대한 주권과 관할권을 규정하고, 코스타리카 헌법(제6조)에서도 200해리까지의 해양에 대한 특별한 관할권을 규정하고 있는데, 이러한 경우는 유엔해양법협약상의 해양관할권 개념을 언급하지 않아서 통계에서는 제외되었다.
67) 기니비사우(제10조, 제86조)·나이지리아(제44조 제3항)·모리셔스(제111조 제1항)·상투메프린시페(제4조)·소말리아(제7조 제1항).
68) 마셜제도(제9조 제1항)·미크로네시아연방(제조 제1항). 미크로네시아연방의 경우, '미크로네시아 군도'를 규정하고 군도의 섬들을 연결하는 수역을 내수로 규정한다는 점에서, 군도수역을 헌법에서 규율하는 것으로 볼 수 있으나, 해양관할권 개념을 언급하지 않아서 여기서는 통계에서 제외되었다.
69) 미얀마(제254조 제1항)·베트남(제1조)·브루나이(제83조)·사우디아라비아(제14조)·아랍에미리트(제2조, 제3조, 제121조)·인도네시아(제25A조)·캄보디아(제58조).
70) 몰타(제1조 제2항, 제124조 제1항)·아이슬란드(제21조)·에스토니아(제2조). 몰타 헌법(제1조 제2항)에는 몰타 군도는 언급되나 군도수역에 관한 언급은 없다.
71) 아이티(제8조).
72) 세이셸(제2조)·알제리(제13조)·에리트레아(제1조 제2항)·적도기니(제3조)·탄자니아(제2조 제1항). 세이셸 헌법(제2조)에는 '세이셸 군도'와 '역사적 수역'의 언급이 있으나, 군도수역의 통계에서 제외되었다.
73) 투발루(제2조 제1항).
74) 유엔해양법협약 미가입국인 페루의 헌법(제54조)에서는, 200해리까지의 해양영유권(maritime dominion)에 대한 주권과 관할권을 규정하고 있는데, 이것이 영해 200해리 주장의 근거로 이해되기도 한다. 유엔해양법협약 상의 해양관할권 개념에 해당하지 않아서 여기서는 통계에서 제

이러한 조사 결과를 헌법상 해양관할권 규율의 충실성의 측면에서 분석해 보면,[75] 먼저, 세계(67개국) 전체로는, [표 4]에서 보듯이, 헌법에서 언급되는 해양관할권 개념은 개수별로, 6개 1개국(1%), 5개 7개국(10%), 4개 10개국(15%), 3개 13개국(19%), 2개 19개국(28%), 1개 17개국(25%)이다. 따라서 해양관할권 개념을 2개만 언급하는 국가가 가장 많고, 2개 이하를 언급하는 국가가 36개국(54%)에 이르는데, 이것은 해양관할권의 헌법상 규율이 충실하지 못한 국가가 과반수에 해당할 정도로 많음을 의미한다. 그 반면에, 5개 이상의 개념을 언급하는 국가는 8개국(12%)에 불과하다는 것은 극소수의 국가만이 헌법으로 해양관할권을 충실하게 규율할 뿐임을 보여준다. 나아가 군도수역의 언급이 제한적일 수밖에 없음을 고려하여 4개 이상을 언급하는 국가를 합산하더라도 모두 18개국으로 전체의 27%에 불과하다.[76]

같은 방식으로 대륙별로 분석해 보면, 첫째, 아시아(16개국)의 경우에는, [표 4]에서 보듯이, 5개 1개국(6%), 4개 2개국(13%), 3개 4개국(25%), 2개 2개국(13%), 1개 7개국(44%)이다. 해양관할권 개념을 1개만 언급하는 국가가 가장 많을 뿐 아니라 거의 절반 가까이 되고, 그 비율(44%)이 세계 전체의 비율(25%)보다 훨씬 높다. 따라서 헌법상 해양관할권 규율의 충실성 측면에서 세계 전체의 평균에도 훨씬 미달할 정도로 미흡하다고 할 수 있다. 1개만 언급하는 경우와 2개를 언급하는 경우까지 합하면 9개국(56%)이 되는데, 이 비율은 세계 전체의 평균(54%)과 비슷하게 된다. 다른 한편으로, 6개를 언급하는 국가는 없고, 5개를 언급하는 국가는 1개국(6%)뿐이므로, 헌법으로 해양관할권을 충실하게 규율하는 국가의 비율이 매우 저조하다고 할 수 있다. 나아가, 군도수역의 제한성을 고려하여 4개 이상을 언급하는 국가를 합산하더라도 모두 3개국으로 전체의 19%에 불과하다.[77]

외되었다.

75) 전체 비율의 합계가 100%가 아니거나, 합산한 결과의 비율이 각각의 해당 비율의 단순 합산과 다르게 나타나는 경우가 있는데, 그것은 반올림을 적용했기 때문이다.

76) 군도수역의 언급(7개국)을 세계 전체 통계에서 제외하면, 언급되는 개념의 개수별 국가 수는, 5개 6개국, 4개 11개국, 3개 13개국, 2개 20개국, 1개 16개국이며, 이들을 합하면 모두 66개국(군도국가만 언급하는 인도네시아 제외)이 되는데, 4개 이상을 언급하는 국가는 모두 17개국으로 전체의 26%에 불과하다.

77) 군도수역을 언급하는 경우(3개국)를 아시아 통계에서 제외하면, 언급되는 개념의 개수별 국가 수는, 4개 3개국, 3개 3개국, 2개 3개국, 1개 6개국이며, 이들을 합하면 모두 15개국(군도국가만

둘째, 유럽(11개국)의 경우에는, [표 4]에서 보듯이, 4개 1개국(9%), 3개 3개국(27%), 2개 4개국(36%), 1개 3개국(27%)이다. 해양관할권 개념을 2개 언급하는 국가가 가장 많고, 여기에 1개만 언급하는 경우까지 합하면 7개국(64%)이 되는데, 이 비율이 세계 전체의 비율(54%)보다 높다. 따라서 헌법상 해양관할권 규율의 충실성 측면에서 세계 전체의 평균에도 상당히 미달한다고 할 수 있다. 다른 한편으로, 5개 이상을 언급하는 국가가 전혀 없을 뿐 아니라, 나아가, 군도수역을 언급하는 국가가 유럽에는 없다는 점에서 4개를 언급하는 경우까지 고려하더라도, 4개를 언급하는 국가조차 1개국(9%)뿐이다. 헌법상 해양관할권 규율이 충실한 국가의 비율도 극히 낮다고 할 수 있다.

셋째, 아메리카(17개국)의 경우에는, [표 4]에서 보듯이, 5개 4개국(24%), 4개 3개국(18%), 3개 3개국(18%), 2개 6개국(35%), 1개 1개국(6%)이다.[78] 해양관할권 개념을 2개 언급하는 국가가 가장 많고, 여기에 1개만 언급하는 경우까지 합하면 7개국(41%)이 되는데, 이 비율은 세계 전체의 비율(54%)보다는 낮다. 따라서 헌법상 해양관할권 규율의 충실성 측면에서 세계 전체의 평균에 비해서도 상당히 나은 편이라고 할 수 있다. 다른 한편으로, 5개 이상을 언급하는 국가(4개국)의 비율(24%)이 세계 전체의 비율(12%)의 2배에 달한다. 나아가, 군도수역을 언급하는 국가가 아메리카에는 없다는 점에서 4개를 언급하는 국가(3개국)까지 고려하면, 4개 이상 언급하는 국가는 7개국(41%)이 된다. 따라서 아메리카의 경우에는 헌법상 해양관할권 규율이 충실한 국가의 비율도 매우 높다고 할 수 있다.

넷째, 아프리카(18개국)의 경우에는, [표 4]에서 보듯이, 6개 1개국(6%), 5개 2개국(11%), 4개 2개국(11%), 3개 3개국(17%), 2개 5개국(28%), 1개 5개국(28%)이다. 아프리카에서는 해양관할권 개념을 2개 또는 1개 언급하는 국가가 가장 많고, 두 가지 경우를 합하면 10개국(56%)이 된다. 이 비율은 세계 전체의 비율(54%)과 비슷하지만, 헌법상 해양관할권 규율이 충실하지 못한 국가가

언급하는 인도네시아 제외)이 되는데, 4개 이상을 언급하는 국가는 모두 3개국으로 20%에 불과하다.

78) 200해리 해양관할권을 언급하는 엘살바도르·코스타리카(배타적 경제수역)와 '연장된 해양영토'를 언급하는 쿠바(영해)를 각각 포함하면, 5개 4개국, 4개 4개국, 3개 4개국, 2개 4개국, 1개 1개국이 된다.

아프리카 전체의 절반을 넘는다. 다른 한편으로, 5개 이상을 언급하는 국가는 3개국(17%)인데, 이 비율은 세계 전체의 비율(12%)보다 약간 높다. 나아가, 군도수역의 제한성을 고려하여 4개를 언급하는 국가(2개국)까지 고려하더라도, 4개 이상 언급하는 국가는 5개국(28%)에 불과하다.[79] 따라서 아프리카의 경우에는 헌법상 해양관할권 규율이 충실한 국가의 비율도 세계 전체의 평균보다는 높지만, 절대적으로는 낮다고 할 수 있다.

다섯째, 오세아니아(5개국)의 경우에는, [표 4]에서 보듯이, 4개 2개국(40%), 2개 2개국(40%), 1개 1개국(20%)이다. 대상국가(5개국)가 너무 적어서 분석에 문제가 있을 수 있으나, 2개 이하를 언급하는 국가가 60%인 반면에, 5개 이상을 언급하는 국가는 전혀 없고, 4개를 언급하는 국가가 40%인 점에서,[80] 헌법상 해양관할권 규율이 결코 충실하다고 할 수는 없다.

3. 헌법상 언급되는 해양관할권 개념의 조합 유형

여기서는, 여섯 가지의 해양관할권 개념 중에서 세 가지 핵심적인 개념, 즉 영해·대륙붕과 배타적 경제수역에 대해서 집중적으로 살펴보고자 한다. 설명의 편의를 위하여 이들 세 가지 핵심적인 개념을 해양관할권의 기본 개념으로 부르고, 나머지 세 가지 개념(즉 내수·접속수역·군도수역)을 기타 개념으로 부르고자 한다.

이러한 구분에 따르면, 기본 개념과 기타 개념은 상당히 대조적인 양상을 보여준다. 이미 앞([표 3])에서 본 바와 같이, 세 가지 기본 개념은 각각 전체(67개국)의 최소한 절반이 넘는 국가에서 언급되는 데 반하여, 기타 개념을 언급하는 국가는 기본 개념에 비해서 매우 적다. 또한 세 가지 기본 개념만 전부 또는 일부를 언급하고 기타 개념은 전혀 언급하지 않는 국가도 40개국(60%)에 이른다. 더구나, 이론적으로도 그 각각의 가치 내지 중요성의 측면에서도 대

79) 군도수역을 언급하는 경우(2개국)를 아프리카 통계에서 제외하면, 5개 2개국, 4개 3개국, 3개 3개국, 2개 5개국, 1개 5개국이 된다.

80) 군도수역을 언급하는 경우(1개국)를 오세아니아 통계에서 제외하면, 4개 1개국, 3개 1개국, 2개 2개국, 1개 1개국이다.

조적인 양상을 엿볼 수 있다. 기본 개념의 경우에는, 거기에 내포된 해양관할권은 영토의 연장선상에서 인정되는 포괄적인 주권적 해양관할권일 뿐 아니라, 인접 해양의 지리적 여건상 불가피한 경우가 아닌 한 모든 연안국에게 일반적으로 인정될 수 있다. 아울러, 기본 개념 안에서는, 영해는 전통적인 국가영역(영토·영해·영공)의 하나로서 그 역사가 가장 오래된 전통적인 해양관할권 개념으로서 국가의 주권이 미치는 가장 강력하고도 포괄적인 관할권인 데 반하여, 대륙붕과 배타적 경제 수역은 영해에 비해서는 그 개념 형성·정립의 역사가 훨씬 짧을 뿐 아니라(물론 대륙붕과 배타적 경제수역 상호간에도 그러한 역사의 차이가 다소 있지만), 국가의 '주권' 그 자체가 미치는 관할권이 아니라 그보다는 제한된 '주권적 권리'가 미치는 관할권이다. 그런데, 이러한 기본 개념과는 달리, 기타 개념의 경우에는, 영해기선의 설정에 따른 부수적 결과에 불과하거나(내수), 해양관할권이 영토·영해의 출입 등과 관련된 극히 부수적이고 한정된 관할권이거나(접속수역), 군도국가라는 특수한 조건을 갖춘 경우에만 극히 제한적으로 인정될 수 있는 관할권(군도수역)일 뿐이다.[81)]

기본 개념과 기타 개념 상호간 및 기본 개념 내에서의 이러한 차이는, 여기서는, 각 개념에 내포된 해양관할권의 가치 내지 중요성의 차이로 인식하고자 한다. 그렇다면, 해양관할권의 헌법상 법제화에서는 마땅히 각각의 해양관할권의 가치 내지 중요성의 차이에 따른 우선순위가 고려되어야 할 것이다. 그리고 그러한 우선순위의 문제는 각 해양관할권 개념 상호간의 체계적 관계의 문제라고 할 수 있고, 따라서 해양관할권 개념 상호간의 체계적 관계를 잘 고려하여 헌법으로 해양관할권을 규율하는가 여부는 헌법상 해양관할권 규율의 체계성 여하를 가늠하는 하나의 척도가 될 수 있으리라고 본다. 이와 같이 헌법상 해양관할권 규율의 체계성 여부를 판단하기 위하여, 여기서는, 6개의 해양관할권 개념 중에서 세 가지 기본 개념만을 우선적인 고려 대상으로 하고, 상대적으로 가치가 떨어지는 나머지 세 가지 기타 개념은 일차적 고려 대상에서 배제하고자 한다. 그것은 기타 개념이 기본 개념의 어느 것에 비해서도 선

81) 물론 군도국가에서는 군도기선이 영해기선이 되므로 군도수역의 설정 여하에 따라 나머지 해양관할권의 범위가 달라질 수 있으므로, 군도수역의 설정 문제가 더 근본적이고 현실적 필요성이 크다고 생각할 수도 있다. 그럼에도 불구하고, 군도수역은 특수한 지리적·역사적 조건을 갖춘 경우에 제한적으로 인정된다는 점은 부인할 수 없다.

순위로 고려될 수는 없다고 보기 때문이다.[82] 물론 기본 개념의 조합 유형을 다시 세분화하는 경우에는 기타 개념도 고려될 수 있다. 그리하여, 아래에서는, 세 가지 기본 개념에 대해서 그것의 논리적으로 가능한 조합 유형을 먼저 살펴보고, 각국의 헌법이 어느 유형에 해당하는가를 조사하여 분류한 다음에, 해양관할권 규율의 체계성 여하를 분석하고자 한다.

먼저, 해양관할권의 세 가지 기본 개념의 조합 유형에 관하여 살펴본다. 세 가지 기본 개념의 논리적으로 가능한 조합 유형은, [표 5]에 보는 바와 같이, 모두 여덟 가지라고 할 수 있다. 즉, 세 가지 기본 개념을 조합하는 방식에 따라, 세 가지 개념을 모두 언급하는 경우(유형 ①), 두 가지 개념을 언급하는 경우(유형 ②③④), 한 가지 개념만 언급하는 경우(유형 ⑤⑥⑦), 기본 개념의 언급 없는 경우(유형 ⑧)[83]가 논리적으로 가능한 조합 유형이라고 할 수 있다.[84] 이들 유형 가운데에서 유형 ⑧(기본 개념을 전혀 언급하지 않는 경우)은 일반적으로는 조합 유형에는 해당하지 않는다고 할 수 있으나, 여기서는 기본 개념 외에 기타 개념도 있고, 이 유형에 실제로 해당하는 사례가 있기 때문에, 또 하나의 조합 유형으로 분류한다. 만일 세 가지 기타 개념도 모두 고려한다면, 논리적으로는, 이들 여덟 가지 조합 유형(①~⑧) 각각을 다시 기타 개념(세 가지)의 논리적으로 가능한 조합 유형에 따라 세분화할 수도 있지만, 그렇게 하면 너무 복잡해서 혼란만 가중시킬 우려가 있으므로,[85] 이미 언급했듯이 기타 개념의 조합 유형은 여기서는 원칙적으로 고려하지 않는다. 그리고 세 가지 기본 개념의 조합 유형만 고려하더라도, 각 유형에 따른 헌법상 해양관

---

82) 여기서는, 기본 개념의 일부나 전부가 빠진 상태에서 기타 개념을 언급하는 경우는 헌법상 해양관할권 규율의 체계성에 문제가 있다고 본다. 그 반면에, 기본 개념 세 가지 전부를 언급하면 기타 개념의 언급 여하와 상관없이 체계성에 문제가 없다고 본다. 그리고 기본 개념의 일부만 언급하는 경우는, 기본 개념 상호간의 체계성의 문제가 없고 기타 개념을 전혀 언급하지 않는다는 조건 하에서만, 체계성의 문제가 없다고 본다.

83) 이 경우에는 기타 개념의 언급이 필요하다. 이 경우에 기타 개념조차 언급되지 않는다면, 해양관할권의 언급이 전혀 없게 되며, 따라서 하나 이상의 해양관할권 개념을 언급하는 국가의 범주에서 제외되기 때문이다.

84) 이들 유형 중에서, 배타적 경제수역만 언급하는 경우(유형 ⑦)에 해당하는 국가가 실제로는 존재하지 않지만, 조합 유형의 설명을 위하여 편의상 [표 5]에 포함시킨다.

85) 기타 개념의 개별적 특성을 무시한 채 그 개수만으로 가능한 조합 유형은 기본 개념의 조합 유형별로 각각 네 가지씩(3개, 2개, 1개, 0개)이지만, 그중에서 실제로 해당 사례가 있는 경우만을 고려하면, 기본 개념의 조합 유형 ①은 네 가지로, 유형 ②는 세 가지로, 유형 ③④⑤⑥은 각각 두 가지씩으로 세분화되는 것으로 확인된다.

[표 5] 언급되는 해양관할권 기본 개념의 조합 유형

기본 개념의 조합				해당 국가 수					
유형	영해	대륙붕	EEZ	아시아	유럽	아메리카	아프리카	오세아니아	세계
①	○	○	○	6	3	9	7	1	26
②	○	○	–	2	–	5	3	1	11
③	○	–	○	1	1	1	2	–	5
④	–	○	○	–	3	1	–	–	4
⑤	○	–	–	5	4	1	5	2	17
⑥	–	○	–	1	–	–	1	1	3
⑦	–	–	○	–	–	–	–	–	–
⑧	–	–	–	1	–	–	–	–	1
계				16	11	17	18	5	67

※ '기본 개념의 조합'에서 ○표시는 해당 개념이 언급됨을 표시함.

할권 규율의 다양성은 상당히 가늠할 수 있다고 본다.

이에 따라, 해양관할권의 세 가지 기본 개념의 조합 유형에 따라 그 각각에 해당하는 국가를 분류하면 [표 5]에서 보는 바와 같다. 첫째, 세 가지 기본 개념(영해·대륙붕과 배타적 경제수역)을 모두 언급하는 국가(유형 ①)는 아시아 6개국,[86] 유럽 3개국,[87] 아메리카 9개국,[88] 아프리카 7개국,[89] 오세아니아 1개국[90]을 합하여 세계 전체로는 26개국이다. 둘째, 세 가지 기본 개념 중에서 영해·대륙붕의 두 가지를 언급하는 국가(유형 ②)는 아시아 2개국,[91] 아메리카

86) 동티모르·스리랑카·인도·예멘·조지아·필리핀. 동티모르는 접속수역을, 스리랑카는 내수를, 필리핀은 내수·군도수역을 추가로 언급하나, 나머지(예멘·인도·조지아)는 기타 개념이 언급되지 않는다.

87) 러시아·루마니아·스페인. 러시아는 내수를 추가 언급하나, 나머지는 기타 개념의 언급이 없다.

88) 과테말라·니카라과·도미니카공화국·멕시코·베네수엘라·브라질·수리남·온두라스·콜롬비아. 과테말라·니카라과·베네수엘라·온두라스는 내수·접속수역을, 멕시코는 내수를, 도미니카공화국·콜롬비아는 접속수역을 추가로 언급하나, 브라질·수리남은 기타 개념의 언급이 없다.

89) 가나·나미비아·모잠비크·앙골라·카보베르데·케냐·코모로. 카보베르데는 내수·접속수역·군도수역을, 앙골라는 내수·접속수역을, 코모로는 접속수역·군도수역을, 가나·모잠비크는 접속수역을 추가 언급하나, 나미비아·케냐는 기타개념의 언급이 없다.

90) 파푸아뉴기니. 파푸아뉴기니는 내수를 추가 언급한다.

91) 방글라데시·파키스탄. 이들은 모두 기타 개념의 언급이 없다.

5개국,[92] 아프리카 3개국,[93] 오세아니아 1개국[94]을 합하여 세계 전체로는 11개국이며, 유럽에는 없다. 셋째, 세 가지 기본 개념 중에서 영해와 배타적 경제수역의 두 가지를 언급하는 국가(유형 ③)는 아시아 1개국,[95] 유럽 1개국,[96] 아메리카 1개국,[97] 아프리카 2개국[98]을 합하여 세계 전체로는 5개국이며, 오세아니아에는 없다. 넷째, 세 가지 기본 개념 중에서 대륙붕과 배타적 경제수역의 두 가지를 언급하는 국가(유형 ④)는 유럽 3개국,[99] 아메리카 1개국[100]을 합하여 세계 전체로는 4개국이며, 아시아·아프리카·오세아니아에는 없다. 다섯째, 세 가지 기본 개념 중에서 영해 하나만 언급하는 국가(유형 ⑤)는 아시아 5개국,[101] 유럽 4개국,[102] 아메리카 1개국,[103] 아프리카 5개국,[104] 오세아니아 2개국[105]을 합하여 세계 전체로는 17개국이다. 여섯째, 세 가지 기본 개념 중에서 대륙붕 하나만 언급하는 국가(유형 ⑥)는 아시아 1개국,[106] 아프리카 1개국,[107] 오세아니아 1개국[108]을 합하여 세계 전체로는 3개국이며, 유

92) 에콰도르·엘살바도르·코스타리카·트리니다드토바고·파나마. 이들은 모두 기타 개념의 언급이 없다. 그런데, 엘살바도르와 코스타리카는 '배타적 경제수역'이라는 개념을 사용하지 않은 채 200해리 해양에 대한 주권과 관할권을 명시하고 있는데, 실제로는 배타적 경제수역도 규율한다고 본다면, 이들은 사실상 유형 ①에 해당한다고 볼 수 있다.

93) 모리셔스·소말리아·콩고민주공화국. 콩고민주공화국은 내수를 추가 언급하나, 모리셔스·소말리아는 기타 개념의 추가 언급이 없다.

94) 팔라우. 내수·군도수역을 추가 언급한다.

95) 몰디브. 군도수역을 추가 언급한다.

96) 포르투갈. 기타 개념의 추가 언급이 없다.

97) 벨리즈. 기타 개념의 추가 언급이 없다.

98) 기니비사우·나이지리아. 이들 모두 기타 개념의 추가 언급이 없다.

99) 리투아니아·불가리아·우크라이나. 리투아니아는 내수를 추가 언급하나, 불가리아·우크라이나는 기타 개념의 추가 언급이 없다.

100) 쿠바. 쿠바는 내수를 추가 언급한다. 쿠바는 '연장된 해양영토'라는 표현을 쓰고 있는데, 이것이 영해를 의미한다면, 쿠바는 사실상 유형 ①에 해당한다고 볼 수도 있다.

101) 미얀마·베트남·브루나이·사우디아라비아·아랍에미리트. 이들은 모두 기타 개념의 추가 언급이 없다.

102) 몰타·아이슬란드·에스토니아·크로아티아. 크로아티아는 내수를 추가 언급하나, 나머지 3개국은 기타 개념의 추가 언급이 없다.

103) 아이티. 기타 개념의 추가 언급이 없다.

104) 상투메프린시페·세이셸·알제리·에리트레아·탄자니아. 상투메프린시페는 군도수역을 추가 언급하나, 나머지 4개국은 기타 개념의 추가 언급이 없다.

105) 마셜제도·투발루. 마셜제도는 내수를 추가 언급하나, 투발루는 기타 개념의 추가 언급이 없다.

106) 캄보디아. 기타 개념의 추가 언급이 없다.

107) 적도기니. 기타 개념의 추가 언급이 없다.

108) 미크로네시아연방. 미크로네시아연방은 내수를 추가 언급한다. 미크로네시아연방은 200해리의 해양공간에 대한 관할권을 규정하고 있는데, 이러한 관할권이 배타적 경제수역을 의미한다

럽·아메리카에는 없다. 일곱째, 세 가지 기본 개념 중에서 배타적 경제수역 하나만 언급하는 국가(유형 ⑦)는 전혀 없으며,[109] 세 가지 기본 개념의 언급 없이 기타 개념만 언급하는 국가(유형 ⑧)는 아시아 1개국[110]뿐이다.

이러한 각각의 조합 유형를 헌법상 해양관할권 규율의 체계성의 관점에서 살펴본다. 해양관할권 기본 개념을 모두 언급하는 경우(유형 ①)는 기본 개념 상호간에 체계성의 문제가 전혀 없을 뿐 아니라, 기본 개념과 기타 개념 상호간에도 기타 개념의 언급 여부와 상관없이 체계성의 문제는 없다고 본다. 다음으로, 해양관할권 기본 개념 중에서 영해 하나만을 언급하는 경우(유형 ⑤)는 그 자체로는 기본 개념 상호간에 체계성의 문제가 전혀 없으나, 여기에 기타 개념이 하나라도 추가로 언급된다면 기본 개념과 기타 개념 사이에 체계성의 문제가 야기될 수 있다. 그리고 영해 하나에 추가하여 대륙붕이나 배타적 경제수역 하나를 더 언급하는 경우(유형 ②③)는 영해와의 관계에서는 체계성의 문제가 없다고 볼 수 있으나, 대륙붕과 배타적 경제 수역 상호간의 관계에서는 체계상의 문제가 제기될 여지가 있으며, 여기에 기타 개념이 추가로 언급된다면 기본 개념과 기타 개념 사이에 체계성의 문제가 야기될 수 있다. 그러나 영해를 언급하지 않은 채 대륙붕과 배타적 경제수역의 둘 또는 그 어느 하나를 언급하는 경우(유형 ④⑥⑦)는 그 자체만으로도 영해와의 관계에서 체계성의 문제가 현저할 뿐 아니라, 여기에 기타 개념이 추가로 언급된다면 그러한 체계성의 문제는 더욱 심화될 수밖에 없다. 아울러 기본 개념의 언급 없이 기타 개념만 언급하는 경우(유형 ⑧)도 기본 개념과 기타 개념 상호간에 체계성의 문제를 야기할 수밖에 없다.

이러한 관점에서 볼 때, 우선, 세계 전체로는, [표 5]에서 보듯이, 유형 ①(세 가지 기본 개념 모두 언급)이 가장 많은 26개국으로 전체(67개국)의 39%에 이르는데, 이 유형의 비율이 그나마 가장 높은 것은 헌법상 해양관할권 규율의 체계성의 측면에서 당연하다고 할 수 있다. 이 유형에서는 기타 개념이

고 볼 때, 미크로네시아연방은 사실상 유형 ③에 해당한다고 볼 수 있다.

109) 페루는 200해리의 해양영유권(maritime dominion)을 규정하고 있는데, 이것이 200해리 영해를 의미한다면, 페루는 사실상 유형 ⑤에 해당한다고 볼 수도 있다. 만일 그것이 배타적 경제수역에 해당한다고 본다면, 유형 ⑦에 페루를 포함시킬 수도 있다.

110) 인도네시아. 인도네시아는 기본 개념 없이 군도수역만 언급한다.

추가로 언급되더라도 체계성의 문제를 야기하지 않은 채 헌법상 해양관할권 규율의 충실성도 더욱 보강할 수 있다.[111] 그 다음으로 비율이 높은 것은 유형 ⑤(영해만 언급)인데, 여기에 해당하는 국가는 [표 5]에서 보듯이 17개국으로 전체(67개국)의 25%이다. 물론 유형 ⑤는 헌법상 해양관할권 규율의 충실성은 미흡하지만, 기본 개념 자체만으로는 체계성에는 문제가 없고, 다만 이 유형에서 기타 개념이 추가로 언급된다면 체계성에도 문제가 생길 수 있다.[112] 세 번째로 비율이 높은 것은 유형 ②(영해와 대륙붕 언급)인데, 여기에 해당하는 국가는 [표 5]에서 보듯이 11개국으로 전체(67개국)의 16%이다. 이에 비해서 유형 ③(영해와 배타적 경제수역 언급)에 해당하는 국가는 5개국으로 전체의 7%에 불과하다. 이들 두 가지 유형(②③)의 경우에, 전자(②)가 후자(③)보다 개념 정립의 역사가 오래되었다는 점에서는 통계의 결과를 어느 정도 납득할 수는 있다. 그렇지만 대륙붕과 배타적 경제수역은 수평적으로 영해기선 200해리까지는 범위가 동일하기 때문에, 둘 중에서 어느 하나(특히, 후자)만을 규율하는 것은 체계상으로 쉽게 납득하기는 어렵다. 더구나 이 두 가지 유형(②③)에서 기타 개념이 추가로 언급된다면 체계성의 문제는 심화된다고 할 수 있다.[113] 이상의 경우와는 달리, 유형 ④(대륙붕과 배타적 경제수역 언급)는 가장 전통적이고 핵심적인 해양관할권인 영해를 전혀 언급하지 않는다는 점에서 체계성의 문제가 크다. 또한 유형 ⑥⑦(대륙붕과 배타적 경제수역 중 어느 하나만 언급)과 유형 ⑧(기본 개념 언급 없이 기타 개념만 언급)은 체계성의 측면에서 중대한 문제가 있다고 본다. 더구나 이들 유형(④⑥⑦⑧)에서 다시 기타 개념이 추가로 언급된다면 체계성의 문제는 더욱 심각해질 수밖에 없다고 본다. 그래서 그런지 이러한 유형(④⑥⑦⑧)에 해당하는 국가는 [표 5]에서 보듯이 별로 많지 않다.[114]

---

111) 실제로는, 이 유형(①)에서 기타 개념의 추가 언급이 없는 경우는 9개국이고, 추가로 언급되는 기타 개념이 1개는 9개국, 2개는 7개국, 3개는 1개국이다.

112) 실제로는, 이 유형(⑤)에서 기타 개념이 전혀 언급되지 않는 경우는 14개국이고, 1개만 추가로 언급되는 경우는 3개국이다.

113) 실제로는, 유형 ②에서 기타 개념이 추가로 언급되지 않는 경우는 9개국이고, 1개와 2개 언급되는 경우는 각각 1개국이다. 그리고 유형 ③에서 기타 개념이 추가로 언급되지 않는 경우는 4개국이고, 1개 언급되는 경우는 1개국이다.

114) 유형 ④는 4개국, 유형 ⑥은 3개국, 유형 ⑧은 1개국이고, 유형 ⑦은 없다.

이와 같이 볼 때, 유형 ①(기본 개념 모두 언급)과 유형 ⑤(영해만 언급)에 해당하는 국가가 43개국으로 전체(67개국)의 64%에 이른다는 점에서,[115] 헌법으로 해양관할권을 규율하는 대다수 국가에서는 적어도 헌법상 해양관할권 규율의 체계성은 상당히 지켜지고 있다고 볼 수 있다. 그렇지만 유형 ④⑥⑧에 해당하는 8개국(12%)에서는 헌법으로 해양관할권을 규율하면서도 그 체계성을 제대로 고려하고 있지 못하다고 할 수 있다.

이러한 것을 대륙별로 나누어 살펴본다. 헌법상 해양관할권 규율에서 체계성이 가장 나은 유형 ①(기본 개념 모두 언급)에 해당하는 경우는 아메리카 9개국(53%),[116] 아프리카 7개국(39%), 아시아 6개국(38%), 유럽 3개국(27%), 오세아니아 1개국(20%)의 순서이다. 따라서 아메리카는 다른 대륙보다 그 비율이 훨씬 높을 뿐 아니라, 아메리카(17개국)의 절반을 넘는다는 점에서, 헌법상 해양관할권 규율의 체계성이 비교적 잘 고려되었다고 할 수 있다. 나아가, 해양관할권의 헌법상 규율에 소극적이기는 하지만, 기타 개념의 추가적인 언급이 없다면 체계성이 유지되는 유형 ⑤(영해만 언급)를 대륙별로 각각 유형 ①에 더하면, 해당하는 국가는 아시아 11개국(69%), 아프리카 12개국(67%), 유럽 7개국(64%), 오세아니아 3개국(60%), 아메리카 10개국(59%)[117]의 순서가 된다. 따라서 유형 ①만 고려하는 경우와는 달리, 대륙별 순위도 바뀌고 상호간 편차도 상당히 줄어든다. 그 반면에, 체계성 측면에서 명백히 문제가 있다고 생각되는 유형 ④⑥⑦⑧에 해당하는 국가는 아시아 2개국(13%), 유럽 3개국(27%), 아메리카 1개국(6%),[118] 아프리카 1개국(6%), 오세아니아 1개국(20%)인데, 유럽의 비율이 비교적 높다.

115) 유형 ⑤에 해당하는 17개국 중에서 14개국은 기타 개념의 언급이 없으나, 3개국에서는 1개의 기타 개념(내수 또는 군도수역)이 추가로 언급되므로 체계성의 문제가 있다.

116) 나아가, 200해리 해양에 대한 관할권을 규정하고 있는 엘살바도르(유형 ②), 코스타리카(유형 ②), '연장된 해양영토'라는 표현을 쓰고 있는 쿠바(유형 ④) 등 3개국을 유형 ①에 포함시키면, 유형 ①에 해당하는 아메리카 국가는 사실상 12개국이 되어 전체의 71%에 이른다.

117) 엘살바도르(유형 ②)와 코스타리카(유형 ②) 및 쿠바(유형 ④)를 유형 ①에 포함시키면(주 116 참조), 유형 ①⑤에 해당하는 아메리카 국가는 사실상 13개국이 되어 전체의 76%에 이른다.

118) 쿠바(유형 ④)는 '연장된 해양영토'가 영해에 해당한다고 보면, 아메리카는 해당 국가가 없게 된다.

4. 헌법상 해양관할권 개념의 용법

여기서는, 헌법에서 해양관할권 개념을 언급하는 경우에, 그러한 해양관할권 개념을 사용하여 규율하는 사항이 무엇인가를 살펴보기로 한다. 이러한 물음은 어떠한 사항을 규율하기 위하여 해양관할권 개념을 사용하는가라는 물음으로 바꾸어볼 수 있다. 그러한 의미에서 그 해양관할권 개념을 사용하여 규율되는 사항은 그 해양관할권 개념의 쓰임새라고 할 수 있는데, 여기서는 그것을 해양관할권 개념의 용법이라고 부르고자 한다. 물론 이러한 헌법상 해양관할권의 용법은 논리적으로는 아주 다양할 수 있고, 또한 헌법전의 분량이 방대할수록 실제로 그럴 가능성이 커진다. 왜냐하면, 해양관할권 개념에는 일정 범위의 해양공간이라는 장소의 요소가 포함되어 있기 때문에, 장소의 공간적 범위를 일정한 해양공간으로 특정하여 그러한 장소에서의 사람과 사물을 법적으로 규율하고자 하는 경우에는, 일정한 해양공간으로 장소를 특정하기 위한 용도로 해양관할권 개념이 사용될 수 있기 때문이다. 그러나 헌법은 국가의 기본법·최고법으로서 법문에서의 간결성이 필요하므로, 그 법문이 간결하고 분량이 적을수록 해양관할권 개념을 언급할 개연성이 줄어들고, 그 결과 해양관할권 개념의 헌법상 용법에서의 다양성도 줄어들 수밖에 없다. 물론, 이러한 헌법상 해양관할권 개념의 용법이 실제로 얼마나 다양하게 나타나는가는 해양관할권 개념이 언급된 해당 헌법조항을 조사·분석함으로써 알 수 있다. 말하자면, 해양관할권 개념이 언급된 해당 헌법조항에서의 규율 사항을 조사하여 분류함으로써 헌법상 해양관할권 개념의 용법의 유형, 즉 해양관할권 개념을 사용하여 규율하는 사항의 유형을 알 수 있다. 그리고 그러한 해양관할권 개념의 용법의 유형은 해양관할권의 헌법상 법제화에서 그 대상이 되는 헌법 조항의 특정 문제와 관련되는데, 말하자면 헌법개정을 하고자 할 경우에 헌법의 어느 조항(즉 거기서 규율하는 사항)을 개정할 것인가에 관하여 중요한 고려사항이 될 수 있다.

그런데, 국가의 기본법·최고법으로서의 헌법의 특성과 헌법전의 간결성의 요청에 비추어 볼 때, 헌법상 해양관할권 개념의 용법으로는 기본적으로 세 가지를 고려해 볼 수 있다. 이러한 세 가지 기본 유형은 아래에서 실제로 조사한 결과에서도 확인할 수 있을 것이다. 헌법상 해양관할권 개념의 용법으로서 첫째 유형은, 연안국이 일정한 해양공간을 자국의 관할영역으로 규정하면서 해양관할권 개념을 사용하는 경우이다. 이 유형은, 연안국이 그 헌법에서 자국의 주권이 미치는 국가영역의 구성요소(영토·영해·영공)의 하나로서 열거하거나, 나아가 자국의 주권·관할권이 미치는 일정 범위의 해양공간을 국가의 관할영역으로 명시하면서 해양관할권 개념을 사용하는 경우라고 할 수 있다. 그렇게 함으로써, 국제법적으로 인정되는 해양관할권의 범위와는 별개로, 연안국은 최고법인 헌법을 통하여 자국의 주권·관할권이 미치는 해양공간의 범위를 특정하여 대내외적으로 선언한다는 의미가 있다. 그리고 이와 같이 국가의 주권·관할권이 미치는 공간의 범위를 정하는 것은 국가의 주권·관할권에 기초하여 그러한 공간에서의 사람과 사물을 법(헌법)적으로 규율하기 위한 전제가 된다. 이러한 법적 규율의 전제로서 특정되어야 할 공간은 육지·해양·상공을 불문하며, 그러한 공간에 대한 국가의 관할권의 내용이 포괄적이고 배타적이든 제한적이든(주권이든, 주권적 권리든, 그 밖에 제한된 관할권이든) 상관없다. 그러한 점에서, 영해를 비롯한 그 밖의 해양관할권도 영토와 마찬가지로 국가영역 내지 국가의 관할영역에 관한 문제로서, 영해는 물론이고 그 밖에 국가의 관할영역에 속하는 해양공간도 그 범위를 정하는 것은 영해 및 그 밖의 관할 해양공간에서의 사람과 사물 대한 법적 규율의 전제가 된다. 따라서 국가영역 내지 국가 관할영역의 하나로서 영해를 비롯한 그 밖의 해양관할권의 범위를 정하는 문제는 국가의 기본법으로서의 실질적 헌법에 포섭되는 국가에 관한 아주 근본적인 사항에 해당한다고 볼 수 있고, 이러한 근본적인 사항을 국가의 최고법인 형식적 헌법으로 규율하는 것은 논리적으로 매우 자연스럽다고 할 수 있다. 그리고 국가의 관할영역의 하나로서 해양관할권의 범위를 정하는 것은 관할 해양공간에서의 사람과 사물에 대한 법적 규율의 전제가 되므로, 해양관할권의 헌법상 법제화에서는 일정한 해양공간을 국가 관할영역의 일부로 규정하면서 해양관할권 개념을 사용하는 첫째 유형의 용법은 논리적으로는 헌법상 해양관할권 개념의 용법 중에서 1차적이며, 따라서 나머지 다른 유형의 용법에 비해서 우선적이라고 할 수 있다. 말하자면, 첫째 유형의 용법은 관할 해양공간의 범위를 정하는 문제와 관련된 것인 데 반하여, 나머지 다른 유형의 용법은 범위가 정해진 해양공간에서의 사람과 사물의 법적 규율과 관련된 것이라고 할 수 있기 때문이다.

헌법상 해양관할권 개념의 용법으로서 둘째 유형은, 일정한 해양공간에 대한 국가의 관할권을 전제로 하여, 그 관할권을 국내에서 배분하기 위하여, 즉 관할 해양공간에 대한 국내법적 규율의 권한을 배분하기 위하여 해양관할권 개념을 사용하는 경우이다. 연방국가에서 연방과 주 사이 또는 지방분권국가에서 중앙정부와 지방정부 사이에서처럼 국가조직 상호간의 해양관할권의 배분 문제는 국가의 근본적인 문제로서 중요한 헌법사항에 해당한다고 볼 수 있다. 이러한 해양관할권의 국내 배분에서는, 공공용으로서의 해양의 통일적 규율을 위하여 해양관할권은 기본적으로 연방정부와 중앙정부에게 배분되는 것이 보통이지만, 내수나 일정한 범위의 연안 해역에 대한 관할권은 주정부와 지방정부에게 제한적으로 배분될 수도 있다. 이러한 해양관할권은 일정한 해양공간에서의 사람의 행위 내지 산업(즉 규율사항)을 기준으로 배분되기도 하는데, 연방제국가에서 연방 관할사항, 주 관할사항, 경합 관할사항으로 구분하면서 해양관할권 개념이 언급되는 경우가 그러하다. 해양관할권의 이러한 수직적 분립과는 다소 다르지만, 중앙집권적 단일국가에서도 해양관할권의 수평적 배분이 행해질 수 있다. 특별히 해양에서의 사람의 행위나 사물과 관련된 일정한 규율사항을 입법관할사항(법률사항)으로 헌법에 명시할 수도 있기 때문이다. 이러한 경우도 권력분립의 차원에서 이루어지는 권한배분에 해당한다고 보아 분권적 국가에서의 권한배분의 경우와 함께 둘째 유형에 포함시킨다.

헌법상 해양관할권 개념의 용법으로서 셋째 유형은, 국가의 주권·관할권이 미치는 해양공간에 존재하는 해양자원의 소유권 문제에 관하여 규정하면서 해양관할권 개념을 사용하는 경우이다. 이 유형의 용법에서는, 해당 해양공간에 대한 국가의 관할권을 전제로 하여, 국가 관할권이 미치는 해양공간에 존재하는 해양자원에 대하여 그 소유권의 귀속 문제를 규율하기 위하여 해양관할권 개념이 사용된다. 이러한 경우에 관할 해양공간에 존재하는 해양자원은 대개 국유 또는 공유로 하고 그것에 대한 사적 소유를 인정하지 않는다. 이것은, 육상의 토지조차 원칙적으로 국유화하는 국가는 물론이고, 원칙적으로 사유재산제가 인정되는 국가에서도 비슷하다. 해양과 해양자원은 공공용에 적합하도록 관리할 필요성이 특히 크고, 공공용으로 관리하기 위한 적합한 소유형태는 국유 또는 공유라고 할 수 있기 때문이다.

그 밖에 헌법상 해양관할권 개념의 용법으로는, 관할 해양공간에서 일어나는 일(사람의 행위 또는 산업 등)과 관련해서 헌법에서 그것을 특별히 규율하면서 해양관할권 개념을 사용하는 경우를 생각할 수 있다. 물론 해양에서의 일과 육상에서의 일은 매우 다양할 뿐 아니라, 그 상호간에는 일어나는 공간의 차이가 있을 뿐인 경우가 많다. 또한 공간·장소의 차이와 더불어 그것으로 인한 일의 특성의 차이를 이유로 국가의 근본적인 사항으로서 헌법에서 특별히 규율해야 할 해양에서의 일이 무엇인가를 쉽게 판단하기 어려울 뿐 아니라, 국가의 근본적인 사항에 해당하는 그러한 해양에서의 일을 육상에서의 일과 구분하여 헌법에서 규율하려고 한다면 헌법의 간결성의 요청에 부응하기도 쉽지 않다. 구태여 해양에서의 어떤 일을 특별히 헌법으로 명시하고자 한다면, 그 구체적인 규율방식은 기껏해야 그것을 입법관할사항으로 규정하는 것에 그칠 개연성이 크다. 그런데 이와 같이 해양 관련 사항을 입법사항으로 규정하면서 해양관할권 개념을 사용하는 경우는 여기서는 헌법상 해양관할권 개념의 용법의 둘째 용법에 포함시키고 있다. 그럼에도 불구하고 국가에 따라서는 해양에서의 어떤 일을 헌법으로 직접 규율하면서 해양관할권 개념을 사용할 수도 있으며, 그러한 특수한 경우는 기타 유형으로 분류하고자 한다.

물론, 이들 세 가지 기본 유형 및 기타 유형의 용법은 서로 배타적인 것이 아니다. 오히려 한 국가의 헌법에서 해양관할권 개념이 두 가지 이상의 용법으로 중복해서 사용될 수도 있다. 다만, 이미 지적한 바와 같이, 첫째 유형의 용법은 둘째 및 셋째 유형 또는 기타 유형의 용법에 대해서 논리적인 전제가 된다는 점에서, 첫째 유형의 용법이 일차적이고 우선적이라고 할 수 있다.

이와 같은 유형에 의거하여 헌법상 해양관할권 개념의 용법에 관하여 각국 헌법을 조사하여 분류하면, [표 6]에서 보는 바와 같다.

첫째 유형의 용법은 국가의 주권 또는 관할권이 미치는 해양공간의 범위를 규율하면서 해양관할권 개념을 사용하는 경우이다. 이러한 첫째 유형에서는 국가영역의 하나로서 해양관할권 개념(영해)을 열거하거나, 그 밖의 해양관할권 개념을 열거하거나, 나아가 더욱 구체적으로 이들 개념에 포섭되는 구성요

[표 6] 헌법상 해양관할권 개념의 용법

구분	아시아	유럽	아메리카	아프리카	오세아니아	세계
조사대상 국가	16	11	17	18	5	67
해양관할권의 범위	7	7	16	16	4	50
해양관할권의 배분	7	4	2	3	2	18
해양자원의 소유권	9	6	8	7	1	31
기타 유형	2	–	1	2	1	6
합계	25	17	27	28	8	105

소를 구체적으로 열거하거나 그 범위(기선으로부터의 거리)를 명시하기도 한다. 이러한 첫째 유형의 용법으로 해양관할권 개념을 사용하는 국가는, [표 6]에서 보듯이, 아시아 7개국,[119] 유럽 7개국,[120] 아메리카 16개국,[121] 아프리카 16개국,[122] 오세아니아 4개국[123]을 합하여 세계 전체로는 50개국이다. 이러한 첫째 유형의 용법이 다른 유형의 용법에 비해서 해당 국가가 훨씬 많으며, 세계 전체(50개국)로는 조사대상 국가(67개국)의 75%에 해당한다. 이미 지적한 바와 같이, 해양관할권의 범위를 정하는 것은 그렇게 정해진 관할 해양공간에서의 사람과 사물에 대한 법적 규율의 전제가 되고, 따라서 논리적으로는 첫째 유형의 용법이 1차적이고 다른 유형의 용법에 비해서 우선적이라는 점에서 보면, 이것은 당연한 결과라고 할 수 있다. 이러한 관점에서 첫째 유형의 용법

119) 동티모르(제4조)·몰디브(제3조)·베트남(제1조)·스리랑카(제5조, 제170조)·아랍에미리트(제2조, 제3조)·인도네시아(제25A조)·필리핀(제1조).

120) 러시아(제67조)·리투아니아(제47조)·몰타(제1조 제2항, 제124조 제1항)·불가리아(제18조 제2항)·에스토니아(제2조)·크로아티아(제2조)·포르투갈(제5조).

121) 과테말라(제142조)·니카라과(제10조)·도미니카공화국(제9조)·멕시코(제27조, 제42조)·베네수엘라(제11조)·벨리즈(제1조 제2항과 제131조 관련 [별표 1] 제1항)·수리남(제2조, 제72조)·아이티(제8조)·에콰도르(제4조)·엘살바도르(제84조)·온두라스(제10조, 제11조, 제12조)·코스타리카(제6조)·콜롬비아(제101조)·쿠바(제11조)·트리니다드토바고(제1조 제2항)·파나마(제3조). 통계에서 제외되었지만, '해양영유권'을 언급하고 있는 페루 헌법(제54조)도 첫째 유형의 용법에 해당한다.

122) 가나(제4조)·기니비사우(제10조)·모리셔스(제111조 제1항)·모잠비크(제6조 제2항)·상투메프린시페(제4조)·세이셸(제2조)·소말리아(제7조 제1항)·알제리(제13조)·앙골라(제3조 제2항과 제3항)·에리트레아(제1조 제2항)·적도기니(제3조 제1항과 제2항)·카보베르데(제6조)·케냐(제5조)·코모로(제6조, 제7조)·탄자니아(제2조 제1항)·콩고민주공화국(제9조).

123) 미크로네시아연방(제1조 제1항)·투발루(제2조 제1항)·파푸아뉴기니(제2조 제1항)·팔라우(제1조 제1항).

에 해당하는 국가의 비율을 대륙별로 살펴보면, 아시아(7개국)는 조사대상 국가의 44%에 불과하여 극히 미흡하고, 유럽(7개국)은 64%로 다소 미흡하다고 할 수 있다. 그 반면에, 아메리카(16개국)는 그 비율이 94%로 월등하고, 아프리카(16개국)도 89%로 비교적 양호하다고 할 수 있으며, 오세아니아(4개국)는 80%로 세계의 평균 수준을 약간 웃도는 정도이다.

둘째 유형의 용법은, 국가의 해양관할권을 전제로 하여, 그 관할 해양공간에서의 사람과 사물에 대한 국내법적 규율의 권한을 국가조직 내에서 배분하기 위하여 해양관할권 개념을 사용하는 경우이다. 말하자면, 연방과 주 사이에 관할사항을 구분하거나, 중앙정부와 지방정부 사이에 관할사항을 구분하거나, 또는 입법관할사항을 명시하면서 해양관할권 개념을 사용하는 경우라고 할 수 있다. 이들 국가에서는 대부분 연방정부나 중앙정부의 해양관할권 또는 경합관할권을 규정하면서 해양관할권 개념을 사용한다.[124] 이러한 둘째 유형의 용법에 해당하는 국가는 [표 6]에서 보는 바와 같이, 대륙별로 아시아 7개국,[125] 유럽 4개국,[126] 아메리카 2개국,[127] 아프리카 3개국,[128] 오세아니아 2개국[129]을 합하여 세계 전체로는 18개국이다. 이것을 조사대상 국가에 대비한 비율로 환산하면, 둘째 유형의 용법에 해당하는 국가의 비율은 세계 전체로는 27%로서 상당히 낮다. 둘째 유형의 용법이 주로 연방국가나 지방분권국가에서 제한적으로 활용된다는 점에서, 이와 같이 낮은 비율도 일리가 있다고 할 수 있다. 그 비율을 대륙별로 살펴보면, 아시아 44%, 유럽 36%, 아메리카 12%, 아프리카 17%, 오세아니아 40%이다. 둘째 유형의 이러한 비율은 첫째 유형의

124) 일부 국가에서는 오히려 지방정부의 해양관할권을 규정하면서 해양관할권 개념을 사용하기도 하는데, 그 경우에도 내수와 같은 연안 해역에 대해서만 그 관할권을 지방정부에 귀속시키므로, 나머지 대부분의 해양관할권은 중앙정부에 귀속된다고 할 수 있다.

125) 동티모르(제95조)·미얀마(제254조 제1항 관련 [별표 5] 제5호)·스리랑카(제154G조 관련 [별표 9] List Ⅱ/Ⅲ)·아랍에미리트(제121조)·인도(제246조 관련 [별표 7] List Ⅰ)·조지아(제3조 제1항)·파키스탄(제70조 관련 [별표 4] Part 1).

126) 러시아(제71조)·아이슬란드(제21조)·우크라이나(제92조)·포르투갈(제164조). 특이하게도, 아이슬란드 헌법에서는 대통령의 조약체결권을 규정하면서 국회의 동의가 필요한 조약과 관련하여 해양관할권 개념(영해)이 언급되는데, 국회와 대통령 사이의 권한 배분과 관련된다는 점에서 이 유형에 포함시킨다.

127) 멕시코(제48조, 제123조 A. 31.)·베네수엘라(제17조).

128) 기니비사우(제86조)·앙골라(제164조)·카보베르데(제187조 제1항).

129) 마셜제도(제9조 제1항)·파푸아뉴기니(제325조). 이들의 경우에는 특이하게도 연방정부·중앙정부가 아닌 지방정부·자치정부의 관할권을 규정하면서 해양관할권 개념이 언급된다.

용법에 비해서 아메리카·아프리카는 극히 낮고, 오세아니아·유럽은 상당히 낮은 반면에, 아시아는 첫째 유형의 용법에서의 비율과 같다. 그 결과 아시아에서는 첫째 유형의 비율이 너무 낮다는 것이 더욱 부각된다.

셋째 유형의 용법은 국가의 해양관할권을 전제로, 그러한 관할 해양공간에 존재하는 해양자원의 소유권 문제에 관하여 규율하면서 해양관할권 개념을 사용하는 경우이다. 이 유형의 용법에서는, 관할 해양공간과 거기에 존재하는 다양한 자연자원에 대하여 그것을 현재 세대 및 미래 세대가 공동으로 이용할 공공재로 인식하여 대개는 그 소유권을 국유(연방국가에서는 연방소유)로 규정한다. 이러한 셋째 유형의 용법에 해당하는 국가는 [표 6]에서 보는 바와 같이, 대륙별로 아시아 9개국,[130] 유럽 6개국,[131] 아메리카 8개국,[132] 아프리카 7개국,[133] 오세아니아 1개국[134]을 합하여 세계 전체로는 31개국이다. 셋째 유형의 용법에 해당하는 국가의 비율은 세계 전체로는 46%로서 조사대상 국가의 절반에 가깝다. 대륙별로 살펴보면, 아시아 56%, 유럽 55%, 아메리카 47%, 아프리카 41%, 오세아니아 20%로서, 아시아·유럽의 비율이 상대적으로 약간 높지만 오세아니아를 제외하고는 그 편차가 크지 않다.

이와 같은 기본 유형의 용법 외에도, 일부 국가에서는 국방 또는 군의 임무 또는 국가긴급권, 또는 국적취득을 위한 출생 장소와 관련하여, 또는 해양폐기물과 관련하여 해양관할권 개념을 사용하기도 한다. 이러한 기타 유형의 용법에 해당하는 국가는, [표 6]에서 보는 바와 같이, 대륙별로는, 유럽은 없으나, 아시아 2개국(13%),[135] 아메리카 1개국(6%),[136] 아프리카 2개국

---

130) 동티모르(제139조 제1항)·몰디브(제248조)·방글라데시(제143조)·사우디아라비아(제14조)·예멘(제8조)·인도(제297조)·캄보디아(제58조)·파키스탄(제172조)·필리핀(제12조 제2항).

131) 루마니아(제136조)·리투아니아(제47조)·불가리아(제18조)·스페인(제132조 제2항)·우크라이나(제13조)·포르투갈(제84조 제1항).

132) 과테말라(제121조)·멕시코(제27조)·베네수엘라(제12조)·벨리즈(제17조)·브라질(제20조)·에콰도르(제408조)·쿠바(제23조)·파나마(제258조).

133) 가나(제257조 제6항)·나미비아(제100조)·나이지리아(제44조 제3항)·모잠비크(제98조)·앙골라(제16조, 제95조 제1항)·카보베르데(제91조 제1항)·케냐(제62조 제1항, 제260조).

134) 파푸아뉴기니(제325조).

135) 몰디브(제243조, 제274조)·브루나이(제83조). 몰디브 헌법에서는 국방의 목표와 '영토보전'의 의미를 규정하면서, 그리고 브루나이 헌법에서는 비상사태 선포 시 국왕의 비상명령권을 규정하면서 해양관할권 개념이 언급된다.

136) 온두라스(제23조). 여기서는 국적 취득과 관련하여 출생 장소를 규정하면서 해양관할권 개념이 언급된다.

(11%),[137] 오세아니아 1개국(20%)[138]을 합하여 세계 전체로는 6개국(9%)이다.

이러한 해양관할권 개념의 용법 중에서 세 가지 기본 유형에 모두 해당하는 국가는 아시아·유럽·오세아니아 각 1개국씩과 아메리카·아프리카 각 2개국씩 모두 7개국이다.[139] 그리고 기본 유형의 용법 두 가지에 해당하는 국가는 아시아 6개국, 유럽 4개국, 아메리카 5개국, 아프리카 4개국을 합하여 모두 19개국이다.[140] 그 밖에 브루나이를 제외한 나머지 국가는 기본 유형의 용법 중 한 가지에만 해당한다.[141] 그런데, 앞에서 이미 지적했듯이, 해양관할권 개념의 용법의 상호관계와 관련하여, 첫째 유형의 용법은 나머지 다른 유형의 용법에 대하여 논리적인 전제가 된다. 그러한 점에서 보면, 첫째 유형에 해당하지 않으면서 그 밖의 나머지 유형에 해당하는 것은 이들 용법 유형 상호간의 체계성에 문제가 있다고 할 수 있다. 이와 같은 체계성의 문제가 있는 경우는, 아시아 9개국, 유럽 4개국, 아메리카 1개국, 아프리카 2개국, 오세아니아 1개국 등 세계 전체로는 모두 17개국이다.[142]

5. 해양관할권의 범위에 관한 헌법상 규율 방식

앞에서 해양관할권 개념의 용법과 관련하여 언급했듯이, 해양관할권의 범위를 규율하기 위하여 사용하는 해양관할권 개념의 용법(즉 첫째 유형의 용법)

137) 카보베르데(제270조 제2항)·콩고민주공화국(제55조). 카보베르데 헌법에서는 군의 임무와 관련하여, 콩고민주공화국 헌법에서는 해양폐기물과 관련하여 해양관할권 개념이 언급된다.

138) 파푸아뉴기니([별표 5]). 여기서는 독립 직전까지 시행되던 외국법의 차용과 관련하여 외국(오스트레일리아) 법률의 명칭 속에서 해양관할권 개념이 언급된다.

139) 아시아 1개국(동티모르), 유럽 1개국(포르투갈), 아메리카 2개국(멕시코·베네수엘라), 아프리카 2개국(앙골라·카보베르데), 오세아니아 1개국(파푸아뉴기니)이다. 카보베르데는 추가로 기타 유형의 용법에도 해당한다.

140) 아시아 6개국(몰디브·스리랑카·아랍에미리트·인도·파키스탄·필리핀), 유럽 4개국(러시아·리투아니아·불가리아·우크라이나), 아메리카 5개국(과테말라·벨리즈·에콰도르·쿠바·파나마), 아프리카 4개국(가나·기니비사우·모잠비크·케냐)이고, 오세아니아는 없다. 몰디브는 추가로 기타 유형의 용법에도 해당한다.

141) 온두라스와 콩고민주공화국은 추가로 기타 유형의 용법에도 해당하고, 브루나이는 기타 유형의 용법에만 해당한다.

142) 대륙별로 차례대로, 미얀마·방글라데시·브루나이·사우디아라비아·예멘·인도·조지아·캄보디아·파키스탄; 루마니아·스페인·아이슬란드·우크라이나; 브라질; 나미비아·나이지리아; 마셜제도. 특히 브루나이는 기본 유형의 용법에는 해당함이 없이 기타 유형의 용법에만 해당된다.

이 가장 기본적이고 일차적이며, 실제로도 조사대상 국가의 75%에 해당하는 국가에서 이러한 용법으로 해양관할권 개념을 헌법에서 언급한다. 그렇다면 해양관할권의 범위에 대해서는 헌법에서 어떻게 규율하는가라는 물음, 즉 해양관할권의 헌법상 규율 방식에 관한 물음이 제기될 수 있다. 그런데 유엔해양법협약에서는 영해·대륙붕과 배타적 경제수역 및 접속수역의 최대한의 범위에 대하여 구체적으로 명시하고 있다. 유엔해양법협약에 따르면, 해양관할권의 외측 한계와 관련하여, 영해는 영해기선으로부터 최대 12해리까지(제3조), 접속수역은 최대 24해리까지(제33조), 배타적 경제수역은 최대 200해리까지(제57조), 대륙붕은 200해리까지 또는 대륙변계의 바깥 끝까지(제76조)로 규정하고 있다.[143] 따라서 해양관할권의 헌법상 규율 방식에 관한 물음은 유엔해양법협약에 따른 해양관할권의 범위를 규율하면서 국내법체계 속에서 어떻게 구체화해 나갈 것인가의 물음이기도 하다. 물론 관할 대상이 되는 해양의 지리적 여건에 따라 실제로 실행할 수 있을 만큼 아주 구체적으로 해양관할권의 범위를 정하는 것은 법률 차원 또는 그 하위법 차원에서나 가능하고, 실제로도 그러한 구체적인 사항은 법령으로 규율되고 있다. 물론 헌법에서는 해양관할권의 범위에 관하여 법령에서처럼 아주 구체적으로 규정하는 것은 가능하지도 않고 바람직하지도 않다. 그렇지만, 헌법에서 해양관할권을 규율하는 경우에, 가능하고 필요한 범위 안에서라면, 해양관할권의 범위에 관해서 어떻게(얼마나 구체적으로) 규율할 것인가의 문제는 여전히 남는다. 그러한 의미에서, 여기서는 해양관할권의 범위에 관한 헌법상 규율 방식의 문제를 헌법상 해양관할권 규율에서 구체화의 한 단면으로 이해하고자 한다. 말하자면, 헌법상 해양관할권 규율에서 구체화의 측면은 다양할 수 있으나, 해양관할권의 범위에 관한 헌법상 규율 방식이 어떠한가는 헌법에서 해양관할권을 얼마나 구체적으로 규율하는가에 관하여 하나의 지표가 될 수 있다는 것이다.

해양관할권의 범위에 관하여 헌법에서 규율하는 방식에는 몇 가지가 있을 수 있다. 헌법에서 해양관할권 개념을 사용하여 해양관할권을 규율하는 경우에, 해양관할권의 범위에 관하여 적극적으로 언급하는 방법도 있지만, 소극적

143) 내수는 영해기선 안쪽(육지 쪽)의 수역(제8조)이고, 군도수역은 군도기선 안쪽의 수역(제49조)이다.

으로 아무런 언급도 하지 않은 방법도 있을 수 있다. 그리고 해양관할권의 범위에 관하여 헌법에서 언급하는 경우에도, 아주 적극적으로 그 범위를 헌법에서 직접 구체적으로 명시하는 방법도 있고, 그 범위를 명시하지 않은 채 그것을 법률로 정하도록 개별적으로 위임하거나 조약 등 국제법에 따르도록 하는 방법도 있다. 국제법에 따르도록 규정하는 것은 유엔해양법협약을 준수한다는 의미도 있지만, 해양관할권의 범위와 경계를 둘러싼 국제적인 충돌은 조약 등 국제법으로 해결할 필요가 있기 때문이기도 하다.

그런데, 이러한 헌법상 규율 방식의 차이에도 불구하고, 해양관할권의 범위에 관한 국내법적 규율의 실제는 크게 다르지 않을 수 있다. 해양관할권의 범위에 관한 구체적인 규율은 국내법체계에서는 유엔해양법협약에 따라 법률 또는 그 하위법으로 규율할 수밖에 없고, 해양관할권의 국제적 충돌은 국제법으로 해결할 수밖에 없기 때문이다. 그것은 해양관할권의 범위를 국제법에 따라 법률로 정하도록 개별적으로 위임하는 헌법 규정이 없더라도 거의 마찬가지라고 할 수 있다. 심지어는 헌법에서 해양관할권 개념을 전혀 언급하지 않은 경우에도 마찬가지이다. 이와 같이 해양관할권의 범위에 관하여, 그리고 더 나아가 해양관할권 자체에 관하여 헌법에서 아무런 명시적 언급을 하지 않는 경우에도, 국가의 주권과 관할권에 관한 일반적인 헌법규정이나 헌법원칙에 따라 해양관할권 및 그 범위도 규율될 것이기 때문이다. 다만, 헌법에서 해양관할권을 명시적으로 규율하면서 그 범위에 관한 규율 방식을 규정한다면, 해양관할권의 범위에 관한 규율 방법을 더 명확하게 한다는 의미는 있다.

아래에서는, 헌법에서 하나 이상의 해양관할권 개념을 언급하는 국가를 대상으로, 해양관할권의 범위에 관하여 헌법에서 어떻게 규율하는가를 살펴본다. 해양관할권의 범위에 관한 헌법상 규율 방식으로는 대체로 네 가지 유형이 있다. 해양관할권의 범위를 헌법에서 직접 명시하는 경우, 해양관할권의 범위를 법률로 정하도록 개별적 위임을 규정하는 경우, 해양관할권의 범위에 관하여 국제법에 따르도록 규정하는 경우, 그리고 해양관할권의 범위에 관하여 아무런 언급을 하지 않는 경우가 그것이다. 이러한 네 가지 유형에 따라 해양관할권의 범위에 관한 헌법상 규율 방식을 조사하여 분류하면 [표 7]에서 보는 바와 같다.

[표 7] 해양관할권의 범위에 관한 헌법상 규율 방식

구분	해당 국가 수					
	아시아	유럽	아메리카	아프리카	오세아니아	세계
헌법에 명시	–	–	3	1	2	6
법률에 위임	8	3	9	8	1	28
국제법 준수	–	2	9	4	–	15
언급 없음	8	7	2	8	2	27

첫째, 해양관할권의 범위를 헌법에서 직접 명시하는 경우는, [표 7]에서 보듯이, 아메리카 3개국(18%),[144] 아프리카 1개국(6%),[145] 오세아니아 2개국(40%)[146]을 합하여 세계 전체로는 6개국(9%)에 불과하고, 아시아·유럽에는 해당 국가가 없다. 이와 같이 해양관할권의 공간적 범위를 헌법에 직접 구체적으로 명시하는 것은 해양관할권의 헌법상 규율에 대하여 아주 적극적인 태도를 보여주는 것이라고 할 수 있다. 다만, 그 비율은 세계 전체로는 별로 높지 않다. 오세아니아는 비율이 높으나 조사대상 국가가 적기 때문이다. 아메리카의 경우에는 통계에서 제외된 일부 국가까지 포함하면 그 비율이 더 높아질 수 있다. 그리고 대부분의 경우에는 하나의 해양관할권에 대해서만 그 범위를 명시하고 있으나, 코스타리카는 두 개, 그리고 온두라스는 네 개의 해양관할권의 범위를 명시하고 있다. 그리고 특수한 개념을 사용하거나 불분명한 개념을 사용하여 200해리 해양관할권을 헌법에 명시하는 것은 200해리 영해설의 영향으로 추측되지만, 유엔해양법협약에 따른 현행 국제해양법질서에서는 200해리 해양관할권은 200해리 영해를 명시한 경우에조차도 200해리 배타적 경제수역으로 이해할 수밖에 없다.

144) 온두라스(제11조)·코스타리카(제6조)·멕시코(제27조). 온두라스는 영해·접속수역·대륙붕과 배타적 경제수역에 대해서, 코스타리카는 영해와 배타적 경제수역에 대해서, 멕시코는 배타적 경제수역에 대해서 그 범위를 명시하고 있다. 그 밖에도, 엘살바도르는 해양관할권 개념이 불분명하지만 200해리 해양에 대한 관할권을, 그리고 페루는 200해리의 해양영유권(maritime dominion)을 명시하고 있는데, 통계에서는 제외되었다.

145) 상투메프린시페(제4조 제1항). 여기서는 영해의 범위를 명시하고 있다.

146) 미크로네시아연방(제1조 제1항)·팔라우(제1조 제1항). 미크로네시아는 200해리 해양공간에 대한 관할권을 규정하고 있으며, 팔라우는 200해리 영해를 규정하고 있으나, 배타적 경제수역의 의미로 이해된다.

둘째, 해양관할권의 범위를 법률로 정하도록 위임하는 경우는 세계 전체로는 28개국(42%)이다. 일반적으로는 이러한 규율 방식이 비교적 무난하고 그 비율도 높을 것으로 예상할 수도 있으나, 해당 국가의 수가 네 가지 유형 중에서 가장 많기는 하지만 조사대상의 절반에도 미치지 못한다. 대륙별로는, [표 7]에서 보듯이, 아시아 8개국(50%),[147] 유럽 3개국(27%),[148] 아메리카 9개국(53%),[149] 아프리카 8개국(44%),[150] 오세아니아 1개국(20%)[151]인데, 아시아·아메리카만 겨우 절반 정도이고, 특히 유럽·오세아니아는 그 비율이 현저히 낮다.

셋째, 해양관할권의 범위에 관하여 조약 등의 국제법에 따르도록 규정하는 경우인데, 이러한 경우는 둘째 유형의 규율 방식(법률에의 위임)과 결합되어 규정되는 것이 보통이다. 예컨대, 해양관할권의 범위를 조약 등 국제법에 따라 법률로 정하도록 규정하는 경우가 그러하다. 이 유형의 규율 방식에 해당하는 경우는, [표 7]에서 보듯이, 세계 전체로는 15개국(22%)이다. 대륙별로는 유럽 2개국(18%),[152] 아메리카 9개국(53%),[153] 아프리카 4개국(22%)[154]이고, 아시아·오세아니아는 없다. 아메리카의 비율은 매우 높은 데 반하여, 아시아·오세아니아는 아예 언급조차 없다. 물론 그러한 언급이 없다고 하더라도, 해양관할권의 범위와 관련하여 국제법을 무시할 수 있다는 의미는 아니다. 일반적으로 선언된 국제법 준수 규정이 있는 경우에는, 해양관할권의 범위에 관

147) 동티모르(제4조 제2항, 제95조 제2항)·몰디브(제3조)·방글라데시(제143조 제2항)·스리랑카(154G조 관련 [별표 9] List II)·아랍에미리트(제121조)·인도(제297조 제3항)·인도네시아(제25A조)·조지아(제3조 제1항). 사우디아라비아헌법(제14조)·캄보디아헌법(제58조)의 경우에는, 해양관할권 개념을 언급하는 조항에서 "법률"이 언급되지만, 해양관할권의 범위에 관한 것인지 명확하지 않다.

148) 러시아(제67조)·우크라이나(제92조)·포르투갈(제5조 제2항, 제164조).

149) 과테말라(제121조, 제142조)·도미니카공화국(제9조)·멕시코(제27조, 제42조)·베네수엘라(제11조)·벨리즈(제1조 제2항과 제131조 관련 [별표 1] 제1항)·수리남(제2조 제3항, 제72조)·콜롬비아(제101조)·쿠바(제11조)·트리니다드토바고(제1조 제2항).

150) 가나(제4조 제2항)·기니비사우(제10조, 제86조)·모잠비크(제6조 제2항)·세이셸(제2조 제3항)·앙골라(제3조, 제164조)·적도기니(제3조 제1항)·카보베르데(제6조, 제187조 제1항)·코모로(제6조, 제7조).

151) 투발루(제2조 제1항).

152) 러시아(제67조 제2항)·크로아티아(제2조).

153) 과테말라(제121조, 제142조)·니카라과(제10조)·도미니카공화국(제9조)·멕시코(제27조, 제42조)·베네수엘라(제11조)·에콰도르(제4조)·콜롬비아(제101조)·쿠바(제11조)·파나마(제3조).

154) 알제리(제13조)·앙골라(제3조)·카보베르데(제6조 제2항)·코모로(제6조, 제7조).

한 사항도 거기에 포함되어 있다고 볼 수 있기 때문이다. 또한 유엔해양법협약에 가입하면 당연히 그 협약을 준수할 국제법적 의무도 있다.

넷째, 헌법에서 해양관할권의 범위에 관하여 직접 명시하지도 않을 뿐 아니라, 법률로 정하도록 위임하거나 국제법에 따르도록 규정하지도 않는 경우, 즉 해양관할권의 범위에 관하여 헌법에서 아무런 언급을 하지 않는 경우인데, 그렇다 하더라도 해양관할권의 범위는 실제로는 국제법에 따라 법률로 규율하는 것이 상례라고 할 수 있다. 해양관할권의 범위에 관하여 구체적인 언급이 없다고 하더라도, 해양관할권을 포괄할 수 있는 사항을 규율하는 다른 헌법규정(예컨대, 일반적인 입법권 규정이나 국제법 준수 규정)을 통하여 그것이 규율될 수 있기 때문이다. 그렇지만 해양관할권의 헌법상 규율에 대해서는 매우 소극적인 태도를 보이는 것이라고 할 수 있다. 이러한 유형에 해당하는 경우는 세계 전체로는 27개국(40%)이다. 앞에서 이미 살펴본 둘째 유형(법률에 위임)과 비슷할 정도로 그 비율이 높다. 대륙별로는, [표 7]에서 보듯이, 아시아 8개국(50%),[155] 유럽 7개국(64%),[156] 아메리카 2개국(12%),[157] 아프리카 8개국(44%),[158] 오세아니아 2개국(40%)[159]인데, 아시아를 비롯하여 특히 유럽의 비율이 높은 반면에, 아메리카의 비율은 현저히 낮다.

해양관할권의 범위에 관한 헌법상 규율 방식과 관련하여 이러한 네 가지 유형은 해양관할권의 헌법상 규율의 구체화 정도에 대한 태도가 서로 다르다. 해양관할권의 범위의 문제는 해양관할권의 전반적인 사항의 구체적인 일부에 속한다는 점에서, 해양관할권의 범위에 관한 규율은 해양관할권 전반에 대한 규율의 구체화라고 할 수 있는데, 이러한 해양관할권의 헌법상 규율의 구체화 정도에 대한 태도가 해양관할권의 범위에 관한 헌법상 규율 방식에 따라 차이가 있다는 것이다. 해양관할권의 범위에 관한 헌법상 규율 방식의 네 가지 유형 중에서, 첫째 유형(헌법 자체에 명시)은 해양관할권의 헌법상 규율의 구체화 정도에 대한 태도에서 가장 적극적이라고 할 수 있다. 그 반면에, 넷째 유

155) 미얀마·베트남·브루나이·사우디아라비아·예멘·캄보디아·파키스탄·필리핀.
156) 루마니아·리투아니아·몰타·불가리아·스페인·아이슬란드·에스토니아.
157) 브라질·아이티.
158) 나미비아·나이지리아·모리셔스·소말리아·에리트레아·케냐·탄자니아·콩고민주공화국.
159) 마셜제도·파푸아뉴기니.

형(아무 언급 없음)은 그러한 구체화 정도에 대한 태도에서 가장 소극적이라고 할 수 있다. 그렇다면 둘째 유형(법률에 위임)과 셋째 유형(국제법 준수)은 양쪽의 중간에 해당하는 비교적 온건한 태도라도 할 수 있다.

이러한 측면에서 조사 결과([표 7])를 살펴보면, 세계 전체로는 둘째 유형(법률에 위임)이 28개국(42%)이고 넷째 유형(아무 언급 없음)이 27개국(40%)으로, 이들 두 가지 유형이 주류라고 할 수 있다. 따라서 해양관할권의 헌법상 규율의 구체화 정도와 관련하여 비교적 온건하거나 그렇지 않으면 아주 소극적인 태도를 보여준다. 그 반면에, 가장 적극적인 태도라고 할 수 있는 첫째 유형(헌법 자체에 명시)은 6개국(9%)에 불과하다. 대륙별로 살펴보면, 아시아는 둘째 유형이 8개국(50%), 넷째 유형이 8개국(50%)이고, 첫째 유형은 없으며, 아프리카는 둘째 유형이 8개국(44%), 넷째 유형이 8개국(44%)이고, 첫째 유형은 1개국(6%)인 점에서, 이들 두 대륙은 세계 전체의 평균적인 경향과 아주 근사하다. 이러한 두 대륙과는 달리, 유럽과 아메리카는 서로 상반되는 양상을 보일 뿐 아니라, 세계 전체의 평균적인 경향과도 다르다. 유럽은 둘째 유형이 3개국(27%)이고, 넷째 유형이 7개국(64%)인 반면에, 첫째 유형은 없다는 점에서, 해양관할권의 헌법상 규율의 구체화 정도와 관련하여 세계 전체의 평균적인 경향에 비해서 훨씬 소극적인 태도를 보여준다. 그 반면에, 아메리카는 둘째 유형이 9개국(53%)이고, 넷째 유형이 2개국(12%)인 반면에, 첫째 유형이 3개국(18%)이라는 점에서, 그러한 구체화 정도와 관련하여 세계 전체의 평균적인 경향에 비해서 훨씬 적극적인 태도를 보여준다. 그리고 오세아니아는 둘째 유형이 1개국(20%)이고, 첫째 유형과 넷째 유형이 각각 2개국(40%)이라는 점에서, 양극화의 양상을 보이고 있다.

Ⅳ. 결 론

여태까지, 영해·대륙붕과 배타적 경제수역 및 내수·접속수역·군도수역이라는 여섯 개의 유엔해양법협약상의 해양관할권 개념을 매개로 하여 세계 각국의 헌법에서 해양관할권이 어떻게 규율되는가를 조사·분석하고 대륙별로 비교하였다. 그에 앞서서 세계 각국의 헌법상 직접적·적극적 영토조항 여부도 조사하였다([표 2]). 조사대상 국가는 전체적으로는 유엔회원국 193개국 중에서 성문헌법전이 없는 뉴질랜드·영국·이스라엘을 제외한 190개국이지만(헌법상 영토조항의 경우), 헌법상 해양관할권 규정의 경우에는 그중에서 내륙국을 제외한 연안국 147개국이다. 조사대상 연안국은 대륙별로는 아시아 34개국, 유럽 29개국, 아메리카 33개국, 아프리카 38개국, 오세아니아 13개국이다([표 1]). 헌법상 해양관할권 규정을 조사·분석·비교한 결과를 요약하면 아래와 같다.

첫째, 헌법으로 해양관할권을 규율하는 국가의 분포 비율 내지 확산 정도를 가늠하기 위하여, 헌법에서 해양관할권 개념을 언급하는지 여부를 조사·분석하였다([표 3]). 그 결과, 세계 전체로는, 67개국(45.6%)의 헌법에서 하나 이상의 해양관할권 개념이 언급되지만, 절반이 넘는 80개국에서는 해양관할권 개념이 전혀 언급되지 않는다. 따라서 헌법에 의한 해양관할권의 규율 현상이 확산되어 있다고 할 수 없다. 대륙별로는, 하나 이상의 해양관할권 개념이 언급되는 국가는, 아메리카에서만 17개국(51.5%)으로서 겨우 절반을 넘길 뿐이고, 아시아에서는 16개국(47.1%), 유럽에서는 11개국(37.9%), 아프리카에서는 18개국(47.4%), 오세아니아에서는 5개국(38.5%)으로서 모두 절반에도 미달할 뿐 아니라, 특히 유럽·오세아니아에서 비율이 낮다. 개념별로 헌법상 언급 여부를 살펴보면, 영해는 59개국, 대륙붕은 44개국, 배타적 경제수역은 35개국, 내수는 18개국, 접속수역은 13개국, 군도수역은 7개국의 헌법에서 언급된다. 가장 많이 언급되는 영해조차 59개국(40%)에서만 언급될 뿐이고, 대륙별로도 절반을 넘는 경우가 없다. 따라서 헌법으로 해양관할권을 규율하는 국가의 확산 정도는 전반적으로 낮은 편이지만, 특히 유럽·오세아니아에서의 확산 정도는 매우 낮다. 다만, 상대적으로는 아메리카에서의 확산 정도는 다소 높다고 할 수 있다.

둘째, 헌법에서 해양관할권을 얼마나 충실하게 규율하는가를 가늠하기 위하여, 헌법에서 언급되는 해양관할권 개념의 개수를 조사·분석하였다([표 4]). 총 6개의 해양관할권 개념 중에서, 언급되는 개념의 평균 개수는 세계 전체로는 2.63개로서 총 개수의 절반에도 못 미친다. 대륙별 평균 개수는 아시아 2.25개, 유럽 2.18개, 아메리카 3.24개, 아프리카 2.67개, 오세아니아 2.60개이다. 아메리카의 평균 개수만 총 개수의 절반을 상회할 뿐이고, 아시아·유럽의 평균 개수는 세계 전체의 평균에도 미치지 못한다. 따라서 헌법상 해양관할권 규율에서 그 충실성도 전반적으로 세계 전체로도 미흡하고, 특히 아시아·유럽에서는 더욱 미흡하다. 다만, 아메리카에서는 헌법상 해양관할권 규율의 충실성이 상대적으로 양호하다고 할 수 있다. 아울러, 헌법에서 언급되는 1개국당 개수를 살펴보면, 세계 전체로는, 1개만 언급하는 국가는 17개국, 2개의 경우는 19개국, 3개의 경우는 13개국, 4개의 경우는 10개국, 5개의 경우는 7개국, 6개의 경우는 1개국뿐이다. 다수의 국가가 적은 개수에 해당함으로써 평균 개수(2.63개)가 절반도 되지 못하는 요인이 됨을 알 수 있다. 1개국당 개수를 대륙별로 살펴보더라도 마찬가지이다.

셋째, 헌법에서 해양관할권을 얼마나 체계적으로 규율하는가를 가늠하기 위하여, 많은 국가의 헌법에서 언급되고 중요성도 큰 세 가지 핵심적인 해양관할권 개념, 즉 영해·대륙붕과 배타적 경제수역에 대해서만 그 언급 여부를 유형별로 조사·분석하였다([표 5]). 여기서는 영해는 대륙붕과 배타적 경제수역에 비해서, 그리고 이들 세 가지는 내수·접속수역·군도수역에 비해서 우선적 가치를 지닌다는 시각에서 출발한다. 그리고 영해·대륙붕과 배타적 경제수역의 세 가지 각각의 언급 여부에 따라, 셋을 모두 언급하는 경우(유형 ①), 둘을 언급하는 경우(유형 ②③④), 하나만 언급하는 경우(유형 ⑤⑥⑦), 하나도 언급하지 않는 경우(유형 ⑧)로 나눈다. 그 결과, 영해·대륙붕과 배타적 경제수역을 모두 언급하는 경우(유형 ①)와 영해만을 언급하는 경우(유형 ⑤)는 그 자체로는 헌법상 해양관할권 규율의 체계성에 흠이 별로 없는데, 이들 두 가지 유형에 해당하는 국가는 각각 26개국(39%)과 17개국(25%)을 합하여 43개국(64%)이다. 그 반면에, 영해를 언급하지 않고 나머지 두 개념만 언급하는 경우(유형 ④), 영해 이외의 하나의 개념만 언급하는 경우(유형 ⑥⑦), 이들 세 개념을 제외한 나머지 세 개념을 언급하는 경우(유형 ⑧)는 모두 영해를 제외하고서 그 밖의 개념을 언급하므로 체계성에 문제가 있다. 체계성에 문제가 있는 이들 유형에 해당하는 국가는 8개국(12%)이다. 따라서 헌법상 해양관할권 규율의 체계성 측면에서는 비교적 양호한 편이라고 할 수 있으며, 대륙별로도 편차는 있으나 대체로 비슷한 영상을 보인다.

넷째, 헌법에서 어떠한 사항을 규율하기 위하여 해양관할권 개념이 사용되는가라는 헌법상 해양관할권 개념의 용법 내지 쓰임새를 조사·분석하였다([표 6]). 그러한 용법의 하나는 해양관할권의 공간적 범위를 설정·선언하기 위하여 해양관할권 개념이 사용되는 경우(첫째 유형)이고, 그 둘은 그렇게 설정된 해양관할권을 국가조직 내에서(예컨대, 연방과 주 사이에 또는 중앙정부와 지방정부 사이에) 배분하기 위하여 사용되는 경우(둘째 유형)이며, 그 셋은 관할 해양공간에 존재하는 자연자원의 소유권 귀속을 규율하기 위하여 사용되는 경우(셋째 유형)이다. 이들 각 유형에 해당하는 국가(중복 있음)는 세계 전체로는 첫째 유형(해양관할권의 범위 설정)이 50개국(75%), 둘째 유형(해양관할권의 국내 배분)이 18개국(27%), 셋째 유형(해양자원의 소유권 귀속)이 31개국(46%), 기타 6개국(9%)이다. 해양관할권의 국내 배분이나 해양자원의 소유권 귀속은 그 해양공간에 대한 국가관할권을 논리적으로 전제하고 있다는 점에서, 첫째 유형의 용법이 일차적이고 다른 유형의 용법에 비해서 우선적이다. 따라서 세계 전체에서 첫째 유형에 해당하는 국가의 비율이 상당히 높은 것은 합당한 결과로 보인다. 대륙별로는 첫째 유형의 비율이 아메리카(94%)와 아프리카(89%)는 압도적으로 높으나, 유럽(64%)과 특히 아시아(44%)는 너무 낮다는 점에서 규율 사항의 우선순위에서 문제가 많다.

다섯째, 해양관할권 개념을 사용하여 일차적으로 규율해야 할 사항에 해당하는 해양관할권의 범위에 관하여 헌법에서 어떻게 규율하는가라는, 해양관할권의 범위에 관한 헌법상 규율 방식을 조사·분석하였다([표 7]). 그 유형으로는, 아주 적극적인 규율 방식으로서 해양관할권의 범위를 헌법 자체에 명시하는 방법(첫째 유형), 정반대로 아주 소극적인 규율 방식으로서 해양관할권의 범위에 관하여 아무런 언급도 하지 않는 방법(넷째 유형), 그리고 이들 양극단의 중간에 해당하는 중도적 규율방식으로서 해양관할권의 범위를 법률로 정하도록 위임하는 방법(둘째 유형) 및 이와 병행하여 국제법에 따르도록 하는 방법(셋째 유형)이 있다. 세계 전체로는, 둘째 유형(법률에 위임)에 해당하는 국가가 28개국(42%)이고, 넷째 유형(언급 없음)도 27개국(40%)으로 비슷하지만, 첫째 유형(헌법에 명시)은 6개국(9%)에 불과하다. 따라서 전반적으로는 해양관할권의 범위에 관한 구체적인 규율에서는 아직 중도적 또는 소극적 경향을 보인다. 대륙별로는, 아시아·아프리카는 대체로 세계 전체의 경향과 비슷하다. 그러나 아메리카는 둘째 유형이 9개국(53%)이고 넷째 유형이 2개국(12%)인데 반하여 첫째 유형이 3개국(18%)이라는 점에서 해양관할권의 범위에 관한 구체적인 규율에서 오히려 중도적 또는 적극적 경향을 보이고 있다. 오세아니아는 첫째 유형이 2개국, 둘째 유형이 1개국, 넷째 유형이 2개국으로 숫자만으로는 적극과 소극의 양극화 양상을 보인다.

이러한 조사·분석의 결과를 종합해 보면, 세계 전체로는, 첫째, 해양관할권 개념을 하나라도 언급하는 국가가 조사대상의 절반에도 미치지 못한다는 점에서 헌법상 해양관할권 규율의 확산 정도는 아직 미흡하고, 둘째, 헌법에서 언급되는 해양관할권 개념의 평균 개수가 총 개수의 절반에도 미치지 못할 뿐 아니라 가장 핵심적인 해양관할권인 영해를 언급하는 국가조차 조사대상의 절반에도 미달한다는 점에서 헌법상 해양관할권 규율의 충실성도 아직 미흡하나, 셋째, 영해·대륙붕과 배타적 경제수역의 셋을 모두 언급하거나 차라리 영해 하나만 언급하는 국가가 조사대상의 절반을 넘는다는 점에서, 넷째, 해양관할권 개념의 용법과 관련하여 해양관할권 범위의 설정·선언을 위하여 개념을 사용하는 국가가 조사대상의 절반을 훨씬 넘는다는 점에서, 다소나마 헌법상 해양관할권 규율의 체계성을 보이고 있으며, 다섯째, 해양관할권 범위의 규율과 관련해서는 적극적으로 그 범위를 헌법에 명시하기보다는 아직은 법률로 정하도록 위임하거나 아예 소극적으로 아무런 언급도 하지 않는 경향을 보이고 있다. 물론, 대륙별로는, 세계 전체의 이러한 전반적인 경향에 대하여, 사안에 따라 동조적 경향을 보이거나 상반되는 경향을 보이기도 한다. 나아가 같은 대륙 내에서도 국가별로는 매우 다양한 양상을 보이기도 한다.

끝으로, 헌법에서 해양관할권을 전혀 언급하지 않는 국가가 조사대상 연안국의 절반이 넘는데, 이러한 국가에서는 해양관할권의 헌법상 규율을 위한 헌법개정 문제가 언제나 잠재되어 있다고 할 수 있다. 그러한 헌법개정 논의가 현실화되기 위해서는 그 헌법개정의 논리적 타당성뿐만 아니라 그 현실적 필요성에 대한 인식이 확산되어야 한다. 그리고 한 국가 안에서의 인식 확산과 지역적·세계적 추세는 상호작용의 관계에 있으므로, 해양관할권의 헌법상 규율에 대한 국민의 인식만이 아니라, 그러한 인식에 영향을 미치는 지역적·세계적 추세의 변화를 감지하기 위한 지역적·세계적 비교연구도 계속되어야 한다. 또한 현재 시점에서 세계 각국의 수평적 비교연구에 그치고 있는 이 연구를 토대로 하여, 더 나아가 시간적 흐름에 따른 역사적 변화에 관한 수직적 비교연구도 필요할 것이다. 그리하여 해양관할권의 헌법상 규율을 위한 헌법개정 문제가 현실화되는 경우에는, 헌법의 간결성과 명확성을 충족시키면서도 해양관할권을 충실하고 체계적으로 규율하기 위한 방안과 관련하여 이 연구가 기여할 수 있을 것이다.

참고문헌

고문현·김종덕·현대송·한성일·박광서·김민수·김연수, “새 헌법에 해양수산의 가치 반영되어야”, KMI 동향분석, vol. 58, 한국해양수산개발원, 2017. 11.

고문현·박찬호·최용전, “해양수산 환경 변화에 따른 기본법제의 개선연구”(해양수산부 용역보고서), 2017. 11.

도회근, “헌법의 영토조항에 관한 비교헌법적 연구”, 「법조」, 제58권 제11호, 법조협회, 2009. 11.

전상구, “해양의 헌법적 의미”, 「해항도시문화교섭학」, 제24호, 한국해양대학교 국제해양문제연구소, 2021. 4.

한병호, “미주 지역 국가의 헌법과 바다: 해양관할권을 중심으로”, 강우예 외, 「바다를 둘러싼 법적 쟁점과 과제 Ⅱ」, 피앤씨미디어, 2018.

______, “아시아 지역 국가와 미주 지역 국가의 헌법상 해양관할권 규정의 비교 연구”, 김인유 외, 「바다를 둘러싼 법적 쟁점과 과제 Ⅲ」, 피앤씨미디어, 2019.

______, “아시아 지역 국가의 헌법과 바다 - 해양관할권을 중심으로 -”, 「해사법연구」, 제31권 제1호, 한국해사법학회, 2019. 3.

______, “아프리카 지역 국가의 헌법상 해양관할권 규정에 관한 연구”, 강우예 외, 「바다를 둘러싼 법적 쟁점과 과제 Ⅳ」, 피앤씨미디어, 2020.

______, “오세아니아 지역 국가의 헌법상 해양관할권 규정”, 「해사법연구」, 제33권 제2호, 한국해사법학회, 2021. 7.

______, “유럽 지역 국가의 헌법상 해양관할권 규정에 관한 연구”, 「해사법연구」, 제32권 제2호, 한국해사법학회, 2020. 7.

______, “헌법과 바다”, 김인유 외, 「바다를 둘러싼 법적 쟁점과 과제」, 피앤씨미디어, 2017.

홍선기·강문찬, “해양수산의 헌법적 가치에 관한 연구”, 「법제」, 통권 677호, 법제처, 2017. 6.

Department of Economic and Social Affairs, Statistics Division, *World Statistics Pocketbook* 2020 edition, New York: United Nations, 2020.

https://treaties.un.org/doc/Treaties/1964/11/19641122%2002-14%20AM/Ch_XXI_01_2_3_4_5p.pdf

https://www.constituteproject.org/search?lang=en&status=in_force

https://www.jag.navy.mil/organization/code_10_mcrm.htm

https://www.un.org/Depts/los/LEGISLATIONANDTREATIES/toc.htm

https://www.un.org/Depts/los/reference_files/chronological_lists_of_ratifications.htm#The%20United%20Nations%20Convention%20on%20the%20Law%20of%20the%20Sea

https://www.un.org/Depts/los/reference_files/UNCLOS%20Status%20table_ENG.pdf

https://www.un.org/Depts/los/reference_files/UNCLOS%20Status%20table_ENG.pdf

https://www.un.org/en/about-us

제 2 장

해양법의 법적 쟁점

≫ 국제해양법상 전통적 어업권의 지위에 대한 고찰 _ 이용희

국제해양법상 전통적 어업권의 지위에 대한 고찰*

이 용 희

Ⅰ. 서 론

고대로부터 현대에 이르기까지 가장 대표적인 해양활동으로는 항행과 어로를 들 수 있다. 이중 어로행위는 그로 인하여 획득되는 수산물이 국민의 필수적인 식량공급원이라는 측면에서 중대한 국가의 이익문제로 다루어졌다. 특히, 과거의 어업은 연안지역에 거주하는 사람들의 전통적인 활동에 해당하며, 그들의 주된 식량이자 생계의 수단이었다. 일반적으로 이러한 종류의 어업은 소규모이자 영세어업(artisanal fishery)이었고, 이러한 형태의 어업을 '전통적 어업(traditional fishing)', '관습어업(customary fishing)' 또는 '토착어업(indigenous fishing)'이라고 구분하여 왔다.[1)]

주변해양에서의 어업이 갖는 중요성에 대한 국가차원의 인식은 연안국이 자국 연안에 인접한 일정해역에서의 어업을 독점하고 타국의 입어를 통제하는 형태로 발전했으며, 이는 영해제도의 정착을 통하여 국제법상 확립되었다.

영해제도를 통하여 연안해역의 어업권을 확보한 연안국은 이후 발달되는 어업기술에 따라 자국의 어업권을 확대하는 노력을 기우렸으며, 그 결과로서 영해 폭의 확대, 영해 이원에 어업수역의 설치, 군도수역 및 200해리 배타적 경제수역제도의 신설을 통하여 점진적으로 발전해 나갔다. 이러한 연안국의

* 이 논문은 '국제해양법상 전통적 어업권의 지위에 관한 고찰'(국제해양법연구, 제3권 제2호, 2019)의 내용을 바탕으로 추가 수정·보완하여 작성한 것임.

1) Dysi Polite, "Traditional fishing rights: analysis of state practice", *Australian Journal of Maritime & Ocean Affairs*, vol.5, no.3(2013), p.120.

인접해양에 대한 배타적 어업권 확대과정에서 대두된 사안이 전통적 어업권의 인정 여부이다.[2] 즉, 특정국가 특정그룹 어민들이 장기간 특정수역에서 어로활동을 하여왔으나, 동 수역이 해양법의 발전에 따라 다른 연안국의 배타적 관할권에 속하게 되어 더 이상 어로를 할 수 없게 되는 경우 전통적으로 어로활동을 하여온 타국 국민의 어업권을 보호하고 인정할 것인가 하는 문제가 발생하는 것이다.

전통적 어업권의 인정 여부에 관한 논쟁은 영해, 군도수역, 배타적 경제수역제도의 형성과정에서 지속적으로 제기되어 왔으며, 군도수역의 경우 유엔해양법협약 제51조에서 명문규정으로 인정된 바 있다. 그러나, 영해와 배타적 경제수역에서의 전통적 어업권 인정 여부는 유엔해양법협약상 명시적 규정이 없는 관계로 연안국과 전통적 어업권 주장국간의 국제적 분쟁으로 발전하고 있으며, 동 분쟁에 대한 국제판례의 축적을 통하여 협약상 불명확한 부분을 해석적으로 보충해 나가고 있다. 그러나, 아직 전통적 어업권에 대한 개념부터 시작하여 전통적 어업권의 인정 기준 및 절차 등에 있어서 해석상 많은 과제를 남겨두고 있다.

이하에서는 유엔해양법협약 채택 전과 채택 후에 제기된 전통적 어업권에 대한 국제적 논의를 중심으로, 전통적 어업권의 개념을 살펴보고, 현행 국제해양질서상 전통적 어업권의 인정 여부 및 국제판례의 태도를 분석하여 전통적 어업권과 관련된 국제법적 과제에 대한 이해를 넓혀 보고자 한다.

II. 전통적 어업권의 개념

1. 일반국제법의 태도

전통적 어업권이라는 용어가 유엔해양법협약에서 명문으로 사용되고 있지

2) Huan-Sheng Tseng, Ching-Hsiewn Ou, "The evolution and trend of the traditional fishing rights", *Ocean & Coastal Management*, vol. 53(2010), p.271.

만 그 개념에 대하여 국제법상 합의된 것은 없다. 다만, 전통적 어업권을 '장기간에 걸쳐 특정수역에서 관습적으로 어업을 하여온 특정어민그룹에게 어업권을 부여한 것'을 의미한다고 일반적으로 이해되고 있다. 이들 전통적 어업권은 일개 국가의 해역에서 자국민이 행하여 온 전통적 어업에 대한 권리를 부여하는 경우와 일개 국가의 특정어민그룹이 다른 국가의 관할해역에서 전통적 어업행위를 한 경우 이를 권리로 인정하는 경우로 나누어 볼 수 있는데,[3] 국제법의 관심은 후자에 있다고 볼 것이다.

그러나, 전통적 어업을 정의함에 있어 '전통적'이 무엇을 의미하는 가에 대해서는 이론상 논쟁의 대상이 되고 있다. 즉, 일방에서는 그 행위를 지속해 온 사람들의 성격, 어로의 방식 및 주된 생계활동의 목적으로 정의되어야 한다고 주장하는 한편, 다른 일방에서는 전통적 어업을 어로의 방법이나 기술만으로 결정하여서는 안되고 수세대에 걸쳐 진행되어온 활동과 문화적 행위에 기초하여 판단되어야 한다고 주장하고 있다.[4]

사실상 국제법상 전통적 어업권이 유엔해양법협약 채택 이전에도 국제관습법적으로나 양자조약 등을 통하여 인정되어온 사실을 찾아볼 수는 있지만 국제협약상 전통적 어업권에 대한 정의를 포함하고 있는 것은 찾기 어렵다.[5] 유엔해양법협약도 제51조에서 전통적 어업권이라는 용어를 사용하고 있지만 그 의미에 대해서는 아무런 추가적 규정을 두고 있지 않다. 대한민국도 2000년 8월 3일 중국과 체결한 한중어업협정에서 자국 배타적 경제수역에 대한 상대국의 입어조건을 결정하는데 있어 고려하여야 할 관련요소로 '전통적 어업활동'을 명시하고 있으나, 그 의미에 대해서는 추가적인 규정이나 해석을 제시하고 있지 않다.[6] 즉, 어떠한 어업이 전통적 어업에 해당하는지 여부를 결정할 아무런 기준도 제시하고 있지 않다. 따라서, 그 의미는 다른 국제법 법원에서 찾아보아야 하며, 그 대표적 법원으로는 조약과 국제재판의 판결을 들 수 있다.

3) Dysi Polite, op. cit., p.121.
4) Ibid., p.120.
5) Ibid., p.121.
6) 대한민국 정부와 중화인민공화국 정부간의 어업에 관한 협정, 제3조 제2항. 외교통상부 국제법규과, 『한중어업협정 해설』, 외교통상부, 2011 참조.

2. 조약상의 개념예

조약상의 예는 다음과 같은 2개의 예를 살펴볼 수 있다. 먼저, 1974년 11월 7일 인도네시아와 호주간 체결된 '호주 배타적 어업수역과 대륙붕에서 인도네시아 전통적 어민의 활동에 관한 양해각서[7]' 제1조에서는 '전통적 어민(traditional fishermen)'에 대하여 정의하고 있다. 동 양해각서상의 정의에 따르면 전통적 어민이란 "수십년동안 전통적인 방식으로 호주 수역에서 어류와 정착성어종을 전통적으로 잡아온 어민을 말한다"고 정의하고 있다.[8]

1978년 12월 18일 호주와 파푸아뉴기니 간에 체결된 '양국간 토레스해협을 포함한 지역의 주권과 해양경계에 관한 조약' 제1조 (l)항에서도 '전통적 어업(traditional fishing)'이라는 용어에 대한 정의를 하고 있다. 그 내용을 살펴보면, 전통적 어업이란 "전통적 거주자들에 의해 그들 스스로의 소비 또는 그들 부양가족의 소비를 위하여 또는 다른 전통적 활동의 과정에 사용하기 위하여 듀공(Dugong)과 거북을 포함한 바다, 해저, 강하구 및 갯벌의 자연생물자원을 채취하는 것을 말한다"고 정의하고 있다. 또한, (k)항에서는 '전통적 활동(traditional activities)'을 "지역 전통에 따라 전통적 거주민이 행하는 활동"으로 정의하면서, 이 경우 '전통적'의 의미를 "상업적 성질의 활동과 관련된 것을 예외로 하고 자유롭게 우세한 관습에 비추어 해석되어야 한다"고 규정하고 있다.

3. 국제판례상 개념예

국제판례상 전통적 어업권의 정의에 대하여 심도 있게 다룬 최초의 판례로는 에리트리아와 예멘간 중재재판의 판정을 들 수 있다. 동 판정을 통하여 중재재판소는 전통적 어업과 사용 용례가 거의 동일하다고 할 수 있는 '영세어업'의 개념과 관련하여, 동 어업에 사용되는 선박과 어구는 단순하고 효과적이

7) MOU between the Government of Australia and the Government of the Republic of Indonesia regarding the Operations of Indonesian Traditional Fishermen in Areas of the Australian Exclusive Fishing Zone and Continental Shelf

8) "the fishermen who have traditionally taken fish and sedentary organisms in Australian waters by methods which have been the tradition over decades of time."

라는 유엔식량농업기구(FAO)의 보고서[9]를 인용하고 있다.[10] 또한, '영세적'요소는 현재 사용되는 특정어법을 미래에도 반드시 사용하여야 한다는 것으로 이해되지는 않는다고 하였다. 즉, 영세어업은 산업적 어업과는 반대의 의미로서 이해되는 것으로서, 현재 사용되는 어구와 어법측면에서 어선의 동력, 항행기술, 통신기술과 어업을 발전시킨 형태로 사용되는 것을 배제하지는 않지만, 어업의 전통적 제도가 대규모 상업적 어업으로 확대되거나 제3국에게 그 권리를 양도하는 것을 의미하지는 않는다고 판시하였다.[11]

필리핀과 중국간에 발생한 남중국해사건에 대한 2016년 유엔해양법협약 제7 부속서에 따른 중재재판소 판정에서도 영세어업에 대한 많은 논의가 다양한 국제회의 등에서 다루어 졌음에도 통일된 기준이 만들어지지 않았지만, 산업적 어업과 비교할 때, 단순하며, 소규모로 행하여지고, 동 지역에서 역사적으로 사용되어온 것과 거의 유사한 어법을 사용한다는 특징을 갖고 있다고 설명하였다.[12] 또한 영세어업을 인정하는 법적 근거는 기득권 개념과 장기간동안 영세어업을 통하여 생계를 유지하여온 어민세대가 그들 조상의 방식대로 어업을 지속할 수 있는 능력의 재산권과 같은 권리를 획득하였다는 이해에 바탕을 두고 있다고 설시하였다. 이러한 영세어업에 전통적 어업권이 확장된다고 보았다. 전통적 어업권의 대상으로 인정되는 영세어업은 그 사회의 장기간 확립된 어업방식을 유지하며 행하여져야 하고 전통적 방식으로부터 급격히 벗어난 산업적 어업이어서는 안 된다는 것이다. 또한, 영세어업권은 한 지역에서 전통적으로 어업을 해 온 개인과 지역사회에 부여하는 것이며, '역사적 권원(historic title)'에 근거하여 국가에게 인정되는 역사적 권리가 아니다라는 점을 분명히 하였다. 즉, 전통적 어업권은 특정해역에서 전통적으로 어업을 행하여 온 개인 또는 사회에 부여되는 것이라는 점을 강조하고, 실제적으로는 개인이 보유한 법적 권리를 그 국민이 속한 국가의 권리로 간주하는 서양적

9) *The FAO Fisheries Infrastructure Development Project Report*, 1995.
10) Eritrea v. Yemen, In the Second Stage of the Proceedings, Award of 17 December 1998, Arbitral Tribunal, para. 105.
11) Ibid., para. 106.
12) Philippine v. China(South China Sea Case), Award of 12 July 2016, Arbitral Tribunal constituted under ANNEX VII to the 1982 United Nations Convention on the Law of the Sea, para.797.

법적 허구를 인정할 수 없다는 점을 명시하였다.13)

한편, 이와 같은 전통적 어업권의 정의와 관련하여 전통적 어업권은 '어업을 할 수 있는 전통적 권리(traditional right to fish)' 와는 구별되어야 한다는 주장이 있다. 어업을 할 수 있는 전통적 권리란 공해 또는 과거에 공해이었던 수역에서 어업을 할 수 있는 모든 국가의 권리를 의미하며 실제 권리의 행사 여부와는 무관하다고 설명하고 있다. 즉, 연안국 배타적 경제수역의 일부에서 잉여량에 대한 접근을 허용받은 경우 행사되는 권리라는 의미이며, 이는 전통적 어업권하고는 그 성립요건이 다르다는 것이다.14)

Ⅲ. 전통적 어업권에 대한 유엔해양법협약의 태도

1. 제1차 및 제2차 유엔해양법회의에서의 논의

1958년 개최된 제1차 유엔해양법회의에서의 협상과정에서 전통적 어업에 관한 제안은 영해제도와 연관하여 미국에 의해 이루어진 바 있다. 미국은 영해의 폭에 관한 규정과 관련하여 6해리 영해와 그 이원에 6해리의 배타적 어업수역 설정을 제안한 캐나다안을 수정하여, 6해리 영해와 6해리 배타적 어업수역을 주장함과 동시에 과거 5년 동안 연안국 연안 6해리 이원지역에서 '상습적(habitually)'으로 어업을 한 국가에게는 기존의 어업권을 인정하자는 안을 제시한 바 있다.15) 그러나 이러한 안은 채택되지 않았으며, 1958년 영해 및 접속수역에 관한 협약은 전통적 어업에 관한 명시적 언급 없이 연안국에 영해에서의 주권을 인정하여 배타적 어업권을 부여하는 형태로 채택되었다. 다만, 동 권리를 행사함에 있어 동 규정 및 기타 국제법 규칙에 따를 것을 조건으로 규정하였다(제2조).

13) Ibid., para. 798.
14) Dysi Polite, op. cit., p. 125.
15) Huan-Sheng Tseng, Ching-Hsiewn Ou, op. cit., p.273.

한편, 1960년에 소집된 제2차 유엔해양법회의에서도 전통적 어업에 관한 사항은 미국의 제안을 통해 제시되었다. 미국은 영해의 폭에 관한 제안에서 6해리 영해와 기선으로부터 12해리의 배타적 어업수역을 주장함과 동시에 1958년 1월 1일 이전부터 5년 동안 6해리 이원의 수역에서 상습적으로 어업을 한 외국어선에게는 동 수역에서 계속 어로활동을 지속하되 과거 5년 동안의 평균 어획량을 초과하여 어획할 수 없다는 조건을 부과하였다. 미국은 이어서 캐나다와의 공동제안으로 위의 제안을 확인함과 동시에 외국어선의 상습적 어업활동기간을 1960년 10월 31일부터 10년으로 제한하는 제안을 재차 제시하였다.[16] 이와 같은 미국과 캐나다의 제안도 3분의 2 다수의 지지를 받지 못하여 채택되지는 못하였다. 따라서, 전통적 어업권에 대한 국제협약의 명시적 보호 없이 국제해양법질서가 유엔해양법협약 채택시점까지 유지되었다.

2. 영해에서의 전통적 어업권

영해는 영해측정기선으로부터 12해리를 넘지 않는 범위에서 연안국이 설정한 연안국의 관할해역이다(제3조). 동 수역에 대하여 연안국은 주권을 가지며, 동 주권의 지리적 행사범위는 영해의 상공, 해저 및 하층토까지이다(협약 제2조 제1항과 제2항). 연안국이 영해에서 행사하는 주권의 내용은 유엔해양법협약의 관련 규정과 "그 밖의 국제법 규칙에(other rules of international law)" 따르도록 하고 있다. 즉, 영해에 대한 연안국의 주권은 육지영토에 대한 영토국의 주권보다 크지 않으며,[17] 주권의 행사는 유엔해양법협약과 그 밖의 국제법 규칙이 정하는 범위 내지는 방법 또는 부과하는 의무에 따라 행사되어야 함을 규정한 것이다. 이때 '그 밖의 국제법 규칙'은 영해에 적용가능한 조약이나 국제관습법을 의미한다.[18] 또한, 영해에 적용가능한 조약이나 국제관습법은 시점이 특정되어 있지 않기 때문에 유엔해양법협약 채택시의 조약이나 국제관

16) Ibid.
17) Proless, *United Nations Convention on the Law of the Sea: A Commentary*, C.H. Beck, 2017, p.34.
18) Rothwell, Stephens, *The International Law of the Sea*, Hart Publishing Ltd., 2010, p.70.

습법 뿐만 아니라 그 이후에 새로이 발전된 조약이나 국제관습법도 포함된다는 점을 고려할 때, 연안국의 영해 주권 행사의 범위와 방법 등은 국제법의 발전에 따라 변경될 수 있음을 알 수 있다.

한편, 어업과 관련된 연안국의 주권 범위를 살펴보면 연안국은 영해내의 생물자원에 대한 주권을 가지며, 외국선박이 연안국의 허가 없이 영해에서 '어로행위(any fishing activities)'를 하는 것은 무해하지 않은 통항에 해당하며, 연안국의 평화, 공공질서 또는 안전을 해치는 행위로 본다(협약 제19조 제2항). 또한, 연안국은 유엔해양법협약과 그 밖의 국제법 규칙을 따르는 조건으로 해양생물자원을 보존하고 연안국의 어업법령 위반 방지를 위해 법령을 제정하여 공표할 수 있다(협약 제21조).

따라서, 외국선박은 연안국 허가 없이는 연안국 영해에서 어로행위를 할 수 없으며 동시에 연안국은 협약 제62조 제2항과 같이 잉여량이 발생하는 경우 타국의 입어를 자국 배타적 경제수역에서 인정하여야 하는 의무도 영해에서는 부담하지 않는다. 또한, 후술하는 바와 같이 유엔해양법협약 제51조에서 인정하는 인접국가의 전통적 어업권을 인정하여야 한다는 명시적 규정도 두고 있지 않다.

이와 같은 협약의 규정태도에 비추어 볼 때, 연안국의 영해에서 전통적 어업권이 인정되며, 연안국은 타국 어민의 전통적 어업권에 따른 입어를 허용하여야 하는 가 문제는 그러한 전통적 어업권이 '그 밖의 국제법 규칙'에 의해 인정되느냐의 문제로 남게 된다. 이 점에 대하여 남중국해사건에 대한 유엔해양법협약 제7 부속서에 따른 중재재판소는 관할권에 관한 판정 제407항에서 "타국의 영해에서조차도 전통적 어업권이 존재할 수 있다(traditional fishing rights may exist even within the territorial waters of another State)"고 인정한 바 있다. 또한, 본안 판결에서도 영해에서 타국 국민의 전통적 어업권은 유엔해양법협약 채택이전부터 국제관습법에 의해 보호받는 국제법상 권리이므로 연안국은 자국 영해에서 이미 확립된 전통적 어업권을 존중하여야 한다고 판시하여 영해에서의 전통적 어업권을 인정하였다. 이에 대해서는 후술하도록 한다.

3. 군도수역에서의 전통적 어업권

군도수역은 군도기선 내측의 수역으로서 군도국가의 주권이 행사되는 연안국의 관할해역중 하나이다(협약 제49조 제1항). 이와 같이 군도국가의 주권이 행사되는 관할수역에서 유엔해양법협약은 군도국가로 하여금 '군도수역에 위치한 일정수역(in certain areas falling within archipelagic waters)'에서 '바로 이웃한 국가(the immediately adjacent neighbouring State)'의 '전통적 어업권(traditional fishing rights)'을 인정하여야 한다고 규정하고 있다(협약 제51조).[19] 이때 동 권리의 인정이 군도수역에 대한 군도국가의 주권을 침해하는 것이 아니어야 한다는 단서를 부가하고 있다(협약 제51조 제1항). 즉, 협약상 명문으로 유일하게 전통적 어업권이라는 용어를 사용하고 있으며, 동 권리가 타국의 군도수역에서 인정된다는 점을 분명히 규정하고 있다. 다만, 동 권리의 성질과 범위 및 적용지역과 행사 조건은 관련국의 요청에 따라 상호간의 합의로 규율되도록 조건이 부가되어 있다. 또한, 그 권리를 제3국이나 제3국의 국민에게 이전되거나 공유하는 것을 금지하고 있으며, 오로지 해당국과 그 국민만이 향유하도록 제한을 부여하고 있다(협약 제51조 제1항 후단).

이러한 유엔해양법협약 제51조의 규정은 동 협약 제47조 제6항의 규정과 연계하여 해석할 필요성이 있다. 제47조 제6항은 "군도국가의 군도수역 어느 일부가 바로 이웃한 국가의 두 부분사이에 있는 경우, 이웃한 국가가 이러한 수역에서 전통적으로 행사하여온 기존의 권리와 그 밖의 모든 합법적인 이익 및 관련국간의 합의에 의하여 규정된 모든 권리는 계속하여 존중된다"고 규정하고 있다. 이 규정을 협약 제51조 규정과 종합하여 해석하면, 군도수역중 일부가 이웃한 국가의 수역사이에 존재하는 경우를 포함하여 군도수역과 연접한 국가가 새롭게 군도국가의 군도수역으로 설정된 수역에서 전통적으로 행사해 온 전통적 어업권을 해당 군도국가가 인정하여야 한다는 의미로 보인다.

19) '바로 이웃한 국가'의 의미는 유엔해양법협약상 정확한 정의를 하고 있지 않지만 군도국가와 공통의 수역을 공유하는 국가로 이해된다. 이러한 해석은 동 용어의 사용 배경이 이전까지 공해가 아니었던 수역이 군도수역 설정으로 인하여 군도국가의 군도수역으로 포함된 수역에서 동 수역에 연접해 있는 국가의 전통적 어업권을 보장하고자 하였다는 점에서 추론된다.

이 두 규정의 입법과정을 살펴보면 그 의미를 보다 분명히 알 수 있다. 먼저, 제3차 유엔해양법회의 과정에서 제51조의 입법과정을 살펴보면 1973년 심해저위원회 보고서에 첨부된 제2 소위원회의 Varient F에서부터 시작되었음을 알 수 있다. Variant F는 "군도기선의 설정으로 이전에 공해가 군도수역에 포함된 경우, 군도국가는 동 수역에서 항행을 제외한 어업이나 해저전선 및 관선을 포함한 기존이용행위에 관한 타 국가의 권리 및 이익을 보호하는 차원에서 관련 국가의 요청이 있는 경우 협상을 개시하여야 한다"는 내용을 담고 있었다.[20]

제3차 유엔해양법회의 제2회기에서는 위의 Varient F보다 더욱 구체적인 안이 태국에 의해 제시되었다. 태국이 제시한 안의 요지는, 이전에 공해이었던 수역이 군도수역 또는 군도수역 외측의 영해로 포함된 경우 군도국가는 그 수역의 생물자원 개발에 관한 이웃국가의 이익과 필요성에 대한 특별한 고려를 하여 이웃국가가 요청하는 경우 지역 또는 양자 약정을 통한 이웃국가와의 합의에 도달할 것을 의무화하고 있다. 이런 태국의 제안은 그 지리적 적용범위가 너무 넓고, 특별히 고려하여야할 이웃국가의 대상과 보호되어야 할 권리가 지나치게 광범위하다는 비판을 받았으며, 이런 비판을 수용한 수정안이 1975년 제3회기 비공식단일교섭초안 제2부 제122조로 포함되었다.[21]

제122조의 내용을 요약하면, 군도국가로 하여금 군도수역의 일정부분에서 바로 이웃한 국가의 전통적 어업권을 인정하여야 한다고 의무화하였다. 그러한 권리의 범위와 적용지역을 포함하여 권리 행사의 조건은 관련 국가의 요청에 따라 그들간의 양자협정에 의해 규율된다고 하였으며, 그러한 권리는 제3국 또는 제3국의 국민에게 양도되거나 공유되어서는 안된다는 내용을 담고 있다. 이러한 안은 군도수역에서 보호되어야 할 권리의 내용을 생물자원에 대한 권리에서 전통적 어업권으로 특정하였고, 양자협정에 의하여 그러한 권리의 행사 조건이 규율되도록 하는 한편, 권리의 내용 중 제3자에 대한 양도 및 공유를 금지하였다는 점이 다른 점으로 평가된다.[22]

제4회기에서는 인도네시아와 싱가포르 간에 위의 초안에 대한 수정안에 대

20) Nandan, Rosenne, United Nations Convention on the Law of the Sea 1982: A Commentary, Vol. II(Martinus Nijhoff Publishers, 1993), p.448.
21) Ibid., p.450.
22) Ibid., pp.451~452.

하여 합의가 있었다. 새로운 수정안의 내용 중 이전 안과 다른 점은 '타국의 권리를 인정하는 것이 군도수역의 법적 지위를 침해하지 않는다는 점'과 기존의 표현상 '군도수역의 일정부분'을 '군도수역의 범위에 들어간 일정부분'으로 수정되었다는 점이다. 또한, 양자협정으로 규율되어야 할 대상을 기존의 '권리의 범위와 적용지역을 포함하여 권리 행사의 조건'에서 '권리의 성질과 범위와 적용지역을 포함하여 권리 행사의 조건'으로 하여 권리의 성질을 추가하였다.

이와 같은 과정을 거쳐 동 규정은 개정단일협상안 제2부 제123조에 '기존협정, 전통적 어업권 및 기존 해저전선'이라는 제목으로 포함되었으며, 이어서 변경됨이 없이 비공식통합교섭초안과 협약의 제51조로 규정되었다.

이와 같은 내용의 군도수역내 타국의 전통적 어업권 인정은 몇 가지 조건을 충족하여야 한다는 것이다. 먼저, 전통적 어업권을 주장하는 국가는 해당 군도국가와 인접한 국가이어야만 한다. 둘째, 어업행위가 실제적으로 전통적으로 행하여 졌어야 한다. 셋째, 어업행위의 기간이 충분히 오랜 시간동안 지속되어야 한다. 넷째, 유엔해양법협약에 의해 새롭게 군도수역이 설정되기 이전에 특정수역에서 그러한 행위들이 장기간 지속되었어야 한다는 것이다. 그리고 이러한 조건이 충족되어도 당연히 전통적 어업권이 인정되는 것이 아니라, 관련국의 요청과 상호간의 합의가 있어야 한다는 절차적 요건이 또한 충족되어야 한다. 실제로 군도국가인 인도네시아는 자국 군도수역에서 타국의 전통적 어업권 인정과 관련하여 호주, 말레이시아, 파푸아 뉴기니 등과 양자협약을 체결한 바 있다.[23)]

4. 배타적 경제수역에서의 전통적 어업권

배타적 경제수역은 영해기선으로부터 최대 200해리의 수역에 대하여 연안국이 주장하는 경우 인정되는 관할해역이다(협약 제57조). 동 수역에서 연안국은 생물자원과 무생물자원을 비롯한 모든 경제적 이용에 대한 주권적 권리

23) Kurniaty, Ikaningtyas, P A Ruslijanto, "Analysis on traditional fishing grounds in Indonesia's Natuna waters under International Law", *IOP Conference Series: Earth and Environmental Science*, 2018, p.4.

를 향유하며, 동시에 해양환경보호 및 보전, 해양과학조사, 인공섬·시설·구조물의 설치와 사용 등에 관한 배타적 관할권을 갖는다(협약 제56조). 이와 같은 연안국의 권리와 함께 유엔해양법협약은 다른 국가에게 연안국의 배타적 경제수역에서 항해의 자유, 상공비행의 자유, 해저 전선 및 관설부설의 자유와 이러한 자유와 관련된 것으로서 협약의 다른 규정과 양립하는 그 밖의 국제적으로 적법한 해양이용의 자유를 향유하도록 인정하고 있다(협약 제58조).

이와 같은 입법태도에 비추어 연안국은 자국 배타적 경제수역에서 어업에 관한 주권적 권리를 향유하며, 어떠한 국가도 연안국의 허가 없이는 입어할 수 없도록 규정하고 있으며, 이에 관한 어떠한 예외규정도 두고 있지 않다. 따라서, 배타적 경제수역제도의 해석상 어떠한 국가도 연안국 배타적 경제수역에서 전통적 어업에 기초하여 어업에 대한 권리 주장을 할 수 없도록 원천적으로 봉쇄되어 있다.

그러나, 제3차 유엔해양법회의에서 배타적 경제수역을 논의하는 과정에서 당초부터 전통적 어업에 관한 논의가 없었던 것은 아니다. 미국과 소련을 비롯한 공산주의국가들의 제안에 의해 “제2 위원회 작업문서: 주된 경향(Working Paper of the Second Committee: Main Trends)”에는 배타적 경제수역 설정과 전통적 어업에 대한 부분을 포함시킨 바 있다. 즉, 배타적 경제수역 내에 배타적 어업수역을 설정하기 위해서는 우선적으로 연안국이 최대허용어획량을 설정하고, 연안국이 그 어획량을 어획하지 못하는 경우 발생하는 잉여량에 대한 타국의 입어를 허가할 수 있도록 하였다. 동시에 연안국은 자국 배타적 경제수역에서 타국의 ‘전통적인 생계형어업활동(traditional sustenance fishing activities)’의 지속을 고려하여야 한다고 하였다. 타국이 연안국의 배타적 경제수역이 되는 수역에서 적어도 10년 이상 어업활동을 한 것을 입증하면 양국간에 ‘단계적인 철수협정(phase-out agreement)’을 협상하여야 하며, 합의에 이르지 못한 경우에는 5년의 단계적 철수기간이 제공되어야 한다고 하였다. 더 나아가 타국이 이미 연안국의 배타적 경제수역에서 상습적으로 어업활동을 하는 경우에는 연안국이 협약 발효후 적어도 3년의 과도기간 동안 그 국가의 어민에게 어업권을 동의하여야 한다고 하였다.[24] 그러나, 이러한 내용 중 전

24) Articles 94, 101, 103, 104 and 107 in Main Trends. Huan-Sheng Tseng, Ching-Hsiewn Ou, op.

통적 어업권에 대한 인정 부분과 단계적인 철수협정부분은 그 이후의 논의에서 배타적 경제수역내 배타적 어업수역 개념이 삭제되면서 배제되었으며, 그 상태에서 현재의 배타적 경제수역제도가 협약 규정으로 확립되었다.[25]

다만, 제62조 제3항에서 '소속 국민이 그 수역에서 상습적으로 어로행위를 한 … 국가의 경제적 혼란을 극소화할 필요성(the need to minimize economic dislocation in State whose nationals have habitually fished in the zone)'을 잉여량에 대한 외국의 입어를 허용함에 있어 연안국이 고려하여야 할 관련요소 중 하나로 규정하고 있을 뿐이다. '그 수역에서 상습적으로 어로행위를 한 국민'의 표현은 전통적 어업권의 개념으로 일견 이해할 수 있으나, 동 규정은 타국의 입어 허용 여부를 판단하는 관련 요소의 하나로서 궁극적으로 그런 국민이 소속된 국가의 이익이라고 보아야 한다. 따라서, 배타적 경제수역에서의 타국 국민의 전통적 어업권은 인정되고 있지 않다고 보여 진다. 이 점에 대하여 남중국해 사건에 대한 중재재판소의 판정에서도 협약이 제62조 제3항과 같은 취지의 규정을 입법한 것은 잉여량에 대한 타국의 입어 허용 시 관련요소로 판단될 뿐 별도로 타국에게 연안국의 배타적 경제수역에서의 전통적 어업권을 인정하는 것을 협약 초안자들이 의도하지는 않았을 것이라고 결론을 내리고 있다.[26]

---

cit., p.274에서 재인용.

25) Ibid.

26) Philippine v. China, Award of 12 July 2016, op.cit., para. 804 (b).

(b) In the exclusive economic zone, in contrast, traditional fishing rights are extinguished, except insofar as Article 62(3) specifies that "the need to minimize economic dislocation in States whose nationals have habitually fished in the zone" shall constitute one of the factors to be taken into account by the costal State in giving access to any surplus in the allowable catch. The Tribunal considers that the inclusion of this provision—which would be entirely unnecessary if traditional fishing rights were preserved in the exclusive economic zone—confirms that the drafters of the Convention did not intend to preserve such rights. The Convention does not, of course, preclude that States may continue to recognise traditional fishing rights in the exclusive economic zone in their legislation, in bilateral fisheries access agreements, or through regional fisheries management organisations. Such recognition would, in most instances, be commendable, but it is not required by the Convention, except to the extent specified in Article 62(3).

Ⅳ. 전통적 어업권에 대한 국제판례의 태도

1. 1972년 영국과 아이슬란드 간 어업관할권사건과 독일과 아이슬란드 간 어업관할권 사건

아이슬란드는 1952년 어업규칙 제정을 통하여 4해리 배타적 어업수역을 선언하였고, 1958년 이를 12해리로 확장하였다. 그러나, 영국과 독일은 이러한 아이슬란드의 일방적인 배타적 어업수역 확장의 유효성을 인정하지 않았으며 이들 국가 간에 마찰이 지속되었다. 이들 국가는 계속적인 협상 끝에 아이슬란드가 추가적인 배타적 어업수역 확장을 하지 않는다는 약속을 담은 외교문서를 1961년 7월 19일 각각 교환하여 12해리 배타적 어업수역의 설정에 대한 합의를 하였다. 그러나, 아이슬란드는 1972년 일방적으로 1952년 선언한 배타적 어업수역의 폭을 50해리로 확장하면서 동 수역에서 타국 어업을 금지하는 조치를 취하였다. 이와 같은 아이슬란드의 일방적 선언으로 말미암아 동 수역에서 장기간 어업활동을 하여온 영국과 독일 어민들이 피해를 입게 되었으며, 이에 영국과 독일이 각각 아이슬란드를 상대로 어업관할권에 관한 분쟁을 국제사법재판소에 1972년 부탁한 것이다.[27)][28)]

국제사법재판소는 1974년 판결을 통하여, 다음과 같은 결정을 내렸다. 첫째, 당시 국제법상 연안국은 12해리 배타적 어업수역을 선언할 수 있는 권원이 있으며, 그 권원은 12해리를 초과할 수 없다. 그러므로 배타적 어업수역을 50해리로 확장하고 확장된 수역내 외국인의 어업을 금지한 아이슬란드의 조치는 동 수역에서 영국과 독일에 대하여 대항할 수 없다.[29)] 즉, 아이슬란드는 일방적으로 50해리로 배타적 어업수역을 확장할 권리도, 동 수역에서 영국과 독일

---

27) Fisheries Jurisdiction Case (United Kingdom of Great Britain and Northern Ireland v. Iceland), Merits, Judgment , International Court of Justice, 25 July 1974, paras. 19-31 참조.

28) Fisheries Jurisdiction Case (Germany v. Iceland), Merits, Judgment , International Court of Justice, 25 July 1974, paras. 20-31 참조.

29) Fisheries Jurisdiction Case (United Kingdom of Great Britain and Northern Ireland v. Iceland), op. cit., para. 79, (1) and (2); Fisheries Jurisdiction Case (Germany v. Iceland), op. cit., para. 77, (1) and (2).

의 전통적 어업권을 배제할 권리가 없다는 것이다. 둘째, 아이슬란드, 영국과 독일은 선의로 협상하여야 할 의무가 있으며, 협상을 통하여 어업자원의 합리적인 포획수준을 적용 가능한 정보를 바탕으로 결정하여야 한다. 그러한 양국간 약정은 생계 및 경제 발전을 위하여 연안어업에 의존하고 있는 아이슬란드와 그 국민의 '우선적 권리(preferential right)' 고려하여야 함과 동시에 동 수역 어업자원에 대해 생계 및 경제적 이익을 의존하고 있는 영국, 독일과 기타 타국의 기득권도 존중하여야 한다. 그러므로, 아이슬란드는 동 수역에서 영국, 독일 및 기타 타국이 갖고 있는 '장기간 상습적인 전통적 어업권(long-term and habitual traditional fishing right)'을 존중하여야 하여야 한다는 결정을 하였다.[30)]

이러한 국제사법재판소의 판결은 연안국 관할해역에서 장기간 어업이익을 갖는 제3국의 전통적 어업권의 존재를 확인한 것이며, 관련국간 전통적 어업권문제를 해결하는 방식을 제시하였다는 점에서 의의가 있다.[31)] 특히, 동 판결은 '이 사건에서 형평한 해결에 도달하기 위해서는 연안어업에 의존하는 아이슬란드의 우선적 권리는 원고의 '전통적 어업권'과 조화를 이루어야 한다'고 적시하면서 전통적 어업권이라는 단어를 명시적으로 사용하였다.[32)] 그러나, 이 전통적 어업권의 명확한 개념에 대해서는 추가적인 설명을 하지 않았다. 또한, 연안국 관할해역에서 타국의 전통적 어업권이 아무런 의무를 부담하지 않는 무조건적인 것이라기 보다는 전통적 어업권의 행사에 있어 연안국과 협상하여야 하며, 협의 시 동 어업자원에 대한 연안국의 우선적 권리뿐만 아니라 제3 국의 권리와 당해 어업자원의 보전측면도 동시에 고려되어야 함을 강조한 것으로 해석된다.

30) Huan-Sheng Tseng, Ching-Hsiewn Ou, op. cit., p.272. Fisheries Jurisdiction Case (United Kingdom of Great Britain and Northern Ireland v. Iceland), op. cit., para. 79, (3) and (4); Fisheries Jurisdiction Case (Germany v. Iceland), op. cit., para. 77, (3) and (4).

31) Huan-Sheng Tseng, Ching-Hsiewn Ou, op. cit., p.272.

32) Fisheries Jurisdiction Case (United Kingdom of Great Britain and Northern Ireland v. Iceland), op. cit., para. 69; Fisheries Jurisdiction Case (Germany v. Iceland), op. cit., para. 61.

2. 1996년 에리트레아와 예멘 간 도서영유권 및 해양경계획정 사건

에리트레아와 예멘은 홍해상 도서군의 영토주권부분과 해양경계에 대한 분쟁이 존재하였으며, 이를 해결하기 위하여1996년 10월 3일 중재합의를 체결하고 동 사건을 중재재판에 회부하였다.

중재재판소는 양당사국의 중재합의에 기초하여, 1단계에서는 홍해상 도서군의 영유권에 대한 판정을 1998년 10월 9일 내렸으며, 이어서 2단계로 해양경계획정문제에 대해 1999년 12월 17일 판정을 내린 바 있다.

동 사건에서 '전통적 어업제도(traditional fishing regime)'에 대한 문제는 1단계에서는 도서군의 영토주권 결정이 전통적 어업제도에 미치는 영향에 대해 다루었으며, 2단계에서는 전통적 어업제도가 해양경계획정에 미치는 영향에 대하여 다루었다.

먼저, 1단계 판정에서, 재판부는 동 지역에서 고래로부터 현재까지 홍해 남부 양측의 아시아와 아프리카 사람들이 동일한 형태의 사회경제적 활동을 하여 왔으며, 도서군들을 활용하여 자유롭게 어업활동을 하였음을 인정하였다. 따라서, 어업에 있어 홍해의 양측 연안국으로부터 수세기동안 어떠한 허가를 받을 필요도 없었으며, 어떠한 당국에 의해서도 어업을 제한하거나 규제한 실적이 없었음을 주목하였다.[33] 또한 이와 같은 뿌리 깊은 사회경제적 및 문화적 패턴은 유럽세력에 의해 발전되고 19세기 서구 국제법의 기본적 특징으로 자리 잡은 영토주권의 원칙을 실질적으로 무시하는 것으로서 전통적인 이슬람 법개념과 조화를 완전히 이룬다고 보았다.[34] 또한, 양국의 어업에 대한 의존도를 주장하는 단계에서, 에리트레아측은 재판소측에 제출한 증거로서 "2500명 이상의 에리트레아 어민중 '전통적인 방법과 장비를 사용하여 소규모 어업에 종사하는 영세어민(artisanal fishermen engaged in small-scale fishing using traditional methods and equipment)"이라는 점을 제시하였다. 예멘측도

33) Eritrea v. Yemen, In the First Stage of the Proceedings, Award of 9 October 1998, Arbitral Tribunal, para.127.

34) Ibid., para.130.

"예멘의 홍해 연안 어업사회가 역사적으로 그들의 경제적 생계를 Hanish 도서군 인근해역에 의존하였다"는 점을 강조하였다.[35] 즉, 양국 모두 앞서 살펴본 전통적 어업권의 개념에 기초한 어업의 의존도를 주장한 것으로 보인다.

동 판정에서 중재재판소는 서구적 개념의 영토주권이 이슬람 전통에서 성장하였고 현대국제법상 인정되는 영토의 개념과 매우 다른 개념에 익숙한 사람들에게는 생소하다는 점을 강조하였다. 이러한 인식의 바탕 아래 분쟁당사국이 분쟁도서에 대하여 각각 주권을 가진다는 점을 고려할 때 이 지역의 전통적 어업제도는 그 주권 속에 포함되어 있다고 보아야 한다고 판단하였다. 따라서, 예멘이 에리트레아와 예멘의 어부들이 모두 자유롭게 접근하여 향유하는 전통적 어업제도를 '가난하지만 근면한 계층의 사람들(poor and industrious order of men)'의 삶과 생계의 이익을 위하여 보전하여야 한다고 판정한 바 있다.[36]

한편, 제2단계의 판정에서는 양국 간 해양경계획정에 전통적 어업제도가 미치는 효과에 대해 다루었으나, 이 논문의 작성범위를 벗어나는 주제인 관계로 언급하지 않는다. 다만, 전통적 어업권의 의미와 관련하여 중재재판소는 앞서 전통적 어업권의 개념에서 살펴본 바와 같이 영세어업의 속성을 설명하며, 그러한 어업이 전통적 어업제도에서 보호되는 권리임을 설명하였다. 또한, 권리의 속성상 전통적 어업권을 가진 어민들은 자유롭게 예멘이 중재재판소의 판정에 의해 영토주권을 인정받게 된 도서 주변해역(영해뿐만 아니라 주변해역 전체)에 접근할 수 있으며 통항도 자유로운 것이라고 적시하였다. 또한, 예멘과 에리트레아는 이러한 전통적 어업제도를 보호하기 위해 자유롭게 상호합의에 의해 규칙을 제정할 수 있으며, 예멘이 환경적 고려를 위하여 미래에 전통적 어업권을 규제할 필요가 있는 경우에는 에리트레아와 합의를 통해서만 그러한 조치를 취할 수 있음을 명시하였다.[37]

35) Ibid., para.314.
36) Ibid., paras.525－526.
37) Eritrea v. Yemen, In the Second Stage of the Proceedings, Award of 17 December 1998, Arbitral Tribunal, paras. 107－108.

3. 2010년 모리셔스와 영국 간 차고스군도 해양보호구역사건

차고스군도 해양보호구역사건은 영국이 일방적으로 차고스군도 주변에 해양보호구역을 설정한 것에 대하여 모리세스가 유엔해양법협약 제7 부속서에 따른 중재재판소에 2010년 12월 20일에 영국을 제소한 사건이다. 동 중재재판소는 이 사건에 대하여 2015년 3월 18일 판정을 내린 바 있다.

모리셔스가 제기한 쟁점 중 전통적 어업권에 관한 사항은, 영국이 차고스군도 주변에 설정한 해양보호구역은 차고스군도와 그 주변수역에서 모리세스가 보유한 어업권을 포함하여 유엔해양법협약에서 규정하고 있는 권리와 의무에 근본적으로 양립할 수 없는 것이라는 것이다.[38] 특히 모리셔스는 차고스군도 수역에 전통적 어업권을 주장하였으며, 영국은 이를 수용하지 않았다.[39]

모리셔스는 차고스군도 주변의 영해와 배타적 경제수역에서 전통적 어업권을 보유하고 있다는 주장의 논거로서, 비록 차고스군도가 합법적으로 모리셔스로부터 영국으로 분리되었다 하여도, 그 분리의 결과가 모리셔스가 차고스군도에 대하여 보유하고 있었던 천연자원의 개발과 관련된 접근과 이용 및 기타 권리등 기존의 권리를 무효화 시키는 것은 아니라고 주장하였다.[40] 전통적 어업권의 존재에 대한 근거로서 모리셔스는 해당수역에서의 '수년 동안(for many years)' 그러한 권리를 행사하였다는 점과 영국의 수십년 동안의 국가실행이 분명하게 차고스군도 영해 및 배타적 경제수역에서 모리셔스의 장기간 유지된 권리를 확인하였다는 것이다.[41] 또한, 유엔해양법협약상 영해에 대한 연안국의 주권 행사는 협약과 그 밖의 국제법 규칙으로부터 발생하는 의무에 의해 제한되며, '그 밖의 국제법 규칙'이 해석상 단순한 서술이라는 입장에 반대하고 '그 밖의 국제법 규칙'이 광의의 무제한적 단어로서 제한적이거나 요건을 충족하는 것은 아니라고 주장하였다. 그리고, 그 밖의 국제법 규칙을 네 가

38) The Republic of Mauritius v. The United Kingdom of Great Britain and Northern Irland(Chagos Marine Protected Aera Case), Award of 18 March 2015, Arbitral Tribunal constituted under ANNEX VII to the 1982 United Nations Convention on the Law of the Sea, para.8.

39) Ibid., paras.392, 414.

40) Ibid., para.414.

41) Ibid., para.415.

지로 분류할 수 있으며, 그중 하나로서 연안국이 전통적 어업권을 존중할 것을 요구하는 국제법 규칙이 포함된다는 점을 적시하였다.[42]

이러한 모리셔스의 주장에 대하여 영국은 모리셔스가 전통적 어업권을 갖고 있지 않으며, 차고스인의 내부적 목적으로 1965년에 극히 제한적인 범위의 어업만 있었다는 점을 상기하였다. 즉, 이와 같이 제한적인 어업의 실적은 전통적 어업에 의해 일반적으로 이해되는 역사적 의존성을 충족시킬 수 없다고 주장하였다.[43] 또한, Lancaster House Undertaking에서 언급한 어업권은 구속력 있는 것이 아니므로 유엔해양법협약상 연안국이 영해에서 주권을 행사함에 있어 제약이 되는 사항에 해당하지 않는다고 하였다. 이러한 입장을 전제로 하고, 영국은 협약에서 언급하는 '그 밖의 국제법 규칙'은 서술적인 것이지 집행적인 것인 것이 아니라고 주장하며, 이는 '일반 국제법규칙(general rule of international law)'으로 해석되어야 한다고 하였다. 그리고, 협약의 초안자들의 의도가 '그 밖의 국제법 규칙'을 영해에서의 국제법 전체를 준수하여야 한다는 전체적인 무한대 의무를 부과한 것으로 볼 여지가 없다고 하였다. 더 나아가 협약 제2조 제3항의 규정에 의해 연안국이 타국과 협의하여야 할 국제관습법상 의무가 존재한다는 점을 거부하였다.[44]

그러나, 재판소는 동 이슈에 대하여 Lancaster House에서 영국이 제시한 Undertaking에 따라 모리셔스가 차고스군도 영해에서 어업권을 갖는다는 결정을 함에 따라, 모리셔스가 영국의 약속과는 독립적으로 전통적 어업권을 보유하느냐 하는 문제에 대하여는 더 이상 심리하여 판단하지 않았다.[45] 따라서, 양국 간 제기된 유엔해양법협약 제2조 제3항에서 언급한 '그 밖의 국제법 규칙'의 의미, 연안국 영해에서 타국의 전통적 어업권 인정 여부 등에 대해서는 다른 사건에 대한 재판소의 판결로 미루는 태도를 보였다.

42) Ibid., paras.460－463.
43) Ibid., para.416.
44) Ibid., paras.464－469.
45) Ibid., para.456.

4. 2013년 필리핀과 중국 간 남중국해 사건

남중국해사건은 필리핀이 중국을 상대로 유엔해양법협약 제7 부속서에 따른 중재재판소에 2013년 1월 22일에 부탁한 사건이다. 필리핀은 남중국해에서 중국이 주장하는 구단선의 법적 타당성, 남중국해 해양지형물의 법적 지위, 중국의 해양활동의 적법성 등에 대하여 문제를 제기하고 이를 확인해달라는 청구를 하였으며, 동 중재재판소는 이 사건에 대하여 2016년 7월 12일 판정을 내린 바 있다.

필리핀이 본안 사안으로 재판부에 제출한 최종 청구취지는 전체 15개로 구성되어 있으며, 이중 전통적 어업권에 대한 사안은 청구취지 10번에 해당한다. 필리핀은 청구취지 10번을 통하여 "중국이 스카보로숄에서의 '전통적 어업활동(traditional fishing activities)'을 방해함으로서 필리핀 어민이 그들의 생계를 영위하는 것을 불법적으로 방해하여왔다"고 주장하였다.[46] 필리핀 주장의 근거는 2012년 이후부터 스카보로숄 12해리 이내의 수역에서 중국정부가 어업금지조치를 취하고 필리핀 어민의 어업활동에 대한 중국 정부선박이 입어제한조치를 취한 것에 대한 것이었다.[47] 중국을 비롯한 남중국해 연안국들이 스카보로숄에 대하여 영토주권을 주장하였지만 동 해양지형물의 주변수역은 필리핀 어민을 비롯한 베트남과 대만을 포함한 중국 어민들의 '전통적 어장(traditional fishing ground)'으로 이용되어 왔다는 증거가 있다. 중국 외교부 대변인도 동 수역이 중국 어민의 전통적 어장으로 이용되어 왔음을 밝힌 바 있다. 이러한 수역에서 중국 정부선박이 필리핀 어민의 어업활동을 방해한 것은 유엔해양법협약 제2조 제3항 상의 의무를 위반한 것이며, 그러한 결론은 동 협약 제51조 제1항과 제62조 제3항에 의해 간접적으로 뒷받침된다고 주장하였다. 이에 덧붙여서, 필리핀은 중국이 협약 제279조 및 제300조를 위반하였다고 재판소에 의견을 제출하였다.[48]

---

46) Philippine v. China, Award of 12 July 2016, op.cit., para.112 b (10).
(10) China has unlawfully prevented Philippine fishermen from pursuing their livelihoods by interfering with traditional fishing activities at Scarborough Shoal;

47) Ibid., paras,761, 765, 767－769.

48) Ibid., para.771.

그러나, 필리핀의 이 청구는 스카보로숄이 중국의 영토라는 것을 전제로 중국의 영해에서 인정되어야 하는 필리핀의 전통적 어업권이 중국에 의해 부당히 침해받았다는 점을 확인하고자 하는 것이다. 따라서, 스카보로숄이 중국의 영토가 아니라면 동 청구취지에 대한 판단은 법리상 어려운 한계를 지니고 있었다. 그러나, 재판소는 동 청구취지에 대한 관할권에 관한 판정에서 동 청구취지가 영유권분쟁에 해당하지 않으며 해양경계획정분쟁도 아니므로 협약 제298조의 구속력있는 강제관할권 예외에 해당되지 않으므로 재판소가 관할권이 있다는 이유[49]로 동 청구취지에 대한 본안 심리를 실시하여 판정을 내렸다.

연안국 영해에서 타국의 전통적 어업권을 인정하는가 여부에 대하여 재판소는 관할권에 관한 판정 제407항에서 "타국의 영해에서조차도 전통적 어업권이 존재할 수 있다(traditional fishing rights may exist even within the territorial waters of another State"고 인정한 바 있다. 그 논거로서는 앞서 살펴본 1998년 에리트레아와 예멘간 영토주권 및 해양경계사건에 관한 중재재판소의 제1단계 판정 내용 일부[50]를 인용하였다.

본안에 관한 판정에서 재판소는 유엔해양법협약의 영해제도는 1958년 영해 및 접속수역협약상 제도를 변경없이 수용한 것이며, 단지 영해의 폭을 12해리로 채택한 것뿐이라는 점을 밝히고 있다. 따라서, 유엔해양법협약의 채택으로 인하여 영해에서 이미 획득되었던 전통적 어업권을 변경하고자 하였던 어떠한 의도도 발견할 수 없으며, 배타적 경제수역제도와는 달리 영해에서 이미 확립된 전통적 어업권은 여전히 국제법의 보호를 받는다고 판시하였다.[51] 재판소는 이러한 판단의 바탕으로서, 전술한 바와 같이 전통적 어업권은 국가의 권리가 아닌 개인의 권리이고 국제법은 국가 간 경계와 주권 개념의 발전이 가능한 한 개인의 권리를 변경시키는 것을 삼가야 한다는 점을 오랫동안 인정해오고 있다는 사실을 근거로 하였다.[52]

한편, 재판소는 유엔해양법협약 제2조 제3항의 의미와 관련하여, 동 규정은

49) Ibid., para.793.
50) Eritrea/Yemen, Award of the Arbitral Tribunal in the First Stage of the Proceedings, op. cit., paras.525–26.
51) Philippine v. China, Award of 12 July 2016, op. cit., para.804(c).
52) Ibid., para.799.

연안국의 영해에 대한 주권행사시 따라야할 의무를 포함한 것이라는 차고스 군도사건 중재재판소의 의견에 동의하면서, 전통적 어업권은 기득권이며, 외국인의 기득권을 처리하는 국제법 규칙도 영해에 적용되어야 할 그 밖의 국제법 규칙에 분명하게 해당한다고 보았다. 다만, 이러한 영해에서의 타국어민이 보유하는 전통적 어업권이 연안국의 규칙에 대하여 절대적이지 않으며 적용받지 않는 것은 아니라는 점을 분명히 하였다. 실제로, 전통적 어업에 대한 주의 깊은 규제가 환경을 보전하고 환경적으로 유해한 활동을 제한하기 위해 필요할 수 있다는 점을 인정하고, 국제관습법도 연안국이 합리적인 규제를 하는 것을 제약하지 않는다고 보았다. 또한, 연안국이 외국 어민에 의한 전통적 어업이 더 이상 전통적인 본질을 넘는 규모와 어업 기법인지 여부를 결정하기 위하여 선의로 전통어업의 범위를 평가하는 것도 가능하다고 판단하였다.[53]

그러나, 위와 같은 영해에서의 전통적 어업권 인정태도와는 달리, 재판소는 전통적 어업권이 인정되는 범위에 대해서, 에리트레아와 예멘사건에서 중재재판소가 에리트레아 어민의 전통적 어업권이 예멘 도서의 영해 이원에 까지 인정된다는 태도를 취한 것에는 동의하지 않았다. 동 사건에서 그러한 판정을 내린 것은 양당사국의 중재 합의상 유엔해양법협약 이외의 요소를 적용법규로 허용하였기 때문이라고 이해하였다[54]. 즉, 이 사건에서 중재재판소는 전통적 어업권은 국제관습법상 전통적 어업권이 영해에서 인정되며, 군도수역에서는 협약 제51조 제1항에 근거하여 명확하게 인정되는 한편, 배타적 경제수역에서는 전통적 어업권이 인정되지 않는다는 입장을 명확히 하였다. 재판소는 배타적 경제수역에서의 전통적 어업권은 협약의 명문규정상 인정하고 있지 않고 있고 제62조 제3항에서 잉여량에 대한 외국의 입어시 고려사항으로 규정되어 있을 뿐이라고 설명하였다. 다만, 연안국이 국내입법, 양자조약 또는 지역수산관리기구 등을 통하여 외국의 전통적 어업권을 자국의 배타적 경제수역에서 계속적으로 인정하는 것은 가능하며, 대부분의 경우 권고할만하다는 입장을 표명하였다.[55]

53) Ibid., para.809.
54) Ibid., para.803.
55) Ibid., para.804 (b)

V. 결 론

전통적 어업권에 관한 국제적 논의는 유엔해양법협약 채택 이전부터 존재하였으며, 국가실행 및 양자조약 등을 통하여 국제관습법상 권리로 확립되었다고 보고 있다. 그러나, 전통적 어업권에 대한 논의는 유엔해양법협약상 배타적 경제수역제도가 확립되고, 동 협약상 연안국 배타적 경제수역에서의 타국 전통적 어업권이 권리로서 불인정되면서 이에 대한 국제법적 고려가 감소하였다. 그럼에도, 여전히 유엔해양법협약상 군도수역내 전통적 어업권의 인정에 따라 국제해양법상 전통적 어업권에 대한 논의는 군도국가와 그 주변국가간에 지속되고 있으며, 더욱이 남중국해사건에 대한 유엔해양법협약 제7 부속서에 따른 중재재판소의 판정상 연안국 영해에서도 전통적 어업권이 인정되어야 한다는 부분이 전통적 어업권에 대한 국제적 관심을 다시 야기시키고 있다.

그러나, 전통적 어업권을 논의함에 있어 전통적 어업권을 둘러싸고 많은 논점이 제기되고 있었다. 먼저, 전통적 어업권에 대한 확립된 국제법상 정의가 부재한 탓에, '전통적'이라는 요건을 어떻게 해석할 것인가가 문제이다. 즉, 어떤 개인 또는 집단을 전통적 어업권의 수혜 대상으로 볼 것인지? 전통적 어구와 어업 등을 어떻게 판단할 것인지? 전통의 요건을 충족하기 위한 장기간을 어떻게 설정할 것인지? 전통적 어업권을 획득한 이후에 그들 후손이 어구와 어업 등의 변경 또는 어업지역의 변경은 가능한 것인지? 영해에서의 전통적 어업권은 인정되는 것인지? 배타적 경제수역에서의 전통적 어업권은 전면 부인되는 것인지? 전통적 어업권은 무제한적인 것인지 등이 그러한 요소들이다.

이러한 문제점에 대해 명확히 밝혀졌다고 보기에는 무리가 있지만, 전통적 어업권에 관한 국가실행과 국제판례가 축적되면서 어느 정도의 가이드라인은 찾았다고 판단된다. 즉, 전통적 어업권은 특정집단이 수세대에 걸쳐 특정해역에서 전통적인 어구와 어법으로 그 스스로의 생계를 위하여 소규모로 연안에서 행하여 온 어업을 의미하는 것으로 보인다. 전통적인 어구와 어법의 변화는 그것이 산업적 어업이 아닌 소규모의 생계형 어업에 해당하는 한 허용 가능한 것으로 이해된다.

한편, 영해에서의 전통적 어업권을 인정하는 이유는 그 권리가 연안국의 해양관할권이 확대되기 이전에 확립된 기득권이라는 점이며, 국가 간의 합의로도 개인의 권리를 변경하지 않는다는 국제법의 원칙이 적용되는 것으로 보았으며, 그 당연한 결과로 전통적 어업권은 국가의 권리가 아니라 개인의 권리임을 확인하고 있다. 그러나, 이러한 전통적 어업권은 무제한적인 것이 아니라, 연안국이 해양환경의 보호, 특히 생물종의 지속 가능한 이용측면에서 합리적인 규율을 할 수 있는 것으로 보고 있다. 군도수역에서의 전통적 어업권은 협약상 명문으로 인정되고 있기 때문에, 협약 규정상 요건과 절차에 따라 보호되는 것으로 보인다. 배타적 경제수역에서의 전통적 어업권은 당연히 부인되는 것은 아니며, 연안국이 이를 인정할 수 는 있으나 인정할 의무는 부존재하는 것으로 밝혀지고 있다.

이러한 연구결과에도 불구하고, 전통적 어업권과 관련하여 여전히 다수의 의문이 제기될 수 있다. 먼저, 영해에서 타국 어민의 전통적 어업권을 연안국이 인정하여야 한다면, 그 인정 여부가 자동적으로 인정되는 것인지 아니면 연안국의 국내법 절차에 따라 입증되고 인정되는 경우에 해당하는 지가 불명확하다. 또한, 연안국이 해양환경 보호를 위하여 국제법적으로 정당하게 타국 어민의 전통적 어업권을 제한하는 경우 이를 타국 국민의 국적국과 사전에 협의하여야 하는 것인지 아니면 일방적으로 할 수 있는 것인지도 국제판례의 태도가 불분명하다.

두 번째는, 유엔해양법협약을 통하여 군도수역의 전통적 어업권을 인정하고 있으나, 그 실행을 위해서는 양자간 합의에 의하도록 하고 있다. 그러나 합의에 이르지 못한 경우에 어떻게 전통적 어업권이 보호될 것인가에 대해서 협약은 침묵하고 있다. 이에 대하여 군도국가의 학자들은 합의에 이르지 못하면 전통적 어업권을 인정할 수 없다는 태도를 보이고 있어 전통적 어업권의 본질과 군도국가의 이해관계를 어떻게 정립할 것인가도 실행상의 문제로 대두되고 있다.

세 번째는 영해에서의 전통적 어업권을 개인에 부여된 권리라고 보았으므로, 영해에서의 전통적 어업권 권리 주장은 일차적으로 당해 어민에 의해 진행되어야 한다. 그러나, 군도수역의 전통적 어업권은 관련국가간의 협상을 통하여 진행되며, 협상이 합의에 도달하지 못하는 경우 그 권리가 인정되지 않는다면, 이 경우의 전통적 어업권은 국가의 권리인가 개인의 권리인가도 명확한 답을 내기 어렵다. 이와 같은 태도는 배타적 경제수역에서 연안국이 타국 어민의 전통적 어업권을 고려하여야 하는 단계에서도 국가의 신청이 전제된다는 점을 고려하면 위와 같은 의문이 더욱 분명해진다.

현재까지 전통적 어업권과 관련하여 발전된 국제법으로는 이에 대해 명확한 답을 구하기 어려운 실정이며, 그 답은 향후 축적되는 국제판례와 국가실행에서 찾아볼 수 있을 것이다.

대한민국의 경우도 국내법상 외국인의 전통적 어업권을 명문으로 다룬 규정이 부존재하지만, 중국과의 어업협정에서 대한민국 배타적 경제수역에서 중국에 의한 전통적 어업활동을 입어허가시 고려조건으로 설정하고 있으므로 이 부분에 대한 국제법의 발전 동향을 면밀히 주목할 필요가 있다고 생각한다.

참고문헌

외교통상부 국제법규과, 한중어업협정 해설, 외교통상부, 2011.

Dysi Polite, "Traditional fishing rights: analysis of state practice", Australian Journal of Maritime & Ocean Affairs, vol.5, no.3, 2013.

Endalew Lijalem Enyew, "The South China Sea Award and the Treatment of Traditional Fishing Rights within the Territorial Sea", The JCLOS Blog, The blog of the K.G. Jebsen Centre for the Law of the Sea, 2016.8.10.

Huan－Sheng Tseng, Ching－Hsiewn Ou, "The evolution and trend of the traditional fishing rights", Ocean & Coastal Management, vol. 53, 2010.

Kurniaty, Ikaningtyas, P A Ruslijanto, "Analysis on traditional fishing grounds in Indonesia's Natuna waters under International Law", IOP Conference Series: Earth and Environmental Science, 2018.

Leonardo Bernard, "The Effect of Historic Fishing Rights In Maritime Boundaries Delimitation", Proceedings from the 2012 LOSI－KIOST Conference on Securing the Ocean for the Next Generation, 2012.

Nandan, Rosenne, United Nations Convention on the Law of the Sea 1982: A Commentary, Vol. II, Martinus Nijhoff Publishers, 1993.

Proless, United Nations Convention on the Law of the Sea; A Commentary, C. H. Beck, 2017.

Rothwell, Stephens, The International Law of the Sea, Hart Publishing Ltd., 2010.

Territorial Sovereignty and Delimitation of Maritime Boundaries Case(The Government of The State of Eritrea v. The Government of The Republic of Yemen), Award, The Arbitral Tribunal, 1998.10.9.

Territorial Sovereignty and Delimitation of Maritime Boundaries Case(The Government of The State of Eritrea v. The Government of The Republic of Yemen), Award, The Arbitral Tribunal, 1999. 12. 17.

Fisheries Jurisdiction Case(United Kingdom of Great Britain And Northern Ireland v. Iceland), Judgement, I.C.J., 1974.7.25.

Fisheries Jurisdiction Case(Federal Republic of Germany v. Iceland), Judgement,

I.C.J., 1974.7.25.

South China Sea Case(The Republic of The Philippines v. The People's Republic of China), Award, Arbitral Tribunal constituted under Annex VII to the 1982 United Nations Convention on The Law of The Sea, 2016.7.12.

제 3 장

형 법

≫ 자초위난에 대한 피난행위로 인한 법익침해의 가벌성 판단 _ 강우예

자초위난에 대한 피난행위로 인한 법익침해의 가벌성 판단*

강 우 예

【대상판결】 대법원 1987. 1. 20. 선고 85도221 판결

<판결요지>

선박의 이동에도 새로운 공유수면점용허가가 있어야 하고 휴지선을 이동하는데는 예인선이 따로 필요한 관계로 비용이 많이 들어 다른 해상으로 이동을 하지 못하고 있는 사이에 태풍을 만나게 되고 그와 같은 위급한 상황에서 선박과 선원들의 안전을 위하여 사회통념상 가장 적절하고 필요불가결하다고 인정되는 조치를 취하였다면 형법상 긴급피난으로서 위법성이 없어서 범죄가 성립되지 아니한다고 보아야 하고 미리 선박을 이동시켜 놓아야 할 책임을 다하지 아니함으로써 위와 같은 긴급한 위난을 당하였다는 점만으로는 긴급피난을 인정하는데 아무런 방해가 되지 아니한다.

<판결이유>

원심이 적법히 확정한 바와 같이 피고인들이 그 판시 피조개양식장에 피해를 주지 아니하도록 할 의도에서 이 사건 ○○○의 7샤클(175미터)이던 닻줄을 5샤클(125미터)로 감아 놓았고 그 경우에 피조개양식장까지의 거리는 약 30미터까지 근접한다는 것이므로 닻줄을 50미터 더 늘여서 7샤클로 묘박하였다면 선박이 태풍에 밀려 피조개양식장을 침범하여 물적 피해를 입히리라는 것은 당연히 예상되고, 그럼에도 불구하고 피고인들이 태풍에 대비한 선박의 안전을 위하여 ○○○의 닻줄을 7샤클로 늘여 놓은 것은 피조개양식장의 물적

* 본 논문은 2021년 비교형사법연구 제23권 제1호에 게재된 논문을 부분적으로 재구성한 글이다.

피해를 인용한 것이라 할 것이어서 재물손괴의 점에 대한 미필적 고의를 인정할 수 있다고 할 것이다. 원심이 이와 다른 관점에서 피고인들에게 그 미필적 고의를 인정할 수 없다고 판시한 것은 미필적 고의의 법리에 대한 오해에 기인한 것으로서 이점에 관한 소론은 이유있다. 한편 원심이 무죄이유로서 부가하여 설시한 긴급피난의 점에 관하여 보건대, 이 사건 ○○○는 공유수면점용허가없이 정박하고 있었으므로 피고인들이나 대한선박주식회사로서는 같은 해상에 점용허가를 얻어서 피조개양식장을 설치한 피해자 공소외인측의 요구에 응하여 ○○○를 양식장에 피해를 주지 아니하는 곳에 미리 이동시켜서 정박하였어야 할 책임은 있었다고 할 것이다.

그러나 위와 같이 선박이동에도 새로운 공유수면점용허가가 있어야 하고 휴지선을 이동하는 데는 예인선이 따로 필요한 관계로 비용이 많이 들어 다른 해상으로 이동을 하지 못하고 있는 사이에 태풍을 만나게 되었다면 피고인들로서는 그와 같은 위급한 상황에서 선박과 선원들의 안전을 위하여 사회통념상가장 적절하고 필요불가결하다고 인정되는 조치를 취하였다면 형법상 긴급피난으로서 위법성이 없어서 범죄가 성립되지 아니한다고 보아야 하고 미리 선박을 이동시켜 놓아야 할 책임을 다하지 아니함으로써 위와 같은 긴급한 위난을 당하였다는 점만으로는 긴급피난을 인정하는데 아무런 방해가 되지 아니한다.

【비교판결 1】 울산지방법원 2018. 5. 10. 선고 2017고정1158 판결

<판결요지>

피고인이 혈중알코올농도 0.140%의 술에 취한 상태로 자동차를 운전하였다는 내용의 도로교통법 위반(음주운전)으로 기소되었는데, 피고인이 술을 마신 후 대리운전 기사를 호출하여 피고인의 집까지 자동차를 운전하도록 하였다가 운전 중에 서로 시비가 되어, 대리운전 기사가 자동차를 편도 2차선으로 갓길이 없고 2차로 옆에 가드레일이 있는 도로에 정차시키고 가버리자 자신이 자동차를 그곳에서부터 운전하여 약 300m 떨어진 주유소 앞에 정차한 사안이다.

대리운전 기사가 자동차를 정차하여 둔 도로는 새벽 시간에 장시간 자동차를 정차할 경우 사고 위험이 상당히 높다고 보이는 점, 피고인이 자동차를 운전하여 간 거리는 약 300m에 불과하여 피고인은 임박할지도 모르는 사고 위험을 회피하기 위하여 필요한 만큼의 거리를 운전한 것으로 보이는 점, 피고인은 자동차를 안전한 곳에 정차하여 둔 후 경찰에 112로 자발적으로 신고하면서 자신의 음주운전 사실을 여과 없이 그대로 진술한 점, 피고인의 행위로 침해되는 사회적 법익과 그로 인하여 보호되는 법익을 형량할 때 후자가 보다 우월한 법익인 점 등 여러 사정을 종합하면, 비록 피고인이 대리운전 기사에게 화를 내면서 차에서 내리라고 말한 사정은 있으나, 피고인의 음주운전은 자기의 법익에 대한 현재의 위난을 피하기 위한 상당한 이유 있는 행위에 해당하여 위법성이 조각된다는 이유로 무죄를 선고한 사례이다.

<사실관계>

(1) 피고인은 2017. 7. 24. 저녁 지인들과 술을 마셨다. 술자리가 끝나자 피고인은 대리운전 기사를 호출하여 기사로 하여금 피고인의 집까지 이 사건 승용차를 운전하도록 하였다.

(2) 대리운전 기사는 2017. 7. 25. 자정 무렵 전화를 받아 이 사건 승용차를 운전하기 시작하였다. 대리운전 기사는 부산 북구에 살고 있었던 까닭에 울산 동구 방어진 부근의 길을 확실하게 알고 있던 것은 아니어서, 내비게이션 시스템을 다리 사이에 끼워놓고 운전하였다. 이에 피고인은 "길을 잘 모르느냐?", "운전을 몇 년 했느냐?"라는 등으로 대리운전 기사의 운전능력에 대한 의문을 표시하였다.

(3) 결국 피고인과 대리운전 기사 사이의 시비가 진행되어 피고인은 대리운전 기사에게 화를 내면서 이 사건 승용차에서 내리라고 말했고, 대리운전 기사는 이 사건 승용차를 정차시키고 차에서 내린 후 가버렸다. 피고인은 대리운전 업체에 전화를 걸어 대리기사를 다시 보내달라고 요청하였으나, 대리운전 업체의 부장은 대리기사를 보내줄 수 없다는 답변을 하였다.

(4) 대리운전 기사가 이 사건 승용차를 정차한 곳은 울산 북구 염포동에 있는 아산로 KCC 앞 도로로서, 편도 2차선의 도로이다. 위 도로에는 갓길이 없

고, 2차로 옆에는 가드레일이 있다. 위 도로는 자동차전용도로는 아니나 자동차전용도로와 유사해서 차가 주차하여 있으리라 예상하기는 어려운 도로이다(대리운전 기사 공소외 1의 법정진술). 정차된 이 사건 승용차 옆을 지나가는 다른 차량들은 경적을 울리면서 빠른 속도로 지나가기도 하였다(이 사건 승용차 블랙박스 영상). 위 도로(아산로)는 사고가 자주 발생하는 도로로서, 제한속도는 시속 70㎞/h인데, 사람들이 80㎞/h로 운전하기도 한다(경찰관 공소외 2의 법정진술).

(5) 피고인은 이 사건 승용차를 위 정차 장소에서부터 운전하여 약 300m 떨어진 현대오일뱅크 천일주유소 앞에 정차하였다. 피고인은 2017. 7. 25. 주1) 00:46경 112로 신고하여, 대리운전 기사가 운전을 하다가 그냥 가버렸는데 위험할 것 같아서 주유소 안쪽으로 운전해서 들어왔다고 통화하였다.

<긴급피난에 해당하는지 여부에 관한 판단>

위에서 인정한 사실에 의하면 다음의 사정, 즉 ① 대리운전 기사가 이 사건 승용차를 정차하여 둔 도로는 공소사실에 적시된 새벽 시간에 장시간 승용차를 정차할 경우 사고의 위험이 상당히 높다고 보이는 사정, ② 피고인이 이 사건 승용차를 운전하여 간 거리는 약 300m에 불과하여 피고인은 임박할지도 모르는 사고의 위험을 회피하기 위하여 필요한 만큼의 거리를 운전한 것으로 보이는 사정, ③ 피고인은 이 사건 승용차를 안전한 곳에 정차하여 둔 후 경찰에 112로 자발적으로 신고하면서 자신의 음주운전 사실을 여과 없이 그대로 진술한 사정, ④ 피고인의 행위로 인하여 침해되는 사회적 법익과 그로 인하여 보호되는 법익을 형량하여 볼 때 후자가 보다 우월한 법익에 해당하는 사정을 알 수 있다. 위 사정을 제2항에서 살핀 법리에 비추어보면, 비록 피고인이 대리운전 기사에게 화를 내면서 차에서 내리라고 말한 사정도 있기는 하나, 피고인의 이 사건 운전은 자기의 법익에 대한 현재의 위난을 피하기 위한 상당한 이유 있는 행위에 해당하여 위법성이 조각된다고 판단하는 것이 합리적이다.

검사가 의견서에서 밝힌 바와 같이 피고인이 지인이나 경찰에게 연락하지 아니하였다는 점을 근거로 긴급피난이 성립하지 아니한다고 보는 것은, 지인이나 경찰이 새벽 시간에 음주운전 차량을 이동하여 줄 기대가능성이 현실적으로 높지 아니함에도 지인이나 경찰에 대한 연락행위를 형사처벌로 강제하는 취지여서, 그 설득력이 떨어진다. 게다가 경찰에게 음주운전 차량을 이동시켜야 하는 업무까지 추가로 부과하는 것은 정책적으로도 타당하지 아니하다.

【비교판결 2】 대법원 1990. 9. 25. 선고 90도536 판결

가. 교통사고처리특례법 제3조 제2항 단서 제2호의 "차선이 설치된 도로의 중앙선을 침범한 행위"에는 중앙선 침범행위가 진행차선에 나타난 장해물을 피하기 위하여 다른 적절한 조치를 취할 겨를이 없이 이루어졌다거나 자기차선을 지켜 운행하려 하였으나 운전자가 지배할 수 없는 외부적 여건으로 말미암아 어쩔 수 없이 이루어진 경우 등을 제외한 모든 중앙선침범이 해당한다고 보아야 할 것이고, 한편 그 중앙선 침범행위가 교통사고발생의 직접적인 원인이 된 이상 그 사고장소가 중앙선을 넘어선 반대차선이어야만 된다거나 피해차량이 마주오던 차량이어야만 이에 해당한다고 볼 수는 없다.

나. 트럭운전사가 진행방향에 정차 중인 버스를 추월하기 위하여 황색실선인 중앙선을 침범하여 운행중 마주오던 카고트럭과의 충돌을 피하기 위하여 급정거 조치를 취하면서 핸들을 오른쪽으로 꺾어 원래의 자기차선으로 들어왔으나 주행탄력으로 계속 진행하면 도로 옆의 인가를 덮칠 염려가 있는데다가 급회전으로 인하여 차체가 불안정해져서 그 균형을 바로잡기 위하여 다시 핸들을 왼쪽으로 꺾는 바람에 자기차선의 앞에서 막 출발하려는 버스를 충격하여 발생한 교통사고는 트럭운전사의 중앙선침범이란 운행상의 과실을 직접적인 원인으로 하여 발생한 것이라 보아야 하므로 교통사고처리특례법 제3조 제2항 단서 제2호의 “중앙선을 침범한 행위”로 인한 교통사고에 해당한다.

위 특례법 제3조 제2항 단서 제2호는 차선이 설치된 도로의 중앙선을 침범한 행위로 인하여 업무상과실치사상죄 등을 범한 때를 그 조항의 처벌특례에 대한 예외사유로 하고 있으므로 그 중앙선 침해행위가 진행차선에 나타난 장해물을 피하기 위하여 다른 적절한 조치를 취할 겨를이 없이 이루어졌다거나 자기차선을 지켜 운행하려 하였으나 운전자가 지배할 수 없는 외부적여건으

로 말미암아 어쩔수 없이 이루어진 경우 등을 제외하고는 위 특례법상의 중앙선침범에 해당한다고 보아야 할 것이고 한편 그 중앙선 침범행위가 교통사고발생의 직접적인 원인이 된 이상 그 사고장소가 중앙선을 넘어선 반대차선이어야 된다거나 피해차량이 마주오던 차량이 어야 한다는 등의 장소와 해차량에 따라 특례법상의 처벌특례에 대한 예외를 달리 구성할 수는 없다고 보아야 할 것이다.

그런데 피고인이 법정 및 수사기관에서의 진술과 기록에 있는 교통사고보고서의 기재내용에 의하면 피고인이 진행방향에 정차중인 버스를 추월함에 있어서 그곳이 약간 왼쪽으로 굽은 도로이었고 그 중앙선에 황색실선이 그어져 있었는데도 반대차선에서 차량이 마주오고 있는가를 확인하지도 아니한 채 시속 약 60킬로로 위 중앙선을 침범하여 운행중 마주오던 11톤 카고트럭을 발견하고서야 충돌을 피하기 위하여 급정거 조치를 취하면서 핸들을 오른쪽으로 꺾어 원래의 자기차선으로 진입해 들어 왔으나 위 속력에 의한 주행탄력으로 계속 진행하는 경우 도로옆의 인가를 덮칠 염려가 있는데다가 급회전으로 인하여 차체가 불안정해져서 그 균형을 바로잡기 위하여 다시 핸들을 왼쪽으로 꺾게 되어 그 바람에 그 앞에서 막 출발하려는 피해버스를 충격하여 이 사건 사고가 발생한 사실을 알아 볼 수 있으므로 사실이이와 같다면 피고인은 그 차량의 운행상 반드시 황색실선의 중앙선을 침범하여야 할 부득이한 사정이 없었는데도 위 중앙선을 침범하여 운행하였고 또한 위 중앙선을 침범하였다가원래의 자기차선으로 복귀하는 조치를 취한 후 이 사건 사고가 발생할 때까지 다른 운행상의 과실이 있었다고 보여지지 아니하므로 결국 이 사건 사고는 피고인의 중앙선침범이란 운행상의 과실을 직접적인 원인으로 하여 발생한 것이라 보아야 할 것이다.

그런데도 원심이 피고인의 위 중앙선침범과 이 사건 사고와의 인과관계에 대하여는 심리판단함이 없이 그 판시와 같은 이유만으로 이 사건 사고가 위 특례법 제3조 제2항 단서의 예외사유에 해당하지 아니한다고 하여 이 사건 공소를기각한 것은 위 특례법 조항에 관한 법리를 오해하여 심리를 다하지 아니함으로써 판결결과에 영향을 미쳤다 할 것이다.

【비교판결 3】 BayObLG, Beschluß vom 26. 5. 1978 -3 Ob OWi 38/78, S. 2047.

<판결요지>

위협당한 법익의 보유자인 행위자가 긴급피난상황에 책임이 있다고 하여도 정당화사유는 원칙적으로 배제되지 않는다. 그러나, 만일 타인의 법익을 고의로 침해하도록 강제할 수 있는 긴급피난상황을 행위자가 과실로 발생시킨 경우 그는 과실범의 책임을 질 수 있다.

<사실관계>

피고인은 분뇨수거기업에서 자동차 운전을 담당하고 있었다. 피고인은 분뇨를 실은 자동차를 운전해서 허가받은 분뇨제거설비로 이송을 하거나 토지소유자의 사전 동의를 받아 필요한 농장의 토지에 비료로 조달하는 작업을 담당했다. 1976년 3월 2일 분뇨를 자동차에 실었는데 총 중량이 22톤가량 이었다. 해당 분뇨를 시비할 적절한 농토를 찾던 중에 폭 3미터에 묘지가 옆에 뻗어있는 비포장도로를 운전하고 있었다. 해당 도로는 농업용 차량 용도로 사용되고 있었으며 피고인도 알고 있었듯이 화물차의 통행에는 적합하지 않은 것이었다. 피고인이 해당 도로에서 약 25~30미터 자동차를 후진시키다가 오른쪽 바퀴가 도로옆 도랑으로 빠져서 전복될 위기에 처했다. 약 60,000마르크의 가치의 손해를 가져올 수 있는 자동차의 파손 위기에 직면하자 분뇨를 토지 주인의 승낙없이 토지에 쏟았다. 피고인은 종국적인 손해를 최소화하기 위하여 호스로 더 넓게 분뇨를 뿌렸다. 결국 약간의 손해만이 발생했다. 분뇨를 배출한 후 차량의 추락의 위험도 제거되었다.

AG는 피고인이 토지소유자의 승낙없이 행한 쓰레기 무단투기로 고의의 질서위반규정을 위반했다는 이유로 AbfG §§ 4 I, 18 I Nr. 1에 따라 벌금형에 처했다. 피고인은 여기에 대해서 항고했다.

<판결이유>

AG는 자동차에 대한 현재의 위험이 발생했으며 구성요건적 행위이외의 방법으로 피할 수가 없는 긴급피난상황이 발생했다는 점에서 출발했다. 위험에 처한 법익의 보유자가 피고인이 아니라 피고인의 고용주이므로 이는 타인을

위한 긴급피난 사건이다. 즉, 피고인이 고용주의 소유물의 손실을 방지하려는 행위를 한 것이다. 토지에 분뇨를 쏟는 것이외의 방법으로 회피가능하지 않은 타인의 소유물에 대한 위험 속에서 피고인은 (Ordnungnorm) 행위 순간 낮은 가치의 법익으로 AbfG §4 I 의 질서규범을 무시할 이유가 있었다. 다수설에 따르면, 원칙적으로 긴급피난 상황의 발생에 책임있는 자라고 할지라도 정당화적 긴급피난 법리의 적용이 배제되지 않는다. 그러나, 이러한 점이 AbfG §4 I 에 위반행위를 완전히 비난할 수 없다거나 처벌할 수 없다는 것을 의미하지는 않는다. 일반적인 원칙에 따르면 형사적 책임뿐만 아니라 질서위반 관련 법률에 대한 책임은 긴급피난상황을 야기한 데 대한 책임 및 정당한 사태진행을 전제로 하는 행위와 연관지어 사고해야 한다. 행위자가 이후 구성요건이 충족되는 결과로 연결될 수 있는 행위를 고의 또는 과실로 범했는지 여부에 따라 고의 혹은 과실범으로 처벌이 가능하다. 만일 행위자가 타인의 법익에 대한 고의의 침해를 강제할 수 있는 긴급피난상황을 과실로 야기했다면 과실범으로 처벌될 수 있다.

AG은 원칙적으로 이를 인식했고 이를 바탕으로 피고인이 해당 긴급피난상황에 앞서 행한 선행행위를 고려했다. AG는 피고인이 자신의 운전 성향 때문에 화물자동차를 완전히 부적절한 길로 자동차를 몰았다는 것을 근거로 피고인에게 책임이 있다고 판단했다. AG는 피고인이 자동차와 함께 도랑 오른쪽으로 미끄러 떨어졌고 그로 인해 허용되지 않는 장소에 자동차에 실은 분뇨를 쏟는 결과로 이어질 수 있었다는 사실에 대해 분명히 인식했어야 했다고 결론내렸다. 이러한 추론 자체는 법적 근거에 기초해서는 반박하기 힘들며 고의로 행한 해당 행위는 정당화될 수 없다. 만일 위난을 야기하는 시점에 행위자가 타인의 법익이 침해되는 결과가 필연적으로 발생할 것이라는 고의를 지녔다면 긴급피난상황을 유책하게 야기시킨 행위를 고의범으로 처벌하는 것은 정당하다. 보호법익에 대한 위험을 명백히 인식하고 한 행위였더라도, 위난이 법익침해로 이어질수도 있다는 인식을 동반했다고 할 수 없다. 피고인은 자신의 행위로 인한 법익침해를 예견했어야 했다고 가정하는 것이 정당하다면 고의는 성립할 수 없다. AbfG §§ 4 I , 18 I Nr. 1의 구성요건을 만족시키는 과실범의 책임비난은 정당하다고 할 수 있다.

【비교판결 4】 Butterfield v. State, 317 S.W. 2d 943 (Tex. Crim. App. 1958)

<판시사항>

피고인은 주취상태에서 어떤 물체에 부딪혀 머리에 상처를 입고 기절했다가 깨어나 자신이 피를 많이 흘린 사실을 발견하고 병원으로 가려고 고속도로에서 자동차를 운전하다 충돌사고를 일으켜 재물을 파손했다. 사실심 법원에서 피고인은 30일간의 구금형과 50달러의 벌금형을 선고받았다. 음주운전을 한 사실에 대해서는 다툼이 없었다. 다만, 피고인은 긴급피난으로 고속도로에서 자동차를 몰았다고 항변했다. 즉, 피고인은 자신의 아파트에서 머리에 심각하게 손상을 입어 병원치료를 받기 위해 그와 같은 행위를 했다고 배심원이 사실판단을 했으면 자신이 무죄로 방면되어야 한다고 주장했다. 그러나, 텍사스 주 항소법원은 피고인의 주장을 배척했다.[1)]

<반대의견>

반대의견에서 데이비슨 판사는 위난을 발생시킨 선행행위 상황을 분석하면서 자신의 집에서 음주를 하여 주취상태에 빠지는 것은 불법이 아니라고 지적했다. 데이비슨 판사는 음주운전죄는 사회적 법익과 관련이 있으며 상해로 인한 신체와 생명의 위험은 개인적 법익과 관련이 있다고 기술하며 이 두 법익을 형량을 하여 이 경우 개인적 법익인 신체와 생명의 위험이 더 우월하다고 결론을 내린다. 또한, 소방차나 구급차가 위급한 임무수행 중에 도로교통법규를 무시하는 것이 면책(excused)되는 것처럼 개인적 위급상황을 타개하기 위한 도로교통법규의 위반을 유죄로 보아서는 안된다고 기술했다. 나아가, 다수의견의 접근법은 집에서 어린아이가 독극물을 삼켰거나 아내가 심장마비 증세를 보였을 때 주취한 상태의 자는 자동차를 운전하여 병원으로 그들을 데려가지 못하고 고통에 빠지거나 사망하도록 내버려 두라고 요구하는 것에 다름없다고 기술했다. 인간적인 배심원(humanitarian jury)이라면 피고인에 무죄평결을 했을 것이라고 주장했다.

1) Butterfield v. State, 317 S.W. 2d 943 (Tex. Crim. App. 1958). 텍사스 주 항소법원에서는 이 경우 긴급피난이 성립하지 않는다고 판시했다. 그런데, 텍사스 주 입법자는 텍사스 주 항소법원의 버터필드 판결이 부당하다고 여겨 위난상황의 유발에 대한 유책성과 관계없이 긴급피난이 성립할 수 있다는 내용의 법률을 제정했다. Tex. Penal Code §9.22.

【비교판결 5】 대법원 1995. 1. 12. 선고 94도2781 판결

<판시사항>

피고인이 스스로 야기한 강간범행의 와중에서 피해자가 피고인의 손가락을 깨물며 반항하자 물린 손가락을 비틀며 잡아 뽑다가 피해자에게 치아결손의 상해를 입힌 소위를 가리켜 법에 의하여 용인되는 피난행위라 할 수 없다.

<판결이유>

강간 등에 의한 치사상죄에 있어서 사상의 결과는 간음행위 그 자체로부터 발생한 경우나 강간의 수단으로 사용한 폭행으로부터 발생한 경우는 물론 강간에 수반하는 행위에서 발생한 경우도 포함한다 할 것인바, 원심이 확정한 바와 같이 피고인이 판시 일시경 피해자의 집에 침입하여 잠을 자고 있는 피해자를 강제로 간음할 목적으로 동인을 향해 손을 뻗는 순간 놀라 소리치는 동인의 입을 왼손으로 막고 오른손으로 음부 부위를 더듬던 중 동인이 피고인의 손가락을 깨물며 반항하자 물린 손가락을 비틀며 잡아 뽑아 동인으로 하여금 우측하악측절치치아결손의 상해를 입게 하였다면, 피해자가 입은 위 상해는 결국 피고인이 저지르려던 강간에 수반하여 일어난 행위에서 비롯된 것이라 할 것이고, 기록상 나타난 피해자의 반항을 뿌리친 형태 등에 비추어 보면 그 결과 또한 능히 예견할 수 있었던 것임을 부인할 수는 없다

【참조사례 1】 ① 속도위반을 한 운전자가 위험한 상황을 피하기 위하여 적색 신호등을 위반하여 운전했다.[2)]

② 잘못된 방향으로 도로에서 운전한 자가 더 큰 위험을 피하기 위하여 역주행을 했다.[3)]

③ 운전 중 울린 휴대폰에 신경쓰다 전방에 정차한 차를 발견하고 급정거하는 동시에 큰 사고를 피하기 위해 핸들을 틀었는데 중앙분리대를 넘어들어가 반대차선에서 오는 차를 충격하여 파손시키고 운전자에게 상해를 입혔다.[4)]

---

2) OLG Karlsruhe, Entscheidung vom 22.08.1983 – 2 Ss 127/83.

3) Wilfried Küper, Der verschuldete rechtfertigende Notstand: Zugleich ein Beitrag zur actio illicitia in causa, 1983, S. 135.

4) 대법원, 1986. 9. 9. 선고 86도1142 판결; 김영중, 자초위난에 대한 형사법적 고찰, 경찰법연구

【참조사례 2】 ① 여관방에서 번개탄을 피워놓고 자살을 시도한 자가 생각을 바꾸어 살기 위해 밖에서 잠궈놓은 문을 부수고 밖으로 나왔다.[5]

② 여관방에서 번개탄을 피워놓고 자살을 시도한 자가 생각을 바꾸어 살기 위해 방을 뛰쳐나오다 다른 투숙객과 부딪혀 상해를 입혔다.

【참조사례 3】 임산부가 낙태를 시도하다 초래한 자신의 생명과 신체에 대한 위험을 피하기 위하여 결국 태아를 낙태를 했다.

【참조사례 4】 ① 방화를 한 자가 마음을 바꾸어 진화를 위하여 타인의 재물을 손괴했다.

② 방화를 한 자가 계획한대로 타인의 재물을 손괴하여 진화를 시도했다.

③ 실화를 한 자가 진화를 위하여 타인의 재물을 손괴하여 진화를 시도했다.

【참조사례 5】 출입이 금지된 섬을 향하여 수영을 시작한 자가 자신이 해당 섬에 도착할 때쯤이면 몹시 지쳐 익사하지 않으려면 상륙할 수밖에 없다는 사실을 미리 알고 수영을 하였는데 실제로 지쳐 녹초가 되어 겨우 섬에 도달했다.[6]

【참조사례 6】 가령 평소 혐오하던 개를 쫒아서 어린아이에게 덤비도록 한 뒤 죽였다.[7]

Ⅰ. 서 론

자초위난 상황을 판단할 때 크게 두 가지 시각적 틀을 사용할 수 있다. 첫째, 피난행위로 인한 고의의 법익침해의 구성요건해당성 및 위법성 판단을 위하여 위난을 자초한 선행행위를 어떻게 고려할지 생각해보는 접근법이 있다.

제15권 제2호, 2017, 228−229에서 재인용.

5) 차용석, 형법총론강의, 고시연구사, 1984, 601면.

6) Erb, Münchener Kommentar zum StGB 4. Auflage 2020, Rn. 188.

7) Freund, Münchener Kommentar zum StGB 4. Auflage 2020, Rn. 283.

즉, 법률에 정형화된 불법요건에 해당하는지를 판단하기 위하여 선행행위의 유책성을 참조하는 것이다. 둘째, 최종적인 법익침해를 선행행위에 귀속시킬 수 있는지를 개입요인인 피난행위를 고려하여 판단하는 방법이 있다. 이는 고의의 피난행위로 인한 법익침해의 정당성을 평가하는 좁은 시야에서 벗어나 선행행위에서부터 연쇄적으로 이어진 법익침해라는 범위까지 불법판단의 폭을 넓여야 가능한 접근법이다. 이 두 가지 시각적 틀은 평가대상이 되는 행위의 시작시점이 다르지만 일정한 과정과 결과가 동일한 사실관계를 각기 별도로 평가해야 하는 난제를 던진다.

대체로 위난을 자초한 선행행위의 위법의 정도가 강할수록 긴급피난의 성립이 부인된다는 것은 수긍할 수 있는 접근법이다. 위난의 발생에 높은 책임이 있는 자는 긴급피난에 대한 권리가 감소하게 되고 오히려 위난에 대한 수인의무가 발생한다는 것이다. 그런데, 대상판결은 행위자가 위난을 자초한다는 데 대한 고의가 있었음에도 긴급피난이 성립한다고 보았다. 즉, 정차된 자동차가 도로에서 위험한 상황에 노출될 수 있다는 사실을 알고도 대리운전기사를 내리라고 요구한 자동차 주인이 도로의 안전한 곳으로 자동차를 옮기기 위하여 음주운전한 행위가 정당하다고 본 것이다. 이에 반하여, 비교판결 3에서 나타나듯이 위난을 발생시킨 선행행위가 과실에 지나지 않지만 긴급피난이 성립하지 않는다고 보는 경우도 있다. 즉, 자동차의 전복이라는 절체절명의 상황에서 타인의 토지에 오물을 쏟은 결과는 애초 안전하지 못한 길로 운전하여 위험을 발생시킨 책임있는 선행행위가 발생시켰다는 것이다. 사실, 비교판결 1과 달리 비교판결 2에서 볼 수 있듯이 도로교통상의 위험과 관련하여 과실로 자초한 위난에 이은 피난행위를 비롯한 여러 가지 과정을 거친 끝에 발생시킨 법익침해에 대하여 선행행위자의 책임을 인정하는 경우가 오히려 많다.

이러한 자초위난과 관련된 문제들에 대한 해결의 실마리를 찾기 위해서는 자초위난, 피난행위, 법익침해로 이어지는 일련의 과정들에 대해서 보다 섬세하고 면밀한 분석이 필요할 것으로 보인다. 무엇보다, 위난을 발생시킨 선행행위의 형태와 내용을 분석적으로 평가해야 한다. 이는 자초위난에 이어 피난행위로 인한 법익침해에 이르기까지의 사태에 대한 불법평가에 영향을 미친

전불법요건적 행위의 역할을 들여다보는 것을 의미한다. 행위상황에 비춘 선행행위의 동기, 목적, 의도, 고의, 과실 등의 형태와 내용을 개별사건별로 세밀히 포착할 수 있어야 이후 이어지는 일련의 상황에 대한 적절한 불법평가가 이루어질 것이라는 기대가 만연하다.

한편, 선행행위의 고의는 과실 보다 그 내용과 형태가 훨씬 더 선명하기 때문에 오히려 책임범위가 제한적일 수 있다는 접근법은 상당히 예리한 인상을 준다. 만일 선행행위의 고의가 위난의 발생만을 내용으로 하는 경우 피난행위로 발생한 법익침해는 선행행위자에게 고의범의 형태로 귀속될 수 없다. 그렇게 되면 선행행위에 고의 요소가 있었다고 하더라도 피난행위로 발생한 법익침해에 대해서는 과실범의 검토만이 가능하다고 해야 한다. 매우 흥미로운 점은 선행행위의 주의의무위반은 구성요건적 결과에 대한 인식과 의사가 필요한 고의와는 달리 비록 간접적이지만 피난행위로 인한 법익침해의 결과까지 책임귀속 개념으로 연결될 가능성이 더 높아진다는 사실이다.

여기서, 자초위난 법리에 있어 위법성 단계에서 이루어지는 긴급피난의 성부에 대한 판단이 선행행위를 중심으로 하는 구성요건해당성의 판단과 완전히 구분되지 않는다는 일원론에 대해 생각해 볼 필요가 있다. 외견상 선행행위와 후행행위로 구분되는 두 단계의 행위 각각이 불법에 대한 다른 결론을 내리는 모순을 받아들이기 힘든 상황이 존재하는 것이다. 즉, 구성요건적 결과가 발생했다고 보는 경우에는 긴급피난이 부인되지만, 긴급피난이 성립한다고 보여지는 경우에는 선행행위에 법익침해의 결과를 귀속시킬 수 없게 된다. 이렇게 되면, 구성요건해당성을 모두 검토한 후에 위법성 조각사유를 검토한다는 범죄체계론의 순차적 구조가 상호참조적 순환구조로 전환되게 된다.

그러나, 선행행위의 불법의 종국적 실현과 긴급피난의 성립이 완전히 제로섬 게임이 아니라는 접근법은 진정 검토할 가치가 있다. 즉, 위난에 대한 긴급피난이 성립하여 피난행위로 인한 결과발생이 정당화된다고 하더라도 선행행위의 불법 내용과 형태에 비추어 피난행위로 발생한 결과발생을 선행행위에 귀속시킬 수 있는 경우가 있다는 것이다. 오히려 원인행위 위법설(actio illicita in causa)의 선행행위에는 분명한 정형이 존재한다는 점에서 유책한 선행행위에 이은 긴급피난 성립과는 초점을 달리하는 문제로 보아야 한다. 그런데, 위난에 대한 긴급피난의 성립을 판단하는 데 있어 선행행위의 형태와 내용이 완전히 무관하지 않다는 점은 상당한 난제로 다가온다. 실질설에 기초하여 이익형량에 따라 본 쟁점을 해결해야 한다고 보는 많은 학설들 또한 선행행위의 불법형태, 즉 고의와 과실 개념의 영향력을 완전히 무시하지 못하고 있다. 아직 불법의 정형으로 포착되지 않은 선행행위에 불법의 가장 기본구도를 적용하는 모습인 것이다. 이처럼 자초위난의 법형상을 선행행위의 불법과 후행행위의 불법이 결합되어 일체가 된 것으로 파악해야 하는가? 아니면, 정형화되지 않은 선행행위와 정형성이 분명한 범죄성립요건 간의 관계라고 접근해야 하는가? 후자가 자초위난 상황을 가장 잘 포착한 것이라면 우리는 어떠한 개념적 수단으로 이 특수한 상황에서의 긴급피난의 성부에 대해서 논할 수 있는 것인가?

II. 위난을 자초한 선행행위의 형태

1. 유책한 선행행위

(1) 피난행위에 의한 법익침해를 의도한 선행행위

피난행위에 의한 법익침해를 선행행위에서 의도했다는 것은 자신이 피난행위를 할 것까지 염두에 두고 위난을 발생시켰다는 의미이다. 즉, 행위자가 선행행위부터 위난의 발생 그에 이은 피난행위로 인한 법익침해까지 전체의 범행계획을 가지고 있는 경우를 가리킨다. 피난행위를 통해 법익침해가 발생할 가능성을 염두에 두고 의도적으로 위난을 유발(Absichtprovokation)한 경우에는 긴급피난에 해당하지 않는다고 보는 것이 일반적이다. 다른말로 하면 피난행위로 발생한 결과가 선행행위에 책임귀속되는 것이다. 프로인트는 도발이 있은 경우 대체로 예견가능성과 회피가능성이 충족된다고 기술했다.[8] 예를 들어, 앞서 기술한 참조사례 6에서 평소 혐오하던 개를 쫓아서 어린아이에게

8) Freund, Münchener Kommentar, Rn. 286.

덤비도록 한 뒤 죽인 경우, 참조사례 5에서 출입이 금지된 섬을 향하여 수영을 시작한 자가 자신이 해당 섬에 도착할 때쯤이면 몹시 지쳐 익사하지 않으려면 상륙할 수밖에 없다는 사실을 미리 알고 수영을 하였는데 실제로 지쳐 녹초가 되어 겨우 섬에 도달한 경우, 참조사례 4의②에서 방화를 한 자가 계획한대로 타인의 재물을 손괴하여 진화를 시도한 경우, 참조사례 3과 같이 임산부가 애초 낙태를 시도하다 초래된 자신의 생명과 신체에 대한 위험을 회피하기 위하여 태아를 낙태를 한 경우가 이에 해당할 수 있다.

법익침해를 최종목표로 하여 피난행위를 유도할 위난을 발생시킨 선행행위의 형태와 내용은 단일하지 않고 상당히 다양하다. 참조사례 3과 참조사례 4는 선행행위 자체가 낙태죄와 방화죄의 구성요건에 해당하지만 참조사례 5와 참조사례 6은 선행행위만을 놓고 분석하면 범죄 구성요건에 해당할만한 사유는 존재하지 않는다. 다만, 전체범행계획의 의도와 목적을 가지고 선행행위를 시작한 것이다. 나아가, 참조사례 6은 개를 쫒아 타인에 위험을 발생켰으므로 선행행위로 인한 위험의 실현을 방지할 작위 의무가 발생하는 경우이다. 참조사례 7은 섬에 도달하기까지 수영을 하여 녹초가 되는 선행행위는 단순한 자기위태화이므로 법적 의무가 발생하는 경우라고 할 수 없다.

나아가, 법익침해를 의도한 선행행위에 관한 사례들은 보호하려는 법익과 침해되는 법익 면에서도 차이가 난다. 보호하려는 법익은 참조사례 3의 경우에는 생명과 신체, 참조사례 4의②의 경우에는 재산, 참조사례 5의 경우 생명, 참조사례 6의 경우 생명과 신체이며, 침해되는 법익은 참조사례 3의 경우에는 태아의 생명, 참조사례 4의②의 경우 역시 재산, 참조사례 5의 경우 침해되는 형법상 보호법익이 없으며, 참조사례 6의 경우 재산이다. 나아가, 참조사례 4를 보다 구체적으로 살피면 보호되는 법익과 침해되는 법익이 재산으로 같지만 보호되는 법익, 즉 방화로 인하여 소훼될 것으로 예견되는 재산적 이익이 피난행위로 침해되어 손괴되는 재산 보다 더 큰 경우이다.

(2) 피난행위에 의한 법익침해를 의도하지 않은 선행행위

가. 고의로 위난을 발생시킨 선행행위

선행행위 시 위난을 발생시키겠다는 고의는 있었지만 피난행위에 의한 법익침해까지 의도하지 않은 경우가 있다. 주의할 것은 피난행위에 대한 법익침해를 의도하지 않았으므로 그에 대해서는 고의가 아니라 과실에 대한 책임을 검토해야 한다는 사실이다. 이 점이 위난에 대한 고의뿐만 아니라 피난행위에 의한 법익침해를 의도한 경우와의 차이이다. 따라서, 자초위난에 대한 피난행위에 의한 법익침해의 불법에 대한 평가는 아래 과실로 위난을 발생시킨 선행행위의 경우가 큰 차이가 없다고 볼 수 있다.

대상판결은 일면 선행행위 시 위난발생에 대해 적어도 미필적 고의가 있었다고 볼 수 있는 경우이다. 즉, 피고인이 대리운전기사를 자동차에서 하차하라고 요구했을 때 해당 도로교통상의 위험에 노출될 수 있는 것은 쉽게 인식할 수 있는 것이고 위난의 발생을 적극적으로 의도하지는 않았다고 하더라도 적어도 소극적인 용인이나 감수는 있었다고 판단된다. 다만, 선행행위 시 피고인이 대리운전기사가 떠나고 난 뒤 도로 300m가량 음주운전을 하겠다는 도로교통법 제44조와 제148조의2에 규정된 특정구성요건을 실현하겠다는 의사가 있은 것으로 보이지는 않는다.

참조사례 2의① 또한 고의로 번개탄을 피워놓고 자신의 생명에 대하여 위난상황을 야기한 경우이다. 참조사례 2의① 역시 선행행위 시 위난에 대한 고의가 있었지만 피난행위에 이은 재물을 손괴하는 법익침해에 대한 고의는 없었다. 따라서 선행행위 시에는 재물손괴의 결과에 대해서는 과실이 결부된다고 볼 수밖에 없다. 다만, 후행행위, 즉 생명권 침해에 대한 위난이 발생한 상황에서 고의로 재물을 손괴한데 대하여 긴급피난이 성립할지 여부는 별도로 평가해야 한다. 참조사례 2의 ②는 상해의 결과를 발생시켰다고 하는 것이외에는 참조사례 2의①과 동일하다. 참조사례 2의②의 결과는 상해이므로 참조사례 2의①과는 달리 선행행위의 과실에 대한 구성요건적 결과가 발생한 경우라고 볼 수 있다.

참조사례 4의① 역시 선행행위 시 고의의 방화행위가 있었다. 그런데, 애초 예상과는 달리 마음을 바꾸어 타인의 재물을 손괴하여 진화를 시도할 것이라는 계획이 없었으면 재물 손괴의 결과에 대해서는 선행행위에 있어 과실에 대한 검토만이 가능하다고 보아야 한다.

나. 과실로 위난을 발생시킨 선행행위

과실범의 일반원칙에 따르면 선행행위 시 위난을 위도하지 않았다고 할지라도 법익침해의 예견할 수 있었던 범위 내의 결과에 대해서는 가벌성이 확보된다. 비교판결 2, 비교판결 3, 참조사례 1의 ③에서 보듯이 과실로 발생시킨 위험에 이은 여러 가지 인과의 연쇄에 개입요인이 발생하는 등의 과정을 거쳐 간접적인 결과로 사상의 결과가 발생한 경우 선행행위시 예견가능성이 있으면 법익침해의 결과를 귀속하여 과실치사상을 성립시킬 수 있다.

사실, 비교판결 5의 경우에도 선행행위가 강간이라는 범죄행위였지만 고의로 자신의 손가락이 물리는 위난을 발생시켰다고 보기는 힘들다. 따라서, 대법원은 강간의 실행의 착수가 있었다고 보는 것과 결부하여 과실로 유발한 위난에 이은 피난행위로 피해자 치아에 대한 상해의 결과를 발생시킨데 대해 예견가능성이 있는지를 쟁점으로 삼은 것인다. 이 경우 강간이라는 강력한 위험상황에 비추어 피해자의 여러 가지 저항행위와 결부된 상해가 발생할 수 있다는 판단은 피고인의 긴급피난의 성립 여부와 관계없이 인정될 수 있는 것으로 보인다. 즉, 비교판결 5에서 대법원이 강간치상의 성립을 인정한 것은 설득력이 높다.

아래에서 살피는 것처럼 무책한 선행행위의 경우에도 과실책임이 존재한다고 볼 수 있는 여지가 있다. 과실의 주의의무는 고의 보다는 훨씬 더 상황구체적인 고려와 가변적인 이익형량에 기초한다고 보아야 한다.

2. 무책한 선행행위

(1) 권리·권한행사로 초래한 위난

설령, 선행행위의 객관적 측면만 평가하면 행위자의 권리행사이며 따라서 적법하다고 할지라도 전체범행계획에 비추어 피난행위로 발생한 법익침해에 대하여 형사책임을 져야 하는 경우들이 발생할 수 있다. 예를 들어, 나치당원이 유대인들이 공격하는 것을 기다렸다가 반격할 계획을 가지고 유대인집회에 간 경우를 생각해 보자. 누구든 어떤 집회에 참석하는 것은 헌법상 보장된 자유권으로 보호된다. 따라서 나치당원이 유대인 집회에 참석한 선행행위는 적법한 권리행사로 일면 볼 수 있을 것이다. 나아가, 갑은 을이 최근 도둑맞은 고가의 시계를 자신이 가지고 있다고 허위의 편지를 보내 쉽게 흥분하는 을이 찾아와 자신을 공격할 때 반격할 계획을 세워 실행한 사례를 생각해 보자. 물론 나치 당원 사건의 집회참석 보다는 갑이 허위의 편지를 보낸 선행행위는 윤리적 비난가능성이 다소 있다고 볼 수는 있으나 역시 그 자체로 위법한 행위라고 보기는 힘들다고 생각할 수 있다.

그렇지만, 마치 문서위조죄가 행사할 목적을 전제로 하는 것처럼 객관적으로는 적법해 보이지만 행위자가 형성한 위법한 표상에 비추어 보면 범죄의 예비나 실행으로 보아야 하는 경우들이 있다.[9] 즉, 예로 든 나치당원 사건이나 허위편지 사건의 전체 범행계획에 비추어보면 외견상 객관적 불법과는 관련이 없어 보이는 선행행위를 행할 때 이미 불법한 의사를 가지고 예비 혹은 실행의 착수에 해당하는 행위를 했다고 볼 수 있는 것이다.

한편, 참조사례 2에 나타난 자살을 시도하는 행위 자체는 원칙적으로 법으로부터 자유로운 영역에 속하는 것이다. 즉, 선행행위가 위법하거나 유책한 행위라고 보기 힘들며 행위자의 자유로운 선택권의 행사에 결부되어 있을 뿐이라고 볼 수도 있다. 하지만, 참조사례 2의 ①과 ②에서 나타난 손괴와 상해의 결과불법에 비추어 보면 자살행위라고 할지라도 단지 개인적 자유의 영역에만 머물러 있다고 볼 수는 없으며 사회적 의미를 지니게 된다. 다른 말로 하면, 생명이 위태로워졌을 때 발생할 수 있는 평균인의 선택가능성에 비추어 참조사례 2의 ①과 ②에서 나타난 손괴와 상해에 대한 예견가능성이 있었다고 보는 것이 합리적이다. 마치 우리가 교통법규를 객관적으로 모두 지키는 적법한 운전을 했다고 하더라도 운전 중 우발적이지만 예견했거나 예견가능한 위험이 나타났다면 위험의 실현을 방지하는 안전운전을 해야 할 의무가 있는 것

9) Paul H. Robinson, Criminal Law Defenses Vol 2, 43−44, (1984).

처럼,[10] 표면적으로 적법한 선행행위가 타인에 대한 위험발생의 실질적 가능성을 내포하고 있다는 것을 인식했거나 인식가능했다면 실현된 위험에 대하여 책임을 지는 것이 필요하다.

(2) 무과실의 선행행위로 인한 위난

미국의 몇몇 주의 법률은 긴급피난 불성립의 전제로 피난행위자가 위난을 발생시키는 데 있어 유책성, 즉 과실이 필요하다는 요건을 규정하지 않은 경우들이 있다. 콜로라도 주 법률의 긴급피난 규정은 선행행위의 유책성에 대한 언급없이 행위자가 위난상황을 야기시키지 않아야 한다는 점을 긴급피난 성립요건으로 규정하고 있다.[11] 폴 로빈슨은 이러한 법률 규정을 문구 그대로 따르면 받아들일 수 없는 법적 결론에 이르게 된다고 지적했다. 예를 들어, 자동차 머플러에서 우연히 운전자의 과실과 무관하게 발생한 불꽃이 산에 화재를 발생시킨 경우에 이를 진화하기 위하여 방화대를 설치하는 과정에서 재물

---

10) 과실의 주의의무뿐만 아니라 부작위범의 작위의무 또한 그 자체로는 적법한 선행행위에도 불구하고 부여되는 경우가 있다. "생활관계상 승인된 의무합치적 선행행위라도 여기에 제3자의 개입으로 잘못된 방향에로의 발전가능성이 있고 행위자가 이를 예견할 수 있었던 경우라면 선행행위자의 보증인지위가 성립될 수 있다. 이 경우 행위자는 제3자의 의무합치적 행위를 신뢰할 수 있는 상황이 아니므로 자신의 행위에서 비롯되는 위험에 대해 책임을 져야 하기 때문이다."성낙현, 보증인지위의 성립근거로서의 선행행위의 요건, 법조 제688권, 2014. 선행행위에 과실조차 없는 완전히 적법한 경우에도 작위의무가 발생하는 경우는 이미 도로교통법에 규정되어 있다. 대법원은 오랫동안 도로교통법상의 구호조치의무 및 신고의무는 고의, 과실, 유책, 위법의 유무에 관계없이 부과된 의무라고 해석하여야 한다고 판시해왔다. 대법원 2002. 5. 24. 선고 2000도1731 판결; 대법원 1990. 9. 25. 선고 90도978 판결; 대법원 1981. 6. 23. 선고 80도3320 판결.

11) Co. Stat.§18−1−702(1) Unless inconsistent with other provisions of sections 18−1−703 to 18−1−707, defining justifiable use of physical force, or with some other provision of law, conduct which would otherwise constitute an offense is justifiable and not criminal when it is necessary as an emergency measure to avoid an imminent public or private injury which is about to occur by reason of a situation occasioned or developed **through no conduct of the actor**, and which is of sufficient gravity that, according to ordinary standards of intelligence and morality, the desirability and urgency of avoiding the injury clearly outweigh the desirability of avoiding the injury sought to be prevented by the statute defining the offense in issue. 이 콜로라도 주의 무과실의 자초위난 규정을 아래 '과실 전용설(transfer of negligence)' 부분의 델라웨어 주, 몬타나 주, 뉴욕 주에서 규정하고 있는 유책한 자초위난 관련 규정과 대조하면 차이가 선명하게 드러난다. 이들 주는 발생한 위난에 피난행위자의 책임이 없어야(no fault) 긴급피난이 성립한다고 명시하고 있다.

손괴를 한 경우에도 정당화 항변이 불가능하게 된다는 것이다.[12)]

Ⅲ. 자초위난에 대한 피난행위의 위법성과 책임 판단

1. 자초위난으로 대한 피난행위의 위법성 판단

(1) 전면적 부정설

전면적 부정설은 위난의 발생에 책임있는 자에게는 긴급피난을 성립시킬 수 없다고 본다.[13)] 전면적 부정설은 유책한 행위로 인하여 발생한 상황은 천재 기타 우연한 사태를 의미하는 위난이라고 볼 수 없다고 한다. 독일의 전면적 부정설에 따르면, 위난상황을 유책하게 야기한 자는 위험수인의무를 지게 되므로 긴급피난의 권리를 상실(Verwirkungstheorie)한다. 따라서 위난상황에서 법익침해를 한 행위는 긴급피난 상황, 즉 위난이 아닌 상태에서 행위한 것으로 판단된다.

미국의 일부 주는 현재에도 행위자가 위난의 원인이 된 경우 정당화 항변(defense of justification)이 불가능하다고 보는 접근법을 채택하고 있다. 예를 들어, 앞서 살핀바와 같이 콜로라도 주 법률의 긴급피난 규정(the Colorado lesser evil statute)에는 긴급 상황이 행위자의 행위를 통해서 유발되지 않을 것을 필요적 요건으로 하고 있다.[14)] 마찬가지로, 워싱턴 주 항소법원은 다이아나 판결(State v. Diana) 에서 행위자가 유발한 강한 압박 상황(compelling circumstances)에 대해서는 긴급피난(necessity)이 성립하지 않는다고(unavailable) 방론으로 기술한 바 있다.[15)]

사실 독일 형법 제35조 제1항은 행위자가 스스로 위난을 초래하여 위난을

12) Robinson, *supra* note 9), at 33.
13) 유기천, 개정 형법학: 총론강의, 법문사, 2011, 188면.
14) Co. Stat. §18-1-702(1).
15) State v. Diana, 24 Wn.App. 908, 604 P.2d 1312 (Wn.Ct.App. 1979).

감수할 것이 기대되는 경우에는 긴급피난이 적용되지 않는다고 하고 있어 문구를 그대로 따르면 자초위난자는 긴급피난을 할 수 없는 것으로 이해될 여지도 있다. 우리 형법 제22조 제2항에도 위난을 피하지 못할 책임있는자에 대해서는 제22조 제1항을 적용하지 않는다고 규정하고 있다. 신동운 교수는 자초위난자는 위난에 대한 수인의무가 있다고 본다.[16] 그러나, 독일이나 우리 학계에서는 위난발생에 책임이 있다고 하여 긴급피난의 성립이 완전히 배제되지 않는다는 것이 대체적인 주류의 입장인 것으로 보인다.

(2) 전면적 긍정설

전면적 긍정설은 유책하게 초래한 위험에 대하여 피난행위를 하는 것을 허용하지 않는 것은 지나치게 가혹할 수 있다고 지적한다. 예를 들어, 실화하거나 가스로 자살하려다 생각이 바뀐 자가 탈출하는 과정에서 타인의 재물을 손괴하는 경우에 긴급피난이 성립하지 않는다고 하면 자신의 책임으로 유발된 위험의 실현을 그대로 감수하거나 타인의 재물손괴에 책임있는 범죄자가 되는 양자택일을 강요하는 것을 의미한다는 것이다.[17] 나아가, 실수로 맹견을 자극한 자는 맹견이 자기 자녀를 공격하는 것을 수인할 의무가 있다고 보는 것은 지나치다. 또한, 타인의 경고를 무시하고 산행을 강행하다가 강추위를 만나 산중 대피소에 허가없이 침입한 자에 대하여 자신의 유책한 선행행위로 발생하게 된 생명에 대한 위험을 수인할 의무가 있다고 보는 것은 매우 설득력이 떨어진다.[18] 위험을 발생시킨 자에게는 단순한 수인의무가 발생하는 것이 아니라 오히려 경우에 따라 자기 또는 타인에 발생한 위험이 실현되는 것을 방지할 권리와 의무가 있다고 보아야 한다. 사실, 전면적 부정설의 수인의무 개념은 독일에서도 설득력을 잃었다.[19] 현재 독일의 판례는 원칙적으로 유책하게 위난을 발생시킨 자 또한 긴급피난을 주장할 수 있다는 입장이다.[20]

16) 신동운, 형법총론 제13판, 법문사, 2021, 482면.
17) 차용석, 형법총론강의, 전정판, 1987, 600면.
18) Küper, S. 22.
19) Küper, S. 16.
20) 비교판결 2 참조. BayObLG, Beschluß vom 26. 5. 1978 -3 Ob OWi 38/78, S. 2047.

같은 맥락에서, 미국의 조지 플레쳐(George P. Fletcher) 교수는 비록 유책하게 야기된 위험일지라도 긴급피난이 성립하지 않는다고 하면 위험이 현실화되거나 확대되는 것을 회피할 유인이 사라지게 된다고 지적했다. 예를 들어, 앞서 기술한 실화 후 진화를 위하여 타인의 물건을 손괴하는 경우에 긴급피난이 성립할 수 없다고 하면 위험유발 후 진화 보다는 방관을 장려하는 효과를 가져올 수 있다는 것이다. 따라서, 전면적 긍정설에 따르면, 유책한 원인으로 유발되었건 아니건 간에 일단 발생한 위험의 실현이나 확대를 방지하기 위한 유인책으로 긴급피난이 인정되어야 한다.[21]

자초위난이 발생한 원인, 상황, 위험의 정도와 관계없이 위법성이나 비난가능성이 모두 동일하다고 추론하는 것은 지나친 단순화이다.[22] 피난행위와 관계가 전혀 없다면 선행행위는 그 자체로 위법 여부를 평가해야 한다. 반면, 피난행위가 선행행위와 연관이 있다는 것은 발생한 위난의 책임있는 원인이 선행행위가 된다는 의미이다. 이 경우, 긴급피난의 성립 여부와 관련된 전반적인 사태진행에 있어 선행행위의 의미와 성격에 대하여 평가해야 한다. 아래에 살필 부분적 긍정설은 긴급피난의 불법요건의 성부를 판단하는데 선행행위의 역할은 무엇인가라는 쟁점과 선행행위의 불법의 형태와 성격에 비추어 이후 사태 진행에 위법성이 있다고 볼 수 있는가라는 쟁점이 상호 긴장관계를 이루고 있다.

(3) 부분적 긍정설

가. 형식설

형식설은 위난을 유발한 선행행위가 고의인 경우와 과실인 경우를 구분하여 긴급피난의 성립 여부를 달리 판단한다.[23] 즉, 위난을 자초한 행위에 고의

21) 그러나, 플레쳐 교수가 고의의 선행행위로 유발된 위난에 대한 긴급피난이 객관적으로 정당하다고 보는 것은 문제가 있다고 기술한 대목을 주의해서 보아야 한다. 즉, 플레쳐 교수는 자초위난의 경우에도 긴급피난이 성립할 수 있다고 보지만 정당화 보다는 면책에 보다 무게 중심을 두고 있다. George P. Fletcher, Rethinking Criminal Law, 796–798 (1978).

22) 이용식 교수는 심지어 전면적 긍정설은 전면적 부정설을 비판하는 점에서만 의미가 있다고 비판하고 있다. 이용식, 자초위난에 관한 시론–권리남용설에 의한 해결–, 서울대학교 법학 제37권 제2호, 서울대학교 법학연구소, 1996, 363면.

23) 정영석, 형법총론 제5전정판, 법문사, 1984, 145면; 황산덕, 형법총론 제7정판, 법문사, 1983, 165

가 결부되어 있으면 긴급피난이 성립할 수 없고 과실이 결부된 경우에는 긴급피난이 가능하다는 것이다. 고의와 과실이라는 선행행위의 유책성의 질적 차이에 주목하여 긴급피난의 성부를 달리 취급하고 있는 것이다.

그런데 위난을 발생시킨 선행행위를 고의와 과실로 단순히 구분하여 긴급피난 성립을 결정하게 되면 다양한 사례들을 적절하고 합리적으로 설명할 수가 없게 된다. 무엇보다, 위난을 유발한 선행행위의 고의의 양태가 단일하다고 보기는 힘들다. 고의의 선행행위가 범죄구성요건에 해당하는 경우가 있는가하면 그렇지 않은 경우가 있다. 선행행위에 있어 고의는 피난행위로 인한 법익침해의 고의까지 있었는지, 단지 위난에 대한 고의만이 있었는지, 위난에 대한 고의없이 단순히 선행행위에 고의의 행위가 포함되어 있었는지에 따라 다른 평가를 해야 한다.[24)]

게다가, 위난을 고의로 유발시켰다고 하더라도 긴급피난이 성립한다고 볼 필요가 있는 사례는 많다. 대상판결은 적어도 위난발생에 미필적 고의 이상이 있었다고 보여지는 사안이지만 법원은 긴급피난이 성립한다고 보았다. 참조사례 5의 경우에도 긴급피난이 성립하지 않는다고 하면 익사를 받아들이라고 요구하는 꼴이 된다. 참조사례 4에서 방화로 초래한 위험에 대해서 피난행위가 정당화된다는 유인을 주어야 더 큰 법익침해를 방지할 가능성이 높아질 것이다. 참조사례 3에서도 비록 위법행위인 낙태를 고의로 했지만 생명과 신체에 초래된 위험을 회피하기 위한 피난행위가 정당화된다고 보는 것이 적절할 것이다. 참조사례 2의 경우에도 자살로 스스로 생명에 위험을 초래한 경우에 위난을 수인해야 할 의무가 있다고 보는 것은 받아들이기 힘든 논리이다.

나아가, 위난이 과실에 의하여 유발된 경우에 긴급피난이 가능하다고 보기 힘든 경우들이 있다. 비교판결 2, 비교판결 3과 참조사례 1의 ③에서 보듯이 도로에서 과실로 유발한 위험을 회피하려다 법익침해 결과로 귀결된 경우에 전체 행위에 대해서 긴급피난으로 위법성이 조각된다고 보는 것은 받

면; 김태명 교수는 유책한 자초위난에 대해서는 긴급피난이 성립할 수 없다는 입장을 표명하고 있으나 예로 든 두 가지 판례 모두 통상적으로 고의의 선행행위가 있다고 평가되는 것이다. 김태명, 판례형법총론 제3판, 정독, 2019, 281면.

24) 앞의 '유책한 선행행위' 부분 참조.

아들이기 힘들다. 또한, 설령 형식적 이분설에 따른다고 하더라도 어떠한 위험에 대한 과실이 있은 경우에 긴급피난이 가능한지에 대해서도 보다 구체적이거나 세밀하게 유형 구분을 하여 판단할 필요가 있다.[25] 예를 들어, 단순한 행태적 의무를 위반한 경우도 있을 것이고 여러 인과의 연쇄로 이어져 나타난 최종적인 법익침해에 대한 예견의무와 회피의무를 위반한 경우가 있을 것이다.[26]

그럼에도 불구하고, 형식설이 선행행위의 유책성의 질적 차이에 주목하여 문제를 해결하려는 시도를 한 부분은 상당한 영향력이 있다. 즉 형식설은 구성요건으로 포착되기 전단계의 행위이지만 형법의 고의와 과실이라는 형사책임 판단의 가장 기본적인 개념적 구분을 차용하여 전체 사태에 대한 긴급피난 성립 여부를 선명하게 판단하고 있는 것이다. 그런데, 이처럼 선행행위를 정형성의 영역으로 끌어들이게 되면 이를 중심으로 또다른 가벌성 판단의 논리적 드라마가 펼쳐진다.

나. 실질설

실질설은 선행행위의 고의와 과실이라는 형식적인 구분에서 벗어나 실질적 관점에서 긴급피난의 성립 여부를 판단하는 학설이다. 즉, 실질설은 고의의 선행행위에 의해 유발된 위난에 대해서도 긴급피난이 성립할 수 있다는 관점을 보이기도 한다. 쉔케·슈레더 주석서는 설령 위법한 선행행위에 기초하여 위험을 발생시킨 자라도 구조받거나 피난할 권리를 여전히 보유한다고 기술하고 있다. 다만, 긴급피난 상황이 의무위반행위에 의해 야기되었는지 여부가 중요하다고 지적했다.[27] 김일수 교수는 긴급피난상황의 유발에 책임있는 자 또한 긴급피난을 주장할 수 있다고 보고 있다.[28] 배종대 교수 역시 간접정범에 이를 정도로 상대방을 도구로 이용하는 의도를 지닌 것이 아니라면 고의나

25) Robinson, *supra* note 9), at 35.
26) 전면적 부정설을 취하는 유기천 교수가 인용한 일본 판례를 이와 같은 관점에서 이해하는 것으로 보인다. 즉, 위난을 초래한 선행행위의 과실과 최종적인 법익침해 간의 예견가능성의 검토를 바탕으로 과실책임과 나아가 긴급피난의 성립 여부를 판단할 수 있는 것이다. 유기천, 앞의 주 13)의 책, 188면.
27) Sternberg-Lieben, Schönke/Schröder, Strafgesetzbuch 30. Auflage 2019, Rn. 42.
28) 김일수·서보학, 새로쓴 형법총론 제12판, 박영사, 2014, 217면.

과실로 유발된 위난의 경우에도 긴급피난이 가능하다고 주장했다.[29] 나아가, 정성근 교수는 고의로 위난을 야기한 경우에도 권리남용이 아니거나 예상외의 위난이 초래된 경우에는 긴급피난이 성립할 수 있는 경우가 있다고 하여 역시 실질설의 면모를 드러냈다.[30] 정영일 교수 또한 고의 또는 중과실 등 책임있는 사유로 위난이 발생한 경우에도 상당한 이유가 존재한다면 긴급피난이 성립할 수 있다고 기술했다.[31] 이처럼 실질설은 유책하게 유발된 위난이라고 할지라도 위난으로 보기 때문에 형법 제22조의 '상당한 이유'요건의 세부적 개념들을 검토하는 방향으로 전개된다. 사실, 법익을 침해당하는 피해자이든 침해하는 행위자이든 위험을 유책하게 발생시켰다면 어떤 방식으로든 부정적인 평가를 받을 수 있다. 이러한 시각에 의하면, 선행행위의 위법성의 강하다면 피난행위로 보호하고자 하는 이익의 보호가치는 낮아질 것이고 침해되는 이익에 대한 고려가치는 더 높아질 수 있다.[32]

그런데, 매우 흥미로운 점은 실질설을 지지하는 상당수의 학자들이 위난을 자초한 선행행위를 고의와 과실로 나누어 대체로 고의의 경우에는 긴급피난이 불가능하다고 보는 반면에 과실의 경우에는 긴급피난이 가능하다고 보고 있다는 사실이다. 이를 다시 말하면 실질설에 기초한다고 하더라도 형식설과 크게 다르지 않은 방법으로 자초위난 문제를 해결하려는 시각으로 흐르는 경우가 있다는 것이다.[33] 물론, 상당성설과 개별설을 주장하는 일부 학자들은 고의와 과실의 단순한 이분법에서 탈피하고자 노력한 바 있다.

---

29) 배종대, 형법총론 제13판, 홍문사, 2017, 258면.

30) 정성근·박광민, 형법총론 제4판, 삼지원, 2009, 247면; 같은 취지로, 김성돈, 형법총론 제2판, 성균관대학교 출판부, 2009, 280－281면; 이용식, 형법총론 제2판, 박영사, 2020, 155면. 이용식 교수의 최근 기술한 교과서에서는 자초위난과 관련해서 다수견해와 마찬가지로 선행행위에 고의와 과실이 있었다고 하더라도 피난행위 당시의 상당한 이유 요건의 충족 여부에 따라 긴급피난의 성립을 판단할 수 있다고 기술하고 있다. 그런데, 아래 '권리남용설' 부분에서 참조한 오래전의 논문에서는 권리남용설의 관점에서 선행행위의 고의 및 과실이라는 유책성의 형태에 따라 긴급피난 성립 여부가 결정된다고 주장한 바 있다.

31) 정영일, 신형법총론, 학림, 2018, 225－226면. 오영근, 형법총론 제3판, 박영사, 2017, 206~207면.

32) Rengier, Karlsruher Kommentar zum OWiG 5. Auflage, 2018, Rn. 54.

33) 대표적으로 한상훈 교수는 자초위난이라고 할지라도 형법 제22조의 위난의 요건을 충족한다고 보며 상당성 요건의 사회윤리적 제한을 가하는 것이 타당하다고 보는 것과 함께 선행행위의 고의와 과실에 따른 상당성 고려가 달라질 수 있다고 보고 있다. 한상훈·안성조, 형법개론, 정독, 2020, 126, 128면.

1) 상당한 이유설

A. 법익균형성

물론 이익형량만으로 자초위난과 관련된 사안을 획일적으로 판단할 수는 없지만 보호되는 법익과 침해되는 법익 간의 관계에 대한 판단은 위난 후의 피난행위의 독자성을 판단하는데 중요한 대목이 될 수 있다. 이재상 교수가 자초위난에 대해 긴급피난이 가능하지만 위난의 유책성의 정도를 이익형량의 요소로 삼을 수 있다고 기술했다.[34] 이승호 교수 또한 실질설의 관점에서 이익형량이 긴급피난 성립을 판단하는데 일면 중요한 역할을 할 수 있다고 지적했다.[35] 이익형량의 정도가 방어적 긴급피난과 공격적 긴급피난에서 요구되는 바가 다른 것처럼 선행행위의 책임이 높다고 판단되는 경우에는 긴급피난의 법익균형성 요건을 보다 엄격하게 적용할 필요가 있다는 주장은 설득력이 있다. 여기서 더 나아가 유책한 선행행위가 자손행위일 경우에 타인에 위난이 발생하게 한 경우 보다 보호되는 법익의 가치의 우월성이 더 현저해야 한다고 볼 수도 있을 것이다.

주의할 것은 만일 보호되는 이익과 침해되는 이익 간의 형량의 문제로만 바라보게 되면 이는 지나치게 비용편익적인 관점에서 긴급피난의 문제를 해결하려고 하는 방향으로 흐를 수도 있다는 사실이다. 사실, 공리주의에 의하면 선행행위의 유책성은 고려대상이 아니며 객관적인 이익형량만이 판단기준이 된다.[36] 자초위난에 대한 피난행위의 정당성 판단 문제는 경제적인 손익관점이 아니라 규범적인 접근법으로 다루어야 한다는 것이다. 어떤 이익이 더 중요한지, 어떤 기준에 따라 최적의 효용를 가져올 것인지, 어떤 상황에서 수인의무가 발생하는지, 단순한 이익충돌이 아니라 결과고려적인 관점은 어떻게 해소할 것인지 등의 문제는 공리주의적인 사고로는 풀기 어려운 문제이다.[37] 따라서, 이익형량은 객관적으로 변하지 않는 고정된 가치간의 비교를 의미하는 것이 아니라는 점을 주의해야 한다.

34) 이재상, 형법총론 제8판, 박영사, 2015, 242~243면.
35) 이승호, 자초위난에 대한 긴급피난의 한계, 일감법학 제32호, 건국대학교 법학연구소, 2015, 303~304면.
36) Ulfid Neuman, Strafgesetzbuch 5. Auflage, 2017, Rn. 94.
37) Küper, S. 28.

그런데, 설령 고의로 위난상황을 야기시켰다고 하더라도 그 자체로 보호법익의 총계가 변화하지는 않는다는 사실은 법익균형성 개념의 융통성과 가변성을 주장할 여지가 얼마나 있는지 의심스럽게 한다. 고의로 자신의 법익에 위난을 초래했다고 하더라도 해당 법익의 가치를 삭감해야 하는 경우를 상상하기 힘들다. 가령, 자살을 시도한 자의 생명권의 무게가 타인의 재산권의 무게 보다 가벼워진다고 볼 수는 없을 것이다. 나아가, 선행행위가 고의의 범죄행위라고 할지라도 역시 생명권의 가치는 삭감되지 않는다. 예를 들어, 임산부는 스스로 시도한 불법낙태로 인해 발생한 자신의 생명에 대한 위험을 무릅쓰고 낙태금지 규범을 준수해야 할 처지에 놓이지는 않는다.

따라서, 대체로 생명과 신체에 대한 중대한 위난이 발생한 경우는 특별하게 취급되어 비록 유책한 선행행위가 있었다고 하더라도 피난행위가 성립한다고 볼 가능성이 높다.[38] 이뿐만 아니라, 일반적으로 경미하게 보이는 자유나 재산과 같은 법익에 대한 위난 또한 그 강도가 개별 사건에서 높게 나타난 경우에는 법제도는 피난행위를 적극 장려해야 한다. 예를 들어, 참조사례 4의 경우처럼 유책하게 일으킨 화재가 무섭게 번져나가서 마을을 다 태우는 것을 막기 위해 화재에 인접한 집과 기타 구조물을 파괴하는 것은 이익형량의 관점에서는 정당하다고 볼 필요가 분명히 있다.

B. 보충성

마치 도발에 기초한 정당방위론에서와 마찬가지로 자초한 긴급피난의 경우에도 자초한 자의 경우 상당한 이유 중에서도 강화된 보충성 기준이 충족되어야 한다고 보는 견해가 있다.[39] 김일수 교수가 자초위난에 대해서는 보충성 요건을 검토하여 긴급피난의 성립 여부를 판단해야 한다는 시각을 내비쳤다.[40] 그런데, 생각해보아야 할 것은 정당방위의 요건에는 원칙적으로 보충성 개념이 존재하지 않기 때문에 방위행위자가 스스로 야기한 상황에 대해 책임을 수용하여 종국적인 법익침해를 최소화한다는 점에서 보충성 요건을 별도

38) 황산덕 교수는 긴급피난이 생명 신체를 보호하기 위한 경우는 위법성 조각이 아니라 책임을 조각하는 방향으로 법리구성을 해야 한다고 보았다. 황산덕, 앞의 주 23)의 책 참조.

39) 박강우, 형법상 자초위난의 유형과 긴급피난의 성립 여부, 법학연구 제28권 제1호, 충북대학교 법학연구소, 2017, 83면; 유사한 입장으로, 이승호, 앞의 주 35)의 논문, 306면.

40) 김일수·서보학, 앞의 주 28)의 책, 213면.

로 부과하는 것이 의미가 있지만, 긴급피난의 경우에는 원래 보충성은 피난행위자가 충족시켜야 할 요건이기 때문에 보충성 요건을 통하여 위난상황을 야기한 자가 수용할 추가적인 책임의 여지를 발견하기 힘들다는 사실이다.

C. 적합성

적합성 개념 또한 자초위난 상황에서 상당한 이유 요건을 충족했는지를 판단하는데 활용될 수 있다. 인간의 존엄성의 핵심을 침해하는 형태의 피난행위는 보호되는 법익이 외견상 중요하게 보인다고 하더라도 허용될 수 없다. 가령 의료진의 과실로 수혈할 혈액을 준비하지 못한 채 수술을 진행하다 환자에게 출혈이 심하게 발생하여 생명에 중대한 위험을 발생시킨 경우에 제3자의 혈액을 동의없이 채혈할 수 없다는 사례가 적합성 요건과 관련이 있다.[41] 설령, 위난을 자초한 유책성이 그 정도에 따라 사안을 상대적으로 판단하게 하는 성격을 지녔다[42]고 하더라도 적합성 요건에서 가리키는 인간의 가장 핵심적이며 처분불가능한 가치를 보호하고자 하는 접근법을 개별사건 별로 상대화될 수 있다고 보는 것은 무리이다.

D. 상당성

김덕용 교수는 비록 고의로 위난을 초래했다고 하더라도 사회적 상당성이 발견되는 경우 긴급피난이 성립할 수 있다고 보고 있다. 이 초법규적 요건인 상당성은 제반사정을 사회적인 차원에서 총체적으로 평가하여 그런데, 김덕용 교수는 자신의 상당성설 혹은 개별설에 기초한 논지를 펴는 과정에서 위난을 자초한 데 과실이 있는 경우에 예견가능성과 회피가능성이 있는지 여부를 바탕으로 긴급피난 성립을 판단해야 한다는 원인행위 위법설과 유사한 시각으로 전환하는 다소 의외의 접근법을 보여주기도 한다.[43]

2) 개별설

개별설은 개별 사건에 나타난 여러 가지 사항들을 적절히 고려하여 선행행

41) 이승호, 앞의 주 35)의 논문, 306면. 그러나, 이러한 경우에도 이익형량으로 생명권 보호에 무게를 둘 수 있다는 접근법으로 김일수·서보학, 위의 책, 216~217면.
42) 이용식, 앞의 주 22)의 논문, 367면.
43) 김덕용, 자초위난에 관한 소고, 법학연구 제25호, 한국법학회, 2007, 337~338, 340~341면.

위의 영향력을 판단해야 한다는 견해이다. 선행행위와 피난행위가 있은 후행행위 간의 연관이 존재하는지를 완전히 선험적이고 정형적인 기준으로 판단하기 힘들다는 면에서 개별설은 상당한 의미를 지닌다. 사실, 긴급피난 요건이 개시되는 위난발생 전단계인 선행행위는 원칙적으로 정형화되어 있지 않다. 이러한 개별설은 본질적으로 구체적·개별적 행위 양태와 상황에 따라 긴급피난 여부를 달리하고자 하는 접근법[44]이라 근본적으로 무정형에 가깝다고 보아야 한다.[45] 개별설을 달리 표현한 것이 사회적 상당성설이다. 즉, 상당설에서는 사안의 모든 사정이 포괄적으로 형량되어야 한다고 본다.[46] 따라서, 긴급피난의 성립을 논할 때 선행행위의 역할을 고려하는 것은 근본적으로 견고한 개념적 확실성의 차원에서 논해질 수 없다. 렌기어(Rengier)는 유책한 선행행위가 부정적으로 평가되는 경우 분명하게 수립된 원칙(vorstehenden Grundsätzen)에 근거하는 것은 오히려 예외적이라고 기술했다.[47]

사실, 정당방위의 경우에도 위법한 선행행위가 유도한 침해행위의 강도가 지나치게 높을 경우 선행행위를 한 자가 정당하게 방위행위를 할 수 있다고 본다. 그런데, 도발에 따른 정당방위의 경우 후퇴의무를 부여하는 방식으로 정당방위 성립을 조정하는 것이 가능하지만[48] 위법한 선행행위에 따른 긴급피난의 경우 법인균형성 이외에는 크게 조정할 부분이 보이지 않는다는 문제가 있다.

3) 권리남용설

이용식 교수는 자초위난을 권리남용설의 입장에서 접근하고자 한다. 즉, 긴급한 상황에서 위난을 전가하는 행위에 대하여 평상시의 법적용을 배제하는 것이 긴급피난의 취지라는 것이다. 자초위난은 이러한 긴급상황에서의 권리행사를 제한하는 개념이라고 기술하고 있다. 특히, 위난을 자초한 선행행위의 객관적 측면 보다는 주관적 측면에 초점을 맞추어 권리남용 여부를 판단하고

44) 이용식, 앞의 주 22)의 논문, 364면.
45) 단순히 선행행위의 위법형태만을 참조하는 접근법 대신 사건의 전체적인 사실관계를 고려해야 한다는 시각으로 Neumann, Rn. 98.
46) 상당설에 대한 이러한 설명으로, 박강우, 앞의 주 39)의 논문 참조.
47) Rengier, Rn. 57.
48) Sternberg-Lieben, Rn. 23.

자 시도했다. 이를 위해 도발과 결부된 방위행위 법리를 자초위난 상황에 유추하고 있다. 의도적이고 고의적인 도발행위와 방위행위를 하나의 행위로 묶어 위법하다고 판단하는 것이 적절하지만, 과실 및 기타의 도발행위에 이은 방위행위에 대해 정당방위를 부인하는 것은 무리가 있다고 지적하고 있다. 이와 동일하게 자초위난의 선행행위의 고의와 과실을 구분하여 선행행위에 고의가 있은 경우에는 권리남용으로 볼 수 있지만 선행행위에 과실이 있은 경우에는 권리남용으로 볼 수 없다고 보고 있다.[49]

박강우 교수 또한 자초위난에 있어 권리남용설에 찬동하고 있다. 박강우 교수는 위난을 자초한 선행행위의 객관적 측면을 평가하여 권리남용을 판단하는 것은 불가능하다고 보고 있다. 따라서, 위난을 자초한 선행행위의 주관적 측면을 권리남용의 근거로 삼을 수밖에 없다고 하며, 의도적이거나 고의에 의한 자초위난행위에 대해서는 우리 형법이 고의범의 처벌을 원칙으로 하고 있다는 체계론적 위상에 비추어 긴급피난으로 위법성을 조각할 수 없으나, 과실에 의한 자초위난행위에 대해서는 긴급피난이 성립할 수 있다고 보는 것이다.[50]

이와 같은 접근법은 형식설과 사실상 동일한 결론에 이르게 된다. 위난을 자초한 행위가 긴급피난권에 미치는 영향의 실질을 평가하는 것은 고의와 과실이라는 형식적인 이분법으로 해소될 수 없는 것이다. 즉, 권리남용설도 결국 선행행위의 긴급피난 성립에 기여한 바를 판단하기 위하여 고의범 처벌의 원칙이라는 구성요건의 가장 기본적인 정형을 구성요건적 형태가 사실상 존재하지 않는 선행행위에 그대로 대입하는 접근법을 보여주고 있다. 나아가, 고의의 선행행위에 대해서는 긴급피난권의 남용으로 본다는 것은 고의로 위난을 자초한 경우 아무리 절박한 경우라고 하더라도 위험을 그대로 수인해야 한다고 보는 시각에서 멀리 떨어져 있지 않은 접근법이다.

선행행위로 인하여 긴급피난권의 남용 여부에 대하여 단순히 고의와 과실이라는 매우 기본적인 주관적 불법개념만으로 결론을 내는 것 보다 세밀한 분석이 필요하다. 본글 앞에서 살핀바와 같이 선행행위의 고의의 의미는 단일하지 않고 여러 가지이다. 선행행위의 고의가 범죄행위의 주관적 구성요건에 해

49) 이용식, 앞의 주 22)의 논문, 378~382면.
50) 박강우, 앞의 주 39)의 논문, 94~95면.

당하는 경우도 있지만 고의가 그 자체로는 위법행위와 전혀 관계가 없는 경우도 있다.[51] 피난행위에 따른 법익침해까지 치밀하게 의도한 경우도 있지만 단지 자손행위를 의도한데 지나지 않는 경우도 있다. 즉, 선행행위의 구체적 내용과 형태가 뒤이은 긴급상황에서의 피난행위의 정당성을 판단하는 데 어떤 역할을 하는 것이 적절한지를 개별 사건별로 상세히 살펴야 하는 것이다.

다. 원인행위 위법설

원인행위 위법설(actio illicita in causa)은 선행행위가 발생시킨 위난이 선행행위자 스스로의 법익을 위태롭게 하든 아니면 제3자의 법익을 위태롭게 하여 피난행위를 할 수밖에 없는 상황이 된 경우이든 선행행위 자체가 이러한 일련의 사태를 시작한 요인이라고 보는데서 출발한다.[52] 정당방위에 적용되던 원인행위 위법설을 긴급피난으로 확장한 것은 독일의 윌프리드 퀴퍼(Wilfried Küper) 교수이다. 사실, 원인행위 위법설은 원인에 있어서 자유로운 행위 법리(actio libera in causa)를 유추하여 구성한 것이라고 알려져 있다.

퀴퍼는 일단 유책한 선행행위로 자신에게 위난이 닥친 것은 자기위태화에 속하는 것이라고 지적하며 이는 자유의 영역이라고 기술한다. 다만, 자기위태화를 해소하기 위하여 타인의 법익을 침해하는 결과로 이어진 경우에는 무시하기 힘든 사회적 의미가 발생한다고 보았다. 이렇게 되면 충돌하는 법익들에 대한 평가가 있어야 한다. 그런데, 위난에 영향을 미친 선행행위의 유책성으로 인해 이후의 상황에 대한 평가는 당연히 선행행위가 존재하지 않는 경우와는 다를 수밖에 없다. 다만, 보호하고자 하는 법익과 침해되는 법익을 형량하는 데 영향을 미칠 선행행위의 의미와 성격은 개별 사건의 상황별로 달리 판단되게 된다. 이는 결국 상대주의로 흐를 가능성이 높다고 기술하고 있다. 즉 선행행위가 위난에 영향을 미친 경우 개별 사안별 정의(individuelle Fallgerechtigkeit) 관념에 의존할 수밖에 없다는 것이다.[53]

여기서 퀴퍼는 정당방위 상황에 제기되어왔던 원인에 있어 불법한 행위 관념을 대안으로 제시한다. 원인행위 위법론에서는 불법 요건의 구도는 변화된

51) 앞의 '무책한 선행행위' 부분 참조.
52) Küper, S. 43.
53) Küper, S. 23−25.

다. 즉, 위난과 위난에 대한 피난행위가 범죄성립 여부를 판단하는 주된 초점이 던데서 선행행위의 불법이 발생시킨 위험이 쟁점이 되어버리는 것이다. 다만, 쾨퍼는 자초위난 문제를 다루는데 있어 선행행위가 발생시킨 위험문제로 국한시킬 수만은 없으며 그렇다고 피난행위의 이익형량 문제로만 해소할 수도 없다고 기술하고 있다.[54] 즉, 양자는 전혀 다른 각도에서 자초위난을 바라보는 방식이지만 각각의 법형상을 순환적으로 혹은 동시에 고려해야 한다고 보고 있는 것이다. 쾨퍼는 선행행위의 위법성을 기초로 이 문제를 풀어나가게 되면 결국 이익형량(Interessenabwägung)을 통한 접근법을 사용할 수 없게 된다는 주장을 비판하고 있다. 즉, 원인행위 위법설과 긴급피난의 이익형량은 서로 배척하는 관점이 아니며 완전히 별개로 검토할 수 없는 것으로 기술하고 있다.[55]

한편, 원인행위 위법설의 원형인 원인에 있어 자유로운 행위 법리에 있어 원인행위는 객관적 불법형상과 관계가 없다. 원인에 있어 자유로운 행위 법리에 있어 원인행위는 음주나 약물을 섭취할 시 발생하는 다소간에 추상적이고 모호한 수준의 위험발생을 그 내용으로 한다. 따라서, 원인에 있어 자유로운 행위 법리의 책임 근거는 상당한 불확실성을 내포하고 있다. 자신이 명백히 의도하지 않은 법익침해가 발생했을 경우 책임판단에 대한 모호함이 상존한다. 심신장애 상태의 구성요건적 결과발생과 그 근거가 되는 원행행위의 연관은 그다지 중요한 쟁점이 되지 않는다. 오히려, 책임의 근거를 선행행위에서 발견하여 실행행위에 차용하는 행태로 법리가 구성된다.

그에 반하여, 원인행위 위법설에서의 선행행위는 그 자체로 주관적·객관적 구성요건을 모두 충족시켜야 한다는 차이가 있다. 즉, 원인행위 위법설의 선행행위에는 불법형상이 분명히 존재한다.[56] 쾨퍼는 선행행위에 존재하는 불법요건과 후행행위에 존재하는 불법요건 간의 조화에 대해 상당한 고민을 하고 있다. 만일 원인에 있어 자유로운 행위의 법리처럼 원인행위 위법설에서도 자초위난 상황에서도 선행행위와 후행행위를 분리시킨다면, 구성요건해당성과 위법성 판단의 일치를 포기하는 것을 피할 수 없게 된다. 만일 선행행위에

---

54) Küper, S. 37.
55) Küper, S. 39.
56) Küper, S. 53.

서 과실범의 구성요건에 해당하는 것으로 판단이 되고 후행행위에서 긴급피난이 성립하는 것으로 판단이 동시에 성립한다고 보는 것은 혼합구성요건(Mischtatbestand)이라는 이해하기 힘든 형태를 가능하게 한다. 구성요건이 실질적인 위법성을 징표한다고 이해하면 선행행위는 위법하지만 후행행위는 적법하다는 모순된 결론에 이를 수 없다.[57] 후행행위의 정당성 판단이 위법성 단계에서 별도로 행해지는 것이 불가능하다는 것이다. 여기서, 쾨퍼는 자초한 긴급피난 상황이 이후의 피난행위 시의 자유로운 의사결정을 무의미하게 할 강요(Zwangsläufigkeit)에 이르렀는지를 판단할 필요가 있다고 하며 선행행위와 후행행위를 하나의 행위로 강하게 결합시키려는 시도를 한다. 예를 들어, 죽일 의도를 가지고 개를 자극하여 피할 여지가 없는 상황을 만든 경우가 위난으로 피난행위를 강하게 유도하는 것이다. 이는 자기 스스로를 간접정범의 도구와 같이 활용한다는 의미이다.[58] 유책하게 야기된 상황이 실질적으로 강요라는 압박을 형성한다는 점에서 원인에 있어 자유로운 행위와 구분이 된다.[59] 이렇게 되면 선행행위 자체의 구성요건해당성을 검토하여 최종적인 법익침해와의 연관성을 검토하면 된다.[60] 쾨퍼의 이론에 영향을 받은 이용식 교수는 권리남용설의 관점을 유지하면서도 유책한 선행행위와 최종적인 결과발생을 하나로 묶어 평가하는 것이 가능하다고 주장했다. 이러한 접근법과 같이 위난을 자초한 행위와 위난에 대한 피난행위로 발생한 결과를 하나의 사태로 파악하면 참조사례 2와 같은 경우는 고의가 아니라 과실에 의한 손괴로 볼 수밖에 없는 것이다.[61] 이 경우 긴급피난은 선행행위와 최종적으로 발생한 결과 사이에 발생한 우연적 요소로 보아야 한다고 기술했다.[62] 이 선행행위의 내용과 성격에 따라 긴급피난에 대한 권리남용 여부를 판단할 수 있다. 즉, 형식적으로 허용구성요건(Erlaubnisvoraussetzungen)에 해당할지라도 내용적으로 합당하지 못한 권리 주장이 될 수 있다.[63] 즉, 선행행위로 인한 귀속가능한 위험

57) Küper, S. 54−55.
58) Küper, S. 32.
59) 그렇지만 양 법리는 후행행위자의 선택을 비난할 수 없다는 점에서 동일한 구조를 지니고 있다.
60) Sternberg−Lieben, Rn. 23; Küper, S. 73.
61) 이용식, 앞의 주 22)의 논문, 363면.
62) 이용식, 위의 논문, 384면.
63) Küper, S. 33.

의 야기는 보호가치를 상대화시킨다는 것이다. 보호가치의 상실은 위난상황에서의 보호되는 법익의 우월성을 상쇄시켜 버린다.[64]

퀴퍼는 자신의 원인행위 위법설에서 귀속을 핵심적인 개념으로 다루고 있다.[65] 이러한 관점에 대하여 폴 로빈슨은 피난행위 시의 유책성이 아니라 최종적으로 발생한 침해(ultimate harm)와 결부된 선행행위의 유책성이 문제가 되는 것이라고 지적했다. 요약하자면, 선행행위에서 피난행위로 인하여 발생한 법익침해의 인과관계가 핵심적인 개념이 되어버린다는 것이다.[66] 예견가능성은 유책한 선행행위와 피난행위로 인한 법익침해 간의 객관적인 연관을 확보하는데 있어 가장 중요한 요건이다. 예견가능성은 유책한 선행행위가 과실 이상일 것과 결과의 귀속가능성의 확보를 요구한다. 이 경우, 과실 판단의 요소인 예견가능성과 회피가능성 개념과 함께 객관적 귀속의 확보를 위한 지배가능성도 유용한 개념일 것으로 보인다. 보다 구체적으로는 규범의 보호범위 기준과 합법적 대체행위 기준 또한 활용될 수 있을 것이다. 특히, 위난상황과 이를 피하다 침해된 법익이 선행행위가 위반한 예견의무와 회피의무가 보호하려고 한 것이었는지를 검토할 필요가 있다.

쾨퍼는 선행행위가 고의인 경우에는 피난행위로 인한 결과에 대한 책임을 귀속시키지 못할 가능성이 높아진다고 본 반면에, 오히려 과실인 경우에는 법익침해 결과가 객관적으로 귀속될 가능성이 높아진다고 보았다. 이러한 쾨퍼의 시각에 대하여 이용식 교수는 비판을 하며 고의와 과실의 위법성의 경중에 비추어 볼 때 선행행위가 고의인 경우야말로 책임귀속을 시키는 것이 더 용이해야 한다는 주장을 한다.[67] 그러나, 선행행위가 고의인 경우 피난행위로 인한 법익침해의 결과를 귀속시키기 위해서는 해당 결과에 대한 인식과 의욕이 있어야 한다. 이는 선행행위가 피난행위를 유도하여 법익침해의 결과를 의도적으로 발생시킨 주도면밀한 경우가 아니라면 성립하기 힘들다고 보아야 한

64) Küper, S. 31, 33–34.
65) Küper, S. 151, 163.
66) 폴 로빈슨은 당시 미국의 긴급피난에 있어서 선행행위의 인과관계론과 관련된 언급을 하며 이러한 주장을 펼쳤다. Robinson, 앞의 주 9)의 논문, 42면.
67) 이러한 퀴퍼의 견해를 비판하며 이용식 교수와 박강우 교수는 과실범의 인과의 범위가 더 넓어지는 모순을 받아들일 수 없다고 기술하고 있다. 박강우, 앞의 주 47)의 논문, 91면; 이용식, 앞의 주 22)의 논문, 381~382면.

다. 반면, 과실인 선행행위가 발생시킨 위험의 형태와 성질에 비추어 비록 피난행위라는 개입요인이 발생했다고 할지라도 법익침해의 결과발생을 귀속시킬 가능성은 오히려 고의의 경우 보다 높다고 보아야 한다. 그러면, 애초 퀴퍼가 왜 선행행위가 고의인 경우 결과귀속이 어렵다고 주장한 것은 설득력이 높다고 보아야 한다.

선행행위가 단순한 위난의 요인이 되었다는 것을 넘어 선행행위 자체로 충분한 불법요건에 해당되면 처벌가능성이 열리게 된다는 접근법은 과실범이나 고의범 처벌의 일반원칙을 적용하는 것과 크게 다르지 않다. 쾨퍼의 시각을 철저히 관철하면, 발생한 위난을 피하기 위한 고의의 법익침해 행위가 별도의 구성요건에 해당한다고 평가한다고 할 수 없을만큼 선행행위와 최종적인 법익침해 간의 긴밀한 연관이 확보되어야 한다. 반대로, 위난에 대한 반응으로서의 고의의 법익침해인 피난행위가 독자적인 의미를 가지고 선행행위와 분리된다고 평가될 수 있는 경우에는 긴급피난이 성립할 가능이 높아진다는 동어반복적인 주장이 가능하다.

그런데, 법익침해의 결과를 귀속시킬 수 있는지를 평가하기 위해서는 개별 사건별로 자초위난을 발생시킨 선행행위의 성격을 고려하지 않을 수 없다.[68] 법익침해의 귀속 여부를 판단하기 위해서는 선행행위로 발생시킨 위난의 크기뿐만 아니라 종류와 성질도 중요하다. 선행행위에서 위반한 금지규범이 단지 법익보호를 한다는 측면뿐만 아니라 구체적 사안에 비추어 예견의무와 회피의무를 부과하고 있는지를 판단해야 한다. 나아가, 위난에 기여한 책임이 일방에게 있는지 아니면 행위자와 피해자 상호간에 존재한다고 할 수 있는지를 판단해야 한다.[69] 이러한 측면에서 이익형량에 기초한 접근법은 선행행위를 평가할 때 유용할 수 있다. 가령, 선행행위에 간접적으로 위험야기 요인이 있을지라도 그를 능가하는 위험방지 등의 긍정적인 측면이 있을 경우에는 정당하다고 보아야 한다. 적법하고 긍정적인 행위가 수반할 수밖에 없는 위험은 사회적 적정성(sozialadäquater)에 해당하는 것으로 정당화 영역으로 끌어들일 수 있다.[70]

68) Küper, S. 31.
69) Freund, Münchener Kommentar, Rn. 287.
70) Küper, S. 58.

이와 관련하여, 자초위난을 발생시킨 동기(Zweck)에 대한 고려가 중요하다.[71] 가령 선행행위가 위난을 발생시켰지만 애초 다른 바람직한 동기와 목적을 가지고 행위를 한 경우라고 하면 발생한 위난에 대해 선행행위가 발생시킨 위험의 책임범위를 판단하는데 참조하지 않을 수 없다.

나아가, 자초위난 문제를 원인행위 위법론의 관점으로 풀어내는 방식은 결과불법에 초점을 맞추는 방식과 긴밀하게 결부되어 있다. 과실범 결과불법을 고려한다함은 불법판단에 있어 특정된 행위요건의 형식성에서 탈피하여 사태의 전개를 보다 실질적이고 구체적으로 고려하는 접근법과 긴밀한 연관이 있다. 즉, 원인행위 위법론에 있어서는 행위와 연관된 결과에 대한 평가가 실질적으로 정당하고 수용가능한 결론으로 귀결되는지를 판단해야 한다. 이를 위해서는 사건의 전체 사실관계를 고려하는 과정이 필요하다.[72] 퀴퍼가 과실범 중에서도 순수한 결과적 과실범과 행태적 과실범을 나누어 각기 다르게 취급하는 면에서 이러한 시각의 단면이 드러난다. 전자의 경우 선행행위의 과실과 피난행위로 인한 결과 간의 인과의 연쇄가 다소 복잡하고 간접적이라고 할지라도 그 연결가능성을 검토할 가치가 충분하다. 그러나, 후자의 경우 과실행위가 특정한 행위양태와 긴밀한 연관이 있어 선행행위의 과실이 후행행위에 연결되는 형태로 실현되었다고 보기 힘든 경우가 많다.[73] 예를 들어, 참조사례 1의 ①과 ②에서 보듯이 선행행위의 과실이 피난행위에 의한 교통법규 위반이라는 법익침해와 연결되었다고 평가하는 것은 받아들이기 힘들다. 즉, 행태적 과실범의 경우에는 선행행위의 특정상황에서 발생한 주의의무위반과 이를 피하기 위한 피난행위의 의무위반을 하나의 주관적 요건으로 연관시킬 수 없는 것이다.

라. 과실 전용설(transfer of negligence)

모범형법전에 따르면 위난을 발생시킨 무모(recklessness)와 과실(negligence)이 피난행위로 인한 법익침해에 대한 주관적 요건이 되어 무모와 과실의 법익침해 책임을 지게 된다. 즉, 유책하게 위난을 야기한 선행행위자가 고의의 피

71) Küper, S. 31.
72) Freund, Actio Illicita In Causa, GA 2006, S. 267.
73) Küper, S. 52.

난행위를 한다고 하여 고의범으로 처벌하는 것이 아니라 선행행위에 존재한 무모이나 과실로 성립한 범죄로 평가한다는 것이다.[74] 모범형법전의 접근법은 선행행위에 존재하는 불법의 형태가 이후의 인과의 연결고리 속에서 계속 실현된다는 그림을 염두에 둔 것으로 보인다.[75]

조지 플레처는 이러한 미국의 모범형법전의 접근법은 그 자체로는 처벌되지 않는 위난을 자초한 선행행위의 과실과 무모를 후행행위로 전용한 것이라고 표현했다.[76] 그런데, 폴 로빈슨은 모범형법전이 무모와 과실의 전용만을 규정하고 있는 것을 이해할 수 없다고 비판하는 견해를 내어 놓았다.[77] 선행행위의 주관적 형태의 전용이 고의의 경우까지 가능하다는 시각은 선행행위의 모든 유책한 주관적 형태는 피난행위로 인한 법익침해의 주관적 불법요소로 전용될 수 있다는 주장으로까지 나아간다. 웨인 라페이브(Wayne R. LaFave)는

74) The Model Penal Code, Section §3.20(2), Comment 6.

75) Robinson, *supra* note 9), at 36. 모범형법전은 이러한 선행행위의 무모와 과실의 유책성이 관철되는 접근법을 정당방위 상황에서는 사용하고 있지 않다는 데 유의할 필요가 있다. 즉, 모범형법전은 사망이나 중상해를 발생시킬 목적으로 상대방을 도발하여 자신에게 공격행위를 하도록 한 자만이 공격행위자에 대한 치명적인 반격행위를 정당방위로 인정받을 수 없다고 규정하고 있다. The Model Penal Code §§ 3.04(2)(b)(i), 3.05(1)(a). 미국의 많은 주 또한 타인이 위법한 유형력 행사를 하도록 도발한(provoke) 자의 방위행위를 정당화할 수 없다고 보고 있다. 정당방위권이 박탈의 원인이 되는 도발행위는 유책해야 한다. 이 경우 상대방의 반응에 대한 의욕(willing), 인식(knowing), 계획(calculation)과 같은 수준의 주관적 요소가 도발행위에 있어야 한다고 본다. State v. Jackson, 94 Ariz. 117, 382 P.2d 229 (1963); State v. Woodham, 162 S.C. 492, 502, 160 S.E. 885, 889 (1931). 폴 로빈슨은 만일 이와 같은 정당방위권의 성립을 좌절시키는 도발행위에 의도나 고의와 같은 요건이 필요 없다면 정당방위가 성립할 수 없는 매우 부당한 경우가 발생한다고 지적했다. 예를 들어, 자신의 집에 칠한 특정한 색깔의 페인트가 특정 이웃주민에게 매우 도발적이라면 정당방위권이 박탈당할 수도 있다는 것이다. Robinson, *supra* note 9), at 33. 나아가, 도발에 의한 정당방위의 성립을 판단하기 위해서는 주관적인 측면뿐만 아니라 도발행위의 객관적 측면도 작용한다. 치명적이지 않은 위협으로 도발하거나 도발자의 최종적인 방위행위가 치명적인 수단이 아니라면 정당방위의 성립이 제한되지 않는다고 볼 수 있다. 이와 같은 입장을 취하고 있는 미국 주 법률로 Neb. Stat. § 28-1409(4)(a); N.J. Stat. § 2C:3-4(b)(2)(a). 이와 같은 입장을 반대해석하면 도발행위에 고의나 목적의 유책성이 발견되지 않는 경우에는 도발자의 정당방위가 가능하다. 몬타나 주 법률에서 비록 치명적인 반격을 위해 공격행위를 도발하더라도 성실한 후퇴의 노력 또는 공격행위 중단의 요건을 충족한다면 이후 계속 이어지거나 재개되는 피도발자의 공격행위에 대한 정당방위가 가능하다고 규정하고 있는 것은 흥미롭다. Mont. Stat. § 45-3-105. 유사하게 노스캐롤라이나 주 대법원은 버스에서 타인을 밀치는 선행행위를 한 자가 총기를 꺼내서 대응한 상대방에 대해 가한 방위행위를 위법하다고 보기 힘들다고 판시한 바 있다. State v. Potter, 295 N.C. 126, 144, 244 S.E.2d 397, 409 (1978).

76) Fletcher, *supra* note 21), at 796-797.

77) Robinson, *supra* note 9), at 37.

모범형법전의 접근법을 보다 철저하게 실현시키면 위난을 발생시킨 선행행위가 고의이면 고의범으로, 무모이면 무모범으로, 과실이면 과실범으로 처벌하는 것이 가능해진다고 지적했다.[78)]

플레처는 후행행위에 대한 평가없이 곧바로 선행행위의 주관적 요건을 차용하는 모범형법전의 접근법은 긴급피난의 성립을 원천적으로 차단하는 것이라고 보는 듯하다.[79)] 웨인 라페이브 또한 선행행위의 주관적 요건이 후행행위의 피난행위의 불법형태를 결정하게 되면 긴급피난이 불가능해진다고 보고 있다.[80)] 실제, 델라웨어 주, 몬타나 주, 뉴욕 주의 경우 위난이 행위자의 잘못으로 유발되지 않아야(a situation occasioned or developed through no fault of the actor) 긴급피난이 성립할 수 있다는 입법 규정을 두고 있다.[81)] 아칸소 주 법률의 경우에도 과실이나 무모로 위난을 야기하게 되면 과실이나 무모의 구성요건을 충족하는 행위에 대하여 긴급피난이 성립할 수 없다고 규정하고 있다.[82)] 이러하는 규정들은 자초위난 시 긴급피난 성립의 전면적 부정설에 매우 근접한 것으로 보인다.

라. 소결: 이원설

실질설을 주장하는 상당수의 학자들은 과실로 초래한 위난에 대해서는 긴급피난이 가능하다고 보는 경향이 있다. 예를 들어, 이용식 교수는 권리남용론을 주장하며 긴급피난 성립을 좌우하는 것은 고의와 과실이라는 선행행위의 유책성이라고 기술하고 있다.[83)] 이승호 교수 또한 선행행위에 도발, 고의, 과실이 있었는지에 따라서 긴급피난의 성립이 달라진다는 결론을 제시하고 있다.[84)] 박강우 교수는 쿼퍼의 원인에 있어서 위법한 행위론에 대한 비판을 가하고도 다시 긴급피난에 대한 예견가능성, 즉 과실 유무를 이익형량의 기준

---

78) Wayne R. LaFave, Substantive Criminal Law 132 (2nd eds., 2003).
79) Fletcher, *supra* note 21), at 797.
80) LaFave, *supra* note 78), at 132–133.
81) Del.Code Ann. tit. 11, §463; Mo.Ann.Stat. §563.026; N.Y.Penal Law §35.05.
82) Ark.Code.Ann. § 5–2–604. 이외에도, 하와이 주 법률, 켄터키 주 법률, 메인 주 법률, 네브라스카 주 법률은 같은 내용의 규정을 지니고 있다. Haw.Rev.Stat. §703–302; Ky.Rev.Stat.Ann. §503.030; Me.Rev.Stat.Ann. tit. 17–A, §103; Neb.Rev.Stat §28–1407.
83) 이용식, 앞의 주 22)의 논문, 380~381면.
84) 이승호, 앞의 주 35)의 논문, 313~314면.

으로 제시하고 있다.[85] 정성근 교수 또한 고의로 위난을 초래한 경우에는 과실로 위난을 초래한 경우 보다 상당성 판단이 엄격해 진다고 주장했다.[86]

이처럼, 선행행위의 불법형태에 긴급피난 성립의 주도권이 넘어가게 되면 퀴퍼의 원인행위 위법설의 설득력이 다소 높아지게 된다. 퀴퍼의 원인행위 위법설은 사실상 선행행위를 정형적 구성요건으로 포착하는 접근법이다. 즉, 선행행위에서 발생한 위험성에 구성요건적 결과를 귀속시킬 수 있는지라는 전형적인 과실책임구조를 제시하여 문제를 해결하려고 하는 것이다. 이를 철저히 관철시키게 되면, 긴급피난의 성립 여부는 위난과 이에 대한 피난행위라는 부분이 아닌 선행행위의 불법과 책임에 대한 판단으로 환원되어 버릴 위험이 있다. 과연 긴급피난이 성립하는지를 판단하는 데 불법요건 전단계의 선행행위가 결정적 역할을 하는 것이 적절하다고 볼 수 있는가? 문제는 선행행위의 유책성에 피난행위의 정당성 판단을 종속시키는 것이다. 법판단은 구성요건과 위법성조각사유라는 정형화된 요건을 중심으로 문제된 사안이 충족되는지 여부를 평가하는 방식으로 이루어져야 한다. 선행행위로 위난을 유발한 책임이 있다고 하더라도 긴급피난이 성립할 수 있다는 원칙론은 논의의 중심이 선행행위로 완전히 이동해서는 안된다는 것을 간명하게 설명해준다. 즉, 긴급피난 법리에서는 위난의 정당과 부당을 묻지 않는다는 일반론은 여기서도 유효하다. 단지, 긴급피난의 유책성의 정도뿐만 아니라 발생한 위난의 강도 또한 고려해야 한다. 고의로 치명적인 위난을 야기한 자가 사망이나 중상해를 피하기 위하여 가한 타인의 법익에 대한 침해행위에 대하여 그 이유와 정황을 따지지 않고 권리가 남용되었다고 판단하는 것은 매우 무디고 지나치게 형식적이다. 다른 한편으로, 사실관계를 종합할 때 피난행위 당시에 다른 선택가능성이 소진되었거나 불가능했다는 점[87] 또한 중요한 고려요소가 될 수도 있다. 자초한 위난이 야기할 피해를 타인에게 전가하는 것은 최소한도에 그쳐야 한다는 것 또한 의미있게 고려될 수 있다. 따라서, 자초위난 상황에서의 긴급피난 성부

85) 박강우, 앞의 주 39)의 논문, 90면.

86) 정성근·박광민, 앞의 주 30)의 책, 247면.

87) 다른 적법행위의 가능성이 없는 경우라면 정당화사유보다는 책임조각사유로 검토하는 것이 더 설득력이 있어 보인다. 특히, 보호되는 법익과 침해되는 법익 사이의 우열을 가리기 힘든 경우에는 책임조각이라는 대안을 고려하는 것이 더 적절해 보인다.

를 판단하는 데 있어서는 상당한 이유설의 총합, 즉 개별설이 가장 설득력이 있다.

그런데, 선행행위의 유책성이 문제되는 정당방위 상황에서는 애초 정당방위 요건으로 고려하지 않아도 되는 침해되는 법익과 보호되는 법익사이의 균형, 후퇴의무를 포함한 보충성, 최소침해성 등을 요구하여 정당방위 성립 여부를 재구성해 볼 수 있지만, 긴급피난의 법익균형성, 보충성, 최소침해성과 같은 요건들은 선행행위가 유책하게 위난을 발생시킨 경우가 아니라도 반드시 충족되어야 한다. 따라서, 선행행위에 위난발생의 책임이 있는 경우 긴급피난을 성립시키기 위한 추가적이거나 강화된 요건의 충족을 검토하는 것은 무의미하거나 쉽지 않아 보인다. 다만, 개인적인 시각으로 법익균형성 요건은 활용할 여지가 있다고 본다. 위난이 생명 및 신체에 치명적인 결과를 야기할 수 있는 위험에 관한 것이라면 설령 고의 및 과실이 선행행위에 있었다고 하더라도 긴급피난이 성립한다고 평가할 수 있는 가능성이 높아진다. 특히 위난의 강도가 현저히 높고 침해되는 법익과의 격차가 매우 현저하다면 피난행위의 정당성이 높아진다. 그렇지 않고, 재산, 명예, 사생활 등의 법익에 다소 경미한 위험을 자초한 경우 타인에게 그 피해를 전가하는 것은 원칙적으로 허용되지 않을 가능성이 높다고 보아야 한다. 자초 위난자에게 생명권에 대한 위험을 수인하라는 의무를 부여하는 것은 지나쳐 보이지만 재산에 대해 발생한 위험은 경우에 따라 수인해야 한다고 요구하는 것은 불가능해 보이지 않기 때문이다.

다만, 긴급피난의 성부와는 별도로 선행행위가 불법요건을 충족한다면 전혀 다른 구도의 문제로 넘어가게 된다. 즉, 위난을 피하기 위해 발생시킨 법익침해 결과를 귀속시킬 수 있는지에 대해 판단해야 하는 것이다. 즉, 쿼퍼의 원인행위 위법설은 이러한 측면에서 활용가치가 있다는 것이다. 특히, 쿼퍼가 선행행위의 과실이 발생시킨 위험은 인과의 고리를 따라 상당히 멀리까지 나갈 수 있는 것으로 보지만 선행행위에 있어 위난을 야기한 고의는 그렇지 않다고 보는 것은 상당히 설득력이 있다. 왜냐하면 실제 행위자가 표상하는 바에 대하여만 고의책임을 물을 수 있기 때문에 피난행위로 인한 법익침해의 결과를 선행행위 당시부터 의도한 경우에만 형사책임과 결부될 수 있다. 이러한 쿼퍼의 접근법은 모범형법전의 자초위난에 대한 시각과 다소간에 일맥상통하는 바가 있다. 모범형법전이 고의에 대해 아무런 언급없이 위난을 야기한 과실이나 무모가 있는 경우에 긴급피난이 성립하지 않고 최종적인 법익침해에 대한 과실범이나 무모범으로 처벌한다고 하는 규정한 것은 이미 살펴본 바와 같다. 고의범은 행위자가 직접 표상한 바가 실현되었는지만을 검토하면 되는 것이다. 그에 반하여 과실범은 주의의무 위반으로 발생한 위험이 일으킬 인과의 직·간접적인 연쇄에서 예견가능한 범위까지 책임을 져야한다는 차이가 있다. 행위자가 위난에 대한 표상은 지녔지만 피난행위로 인한 법익침해에 대한 표상이 없는 경우 역시 과실범 성립을 검토해야 할 것이다.

여기서, 긴급피난이 성립하는 경우라고 할지라도 피난행위로 인한 법익침해의 결과에 대한 예견가능성이 선행행위 시 존재했다고 판단할 수 있다면 책임귀속을 주장할 수 있다는 접근법은 검토가치가 있다. 위난상황에 대하여 책임있는 자에게 긴급피난에 기초한 정당화 근거는 제외되지 않는지만, 과실로 긴급피난 상황을 야기하고 해당 긴급피난 상황으로 인하여 고의로 타인의 법익을 침해하는 방향으로 행위 할 수밖에 없었던(zwingen) 경우에 과실범의 책임을 질 수 있다.[88] 미국 학자인 폴 로빈슨도 선행행위에 대한 형사책임을 묻는 것은 긴급피난이 성립하는 것과는 다소 별개의 문제라고 보고 있다.[89] 특히, 위난을 자초한 과실행위 이후 이어지는 일련의 인과관계가 존재한다고 볼 수 있다면 피난행위로 인한 법익침해에 대한 책임까지 질 수 있는 것이다. 물론, 긴급피난이 성립하지 않는 경우에도 선행행위 시 법익침해 결과의 예견가능성을 검토할 수 있다. 피난행위의 법익침해와 결부된 과실이 선행행위에서 발견된다면 긴급피난이 부인됨으로 인하여 성립할 고의범과의 상상적 경합에 있게 된다고 볼 수 있을 것이다.

퀴퍼마저 지지하고 있는 보편적인 학설[90]와 마찬가지로 노스캐롤라이나 주 대법원은 유책한 선행행위와 긴급피난의 성립이 양립할 수 없는 경우는 오직 피난행위로 인한 법익침해의 결과까지 모두 염두에 둔 치밀한 범행계획을 가지고 위난을 발생시킨 경우뿐이라고 기술한 바 있다.[91] 그러나, 폴 로빈슨은

88) 비교판결 2 참조. BayObLG, Beschluß vom 26. 5. 1978 -3 Ob OWi 38/78, S. 2046.
89) Robinson, *supra* note 9), at 38.
90) Küper, S. 21.
91) State v. Robinson, 213 N.C. 273, 281, 195 S.E. 824, 829 (1938).

선행행위 시에 최종적인 법익침해를 계획한 전면적 계획범의 경우에도 긴급피난 성립을 완전히 부인하는 것은 문제가 있다고 주장하고 있다. 설령, 피난행위를 통해 특정인의 법익을 침해하고자 위난을 발생시킨 분명한 의도를 가지고 행위한 경우라고 할지라도 그 위난의 보다 더 광범위한 피해를 막을 수 있다면 긴급피난의 성립을 완전히 부인하는 것은 문제가 있다는 것이다. 폴 로빈슨은 행위자의 선행행위가 발생시킨 위험이 최종적으로 실현시킨 법익침해에 대해서는 처벌하는 것과 별개로 위난에 대한 고의의 피난행위로 인한 법익침해를 정당화하는 것은 가능하다고 보는 것이다.[92] 이러한 폴 로빈슨의 시각에 따르면 참조사례 4의②와 같이 방화를 한 후 타인의 재산에 맞불을 놓아 진화하는 것까지 계획을 하고 행위한 자에 대해서도 방화죄로 책임을 묻는 것과는 별개로 더 큰 피해를 막을 수 있었다면 진화 목적의 손괴죄에 대해서는 긴급피난이 성립할 수 있다고 본다.

독일에서도 폴 로빈슨과 같이 의도적 도발이 결부된 상황에서도 정당화 사유에 해당하는 경우가 있을 수 있다는 견해가 제시되고 있다. 엘프(Erb)와 프로인트는 뮌센너 주석서에서 의도적으로 유발된 위난상황일지라도 긴급피난의 성립이 반드시 일괄적으로 배제되지 않는다고 기술했다.[93] 사실, 엘프는 정당방위와 관련해서도 위법한 침해상황을 의도적으로 유발한 모든 경우에 위법성이 당연히 배제되지는 않는다고 보았다. 즉, 도발행위와 방위행위 사이에 나타난 침해행위의 형태와 정도를 고려하여 위법성 판단이 이루어져야 한다는 것이다.[94] 나아가, 도발한 방위행위자가 후퇴의무를 다하였는데도 공격행위자가 예상과는 달리 법익침해 행위를 계속하거나 법익침해를 가하는 강도를 예상 외로 높인 경우 정당방위의 객관적 요건이 충족된다고 볼 수도 있다. 즉, 의도적 도발이 있는 경우에도 그에 대해 피난행위나 방위행위가 있는 순간만을 좁게 포착할 수 있다면 객관적·주관적 정당화사유를 충족하는 것이 가능한 경우들이 있다.[95] 유사하게, 위난의 발생가능성을 분명히 인식하고 행

92) Robinson, *supra* note 9), at 39–41.

93) Erb, Münchener Kommentar, Rn. 187. Freund, Münchener Kommentar, Rn. 286.

94) Erb, Münchener Kommentar, Rn. 227.

95) 김성규, 자초침해에 대한 방위행위의 정당화 여부에 관한 법리적 검토, 성균관법학 제22권 제3호, 성균관대학교 법학연구소, 2010, 30면. 특히 도발과 이에 대한 반응이 시간적으로 상당한 간격이 있거나 도발 시 예견할 수 있는 정도와 형태가 아닌 반응이 행해졌을 경우에는 도발과

동한 자에 닥친 위난의 위험성은 매우 높지만 피난행위의 법익침해 강도는 매우 낮은 경우 긴급피난이 성립한다고 볼 여지는 얼마든지 있다. 예를 들어, 참조사례 5와 같이 출입이 금지된 섬을 향하여 수영을 시작한 자가 자신이 해당 섬에 도착할 때쯤이면 몹시 지쳐 익사하지 않으려면 상륙할 수밖에 없다는 사실을 미리 알고 있었다고 하더라도 긴급피난의 성립을 부정된다고 할 수는 없어 보인다. 이 경우, 섬주인이 자신의 섬에 대한 지친 수영자의 무단 출입을 막아 다시 돌려보내는 방위행위를 하는 것은 목적과 수단 간에 지나친 불균형이 있어 상당한 이유를 충족하지 못하는 행위이다.[96] 더 나아가, 엘프는 뮌센너 주석서에서 긴급피난의 성립은 과실의 선행행위에 대한 가벌성 판단과는 별개의 문제라고 분명히 하고 있다. 예를 들어, 비교판결 2의 상황에서 트럭운전사가 문제의 길로 운전하면 위험이 발생할 수 있다는 사실을 예견가능하기 때문에 과실범으로 처벌되는 것이 적절하다는 판단을 함에도 불구하고 토지사용자의 허락없이 분뇨를 배출해버린 것은 트럭이 전복될 수도 있는 현재의 위험에 대한 긴급피난이라고 보는 것도 정당한 시각이라고 기술하고 있다. 이처럼 과실의 선행행위와 법익침해의 결과사이에 고의의 피난행위가 개입되어도 귀속관계가 성립하는 것은 정당방위 상황에서는 적용되지 않는다는 부분까지 첨언하고 있다.[97]

이처럼 위난을 자초한 선행행위에서 비롯된 인과의 연쇄의 결과인 법익침해와 위난이 발생한 후의 고의의 피난행위로 발생한 법익침해를 각기 다른 시각적 틀에서 평가를 하면 특히 결과범과 행태범에 따라 달라지는 불법판단을 보다 분명하게 설명할 수 있다. 예를 들어, 비교판결 2과 비교판결 3에서 선행행위의 과실로 야기된 위난을 피하기 위한 어쩔 수 없이 행한 피난행위가 발생시킨 결과라고 할지라도 애초 선행행위시의 유책한 과실이 발생시킨 위험과 인과관계를 인정할 수 있다고 판단하는 것은 위난을 피하기 위해 어쩔 수 없이 행한 고의의 피난행위에 대하여 긴급피난이 성립하여 위법성이 조각된다고 보는 것과 별개의 불법판단이라고 할 수 있다. 따라서, 비교판결 2와 비교판결 3에서 긴급피난이 성립된다고 봄에도 불구하고 선행행위 시의 구성요

이에 이은 피난행위 또는 방위행위 간의 연관이 열어질 수 있다.

96) Erb, Münchener Kommentar, Rn. 188.

97) Erb, Münchener Kommentar, Rn. 190.

건적 과실이 피난행위로 인한 법익침해의 결과에 대한 예견가능성을 내포하고 있어 책임귀속이 가능하다고 얼마든지 볼 수 있는 것이다. 반면, 참조사례 1에서도 속도위반을 하여 위난을 발생시켰지만 이를 피하기 위하여 신호위반이라는 법익침해를 선택한 데 대하여 긴급피난이 성립한다고 보는 것과 속도위반의 과실이 발생시킨 구성요건적 결과의 실현에 책임이 있다고 보는 것은 별개로 평가할 수 있다. 규정속도 준수라는 교통법규가 부여하는 주의의무를 위반하여 유발된 위험상황이 신호위반이라는 특정 구성요건으로 귀결된데 대하여 처벌하는 규정은 없는데 반하여, 고의의 신호위반에 대한 긴급피난의 성립 여부는 정형화된 불법요건에 관한 것이므로 분명하게 판결문에 기술될 수 있는 것이다.

결론적으로, 자초한 위난에 대하여 피난행위를 하는 것은 상당한 이유 요건을 충족하면 정당하고 허용된다고 보아야 한다. 문제는 사안을 좁게 파악했을 때는 일면 정당하다고 평가할 수 있는 피난행위에 의한 법익침해가 사안을 넓게 파악하게 되면 위난을 야기한 선행행위와 피난행위에 의한 법익침해라는 다른 차원으로 넘어가게 된다는 것이다. 선행행위의 내용과 형태에 비추어 좁은 의미로 정당해 보이는 피난행위가 개입했지만 예견가능하고 회피가능한 법익침해는 선행행위에 귀속시킬 수 있다는 의미이다. 이러한 접근법은 본글 앞에서 소개한 대상판결, 비교판결, 참조사례의 대부분에 긴급피난이 성립한다는 결론을 낳게 된다. 다만, 참조사례 1의③의 경우 피난행위로 보호하려고 하는 이익이 재산적 이익인데 반하여 침해되는 이익이 상해거나 혹은 더 나아가 피해자가 사망했다고 가정한다면 긴급피난이 성립할 수 없다고 보아야 한다. 다만, 통상 도로교통상 발생하는 위난은 생명과 신체에 대한 위험이 결부되는 경우가 많으므로 피난행위로 보호하려는 법익이 재산적 법익으로 제한되는 경우는 매우 예외적일 것이라고 생각된다. 비교판결 5의 경우에도 손가락이 물려 상해의 위난이 발생했지만 강간이라는 가해자의 유책성이 뚜렷한 위난에 대한 피난행위로 피해자의 치아가 손상되는 상해가 발생하였으므로 긴급피난의 법익균형성 요건이 충족이 되지 않는다. 사실, 피고인 자신의 손가락이 중대한 상해를 입는 것을 피하던 행위 중에 상대의 치아에 손상을 입힌 것은 과실치상이라서 다소 경미한 불법에 해당한다고 볼 여지가 있지만,

피해자가 피고인의 손가락을 물어 발생한 상해에 대해서는 보호가치 없는 법익에 대한 위난이라고 평가할 수 있다. 왜냐하면 피고인의 손가락 상해는 강간이라는 공격에 반응하기 위한 방위행위로서 정당한 결과이기 때문이다. 그러면, 보호되는 법익이 침해되는 법익보다 현저히 우월하다고는 전혀 볼 수 없는 것이다. 만일 동 사건에서 피고인이 자신의 피난행위는 방어적 긴급피난이므로 법익균형성 요건이 완화되어야 한다는 주장을 했다고 가정해보자. 그러나, 보호하려 시도한 법익이 강간이라는 선행행위로 인하여 보호가치가 없어지게 되면 완화된 법익균형성 기준으로도 긴급피난이 성립한다고 볼 수 없게 된다. 나아가, 물론 참조사례 1과 비교판결 5 모두 선행행위 이후에 피난행위라는 개입요인이 있지만 결국 실현된 구성요건적 결과를 귀속시킬 수 있을지에 관한 문제는 별도로 검토가 가능하다.

이처럼 사태를 좁게 보는가 아니면 넓게 보는가에 따라 하나의 범죄행위로 또는 여러개의 범죄행위로 평가되는 것은 아주 예외적이지 않다. 이러한 현상을 우리는 죄수론에서 자주 볼 수 있다. 또한 동일한 하나의 결과에 대하여 두 가지 평가가 가능한 경우도 여러 법리에서 발견할 수 있다. 여기서 행위와 법익침해의 결과 간에 제3의 무책하거나 혹은 심지어 유책한 개입요인이 있다고 하더라도 행위가 발생시킨 위험에 비추어 결과발생의 예견가능성을 바탕으로 책임귀속을 판단하는 인과관계와 결부된 사례를 생각해 보자. 예를 들어 A가 도끼로 B의 머리를 찍은 상해를 입힌 후 실려간 병원의 의사의 과실로 B가 사망한 경우. B의 사망에 대하여 A가 책임을 진다고 평가하는 것과 별도로 B의 사망에 대한 의사의 과실책임을 물을 수 있다는 것은 이중의 허용되지 않는 법적 평가가 아니다. 갑이 과실로 을의 자동차의 진로를 갑자기 방해하여 을이 이를 피하기 위하여 자동차의 방향을 틀었는데 병을 치어서 병이 상해를 입은 경우에, 병의 상해에 대하여 을의 긴급피난으로 정당화될 수 있는 반면에 갑의 경우에는 과실치상의 책임을 면할 수 없다는 것은 병의 상해라는 하나의 결과를 한편으로는 적법으로 한편으로는 위법으로 판단하는 것으로서 허용되지 않는 모순된 이중의 평가가 아니다. 무엇보다 실행행위만으로는 심신장애로 책임의 근거를 발견할 수 없어 가벌성이 탈락되는 경우라도 원인행위까지 고려범위를 넓혀 책임의 근거를 발견할 수 있는 경우에는 처벌가능하다고 판단하는 원인에 있어서 자유로운 행위 법리 또한 하나의 실행행위를 이중으로 평가하는 대표적인 예이다. 간접정범 법리에서도 하나의 법익침해에 대하여 피교사자는 책임이 없다고 하더라도 배후의 간접정범에게 책임을 물을 수 있다.

사실, 쾨퍼 또한 행위자가 보호하고자 하는 이익이 침해하고자 하는 이익보다 무게가 있다고 할지라도 침해된 법익에 대하여 책임을 지도록 하는 것은 모순되지 않는다는 시각을 소개하고 있다. 즉, 부분적으로 정당하지만 전체적으로 위법하다는 접근법은 사실상 모순이고 역설이지만 실제 나타나는 법형상이라는 것이다.[98] 쾨퍼가 기술한 이 부분은 분명히 선행행위와 법익침해간의 연결이 확보되는 경우에는 긴급피난이 성립함에도 불구하고 위법성을 확보할 수 있다는 것을 가리키는 것은 아닌 것으로 보인다. 쾨퍼는 이익형량에 의하여 부분적으로 정당화된다는 것을 강조하는 것이 아니라 전체적으로 평가할 때 결국 위법하다는데 더 무게를 두고 있는 것이다. 필자는 일원론적 시각으로 자초위난 상황의 위법성 판단을 하는 접근법을 거부하며 여기에 이원론적인 접근법이 가능하다고 본다. 즉, 자초한 위난에 대한 긴급피난이 가능하여 정당한 행위를 했다는 평가와 선행행위의 위험성을 고려해 보니 성립하는 긴급피난에도 불구하고 발생한 결과에 대한 책임을 져야 한다는 평가는 각기 다르게 할 수 있다는 것이다. 즉, 고의의 피난행위로 인한 법익침해에 대해서는 정당하다고 하는 것과 동시에 선행행위부터 피난행위까지 더 넓은 범위까지 평가해 보니 과실의 책임을 지는 것이 마땅하다고 판단할 수 있는 것이다. 이와 관련하여, 만일 고의의 피난행위로 인한 법익침해가 정당화되지 않는 경우에는 선행행위의 과실책임이 성립하는 경우와 상상적 경합이 되어 선행행위의 과실책임을 큰 의미를 가지지 못하게 된다.

2. 자초위난에 대한 긴급피난의 책임 판단

설령 자초한 위난일지라도 상황이 행위자의 법익을 강력하게 압박하여 자

98) Küper, S. 47.

유로운 선택가능성을 무의미하게 했다면 책임조각사유에 해당하는지를 검토해 볼 필요가 있다. 자초위난상황에서의 피난행위가 책임조각사유에 해당하는지는 긴급피난의 상당한 이유 요건을 매우 좁게 해석하는 방향으로 검토하여 해답을 찾아야 할 것으로 보인다. 우선, 자초위난자 및 타인의 생명, 신체, 자유에 회피할 수 없는 방식으로 법익에 위험을 가하는 강력한 압박(compelling pressure)이 있어야 할 것이다. 두 번째로, 다른 선택가능성이 완전히 소진되어 보충성 요건이 엄격하게 충족되어야 한다. 세 번째로, 비난가치를 모두 상쇄하기 위해서는 피난행위로 인한 법익침해가 최소한도에 그치도록 하는 노력이 있어야 한다.

사실, 정당화적 긴급피난의 요건, 즉 제한원리들은 피난행위자에게 많은 선택권을 주지 않도록 설계되어 있다. 즉, 피난행위자는 시간적으로 현재성이 있을 때만 행위할 수 있고 위난에 대해 후퇴할 수 있다면 후퇴하고 최후의 수단으로 피난행위를 해야하고 그것도 최소침해에 그쳐야 한다는 상당한 제약하에 행위를 해야 가벌성 탈락이라는 혜택을 누릴 수 있다. 그렇게 되면 자초위난 상황에서의 면책적 긴급피난이 정당화적 긴급피난과 차이가 나는 부분은 법익위태화의 강도에서 찾을 수 있을 것 같다. 즉, 생명과 신체에 대한 치명적인 위난을 자초했다고 할지라도 그 위난을 회피하는 선택을 요구하는 것이 무의미한 경우까지 비난하는 것은 적절치 않아 보인다. 특히, 자신의 생명과 신체에 대한 치명적인 위난을 고의 또는 과실로 자초한 상황에서 이를 필사적으로 회피하기 위하여 부득이하게 타인의 법익에 중대한 위험을 가하는 결정을 했을 때가 면책적 긴급피난의 적용가능성 있는 경우로 보인다. 타인의 법익에 대한 침해를 회피하고 최소화할 수 있는 모든 가능성, 즉 적법행위에 대한 기대가능성이 없는 매우 예외적인 사례에 한정해서 책임이 조각된다고 보아야 할 것이다.

V. 결 론

선행행위에 있은 주관적 의사상태를 단순히 고의와 과실로 나누어 긴급피난 성립 여부와 직접 연관을 짓는 접근법은 사건별로 설득력 있는 결론을 제시하기 어려운 것으로 보인다. 우선, 본문에서 살핀대로 선행행위의 고의의 형태와 내용은 간명하고 단일하게 제시되기 힘들다. 각기 다른 고의의 형태와 내용에 따라 긴급피난의 성립 여부가 다르게 조율되어야 한다. 심지어 로빈슨이나 엘프가 주장한 바와 같이 피난행위로 인한 법익침해까지 염두에 둔 치밀한 계획범이라고 할 지라도 피난행위가 훨씬 더 큰 법익침해를 방지하기 위한 경우라면 긍정적으로 평가해 줄 필요가 있다.

선행행위의 유책성을 고의와 과실로 포착하기 시작하면 외견상 선명해 보일 수는 있지만 다른 각도의 문제를 불러올 수 있다. 사실, 쾨퍼의 원인행위위법설은 위난을 자초한 선행행위의 유책성을 분명한 불법형태로 구성하고자 한다는 점에서 일면 매력적인 모습이 있다. 그렇지만, 이는 위난에 대한 긴급피난의 성립 여부를 판단하기 위해 선행행위의 기여도를 고려하는 것과는 거리감이 있는 접근법이다. 쾨퍼는 원인행위 위법론이 단순히 선행행위가 기여한 가변적 위험성에 관한 것이 아니라 선행행위가 충족하는 정형적 구성요건에 관한 것이라고 분명히 했다. 그러면, 선행행위의 고의의 내용이 어느 정도로 실현되었는지 또는 과실의 위험에 비추어 예견가능한 구성요건적 결과가 무엇인지를 판단하면 된다. 선행행위와 피난행위로 인한 법익침해의 결과 간에 나타나는 피난행위는 개입요인으로 고려될 수 있다. 이는 인과관계와 객관적 귀속의 일반론으로 충분히 해소할 수 있다.

이 선행행위의 불법의 실현에 대한 검토와는 별개로 자초위난상황에서의 긴급피난 성립 여부라는 쟁점은 다수의 견해와 같이 상당한 이유 요건에 대한 재해석으로 풀어나가야 한다. 다만, 위난을 자초한 책임의 형태와 정도에 따라서 법익균형성, 보충성, 최소침해성, 적합성과 같은 요건들의 의미를 어떻게 재구성할 것인지는 난제라고 할 수 있다. 특히, 보충성, 최소침해성, 적합성과 같은 요건들은 위난을 자초한 데 책임이 있었다고 하더라도 쉽게 조정하기 힘들어 보인다. 다만, 마치 공격적 긴급피난의 경우 방어적 긴급피난 보다 법익균형성 요건이 엄격하게 적용되어야 하는 것과 마찬가지로 자초한 위난에 대한 피난행위 시 보호되는 법익과 침해되는 법익 간의 격차가 통상적인 경우보다 커야 법익균형성 요건을 충족한다고 보는 방식을 활용할 수 있어 보인다. 사실 위난발생에 유책성이 있다고 하여 생명권의 보호가치를 재산권의 보호가치 보다 낮추는 방식은 수긍하기 어렵다. 개별 사건에 가장 적합한 결론을 이끌어내는데 있어 법익균형성 요건이 경직되어 보인다면 상당성 요건을 활용할 수 있다고 생각된다. 선행행위의 다양한 유책성의 형태와 내용이 가하는 압력에 적절히 대응하기 위해 전체 사실관계의 고려, 즉 무정형적인 접근방법이 보충적으로 활용될 수 있을 것이다.

사실, 이원설적인 접근법에 따라 선행행위의 불법이 피난행위에 이은 법익침해와 인과관계가 확보되는 경우에 과연 피난행위에 따른 법익침해에 대해 긴급피난으로 정당하다고 평가해 주는 것이 가벌성 판단에 아무런 실익이 없다고 생각할 수도 있다. 그러나, 우선 선행행위의 유책성으로 인해 위난이 발생한 경우라도 긴급피난을 하라고 법적인 메시지를 던질 수 있다. 이뿐만 아니라, 피난행위에 이은 법익침해에 공범의 형태로 가공한 자에 대해서 가벌성을 부인할 수 있다는 의미도 존재한다. 공범론의 어떠한 종속형식에 따른다고 하더라도 위법성이 확보되지 않은 정범에 가공한 행위에 가벌성이 확보된다고 보기는 힘들기 때문이다. 만일 공범의 악성이 높아 보이는 경우에는 정범에 대하여 정당화적 긴급피난 대신에 면책적 긴급피난이 성립한다고 평가할 수 있다면 공범론의 제한적 종속형식에 따라 정범의 위법성까지 확보되어 이에 가공한 공범의 가벌성을 확보하는 것이 가능해 질 것이다.

참고문헌

- 국내문헌

김덕용, 자초위난에 관한 소고, 법학연구 제25호, 한국법학회, 2007.

김일수·서보학, 새로쓴 형법총론 제12판, 박영사, 2014.

김성돈, 형법총론 제2판, 성균관대학교 출판부, 2009.

김태명, 판례형법총론 제3판, 정독, 2019.

박강우, 형법상 자초위난의 유형과 긴급피난의 성립 여부, 법학연구 제28권 제1호, 충북대학교 법학연구소, 2017.

배종대, 형법총론 제13판, 홍문사, 2017.

성낙현, 보증인지위의 성립근거로서의 선행행위의 요건, 법조 제688권, 2014.

신동운, 형법총론 제13판, 법문사, 2021.

오영근, 형법총론 제3판, 박영사, 2017.

유기천, 개정 형법학: 총론강의, 법문사, 2011.

이승호, 자초위난에 대한 긴급피난의 한계, 일감법학 제32호, 건국대학교 법학연구소, 2015.

이용식, 자초위난에 관한 시론－권리남용설에 의한 해결－, 서울대학교 법학 제37권 제2호, 서울대학교 법학연구소, 1996.

이용식, 형법총론 제2판, 박영사, 2020.

이재상, 형법총론 제8판, 박영사, 2015.

정성근·박광민, 형법총론 제4판, 삼지원, 2009.

정영석, 형법총론, 제5전정판, 법문사, 1984.

정영일, 신형법총론, 학림, 2018.

차용석, 형법총론강의, 전정판, 1987.

한상훈·안성조, 형법개론, 정독, 2020.

황산덕, 형법총론 제7정판, 법문사, 1983.

- 외국문헌

Erb, Münchener Kommentar zum StGB 4. Auflage, 2020.

Fletcher, George P., Rethinking Criminal Law, 796－798 (1978).

Freund, Münchener Kommentar zum StGB 4. Auflage 2020.

Freund, Actio Illicita In Causa, GA 2006.

Küper, Der verschuldete rechtfertigende Notstand: Zugleich ein Beitrag zur actio illicitia in causa, 1983.

LaFave, Wayne R., Substantive Criminal Law (2nd eds., 2003).

Neuman, Ulfid, Strafgesetzbuch 5. Auflage, 2017

Rengie, Karlsruher Kommentar zum OWiG 5. Auflage, 2018.

Robinson, Paul H., Criminal Law Defenses Vol 2 (1984).

Schönke/Schröder, Strafgesetzbuch 30. Auflage 2019.

제 2 편 사법적 쟁점과 과제

제 1 장

국제거래 분야

≫ UN국제물품매매협약과 한국민법 _ 김철수

UN국제물품매매협약과 한국민법*

김 철 수

Ⅰ. 머리말

서로 다른 나라에 속하는 자 사이에서 행해지는 국제매매에 있어서는 나라마다 법의 내용이 다르기 때문에 계약 당사자로서는 불편할 뿐만 아니라 분쟁이 생기기 쉽다. 그리하여 상당히 오래 전부터 유럽을 중심으로 국제매매에 적용하는 법의 통일의 필요성이 주장되어, 통일매매법을 작성하려고 하는 시도가 행해지게 되었다. 이러한 통일작업 가운데 중요한 것으로는 먼저 1964년의 헤이그통일매매법[1]의 성립을 들 수 있다. 이와 같은 통일법은 가능한 한 많은 나라가 이에 동의하는 경우에만 국제적으로 그 성과를 발휘할 수 있지만, 헤이그통일매매법은 이 조건을 갖추지 못하였으며, 오히려 많은 비판을 받게 되었다. 특히 발전도상국으로부터 "공업선진국이 이 법에 의해 유리하게 취급되고 있다"고 하는 비판을 받았으며, 미국은 "영미법상 충분히 고려되지 않았다"고 불만을 나타내었다. 또한 사회주의 국가들은 "일방적으로 (공업제품의) 매도인의 이익이 우대되고 있다"고 불만을 나타내었다.[2]

이러한 상황 하에서, UN 국제상거래법위원회(UNCITRAL)에서 기초하고, 1980년 오스트리아의 비엔나 외교회의에서 채택된 것이 「국제물품매매계약에 관한 UN협약(CISG)」[3]이다. 이 협약은 국제매매에 적용하기 위하여 세계적 규

---

* 이 논문은 한국해사법학회의 해법·통상법 제9권 제1호(1997년 6월)에 발표한 논문 "유엔통일매매법과 한국민법"을 수정·보완한 것이다.

1) 「국제동산매매에 관한 통일법 조약」(Convention relating to a Uniform Law on the International Sale of Goods: ULIS)과 「국제동산매매계약의 성립에 관한 통일법 조약」(Convention relating to a Uniform Law on the Formation of Contracts for the International Sale of Goods: ULF).

2) 吉野正三郎·安達榮司(譯), "國際動産賣買法の槪要について", 判例タイムズ No.760(1991. 9. 1), 44面.

3) 「국제물품매매계약에 관한 UN협약」(United Nations Convention on Contracts for the International

모로 합의된 최초의 매매계약법규범으로서, 국제거래에 있어서 의거해야 할 합리적인 법규범의 집적이라고 말할 수 있다. 현재 우리나라의 주요 무역상대국인 미국, 프랑스, 독일, 캐나다, 중국, 일본 등을 포함하여 전 세계적으로 94개의 국가가 이 협약에 가입하고 있다.[4] 우리나라도 2004년 2월 17일 UN에 이 협약에의 가입서를 기탁함으로써, 발효요건을 갖춘 2005년 3월 1일부터 이 협약은 효력을 갖게 되었다.[5]

CISG는 총 4편, 101개 조문으로 구성되어 있으며, 그 중심은 제2편「계약의 성립」과 매도인의 의무, 매수인의 의무 등에 대하여 정한 제3편「물품의 매매」라는 표제의 부분으로 우리 민법으로 말하면 계약총칙, 매매 부분 외에 채권총칙에 해당하는 규정도 포함되어 있다. 그리고 내용적으로는 훨씬 오래전에 만들어진 독일민법, 프랑스민법 등과 비교한다면, 당연히 그 후의 국제거래 내지 매매 일반에 있어서 새로운 요청을 포함시킨 것으로 되어 있기 때문에, 미국통일상법전(UCC) 제2편 매매나 독일민법 개정작업에 있어서도 항상 참고의 대상으로 되었다.[6]

이상과 같은 사정을 고려한다면, CISG의 구체적인 내용에 대한 검토·분석을 통하여, 우리 민법 또는 민법개정에의 시사점을 탐구하는 것은 의의가 있다고 생각한다. 그런데 지금까지 CISG와 관련한 국내의 연구는 주로 전자, 즉 CISG의 내용에 대한 분석을 중심으로 행해졌으며, 후자와 관련한 연구는 많지 않다. 그러나 현 시점에서 필요한 것은 CISG와 관련한 법적 문제에 대하여 우리 민법의 입장에서 검토를 가하여 법적 정비의 필요성 등에 대하여 연구하는 것이라고 생각한다.

그리하여 이 논문은 CISG에서 중요한 의미를 가지는 몇 가지의 법적 문제, 즉 계약책임의 체계, 과실책임주의, 손해배상의 범위, 계약의 해제 등의 문제를 선택하여, 이것과 우리 민법을 비교·검토함으로써, CISG가 우리 민법 하에

Sale of Goods(Vienna, 1980): CISG). 이하에서는 이 협약을「국제물품매매협약」또는 UNCITRAL의 공식 용어인「CISG」로 약칭한다.

4) https://treaties.un.org 검색(2021. 12. 30).

5) 심종석, 국제물품매매계약에 관한 UN협약(CISG)의 해석과 적용(서울: 삼영사, 2015), 4~5쪽 참조. 또한 이 협약의 성립과정에 관한 상세한 내용은 김민중(역), 유엔통일매매법(서울: 두성사, 1995), 23쪽 이하; 오세창(편역), 국제무역거래법(서울: 법문사, 1987), 303쪽 이하 참조.

6) 內田 貴, "契約法の現代化", NBL No.581(1995), 7面.

서 어떻게 평가되고, 또한 우리 민법에 어떠한 문제를 제기하고 있는가에 대하여 검토하는 것을 그 목적으로 한다.

Ⅱ. 계약책임의 체계

1. CISG

CISG는 제1편 적용범위 및 총칙(제1조 내지 제13조), 제2편 계약의 성립(제14조 내지 제24조), 제3편 물품의 매매(제25조 내지 제88조), 제4편 최종규정(제89조 내지 제101조)의 4편 총 101개의 조문으로 구성되어 있다. 이 중에서 국제물품매매에 적용되는 실체적 매매법에 해당하는 부분은 제3편이다. 여기서는 총칙을 규정하는 제1장 다음에, 제2장과 제3장에서 계약당사자의 의무와 의무위반의 경우의 법적 구제가 규정되고 있다. 먼저 제2장에서는 매도인의 의무가 규정되고, 그 다음에 매도인의 모든 형태의 의무위반에 따른 매수인의 법적 규제가 규정되고 있다. 그리고 이것에 대응하여 제3장에서는 먼저 매수인의 의무가 규정되고, 그 다음에 매수인의 의무위반이 있는 경우에 매도인이 이용할 수 있는 법적 구제수단을 규정하고 있다. 제4장에서는 위험의 이전, 제5장에서는 매도인과 매수인의 의무 내지 의무위반에 관한 공통규정이 각각 규정되고 있다.

CISG의 중심을 이루는 것은 계약책임에 관한 여러 가지의 규정, 특히 당사자의 법적 구제에 관한 규정들이다. 이에 관하여 CISG는 계약책임, 즉 계약을 이행하지 않은 것에 대한 책임을 「계약위반」(breach of contract)이라고 하는 하나의 책임체계로 구성하며, 또한 계약위반을 매도인의 계약위반과 매수인의 계약위반으로 나누어 규정한다.

먼저, CISG 제3편 제2장(제30조 내지 제52조)은 매도인의 의무와 책임을 규정하고 있다. 제30조에서는 물품을 인도하고, 물품에 관한 서류를 교부하고, 그리고 물품의 소유권을 이전해야 할 의무가 규정되고 있고, 제31조 내지 제

44조에서는 매도인의 인도의무의 개개의 내용이 규정되고 있다. 특히 CISG 제35조 내지 제44조는 물품의 계약적합적 특성의 전제조건과 이 전제조건이 이행되지 아니한 경우에 대한 매도인의 책임을 규정하고 있다.[7] 이 책임은 우리 민법상 매도인의 하자담보책임으로 파악되는 것이지만, CISG에서는 하자담보책임이라는 별개의 책임체계가 인정되지 않으며, 이것 역시 계약위반의 통일적인 개념에 포섭되는 것이다. 그리고 제45조 내지 제52조에서는 매도인이 계약이나 CISG상의 자신의 의무를 이행하지 못한 경우에 매수인에게 부여되는 구제를 규정하고 있다. 즉, 매도인의 계약위반의 경우에 매수인에게는 계약이행의 청구, 손해배상의 청구, 그리고 계약위반이 중대한 경우(fundamental breach of contract)에는 계약의 해제라는 법적 구제가 인정된다(제46조, 제49조).

다음으로, CISG 제3편 제3장(제53조 내지 제65조)은 매수인의 의무와 책임을 규정하고 있다. 매수인은 "계약과 CISG의 규정에 따라" 물품의 대금을 지급하고 물품을 수령해야 할 의무가 있다(제53조). 그리고 제54조 내지 제59조에서는 매수인의 대금지급의무의 개개의 내용이, 제60조에서는 인도의 수령을 위한 매수인의 의무의 상세한 내용이 규정되고 있다. 그리고 제61조 내지 제65조에서는 매수인이 계약이나 CISG상의 자신의 의무를 이행하지 못한 경우에 매도인에게 부여되는 구제를 규정하고 있다. 즉, 매수인에 의한 계약위반이 있는 경우에는, 매도인은 이행청구권 또는 손해배상청구권을 가진다(제62조 제1항). 이 손해배상청구권은 이행 또는 추완과 함께 요구될 수 있다(제62조 제2항). 그리고 계약위반이 중대한 경우에는 계약의 해제권도 인정된다(제64조).

이와 같이 CISG는 계약위반을 매도인의 계약위반과 매수인의 계약위반으로 나누어 규정하고 있다. 그러나 양자의 조문상의 구성은 유사하며, 각 당사자의 계약위반으로 인한 책임, 즉 계약책임은 계약위반이라고 하는 하나의 책임체계로서 구성된다. 그리하여 계약위반에 대하여는 기본적으로 계약이행의 청구, 손해배상의 청구, 그리고 계약위반이 중대한 경우에는 계약의 해제라는 법적 구제가 인정된다(제46조, 제49조).

---

7) 김민중, 앞의 책, 104쪽.

결국 CISG에 있어서 계약책임법의 기초는 계약위반이라고 하는 통일적인 구성요건이다. 채무불이행의 모든 사례들은 이 개념에 포괄된다. 이로써 채무불이행을 이행지체, 이행불능, 불완전이행 등의 여러 가지 유형으로 구별하는 입장은 원칙적으로 배제된다. 또한 매도인의 하자 있는 급부에 대한 책임(하자담보책임)도 이 기본요건에 흡수되게 된다.

2. 한국민법

우리 민법상 계약책임의 체계와 관련하여 가장 중요한 규정은 제390조의 규정이다. 또한 이 규정이 채무불이행책임에 관한 포괄적·일반적 규정이라고 하는 것에는 이론(異論)이 없다.[8] 그리고 이 규정의 해석에 관하여는 오래 전부터 통설이 형성되어 있다. 즉, 통설은 채무자가 채무의 내용에 좇은 이행을 하지 아니한 경우를 통틀어 채무불이행이라고 하며, 채무불이행에는 이행지체·이행불능·불완전이행의 세 가지의 유형이 있다고 한다. 그리고 채무불이행의 제 3 의 유형으로서 불완전이행을 인정하는 실체법상의 근거는 민법 제390조 본문에서 찾는다. 즉, 우리 민법은 2002년에 개정되기 전의 독일민법(이하 '구독일민법'이라 한다)과는 달리, 채무불이행을 이행지체와 이행불능에 한정하지 않으며, 채무불이행책임의 기본적 구성요건으로서 "채무자가 채무의 내용에 좇은 이행을 하지 아니한 때"라고 규정하고 있는 바, 이 법문은 불완전이행까지도 포함하는 포괄적인 것이라고 해석한다(결국 통설은 "채무자가 채무의 내용에 좇은 이행을 하지 아니한 때"의 요건을 이행지체·이행불능·불완전이행의 세 가지의 유형으로 나누어, 그 각각에 대하여 설명한다).[9]

그런데 근래에는 이러한 통설에 대하여 여러 가지의 비판이 가해진다. 이러한 비판이론의 공통적 관점은, 통설은 구독일민법이론을 그 기초로 하고 있으

8) 곽윤직, 채권총론(제6판)(서울: 박영사, 2012), 76쪽; 김상용, 채권총론(고양; 화산미디어, 2009), 95쪽; 김증한, 채권총론(서울: 박영사, 1990), 57~59쪽; 김형배, 채권총론(제2판)(서울: 박영사, 1998), 170쪽; 이은영, 채권총론(개정판)(서울: 박영사, 1999), 187쪽; 송덕수, 채권법총론(제6판)(서울: 박영사, 2021), 108쪽.

9) 대표적으로는 곽윤직, 채권총론, 76쪽 이하 참조.

나, 채무불이행에 관한 우리 민법의 규정은 구독일민법의 그것과는 구조를 달리하고 있으므로 구독일민법이론을 그대로 받아들이는 것은 적절치 못하다고 하는 것이다. 그 구체적인 내용을 요약하면 다음과 같다.

첫째, 채무불이행을 이행지체·이행불능·불완전이행의 세 가지 유형으로 나누는 것은 구독일민법이론에 기초하고 있다. 구독일민법은 채무불이행의 요건에 대하여, 프랑스민법 제1147조, 스위스채무법 제97조, 2017년에 개정되기 전의 일본민법(이하 '구일본민법'이라 한다) 제415조 및 우리 민법 제390조와 같은 포괄적·일반적 규정을 두지 아니하고, 이행불능·이행지체에 대해서만 개별적인 규정을 두고 있을 뿐이다(개별적 요건주의, 구독민 제280조, 제286조). 그러나 이행지체·이행불능은 아니지만 채무불이행으로 취급하는 것이 타당한 경우(적극적 계약침해)가 있으며, 이것에 대하여는 구독일민법의 흠결이 존재함이 슈타우프(Hermann Staub)에 의하여 주장되어,[10] 이것이 독일의 학설 및 판례에 의하여 기본적으로 승인되었다. 그리하여 채무불이행의 요건을 이행불능·이행지체·불완전이행 내지 적극적 계약침해로 나누는 것이 구독일민법상 확립되게 되었다.[11] 그러나 우리 민법(제390조)은 구독일민법의 개별적 요건주의와는 달리, 프랑스민법(제1147조) 및 스위스채무법(제97조)과 같이 채무불이행의 요건을 포괄적·일반적으로 규정하는 일반적 요건주의 내지 통일적 요건주의에 속하기 때문에 구독일민법에서와 같은 문제가 발생할 여지는 없다. 따라서 구독일민법이론과 같은 구성을 채용할 필요는 없다고 한다.[12]

둘째, 민법 제390조의 해석에 있어서, 통설은 동조(특히 "채무의 내용에 좇은 이행"이라는 법문)로부터 채무불이행의 요건인 이행지체·이행불능·불완전이행의 세 가지 유형을 도출해 낸다. 그러나 채무의 내용에 좇지 않은 이행이라고 하는 것은 채무불이행의 유형과는 직접적인 관련이 없다. 동조의 해석에 있어서 중요한 것은 채무불이행의 유형이 아니라 채무의 발생원인인 구체

10) Hermann Staub, Über die positiven Vertragsverletzungen und ihre Rechtsfolgen, in der Festschrift für den 26. deutsche Juristentag, 1902, S.31 ff.; Die positiven Vertragsverletzungen, in zweiter Aufl. herausgegeben und ergänzt von Eberhard Müller, Berlin: J.Guttentag, 1913.

11) 이와는 달리 2002년 개정된 독일민법 제280조는 채무불이행을 의무위반(Pflichtverletzung)이라는 하나의 요건에 의해 통일적·포괄적으로 파악한다.

12) 조규창, "민법 제390조와 적극적 채권침해", 민법학논총(곽윤직 교수 화갑기념논문집, 1985), 346쪽 이하 참조.

적 계약상의 "채무의 내용에 좇은 이행"이 있었는가의 여부에 대한 검토라고 한다.[13)]

채무불이행책임에 관한 통설과 이에 대한 비판적 견해에 있어서의 논의의 중심은, 채무불이행의 유형론 특히 구독일민법의 해석론을 그 기초로 하는 불완전이행 내지 적극적 채권침해에 관한 것이다. 그러나 이러한 논의에도 불구하고 민법 제390조의 해석으로부터 채무불이행을 이행지체·이행불능·불완전이행의 세 가지 유형으로 나누는 통설은 아직도 기본적으로 유지되고 있는 것으로 보인다.

3. 검 토

위에서 살펴본 바와 같이, CISG에서 계약책임은 계약위반이라고 하는 하나의 책임체계로서 구성된다. 따라서 이행지체·이행불능·불완전이행 등 채무불이행의 모든 사례들은 이 개념에 포괄되며, 이러한 유형론적 구분은 CISG에서 아무런 의미를 갖지 못한다. 뿐만 아니라 매도인의 하자 있는 급부에 대한 책임(하자담보책임)도 이 기본요건에 흡수되게 된다. 따라서 대륙법계의 민법이론상 어려운 문제의 하나인 일반 채무불이행책임과 담보책임의 경합의 문제는 저절로 해소되게 된다. 또한 하자급부에 대한 손해의 배상에 있어서 이른바 「하자결과손해」(Mangelfolgeschäden)까지 배상청구가 가능하게 되므로, 하자손해와 하자결과손해의 애매한 구분이나 하자결과손해에 대한 배상을 위하여 이를 적극적 채권침해로 파악할 필요도 없게 된다.

한편, 우리 민법상으로는 일반적으로 계약책임(협의의 계약책임)은 (계약) 채무불이행책임을 의미하는 것으로 이해한다. 그리하여 통설은 채무자가 채무의 내용에 좇은 이행을 하지 아니한 경우를 통틀어 채무불이행이라고 하고, 채무불이행에는 이행지체·이행불능·불완전이행의 세 가지의 유형이 있다고 한다. 결국 통설은 "채무자가 채무의 내용에 좇은 이행을 하지 아니한 때"의 요건을 이행지체·이행불능·불완전이행의 세 가지의 유형으로 나누어, 그 각

13) 김형배, "우리 민법의 채무불이행법체계", 민법학논총(곽윤직 교수 화갑기념논문집, 1985), 342~343쪽.

각에 대하여 설명한다. 그리고 이와는 별도로 계약책임법상 하자담보책임을 어떻게 파악할 것인가에 대하여는 하자담보책임의 본질(법적 성질)이 법정책임인가, 아니면 채무불이행책임인가에 따라 다르게 된다. 만약 전자의 입장을 취한다면 민법의 책임체계는 이원적인 것으로 되며, 후자의 입장을 취한다면 민법의 책임체계는 CISG에서와 같이 일원적인 것으로 되게 된다.

그러면 위의 두 가지 문제 가운데 먼저 채무불이행의 유형론에 대하여 살펴보기로 한다. 민법 제390조는 일반 채무불이행책임에 관한 규정 또는 채무불이행에 관한 일반규정이다. 따라서 채무불이행책임(계약책임)의 체계는 민법 제390조를 기초로 하여 통일적으로 파악되어야 한다. 동조에서 규정하고 있는 채무불이행책임의 기본적 구성요건은 "채무자가 채무의 내용에 좇은 이행을 하지 아니"할 것이라고 하는 것이다. 종래의 이행지체, 이행불능 및 불완전이행 내지 적극적 채권침해를 포함하는 모든 불이행의 형태가 이 구성요건 하에 포섭된다. 불완전이행이 이 요건에 포함될 수 있는가 하는 종래의 논의는 무의미하며 본말이 전도된 것이다. 중요한 것은 이 요건을 구체적으로 어떻게 해석할 것인가 하는 것이다. 이행지체, 이행불능 등의 개념은 개별적 요건주의인 구독일민법에서는 독립적인 청구권의 기초이지만, 일반적 요건주의인 우리 민법에서는 기본적 구성요건의 하위개념에 불과하다. 통설과 같이 채무불이행책임의 요건을 이행지체·이행불능·불완전이행의 세 가지의 유형으로 세분하여, 그 각각에 대하여 요건·효과를 설명하는 것은 일반적 요건주의를 취하고 있는 우리 민법에는 적합하지 않다. 왜냐하면 민법 제390조는 이행불능을 예시적으로 포함하고 있는 "채무의 내용에 좇은 이행을 하지 아니"할 것이라고 하는 요건을 중심으로 구성되어 있기 때문이다. 따라서 통일적인 계약위반의 개념으로부터 출발하고 있는 CISG와 우리 민법은 기본적으로는 동일한 책임체계를 갖고 있다고 할 수 있다. 즉, 우리 민법과 CISG는 개별적 요건주의인 구독일민법이 갖고 있는 엄격한 제한을 가지고 있지 않으며, 따라서 CISG의 체계에 일치시키기 위한 민법의 개정은 불필요한 것으로 생각한다.

기본적 구성요건에 대한 하위개념으로서의 이행불능 등의 개념을 유지할 필요성에 대하여는 민법의 체계상 검토의 여지가 있다. 먼저 이행불능과 이행지체를 "채무의 내용에 좇은 이행을 하지 아니한 때"=불이행의 유형으로 인정하는 것은 민법의 체계상 필요하다. 그러나 이행불능과 이행지체는 구독일 민법에서와 같이 독립적인 청구권의 기초로서 파악되어야 하는 것이 아니라, 이들 개념은 청구권 발생을 위한 요건사실의 하나인 "채무의 내용에 좇은 이행을 하지 아니한 때"=불이행의 유형인 것으로 된다. 이렇게 함으로써 불이행이 문제로 되는 다른 제도—강제이행, 계약의 해제, 위험부담—에 관하여 모순 없는 이론구성이 가능하게 된다. 그러나 불완전이행의 개념에 대하여는 문제가 있다. 구독일민법의 경우와는 달리, 우리 민법에서는 불완전이행의 개념을 인정하지 않더라도, 이에 해당하는 모든 사례를 채무불이행으로 구성하는 데 지장이 없다. 따라서 이 개념을 인정하여야 할 실제적인 필요성은 없다. 다만 정리개념으로서 불완전이행의 개념을 인정하는 것에 대해서는 검토의 여지는 있으나, 실익이 있는지는 의문이다. 또한 이행불능과 이행지체를 제외한 모든 불이행의 형태를 불완전이행으로 개념구성하는 것은 앞으로 새로운 형태의 채무불이행이 문제로 되는 경우에 그 해결이 곤란해진다. 이행불능과 이행지체를 제외한 모든 불이행의 모습을 불완전이행이라고 하는 것은 지나치게 좁은 표현이며,[14] 삼분체계는 채무의 내용에 좇은 이행이 없다는 요건을 좁히고 있는 결과로 된다.[15] 따라서 이행불능과 이행지체를 제외한 모든 불이행의 형태를 불완전이행으로 개념구성하여, 채무불이행을 세 가지의 유형에 한하게 하는 것은 바람직하지 않다. 억지로 불완전이행으로 개념구성할 것이 아니라, "그 이외의 채무의 내용에 좇지 않은 이행"으로서 충분하다. 결국 민법의 해석상 불완전이행의 개념을 인정할 필요는 없다.[16]

다음으로 남는 문제는 하자담보책임과 관련한 문제이다. 우리나라에서의 매도인의 담보책임에 관한 논쟁은 그 책임의 본질(법적 성질)이 법정책임인가, 아니면 채무불이행책임인가 하는 문제에 관한 것이었다. 그중에서도 논의의 중심은 물건의 하자에 대한 담보책임(하자담보책임)에 관한 것이었으며, 여기서는 특정물매매에 있어서 「하자 없는 목적물의 급부의무」의 인정 여부를 둘

14) 鈴木祿彌(譯), 近世私法史(東京: 創文社, 1985), 622面 참조.
15) 北川善太郎, "일본에서의 민법의 전개와 체계", 민사법학 제6호(1986), 575쪽 참조.
16) 이와 같은 사견과는 달리, 이행지체·이행불능 외에 종래 일반적으로 불완전이행으로 다루어지는 문제를 불완전급부와 「기타의 행위의무」의 위반으로 구분하여 채무불이행을 네 가지의 유형으로 나누는 견해가 있다(송덕수, 채권법총론, 111~112쪽).

러싸고 두 학설이 양극적으로 대립하고 있는 것이 현상이다. 법정책임설은, 특정물의 매매에 있어서 급부의무의 내용은 목적물의 성질에는 미치지 않으며(이른바 「특정물도그마」[17]) 또한 하자 있는 목적물이 급부된 경우에 하자 없는 완전한 물건을 급부한다고 하는 것은 원시적 불능이라는 관념 하에, 하자 없는 특정물의 급부의무를 부정한다. 이에 반하여 채무불이행책임설은, 특정물도그마를 부정하고, 특정물의 성질을 합의내용에 포함시킴으로써 하자 없는 특정물의 급부의무를 인정한다.[18] 따라서 채무불이행책임설에 의하면 하자 있는 특정물의 급부=하자 없는 특정물의 급부의무의 위반=채무불이행(불완전이행)이 되며, 법정책임설에 의하면 하자 있는 특정물의 급부는 계약상의 의무위반이 아니므로 담보책임은 채무불이행책임과는 전혀 관계없는 일종의 법정책임으로 된다. 그러나 생각건대, 개개의 계약의 해석에 의하여 그 내용을 확정하기 전에 하자 없는 목적물의 급부의무의 존부에 관하여 다투는 것은 아무런 의미를 갖지 못한다. 매도인의 담보책임의 법적 성질을 이해하기 위해서는 먼저 담보책임에 관한 민법의 규정이 임의규정이라고 하는 사실의 인식 하에, 계약의 해석과 법률의 적용을 구별하지 않으면 안 된다.

먼저, 권리의 하자에 대한 담보책임에 관하여 본다면, 근대법의 매매계약에 있어서 매도인이 권리이전의무(완전한 권리의 이전의무)를 부담한다고 하는 것은 일반적으로 인정되고 있다. 따라서 매매의 목적이 된 권리의 이전에 관한 명시적인 합의가 없는 경우에도 개개의 매매계약으로부터 권리이전의무를 추론할 수 있다. 따라서 권리의 하자에 대한 담보책임은 바로 이 의무의 위반에 대한 책임, 즉 채무불이행책임이며, 권리의 하자에 대한 담보책임을 규정하고 있는 민법 제569조 이하의 규정은 채무불이행에 대한 특칙으로 된다.

다음으로, 물건의 하자에 대한 담보책임에 관하여 본다면, 현재의 단계에서 매도인에게는 "하자 없는 특정물을 이행하여야 할 의무가 있다"고 하는 인식은 일반화되어 있지 않다. 그리하여 계약의 해석으로부터 하자 없는 목적물의

17) "하자가 있는 특정물의 급부는 하자가 없는 완전한 이행이다"라고 하는 독일법상의 명제(Dazu vgl. Heinrich Siber, Planck's Kommentar zum BGB, Bd.2, Halfte 1 (Berlin: Guttentag, 1914), S.214), 즉 특정물에 하자가 있어도 매도인이 그것을 급부하면 완전한 이행이 된다고 하는 입장을 「특정물도그마」라고 한다(北川善太郎, 契約責任の研究(東京: 有斐閣, 1963), 87, 139面).

18) 김형배, "하자담보의 성질", 민법학연구(서울: 박영사, 1986), 226쪽 이하; 황적인, 현대민법론Ⅳ(서울: 박영사, 1987), 238쪽.

급부의무가 인정되는 경우(즉, 이 의무가 계약으로부터 추론되는 경우)에는, 하자 있는 특정물의 이행은 일종의 채무불이행이며 따라서 담보책임에 관한 민법 규정의 법적 성질은 채무불이행책임의 특칙인 것으로 된다. 그러나 목적물의 성질이 계약의 내용으로 되지 않고, 따라서 하자 없는 특정물의 이행의무가 계약상의 의무로서 인정되지 아니하는 경우에는, 하자 있는 특정물의 이행이 문제될 여지는 없다(즉, 하자가 존재한다고 할 수 없다). 따라서 목적물의 성질의 계약부적합성으로 인한 채무불이행은 존재할 여지가 없게 되는 것이다. 뿐만 아니라 이 경우에는 하자가 존재한다고 할 수 없으므로 담보책임에 관한 법률의 규정도 적용될 여지가 없다. 이렇게 본다면 결국 물건의 하자에 대한 담보책임을 규정하고 있는 민법의 규정은 언제나 일반 채무불이행책임에 대한 특칙인 것으로 된다.[19)]

이상과 같은 해석론을 취한다면, 매도인의 하자담보책임은 그것이 권리의 하자에 대한 것이든 물건의 하자에 대한 것이든, 또한 특정물의 하자에 대한 것이든 종류물의 하자에 대한 것이든 그 법적 성질이 모두 계약책임(채무불이행책임)인 것으로 통일적인 이론구성이 가능하게 된다. 이렇게 된다면 CISG와 우리 민법의 계약책임의 체계는 상당히 유사한 것으로 된다.

19) 매도인의 담보책임을 계약책임적으로 구성한다면 다음과 같은 실익이 있다. 첫째, 매도인의 담보책임이 채무불이행책임으로 파악됨으로써 하자에 의한 책임에 대하여는 약간의 특수성이 남기는 하지만, 그것은 어디까지나 특수한(일반원칙에 대한 예외적인) 것이며, 이것 이외에 손해배상 등의 문제에 대하여는 일반 채무불이행책임과 같이 취급된다. 그 결과 민법이론상 어려운 문제의 하나인 일반 채무불이행책임(법)과 담보책임(법)의 경합의 문제가 해소되게 된다. 둘째, 다수설은 담보책임의 법적 성질을 법정책임으로 파악하여 손해배상의 범위를 신뢰이익의 배상에 한정하고 있으나, 이것은 실제적으로 매수인의 지위에 있는 상품의 소비자 또는 피해자 등의 관점으로부터 본다면 승복할 수 없는 해석방법으로 된다. 그러나 사견과 같이 담보책임을 채무불이행법에 편입시킨다면, 하자급부에 대한 손해의 배상에 있어서 하자결과손해까지 배상청구가 가능하게 되므로 보다 합리적인 것으로 된다. 즉, 법정책임설보다 채무불이행책임설을 취하는 것이 매수인을 보다 두텁게 보호하는 결과로 되며, 이것이 오늘날의 거래에 비추어 보아 보다 합리적이다. 셋째, 결국 이렇게 된다면 하자결과손해의 배상을 위하여 판례에서와 같이 불법행위법을 이용할 필요성이 없게 되므로, 이 문제를 둘러싼 학설과 판례의 현격한 괴리현상은 해소될 수 있을 것이다. 즉, 계약의 불이행으로부터 발생한 하자손해는 계약책임법에 의하여 처리하고, 우연한 사정에 의하여 이로부터 하자결과손해 또는 부가적 손해가 발생한 경우에 그 손해의 배상은 불법행위법에 의하여 처리하는 판례의 비합리적인 태도는 담보책임을 채무불이행책임으로 파악함으로써 바로 잡을 수 있다.

Ⅲ. 과실책임주의

1. CISG

이미 살펴본 바와 같이, CISG에서 매도인과 매수인의 의무위반은 모두 계약위반으로서 통일적으로 취급된다. 그리고 계약위반의 경우에는 계약이행의 청구, 의무위반의 모든 경우에 있어서 손해배상, 그리고 계약위반이 중대한 경우에는 계약의 해제라는 법적 구제가 인정된다. 또한 계약해제의 경우에도 구 독일민법과는 달리 그것과 함께 손해배상청구권이 존속한다.

이 중에서 특히 손해배상에 대하여 본다면, CISG에서 손해배상청구권의 요건으로 되어 있는 것은 의무위반과 손해의 발생뿐이다. 대륙법에서와 같은 과실(Verschulden)은 요건이 아니다. 독일민법이나 우리 민법에서 과실은 손해배상청구에 있어서 상당히 중요한 의미를 가진다. 즉, 과실은 원칙적으로 불법행위로 인한 손해배상과 채무불이행으로 인한 손해배상에 있어서 불가결의 요건으로 위치되어, 손해배상청구에 있어서 중요한 제어적 역할을 행한다. 그러나 CISG에 의하면, 계약위반과 손해만 있으면 그 계약위반이 채무자의 과실에 의한 것인가를 묻지 않고 손해배상청구권은 발생한다. 따라서 CISG는 무과실책임주의를 취하고 있는 것이다. 다만, 이 손해배상은 장애사유(impediment)가 있으면, 즉 계약위반이 불가피하고 예견가능하지 않았다면 면책된다. 결국 독일민법이나 우리 민법에서 과실이 담당하는 제어적인 기능을 바로 이 장애사유가 담당하는 것으로 된다.

그렇다면 이 장애사유란 무엇인가? CISG 제79조 제1항[20]에 의하면, 불이행한 당사자가 책임을 면하기 위해서는 불이행이 자신이 통제할 수 없는 장애에 기인하였을 것, 그리고 계약체결 시에 자신이 그러한 장애를 고려하였거나 또는 계약체결 후에 그러한 장애나 그로 인한 결과를 회피하거나 극복하는 것이

20) CISG 제79조 ① 당사자가 그 의무의 불이행이 자신이 통제할 수 없는 장애에 기인하였다는 것과, 계약체결 시에 그 장애를 고려하였거나 또는 그 장애나 그로 인한 결과를 회피하거나 극복하는 것이 합리적으로 기대될 수 없었다는 것을 증명하는 경우에는 그는 자신의 의무의 불이행에 대하여 책임을 지지 아니한다(심종석, 앞의 책, 726쪽 참조).

합리적으로 기대될 수 없었다는 것을 증명하여야 한다. 따라서 장애사유는 책임과 위험을 분배하는 것이 필요한 급부장애의 개개의 전형적인 여러 상황으로부터 추출하여 만들어 낸 개념이라고 할 수 있다. 즉, CISG에서는 과실의 개념을 사용하지 않고서, 위험영역 및 책임영역의 새로운 형성에 의해서 이전과 같이 문제를 해결하는 것이다.[21] 그러나 계약체결 시에 고려되어야 할 장애사유 또는 회피 또는 극복되어야 할 장애사유의 구체적인 내용은 CISG에 규정되어 있지 않으므로 앞으로 해결해야 할 과제이다.

2. 한국민법

일반적으로 계약책임이라 함은 협의의 계약책임, 즉 계약채무불이행책임(따라서 채무불이행책임)을 가리킨다.[22] 대륙법계의 계약책임법에서는 불법행위책임법에 있어서와 마찬가지로 고전기 및 후기로마법에 기초를 두고 있는 유책성의 원리(Verschuldensprinzip) 내지 과실책임주의(Verschuldensgrundsatz)가 원칙적으로 통용되고 있다.[23] 즉, 계약상의 채무자가 고의 또는 과실에 의하여 그의 계약상의 의무를 위반한 경우, 채권자는 계약침해에 의하여 발생한 손해의 배상을 청구할 수 있다(또한 채무자는 자신의 유책행위(schuldhaftes Verhalten)로 인한, 그리고 단지 유책행위만으로 인한 책임을 진다). 우리 민법은 이러한 유책성의 원리를 명시한 일반적인 정을 두고 있지 않지만,[24] 학설·판례는 민법 제390조의 규정으로부터 유책성의 원리를 인정하는 데 일치하고 있다.[25] 그러나 이 유책성의 원리는 계약책임법의 영역에서 전적으로 타당한 것은 아니다. 이 원리는 일정한 경우에는 법률의 규정 또는 계약에 의하

21) Hans G. Leser(外 4人), "研究會·ドイツ私法の最近の動向", 判例タイムズ No.760(1991. 9. 1), 60面 참조.

22) 계약책임이라는 용어는 법전상의 용어는 아니며, 어디까지나 역사적·학설적인 용어에 지나지 않는다. 계약책임과 관련한 학설 대립의 상당 부분은 계약책임의 개념구성의 차이에서 비롯하는 것으로 생각한다.

23) Karl Larenz, Lehrbuch des Schuldrechts, Bd. I, Aufl.13(München: C.H.Beck, 1982), S.256; Ernst von Caemmerer, Das Verschuldensprinzip im Vertragsrecht in rechtsvergleichener Sicht. 柳澤弘士(譯), "比較法的視野での契約法における有責性原理", 日本法學 第50卷 第2號(1984), 108面.

24) 현행 독일민법 제276조는 계약책임법에서의 유책성의 원리를 명시한 일반적인 규정이다.

25) 곽윤직, 채권총론, 78쪽; 조규창, 앞의 논문, 357쪽.

여 수정된다.

먼저, 우리 계약책임법은 엄격하게 유책성의 원리를 관철하고 있지 않으며, 오히려 개개의 문제에 관하여 또한 여러 가지의 관점 하에 유책성의 원리를 수정하는 보증책임(Garantiehaftung) 내지 담보책임의 여러 요소가 발견된다.[26] 예컨대, 민법 제391조의 규정에 의하여, 계약채무자는 이른바 이행보조자(Erfüllungsgehilfe)의 유책한 채무불이행으로 인한 손해에 대하여 책임을 진다. 이 책임은 엄격한 책임이며, 채무자의 과실이 없음을 이유로 한 면책은 인정되지 아니한다. 따라서 이행보조자책임은 일종의 광범위한 보증책임 내지 담보책임이다.[27] 또한 계약법상 개개의 계약유형에 있어서의 유책성의 원리에 대한 중요한 예외로는 매매계약에 있어서의 매도인의 담보책임(제569조 이하), 도급계약에 있어서의 수급인의 담보책임(제667조 이하)이 있다. 이 경우에도 채무자는 유책의 유무와 관계없이 책임을 진다.

또한 유책성의 원리는 구체적 계약상의 합의에 의하여 수정되는 경우가 있다. 무엇이 채무자에게 귀책될 수 있는가의 문제에 대한 해답에 있어서 계약의 우위에는 의문의 여지는 없다(민법 제105조 참조).[28] 예컨대, 각종 계약상의 면책약관은 법률이 특히 금지하고 있지 않으면, 계약자유의 원칙상 유효하다고 해석하여야 한다.[29]

3. 검 토

CISG와 우리 민법의 계약책임원칙을 비교한다면, 전자는 무과실책임의 원칙을 취하고 있지만, 후자는 과실책임의 원칙을 취하고 있다는 점에서 근본적인 차이가 있다. 그러나 실제적으로 양자의 책임원칙은 상당히 접근하고 있음을 알 수 있다. 즉, CISG는 계약책임의 발생요건으로서 채무자의 고의 또는 과

26) Vgl. Larenz, Schuldrechts I, S.256; 柳澤弘士(譯), 앞의 논문, 116面.

27) Vgl. Larenz, Schuldrechts I, S.257; Ulrich Huber, Leistungsstörungen, Gutachten und Vorschlage zur Überarbeitung des Schuldrechts, Bd.1(Köln: Bundesanzeige, 1981), S.762; 柳澤弘士(譯), 앞의 논문, 113~114面.

28) 采女博文, "ヤーコプスの債務不履行論(一)", 法學論集 第24卷 第1號(1988), 47面 참조.

29) 곽윤직, 채권총론, 86쪽 참조.

실을 요구하고 있지 않지만, 제79조의 규정에 의하여 장애사유가 있는 경우에는 채무자의 면책을 인정함으로써 대륙법계와는 다른 새로운 제도에 의해서 계약 당사자의 책임이나 위험을 합리적으로 분배하고 있다. 결국 대륙법계의 민법에서의 과실과 CISG에서의 장애사유는 유사한 역할을 하는 것이다. 뿐만 아니라, 과실 또는 장애사유의 증명책임의 문제를 본다면, 우리 민법에서는 명문의 규정은 없지만 채무자가 귀책사유의 부존재를 증명할 책임이 있다는 것이 통설·판례의 입장이다.[30] 그리고 CISG는 명문의 규정에 의하여 채무자, 즉 불이행한 당사자에게 증명책임이 있음을 밝히고 있다(제79조 제1항). 이와 같이 우리 민법과 CISG의 체계는 실제적인 결과에 있어서 상당히 접근하고 있음을 알 수 있다. 다만 과실의 개념과 장애사유의 개념은 반드시 동일한 개념이 아니라는 점에는 주의를 요한다.

한편, 이와 관련하여 독일의 채무법 개정논의에서 후버(Ulrich Huber)는 구독일민법전의 급부장애법의 체계를 포기하고 통일매매법[31]에 의거한 새로운 계약책임법의 입법모델을 제안하였다.[32] 그는 불이행(Nichterfüllung)이라고 하는 통일매매법상의 계약책임법의 기초개념을 입법제안에서 채용하였으며,[33] 그것으로써 채무불이행을 불능, 지체, 적극적 계약침해, 불완전급부 등의 여러 가지의 형식으로 구별하는 입장은 원칙적으로 배제된다. 또한 구독일민법전은 채무불이행책임에 대하여 과실책임의 원칙을 채용하고 있었지만(구독민 제276조), 입법제안에서는 무과실책임의 원칙으로부터 출발하고 있는 통일매매법의 책임모델(EKG 제74조)을 채용하였다. 따라서 입법제안에서의 책임기준은 비계약상의 채무관계와 계약상의 채무관계에 대하여 각각 달라진다. 전자의 경우에는 무과실책임의 원칙이 적용되지 않고 전통적인 과실책임의 원칙이 그대로 타당하게 되지만, 후자의 경우에는 무과실책임의 원칙에 기

30) 곽윤직, 채권총론, 87쪽; 대판 1964. 4. 28. 63다617; 대판 1984. 11. 27. 80다177.
31) 후버가 모델로 한 것은 주로 헤이그통일매매법(Einheitliches Gesetz über den internationalen Kauf beweglicher Sachen(EKG) vom 17, Juli 1973, Bundesgesetzblatt I , 856, und Einheitliches Gesetzüberden Abschluß von internationalen Kaufverträgen über bewegliche Sachen(EAG) vom 17, Juli 973, Bundesgesetzblatt I , 868)이다.
32) Huber, aaO., S.647 ff. 또한 이것을 소개한 문헌으로는, 宮本健藏, “債務不履行法體系の新たな構築”, 法學志林 第80卷 3·4合併號(1983), 97面 이하 참조.
33) Huber, a.a.O., S.699 ff.

한 통일적인 책임기준이 적용되게 된다. 그리하여 계약상의 채무관계에 있어서 채무자는 원칙적으로 귀책사유의 여부에 관계없이 책임을 지게 된다. 그러나 예외적으로 계약유형이나 그 내용으로부터 채무자가 예견할 수 없었던 사정 또는 피할 수 없었던 사정, 극복할 의무를 지지 않는 사정에 기한 채무불이행에 대하여는 채무자는 책임을 지지 아니한다. 그리고 채무법개정위원회의 최종보고서[34]에서도 후버의 입법제안을 기본적으로 받아들이면서, 의무위반(Pflichtverletzung)의 개념을 개발하여 이를 계약책임법의 중심적 요건으로 하였다. 즉, 채무자가 채무관계로부터 발생한 의무에 위반하는 것이 채무불이행의 기본요건이며, 이것에 기하여 채무불이행을 이유로 하는 채권자의 권리가 구축되는 것이다. 이 의무위반의 표지는 의무에 대한 객관적인 위반만을 요구한다. 주관적인 비난가능성 또는 유책성은 법적 구제를 불러일으키는 계기로서의 의무위반에 있어서는 아무런 역할을 하지 않고, 손해배상청구의 문제에 있어서 비로소 중요하게 되는 것이다. 그리하여 채무자는 원칙적으로 귀책사유 있는 모든 의무위반에 대하여 손해배상의무를 지는 것으로 된다. 이것은 채무불이행의 모든 형태를 커버하고 있다. 따라서 이유여하를 묻지 아니하고 불이행(불능, 급부거절), 지체 및 불완전이행, 특히 하자 있는 목적물의 급부라고 하는 형태도 포함한다. 따라서 개별적으로는 매매, 도급에 있어서의 하자담보책임도 이 기본요건에 흡수되게 된다(초안 제280조 제2항, 제284조 참조).[35] 그리고 이와 같은 채무법개정위원회의 초안은 2002년 개정된 독일민법에서 그대로 입법화되게 되었다. 즉, 현행 독일민법 제280조에서는 채무불이행을 「의무위반」이라는 하나의 통일적인 요건으로 규정한다. 따라서 의무위반에 있어서 채무자의 귀책사유는 요구되지 않고, 채무자가 채무관계로부터 발생한 의무에 대한 객관적인 위반만을 요구한다. 의무위반에 대한 채무자의 귀책사유는 의무위반에 있어서는 아무런 역할을 하지 않고, 손해배상청구의 문제에 있어서 비로소 중요하게 된다. 그리하여 채무자는 원칙적으로 귀책사유 있는 모든 의무위반에 대하여 손해배상의무를 지는 것으로 된다. 이와 같은

34) Abschlußbericht der Kommission zur Überarbeitung des Schuldrechts, hrsg. vom Bundesminister der Justiz, Köln: Bundesanzeiger, 1992.

35) Peter Schlechtriem(岡 孝 譯), "西ドイツにおける債務法改正の現況(續)", 法學志林 第87卷 2號(1989), 5~6面.

독일민법의 변화는 기본적으로는 CISG의 입법태도를 수용한 것이다. 다만, CISG와는 달리, 의무위반만이 채무불이행(급부장애)으로 인한 손해배상청구권 발생의 유일한 요건은 아니며, 채무자의 귀책사유의 요건도 필요로 한다. 즉, 현행 독일민법은 여전히 채무불이행책임에 대하여 과실책임의 원칙을 유지하고 있다.[36)]

그렇다면 우리 민법에서 이와 같은 CISG상의 무과실책임의 원칙을 받아들일 필요가 있는가? 확실히 CISG상의 무과실책임의 원칙 또는 후버의 계약책임법에 대한 문제의식은 특히 채무불이행에 관하여 일반적 요건주의를 채용하고 있는 우리 민법에 시사하는 점이 많다. 그러나 채무불이행책임에서 과실책임의 원칙을 버리고 CISG에서와 같은 무과실책임의 원칙을 채용하는 것은 현행 민법의 계약책임법체계를 포기하는 것을 의미하므로 신중한 판단이 요구된다.

Ⅳ. 손해배상의 범위

1. CISG

CISG에서 손해배상은 다음과 같은 원칙에 따라서 산정된다(제74조 내지 제77조). 즉, 제74조에서는 손해배상의 산정에 관한 일반 원칙을 규정하며, 제75조와 제76조에서는 계약이 해제된 경우의 손해배상의 산정에 대하여 규정하고 있다. 그리고 제77조에서는 이른바 손해경감의무에 대하여 규정한다.

먼저 제74조[37)]에 의하면, 당사자 일방의 계약위반으로 인한 손해배상액은 이익의 상실을 포함하여, 그 위반의 결과 상대방이 입은 손실과 동등한 금액

36) 독일민법상의 급부장애법의 체계와 내용에 관하여는 김형배, "일반급부장애법의 체계와 내용", 김형배 외 5인(공저), 독일 채권법의 현대화(서울: 법문사, 2003), 1쪽 이하 참조.

37) CISG 제74조 일방 당사자의 계약위반에 대한 손해배상금은 일실이익의 손실을 포함하여, 이러한 위반으로 인하여 타방 당사자가 입은 손실과 동등한 금액으로 한다. 이러한 손해배상금은 위반한 당사자가 계약체결 시에 알았거나 알 수 있었던 사실 또는 사항에 비추어, 계약위반으로부터 생길 수 있는 결과로서 예견하였거나 예견할 수 있었던 손실을 넘지 못한다. (심종석, 앞의 책, 725쪽).

으로 한다(제74조 제1문). 그러나 그 손해배상액은 위반한 당사자가 계약체결 시에 알았거나, 알았어야 했던 사실 및 사정에 비추어, 계약위반의 가능한 결과로서 예견하였거나, 예견할 수 있었던 손실을 초과할 수 없다(제74조 제2문). 결국 배상 가능한 손해는 계약위반을 한 당사자가 계약체결 시에 예견하였거나 예견할 수 있었던 손해로 제한된다. 이 제74조의 접근방법, 즉 예견가능성의 평가에 의하여 손해배상액을 제한하는 접근방법은 영미법의 Hadley v. Baxendale 사건의 기준으로서 널리 알려져 있다.

그리고 계약이 해제되고, 계약해제 후 합리적인 방법으로, 상당한 기간 내에 매수인이 대체품을 매수하였거나, 매도인이 이 물품을 재매각한 경우에, 손해배상을 청구하는 당사자는 계약대금과 대체거래대금과의 차액 및 제74조에 따른 그 밖의 모든 손해액을 배상받을 수 있다(제75조). 그리고 계약이 해제되고, 물품에 시가가 있는 경우에 손해배상을 청구하는 당사자는 제75조에 따라 구매 또는 재매각하지 않았다면, 계약에서 정한 대금과 계약해제 시의 시가와의 차액 및 그 밖에 제74조에 따른 손해액을 배상받을 수 있다(제76조).[38] 또한 제77조에서는 계약위반을 주장하는 자는 손해를 경감하기 위하여 필요한 조치를 취할 의무가 있으며, 이 손해경감의무의 위반은 손해배상액의 감액을 초래한다는 것을 규정하고 있다.

2. 한국민법

우리 민법상 채무불이행으로 인한 손해배상의 범위에 관한 규정으로는 제393조가 있다. 또한 이 규정은 불법행위로 인한 손해배상의 경우에도 준용된다(민법 제763조). 따라서 우리 민법상으로는 채무불이행과 불법행위로 인한 손해배상책임은 모두 민법 제393조의 적용을 받게 되며, 손해배상의 범위는 발생한 손해 전부가 아니라 동조에서 규정하는 일정한 범위로 제한되게 된다(제한배상주의). 한편, 이와 관련하여 종래 우리의 통설은 인과관계, 그중에서도 상당인과관계의 존부(存否)에 의하여 손해배상의 범위를 결정하는 상당인

38) 심종석, 앞의 책, 725쪽 참조.

과관계설을 취해 왔으며, 민법 제393조도 상당인과관계설에 의거한 것으로 해석한다. 즉, 종래의 통설은 손해배상의 범위결정의 문제를 손해의 범위결정의 문제와 동일시하며, 이는 채무불이행 또는 불법행위와 발생한 손해 사이의 인과관계, 그중에서도 상당인과관계에 의해 정해진다고 한다. 또한 민법 제393조는 채무불이행의 경우에 있어서의 불이행과 손해와의 사이의 인과관계를 규정한 것으로서 동조는 상당인과관계설, 그 가운데에서도 절충설에 의거한 것이라고 한다.[39)]

그런데 근래에는 이러한 통설에 대하여 우리 민법 제393조의 규정은 상당인과관계설과 관계없다는 비판이 가해지고 있다.[40)] 이러한 비판이론들의 공통적 관점은, 상당인과관계설은 완전배상주의를 취하고 있는 독일민법에서의 해석론이지만, 우리 민법은 제393조에서 제한배상주의를 취하고 있으므로 상당인과관계설에 의한 배상범위의 제한은 불필요하다는 것이다. 비판이론 가운데 대표적인 것으로는 위험성관련설과 규범목적설을 들 수 있다.

위험성관련설은 발생한 손해를 1차손해와 후속손해로 분류하여 1차손해는 언제나 배상시키고, 후속손해는 그와 1차손해 사이에 위험성관련이 있는 경우에만 배상시키는 방법으로 배상범위를 결정하여야 한다고 하는 학설이다. 여기서 1차손해는 책임원인행위와의 사이에 인과관계가 존재하는 것을 말하며, 후속손해는 직접 책임원인행위에 의해 야기된 것이 아니라 1차손해에 의해 후속적으로 조건지워진 것을 말한다. 채무불이행에서 채무자에게 1차손해의 배상책임을 지우기 위해서는 채무자가 귀책사유로 인하여 계약을 위반했다는 사실과 인과관계로서 채무불이행과 1차손해 사이의 조건관계만 있으면 충분하며, 1차손해의 책임귀속근거는 배상범위에 관한 제393조가 아니라 책임성립에 관한 제390조라고 한다. 그리고 후속손해가 손해배상의 대상이 되는가는 1차손해가 가지는 위험성과 후속손해 사이의 평가적 관계인 위험성관련의 규준에 의하여 판단된다고 하며, 민법 제393조가 후속손해에 대한 배상범위를 규정한 것이라고 주장한다.[41)]

39) 대표적으로는 곽윤직, 채권총론, 116쪽 이하.
40) 대표적인 것으로는 양삼승, "손해배상의 범위", 민사판례연구 제5권(1983), 157쪽 참조.
41) 김형배, 채권총론, 256쪽 이하.

그리고 규범목적설은 상당인과관계설이 채무불이행책임에서 계약목적에 대한 고려나 또는 불법행위책임에서 책임규범의 목적 및 그 뒤에 존재하는 의무에 대한 고려를 전혀 하지 않고 배상범위를 결정하는데, 그것은 옳지 않다고 지적한다. 그리하여 이 학설은 새로운 배상책임의 기초로서 「구체적인 손해배상청구권의 근거가 된 규범의 목적」을 고려할 것을 제안하고, 손해배상법에서는 규범설정 당시에 고려된 손해만을 배상대상으로 해야 한다고 주장한다. 따라서 규범목적설에서는 손해배상의무가 도출된 규범이 어떤 종류의 위험방지를 목적으로 제정되었는가, 그리고 행위결과가 그 규범의 보호권 내에 속하는가가 배상범위를 결정하는 요소가 된다고 한다.[42]

3. 검 토

주지하는 바와 같이, 손해배상의 범위에 관한 입법례에는 제한배상주의와 완전배상주의가 있다. 전자는 프랑스민법이 취하는 원칙으로서 채무자의 책임범위는 채권자에게 발생한 모든 손해가 아니라 법에서 규정하는 일정한 범위로 제한된다. 즉, 프랑스민법은 과실로 손해를 발생케 한 때에는, 배상의 범위는 채무자가 예견할 수 있었던 손해에 한한다고 규정하고 있다(프민 제1150조). 다만, 고의의 경우에는 예견할 수 없었던 손해까지도 배상해야 하지만, 이 때에도 "계약불이행으로 생긴 직접적이고 또한 직근(直近)의 결과"에 대한 배상에 한정된다(프민 제1151조). 이러한 프랑스민법의 제한배상주의를 특히 예견주의라고 한다. 영미 계약책임법의 대표적인 판례인 1854년의 하들리 사건[43]에서도 이 원칙을 받아들이고 있으며, 미국 통일상법전(UCC)도 이 사건의 판결내용을 수용하여, 매수인이 계약에 부적합한 물품을 수령한 경우, 매수인은 매도인의 위반으로 인하여 통상의 사건의 과정에서 생기는 손실을 배상받을 수 있는 것으로 규정하고 있다(UCC §2-714(1)). 그리고 CISG 제74조 역시 이 계보에 속한다.

---

42) 이종복, "일반조항 불법행위법에 의한 배상책임의 제한", 사법행정(1988. 10), 22~23쪽.
43) Hardley v. Baxendale(1854) 9 Ex.341.

이와는 달리 후자인 완전배상주의는 독일민법이 취하는 원칙으로서 채무자의 책임범위는 채무불이행에 의한 전 손해가 된다. 즉, 동법에서는 "손해배상의 의무를 부담하는 자는, 배상의무를 발생시키는 사정이 없었다면 있었을 상태를 회복하여야 한다"고 규정하고 있다(독민 제249조 제1항). 이와 관련하여 독일의 학설은 채무불이행에 의한 손해는 "채무불이행이 없었더라면 있었을 재산상태와 현재의 재산상태의 차액"으로서 파악되고(차액설), 손해의 범위는 이른바 인과관계의 이론에 의하여 정해진다고 하는 것이 보통이다.

그렇다면 손해배상의 범위에 관한 우리 민법 제393조는 위의 두 입법례 가운데 어느 쪽을 계수한 것인가? 우리 민법 제393조는 구일본민법 제416조[44]를 그대로 받아들인 것이다.[45] 그리고 일본 민법학에서는 동조가 독일의 상당인과관계이론을 그대로 표현한 것이라고 이해하는 상당인과관계설이 종래의 통설이었다. 이러한 일본 민법학의 영향으로 우리 민법학에서도 통설·판례가 상당인과관계설을 취하게 된 것이다. 그러나 일본 민법학에서는 구일본민법 제416조가 독일민법과 같은 계보에 속하는 것이 아니라, 프랑스민법=영미법과 같은 계보에 속한다고 하는 것이 근래의 연구에서 밝혀지게 되었다.[46] 그리고 이러한 일본의 학설은 우리 민법학에도 영향을 미쳐, 우리 민법 제393조의 규정은 상당인과관계설과 관계없다고 하는 비판이론이 많이 나오게 되어, 이제 종래의 통설은 그대로 유지될 수 없는 것으로 보인다.

원래 완전배상주의에 입각하는 독일 손해배상법은 인과관계개념만을 손해배상의 범위의 요건으로 한다고 하는 법기술적 구성으로부터 출발하였다. 그러나 그와 같은 구성으로부터 생기는 부당한 결과를 제거하기 위하여 독일의 학설·판례는 상당인과관계라고 하는 개념을 만들었다. 우리 민법학이 받아들인 것은 바로 이 상당인과관계의 개념인 것이다. 그러나 우리 민법은 제393조에서 제한배상주의를 취하고 있으므로 상당인과관계설에 의한 배상범위의 제

44) 구일본민법 제416조[손해배상의 범위] ① 손해배상의 청구는 채무의 불이행으로 인하여 통상 생기는 손해를 배상하는 것을 그 목적으로 한다. ② 특별한 사정으로 인하여 생기는 손해는 당사자가 그 사정을 예견하거나 또는 예견할 수 있었던 때에는 채권자는 그 배상을 청구할 수 있다.

45) 구일본민법 제416조의 규정은 2017년의 민법개정으로 다음과 같이 변경되었다. 즉, 제416조 제2항 중 "예견하거나 또는 예견할 수 있었던"을 "예견하여야 했던"으로 변경되었다.

46) 平井宜雄, 損害賠償法の理論(東京: 東京大學出版會, 1971), 3面 이하.

한은 불필요하다. 우리 민법상 손해배상의 범위확정에 있어서는 민법 제393조의 통상손해와 특별손해의 구별, 그리고 특별손해의 경우에 예견가능성의 유무만이 의미를 가지며, 상당인과관계의 개념은 실제적으로 아무런 기능도 하지 못한다.

근래에 상당인과관계설의 비판이론에 대하여 이를 다시 비판하면서, 비록 제393조가 상당인과관계설을 성문화한 것은 아니라고 하더라도, 동조의 제1항과 제2항의 문언을 종합하여 해석한다면, 그 규정의 기본취지가 상당인과관계설과 일맥상통한다고 하여 종래의 상당인과관계설을 유지하는 견해가 있다. 이 견해는 상당인과관계설에서의 상당성에 의한 인과관계의 한정과 새로운 학설의 규범목적 또는 위험성관련에 의한 인과관계의 제한이나 그의 가치기준이 다를 뿐이며 그 역할의 차이는 없다고 주장한다.[47)]

생각건대, 손해배상의 범위를 제한하는 이론으로서 상당인과관계설도 그것이 이론적으로 문제가 있는 것은 아니다. 그리고 예견주의나 규범목적설에 있어서도 예견가능성의 여부나 규범목적의 개념은 추상적인 개념이며, 이것이 언제나 어떤 구체적인 제한기준을 제시해줄 수 있는 것은 아니다. 구체적인 소송사건에서는 예견가능성이나 규범목적의 판단은 상당성의 판단과 마찬가지로 법관에 의하여 규범적으로 판단된다. 결국 이들은 모두 손해배상의 범위를 합리적인 범위로 제한한다고 하는 동일한 기능을 하는 것이다. 다만, 상당인과관계설은 우리 민법과는 규범체계가 다른 완전배상주의 취하는 독일민법에서 그 부당함을 제거하기 위하여 만들어진 이론이며, 「손해배상의무를 발생시키는 사실과 손해와의 인과관계」라고 하는 요건은 독일 손해배상법의 기본구조인 완전배상의 원칙의 법기술적인 표현에 지나지 않는다.[48)] 따라서 제한배상주의를 취하는 우리 민법 제393조는 규정자체가 상당인과관계설의 이론적 전제를 갖고 있지 않으며, 따라서 제393조=상당인과관계라는 등식은 성립할 수 없다. 우리 민법 제393조는 분명히 예견가능성을 기준으로 하는 제한배상주의=예견주의에 입각하고 있으므로 이 규정의 해석과 관련하여 다시 추상적인 상당인과관계의 개념을 도입할 필요성은 없는 것이다.

47) 이은영, 채권총론, 288쪽 이하.
48) 平井宜雄, 前揭書, 31面.

그렇다면 입법론적으로는 어느 쪽이 보다 좋은 제도일까? 사견으로는 손해배상의 범위를 예견가능성에 의하여 제한하는 것이 인과관계에 의하여 제한하는 것보다 좋은 제도라고 생각한다. 구체적인 사건에서의 손해배상의 확정에 있어서는 양자 모두 최종적으로는 항상 가치판단이 있기는 하지만, 인과관계가 추상적이고 일반적인 개념임에 반하여, 예견가능성의 기준은 계약과 밀접한 관계를 갖고 있기 때문이다. 예를 들면, 예견가능성을 이용하면 오렌지 한 상자의 매도인은 10톤의 화학제품의 매도인과는 다르다. 오렌지가 인도되는 경우에는 그 계약의 책임범위는 보다 작다(즉, 손해를 줄 가능성은 낮다). 그러나 전문기업으로부터 화학제품이 인도된 경우에는 오렌지가 인도되는 경우보다 책임범위는 크다.[49] 계약위반으로 인한 손해배상의 제한은 인과관계만에 의하는 것보다 당해 계약으로부터 도출되는 기준, 즉 예견가능성에 의하는 것이 보다 합리적이다. 결국 이 점에서 CISG와 우리 민법은 독일민법보다 우수한 것으로 평가된다.

Ⅴ. 계약의 해제

1. CISG

CISG에서의 계약의 해제는 계약위반이 중대한 경우(fundamental breach of contract)에만 인정되며, 여기서도 손해배상청구에서와 같이 과실이 요건으로 되어 있지 않다. 매수인이 계약을 해제할 수 있는 것은, 매도인이 중대한 계약위반을 한 경우 또는 매수인이 계약이행을 위하여 정한 추가기간 내에 매도인이 이행하지 못한 경우이다(제49조 제1항(a),(b)). 그러나 매도인이 물품을 인도한 경우에는, 인도지체의 경우 인도 후 합리적인 기간 내에, 인도지체 이외의 위반에 대하여는 매수인이 위반을 안 때로부터 합리적인 기간 내에 계약을

49) Hans G. Leser(外 4人), "研究會·ドイツ私法の最近の動向"(주 21), 61面 [Hans G. Leser의 발언 참조].

해제하지 아니하면 매수인은 계약해제권을 상실한다(제49조 제2항). 그리고 매도인이 계약을 해제할 수 있는 것은, 매수인의 의무불이행이 계약의 중대한 위반에 해당하는 경우 또는 제63조 제1항[50]에서 정한 추가기간 내에 매수인이 대금을 지급하지 않거나 물품을 인도하지 아니한 경우이다(제64조 제1항 (a),(b)). 여기서 중대한 계약위반이란, 당해 계약 하에서 상대방이 기대하는 것이 당연한 것을 본질적으로 빼앗는 결과로 되는 계약위반을 말한다. 다만, 위반을 한 당사자가 그와 같은 결과를 예견하지 못하였고 또한 동일한 상황 하에서 그 자와 같은 부류에 속하는 합리적인 사람이 그러한 결과를 예견할 수 없는 경우에는 그러하지 아니하다(제25조).

그리고 계약이 해제되면 양 당사자는 미이행의 계약상의 의무로부터 해방된다. 그러나 계약의 해제는 분쟁해결을 위한 계약의 규정이나 계약해제에 따른 당사자들의 권리와 의무를 지배하는 그 외의 계약의 규정에 영향을 미치지 아니한다(제81조 제1항). 또한 계약해제 시까지 이행된 계약의 전부 또는 일부는 이행 전의 상태로 되돌려야 한다. 즉, 이미 상대방에게 이행한 것이 있으면 그 반환을 청구할 수 있다(제81조 제2항). 이와 같이 CISG의 해제는 계약을 소급적으로 실효시키는 것이 아니라 계약을 원상회복관계로 변형시킨다. 해제는 계약의 틀을 변경시키지 않으며, 다만 당사자의 쌍무적인 의무가 변경되는 것이다.

계약이 해제되면 매수인은 이미 수령한 물품을 매도인에게 반환하여야 한다. 따라서 매수인이 물품을 수령한 때의 조건과 실질적으로 같은 물품을 반환할 수 없으면 계약을 해제할 수 없으며, 매도인에게 대체물의 인도를 청구할 권리도 잃게 된다(제82조 제1항). 그러나 물품을 반환할 수 없거나 물품을 수령한 때와 실질적으로 같은 물품을 반환할 수 없는 것이 매수인의 작위 또는 부작위에 의한 것이 아니라면, 매수인은 계약을 해제하거나 대체물의 인도를 청구할 수 있다(제82조 제2항(a)). 또한 물품의 전부 또는 일부가 CISG 제38조[51]에서 규정하고 있는 검사의 결과로서 멸실되었거나 손상된 경우, 또는

50) CISG 제63조 제1항에서는 매도인이 매수인의 의무이행을 위하여 합리적인 추가기간을 정할 수 있음을 규정하고 있다.

51) CISG 제38조 ① 매수인은 그 상황에 따라 현실적으로 가능한 짧은 기간 내에 물품을 검사하거나 또는 검사하게 해야 한다. ② 계약이 물품의 운송을 포함하는 경우에는, 검사는 물품이 목적

매수인이 적합성 결여를 발견하였거나 당연히 발견하였어야 하기 전에 물품의 전부나 일부가 통상의 영업과정에서 매각되었거나 통상의 사용과정에서 매수인에 의하여 소비나 변형된 경우에도 계약해제라든가 대체물의 인도청구를 할 수 없다는 규정은 적용되지 않는다(제82조 제2항(b),(c)). 그리고 계약의 해제와 손해배상은 양립할 수 있다(제83조).[52]

2. 한국민법

우리 민법 제544조 내지 제546조에서는 채무불이행을 이유로 하는 해제권의 발생을 규정하고 있다. 일반적으로 채무불이행에는 이행지체, 이행불능, 불완전이행의 세 가지 유형이 있는 것으로 이해되고 있지만, 이들 가운데에서 민법이 해제권의 발생원인으로서 규정하는 것은 이행지체(제544조, 제545조)와 이행불능(제546조)의 경우이다. 그리고 이행불능의 경우에는 귀책사유가 해제권 발생의 요건으로 규정되어 있지만, 이행지체의 경우에는 귀책사유가 요건으로 규정되어 있지는 않다. 그러나 이행지체의 경우에도 해석상 채무자의 귀책사유가 필요한 것으로 해석하는 것이 보통이다.[53] 그리고 불완전이행의 경우에도 민법에 규정은 없지만 해제권의 발생을 인정하는 것이 보통이다.[54]

지에 도달한 후까지 연장될 수 있다. ③ 매수인이 검사를 위한 합리적인 기회를 갖지 않은 채 운송 중에 물품의 목적지가 변경되거나 물품이 재발송되고, 매도인이 계약체결 시에 이러한 변경 또는 재발송의 가능성을 알았거나 알 수 있었을 경우에 검사는 물품이 새로운 목적지에 도달한 후까지 연장될 수 있다.

52) 반면에 구독일민법에서는 제325조와 제326조의 규정의 문언으로부터 엄격한 양자택일이 관철되고 있었다. 그러나 현행 독일민법은 제325조를 개정하여 CISG와 마찬가지로 손해배상과 계약의 해제를 중첩적으로 적용하고 있다.

53) 곽윤직, 채권각론(제6판)(서울: 박영사, 2011), 86쪽; 김주수, 채권각론(서울: 삼영사, 1992), 114쪽; 김증한, 채권각론(서울: 박영사, 1988), 85쪽; 송덕수, 채권법각론(제5판)(서울: 박영사, 2021), 120~121쪽 참조. 그러나 채무자의 귀책사유는 이행지체로 인한 해제권발생의 요건이 아니라는 견해도 있다(이은영, 채권각론(제4판)(서울: 박영사, 2004), 229쪽).

54) 곽윤직, 채권각론, 90쪽; 김주수, 채권각론, 125쪽. 그러나 불완전이행의 경우에 원칙적으로 채권자에게 해제권이 발생하지 않지만, 그 불이행의 영향력이 계약의 목적달성을 위험할 정도에 이른다고 판단되는 경우에 한해서 예외적으로 해제권을 인정하는 견해도 있다(이은영, 채권각론, 237쪽).

해제권이 행사되면 그 효과로서 각 당사자는 상대방에 대하여 원상회복의무가 있으며(제548조 제1항), 해제권의 행사는 손해배상의 청구에 영향을 미치지 아니한다(제551조). 그런데 해제의 효과의 법적 구성으로는 일찍부터 독일에서 해제의 효과인 원상회복의무를 설명하기 위한 세 가지의 학설, 즉 직접효과설, 간접효과설 그리고 절충설이 설명되고 있으며, 이들 세 가지의 학설이 의용민법 시대부터 우리 민법상의 해제의 법적 구성론에 대한 이론으로서 도입·주장되고 있다. 이 중에서 우리나라의 종래의 통설[55]과 판례[56]는 직접효과설을 취하고 있다. 그리하여 해제에 의하여 계약은 폐기되고 처음부터 계약이 존재하지 않았던 것과 같은 효과가 생기며, 계약에 기한 전 채권관계는 소급적으로 소멸하는 것으로 이해한다. 따라서 해제 당시에 채무가 이행되어 있지 않으면 그것은 당연히 소멸되고 이행의무를 면하며, 해제 전에 이미 이행한 때에는 그것은 채무가 없는데 이행한 것으로서 법률상 원인이 없는 것이므로 반환을 청구할 수 있다고 한다.

그러나 이러한 직접효과설은, 해제의 효과로 채권채무는 소급적으로 소멸한다고 하면서 제551조가 규정하는 손해배상청구권의 성질이 채무불이행을 이유로 하는 것이라고 설명하는 것은 불합리하다는 비판을 받는다. 그리하여 오늘날 해제는 계약관계를 청산관계로 전환시키는 것이라고 설명하는 청산관계설[57]이 유력설로 등장하게 되었다.[58] 청산관계설에 의하면, 해제의 의사표시의 내용의 목적은, 본래의 급부의무관계를 청산관계로 법률행위적인 변용을 하는 것이라고 한다. 그리하여 해제의 효과는 미이행되었거나 다른 사유로 소멸된 계약상의 본래의 급부의무를 폐기시키지만, 동시에 쌍방 당사자에 이미 이행된 급부의 반환의무를 지우는 데 있으며, 이러한 효과는 계약을 해제하더

55) 곽윤직, 채권각론, 99~100쪽; 양창수·김재형, 계약법(서울: 박영사, 2012), 522쪽; 송덕수, 채권법각론, 140~141쪽.

56) 대판 1977. 5. 24. 75다1394; 대판 1982. 11. 23. 81다카1110; 대판 1995. 3. 24. 94다10061; 대판 1995. 5. 12. 94다18881, 18898; 대판 2002. 9. 27. 2001두5989.

57) 독일의 청산관계설(Abwicklung od. Rückgewährschuldverhältnis)에 대하여는 Ernst Wolf, Rücktritt, Vertretenmüssen und Verschulden, AcP 153, S.102ff; Larenz, Lehrbuch des Schuldrechts, Bd.1, 6.Aufl.(1984), S.428 참조.

58) 청산관계설을 취하고 있는 국내의 학자로는 김용담, "해제의 효과", 민사법학 제4·5호 합병호(1985.2), 142쪽 이하; 김증한, 채권각론, 100쪽; 김형배, "해제의 효과에 관한 법리구성", 민사법연구(1986), 223쪽; 이은영, 채권각론, 251쪽.

라도 원래의 계약은 존속하지만, 해제로 인하여 계약내용이 위와 같은 내용으로 변경되기 때문이라고 한다. 그리고 이와 같이 해제로 인하여 변경된 채무관계를 청산관계 또는 원상회복관계라고 부르며, 이 청산관계설은 크게는 절충설에 해당하는 견해라고 할 수 있다.

3. 검 토

이상을 기초로 하여, CISG와 우리 민법의 계약해제에 관한 내용을 비교·검토하기로 한다.

먼저, 해제의 요건의 문제에 대하여 본다면, CISG와 우리 민법은 다소의 차이를 보이고 있다. 즉, CISG는 계약의 중대한 위반의 경우에만 해제권의 발생을 인정하고 있지만, 우리 민법은 "당사자 일방이 그 채무를 이행하지 아니하는 때"(제544조) 또는 "채무자의 책임 있는 사유로 이행이 불능하게 된 때"(제546조)라고 하여 이행지체와 이행불능의 경우에 요건상 특별한 제한 없이 해제권이 발생함을 규정한다. 이들 규정만으로 본다면, CISG에서의 해제의 요건이 우리 민법의 그것보다 상당히 엄격한 것으로 생각할 수 있다. 그러나 우리 민법의 해석에서도, 학설은 일부 이행지체나 일부 이행불능의 경우에는 그 일부 불이행에 의하여 계약의 목적을 달성할 수 없는 때에만 계약 전부를 해제할 수 있다고 하거나, 불이행의 부분이 아주 경미한 경우에는 신의칙상 그 부분에 대하여도 해제를 하지 못한다고 하거나, 부수적 채무의 불이행의 경우에는 계약 목적의 달성에는 아무런 영향을 미치지 않으므로 해제를 허용하지 않는다고 하는 것이 보통이다.[59] 따라서 우리 민법상으로도 계약 전부의 해제가 인정되는 것은 채권자가 계약을 맺은 목적을 달성할 수 없는 채무불이행에 한한다고 할 수 있다. 결국 CISG상의 계약의 중대한 위반이나 우리 민법상의 채권자가 계약을 맺은 목적을 달성할 수 없는 채무불이행은 내용상 크게 다르지는 않은 것으로 생각된다. 한편, 2013년 법무부 민법개정시안에서는 해제의 요건과 관련하여 제544조의 표제를 '채무불이행과 해제'로 바꾸고, 제1항에서,

59) 곽윤직, 채권각론, 94~95쪽 참조.

"당사자 일방이 채무의 내용에 좇은 이행을 하지 아니한 때에는 상대방은 계약을 해제할 수 있다. 그러나 일방이 채무불이행이 경미하여 계약의 목적달성에 지장이 없는 경우에는 그러하지 아니하다"라고 규정한다. 따라서 민법개정시안에서는 '경미한 채무불이행'의 경우에는 계약해제권의 발생을 인정하지 않음으로써 CISG와 유사한 입장을 취하고 있다. 그리고 2002년 개정된 독일민법(독민 제323조 제5항 2문)과 최근 개정된 일본민법(일민 제541조 단서)의 경우에도, 문언상으로 다소 차이가 있지만, 우리 민법개정시안과 같은 입장을 취하고 있다.

해제의 요건에 관한 또 다른 문제는 귀책사유의 문제이다. 즉, CISG에서는 귀책사유(과실)가 해제권 발생의 요건이 아니지만, 우리 민법에서는 이행불능의 경우에는 명문의 규정에 의하여, 그리고 이행지체의 경우에는 해석상 귀책사유가 요건으로 되고 있는 점이다. 법정책상으로 계약의 해제에 있어서 귀책사유를 요건으로 할 것인가의 여부는 상당히 어려운 문제이다. 일단 유효하게 체결된 계약은 가능한 한 그 효력을 유지하게 하는 것이 바람직하다는 점에서 본다면, 귀책사유를 요건으로 하는 것이 계약의 해제를 보다 어렵게 하므로 좋을 것이다. 그러나 CISG에서는 계약의 중대한 위반의 경우에만 해제를 인정함으로써 해제의 요건을 엄격하게 한다. 따라서 양자는 결과적으로 큰 차이는 없을 것이다. 다만 사견으로는 CISG가 더 진보된 입법인 것으로 평가한다. 해제는 손해배상청구와 그 제도적인 목적이 다르기 때문에 그 요건을 같게 할 필요는 없기 때문이다. 참고로 현행 독일민법(독민 제323조)과 최근 개정된 일본민법(일민 제541조, 542조)에서도 계약해제권의 요건으로 채무자의 귀책사유는 더 이상 필요하지 않으며, 2013년 법무부의 민법개정시안(제544조, 제544조의2)에서도 같은 입장을 취하고 있다.[60)]

다음으로, 해제의 효과의 문제에 대하여 보기로 한다. 해제의 효과에 관하

60) 2013년 민법개정시안은 계약해제의 요건을 채무불이행의 유형에 따라 구분하지 않고, 제544조를 해제에 관한 일반규정으로 하고 있으며, 현행 민법 제390조 단서와 같은 규정을 두지 않음으로써 해제의 요건으로 채무자의 귀책사유를 요하지 않는 입장을 취하고 있다. 이와 같은 민법개정시안의 입장은 CISG와 최근의 각국 입법례를 참고한 것으로 볼 수 있다(김재형, "계약의 해제·해지, 위험부담, 사정변경에 관한 민법개정안", 서울대학교 법학 제55권 제4호(2014. 12), 12쪽 참조).

여는 CISG와 우리 민법은 거의 일치하고 있다고 말할 수 있다. 해제는 계약을 소급적으로 실효시키는 것이 아니라 계약을 원상회복관계로 변형시킨다고 하는 CISG에서의 관념은, 해제는 계약을 소급적으로 소멸시킨다고 하는 종래 우리나라의 통설(직접효과설)과는 크게 다르다. 그러나 최근의 유력설인 청산관계설에 의한다면, 양자의 해제와 해제의 효과에 관한 관념은 전체적으로 일치한다. 그리고 CISG 제81조 제2항의 반환의무는 우리 민법 제548조의 원상회복의무와 유사하다. 또한 손해배상과 계약의 해제를 병존시키는 점에서도 양자는 일치한다.

Ⅵ. 맺음말

이상에서는 CISG상 중요한 의미를 가지는 몇 가지의 법적 문제, 즉 계약책임의 체계, 과실책임주의, 손해배상의 범위, 계약의 해제의 문제를 선택하여, 이것과 우리 민법을 비교·검토함으로써, CISG가 우리 민법 하에서 어떻게 평가되고, 또한 우리 민법의 개정에 있어서 어떠한 시사점을 제공하는가를 검토하였다.

CISG는 국제거래에 있어서 최종적으로 적용되는 실체법으로서 법계의 차이를 초월하여 만들어진 인류공통의 매매계약법규범이다. 그리고 이것은 내용적으로는 최근의 국제거래 내지 매매 일반에 있어서 새로운 요청을 포함시켰기 때문에 여러 외국의 법개정 작업에 있어서 항상 참고의 대상으로 되는 합리적이고 표준화된 계약법규범이다. 특히 독일민법의 개정에 있어서 후버는 CISG의 전신이라고 할 수 있는 헤이그통일매매법을 모범으로 한 감정의견을 내놓았으며, 채무법개정의 최종보고서와 개정 독일민법에서도 후버의 입법제안을 기본적으로 받아들이면서 의무위반(Pflichtverletzung)의 개념을 개발하여 이를 계약책임법의 중심적 요건으로 한다. 이와 같은 독일민법의 변화는 기본적으로는 CISG의 입법태도를 수용한 것이라고 할 수 있다.

그러나 우리 민법의 경우에는 구독일민법과는 달리 후버가 지적하는 바와 같은 많은 문제는 없다. 우리 민법은 구독일민법과는 달리, 계약책임의 체계, 손해배상의 범위, 계약해제 등의 영역에서는 CISG와 많은 유사성을 보이고 있기 때문이다. 종래의 학설이 우리 민법과 구독일민법의 규범체계의 차이를 고려하지 않은 채 구독일민법이론을 도입한 결과로 발생되는 차이점은, 최근의 학설의 진전, 진보에 의하여 상당부분 해소되고 있다. 다만 우리 민법이 1세기 전에 만들어진 구독일민법이나 최근 개정되기 전의 일본민법을 기본으로 하고 있는 반면에, 현재 거래의 현실은 이전과는 전혀 다른 양상으로 급진전하고 있음을 고려할 때, 우리의 계약법은 새로운 현실에의 대응이라는 점에서 볼 때 시대에 뒤떨어진 것은 사실이다. 따라서 진보된 입법인 CISG는 다른 여러 외국에서와 마찬가지로, 우리 민법의 현대화, 세계화에 있어서 많은 참고할 점을 제공하는 것으로 생각한다.

참고문헌

곽윤직, 채권총론(제6판), 서울: 박영사, 2012.

김민중(역), 유엔통일매매법, 서울: 두성사, 1995.

김상용, 채권총론, 고양: 화산미디어, 2009.

김재형·최봉경·권영준·김형석, 민법개정안연구, 서울: 박영사, 2019.

김증한, 채권총론, 서울: 박영사, 1990.

김형배, 채권총론(제2판), 서울: 박영사, 1998.

김형배 외 5인(공저), 독일 채권법의 현대화, 서울: 법문사, 2003.

법무부 민법개정자료발간팀(편), 2013년 법무부 민법개정시안(조문편), 서울: 법무부, 2013.

송덕수, 채권법총론(제6판), 서울: 박영사, 2021.

심종석, 국제물품매매계약에 관한 UN협약(CISG)의 해석과 적용, 서울: 삼영사, 2015.

양창수·김재형, 계약법, 서울: 박영사, 2012.

양창수(역), 2018년판 독일민법전, 서울: 박영사, 2018.

이은영, 채권총론(개정판), 서울: 박영사, 1999.

김용담, "해제의 효과", 민사법학 제4·5호 합병호, 1985. 2.

김재형, "계약의 해제·해지, 위험부담, 사정변경에 관한 민법개정안", 서울대학교 법학 제55권 제4호, 2014. 12.

김형배, "해제의 효과에 관한 법리구성", 민사법연구, 1986.

조규창, "민법 제390조와 적극적 채권침해", 민법학논총(곽윤직교수 화갑기념논문집), 1985.

北川善太郎, 契約責任の研究, 東京: 有斐閣, 1963.

平井宜雄, 損害賠償法の理論, 東京: 東京大學出版會, 1971.

內田 貴, "契約法の現代化", NBL No.581, 1995.

宮本健藏, "債務不履行法體系の新たな構築", 法學志林 第80卷 3·4合併號, 1983.

吉野正三郎·安達榮司(譯), "國際動産賣買法の概要について", 判例タイムズ No.760, 1991. 9. 1.

柳澤弘士(譯), "比較法的視野での契約法における有責性原理", 日本法學 第50卷 第2號, 1984.

北川善太郎, "일본에서의 민법의 전개와 체계", 민사법학 제6호, 한국사법행정학회, 1986.

Peter Schlechtriem(岡 孝 譯), "西ドイツにおける債務法改正の現況(續)", 法學志林 第87卷 2號, 1989.

Ernst Wolf, Rücktritt, Vertretenmüssen und Verschulden, AcP 153.

Karl Larenz, Lehrbuch des Schuldrechts, Bd. 1, Aufl.13, München: C.H.Beck, 1982.

Ulrich Huber, Leistungsstörungen, Gutachten und Vorschlage zur Überarbeitung des Schuldrechts, Bd.1, Köln: Bundesanzeige, 1981.

제 2 장

해상법 분야

공동불법행위로 인한 손해배상책임과 선박충돌로 인한 손해배상책임에 관한 비교 연구*

김 인 유

Ⅰ. 서 론

오늘날 국제거래의 급격한 증가 및 조선기술의 발달로 인한 선박규모 및 속력의 증가는 선박충돌의 위험성을 한층 더 증대시키고 있다. 중앙해양안전심판원의 해양사고종류별 해양사고 현황에 따르면, 선박충돌사고는 2016년 209건, 2017년 258건, 2018년 250건, 2019년 244건, 2020년 277건으로, 전복, 침몰, 좌초, 화재 등의 해양사고에 비해 가장 많이 발생했으며,[1] 1980년대 및 1990년대와 비교해 보더라도 선박충돌사고는 계속해서 증가하고 있다는 사실을 알 수 있다.

이렇게 빈발하고 있는 선박충돌사고는 선박톤수의 대형화 및 고가화에 따라 그 손해의 증가는 물론이거니와 선박충돌은 다른 해양사고 즉 좌초, 침몰, 조난, 기관손상, 화재 등과는 달리 둘 이상의 선박이 동시에 손해를 입는 것이 일반적이며 이러한 충돌로 인해 이해관계인이 다수 등장한다는 특징이 있다.

이와 같이 선박충돌의 경우에는 선박소유자간의 손해배상 및 이해관계 있는 제3자 간의 손해배상문제, 손해배상시 구상관계 등 복잡한 법률관계가 발생함에도 불구하고 이러한 법률문제를 해결하는 방법으로는 민법의 불법행위

* 이 논문은 「해사법연구」 제15권 제1호(2003.6)에 게재된 내용을 수정·보완하여 작성한 것임.
1) 해양수산부 중앙해양안전심판원, 통계연보(2020) 참조(https://www.kmst.go.kr/ 정보포털, 해양사고통계).

규정(제750조 이하) 및 상법 해상편의 6개 조문(제876조 내지 제881조)밖에 없는 실정이다.

선박충돌로 인한 손해배상책임의 문제는 기본적으로 "고의 또는 과실로 인한 위법행위로 타인에게 손해를 가한 자는 그 손해를 배상할 책임이 있다"는 민법 제750조의 불법행위에 해당하는 것이지만, 상법은 선박충돌로 인한 손해배상문제는 상법상의 특수한 문제라고 하여 민법에 대한 특별규정을 두고 있다. 즉 불법행위의 성립요건인 귀책사유와 관련하여 과실의 유무에 대한 입증책임이 어렵다는 점 및 이로 인해 손해배상의 범위를 획정하는 것이 곤란하다는 점이다. 그리고 일반불법행위책임과는 달리 선박충돌의 경우에는 선박소유자의 유한책임이 인정되고, 인적 손해액 산정시 특칙이 있는 등 민법의 일반이론만으로는 해결하기 어려운 복잡한 법률문제가 발생한다.

상법의 특별규정의 적용대상은 상행위 기타 영리를 목적으로 항해에 사용하는 선박이므로 상행위 기타 영리행위를 하지 않는 선박이나 내수선 등은 상법의 적용대상이 아니고 이들의 선박충돌에는 일반법인 민법 제750조 이하 불법행위에 관한 규정 특히 공동불법행위에 관한 민법 제760조 규정이 적용될 것이므로 선박충돌로 인한 손해배상책임문제를 논하기 위해서는 민법의 불법행위일반이론이 전제되어야 할 것이다.

따라서 본 연구는 해상의 선박충돌로 인한 손해배상책임의 문제도 기본적으로는 육상의 자동차충돌사고로 인한 손해배상책임의 문제와 다르지 않다는 전제하에 민사책임의 법리에 기초하여 선박충돌에 의한 손해배상책임의 특수한 문제들에 대해서 상법의 선박충돌규정을 토대로 합리적인 손해배상책임분배를 위한 법리해석에 그 목적을 둔다.

선박충돌은 자국선박간의 충돌도 있겠지만 특별히 문제로 되는 것은 우리나라 선박과 외국선박의 충돌의 경우이다. 이 경우 우리나라와 외국간의 국제사법적인 법률문제에 해당하게 되어, 재판관할권을 어느 나라가 가질 것인가 하는 국제재판관할권의 문제, 재판관할권이 결정되고 나면 어느 나라의 실질사법으로 당해 선박충돌의 문제를 해결할 것인지의 준거법지정이 매우 중요한 문제로 제기된다. 이는 국제재판관할권이 어느 나라에 있느냐 따라, 준거법이 어느 나라의 실질사법인가에 따라 재판의 운명을 좌우하기 때문이다.[2] 이러한 국제사법상의 제문제 나아가 보험에 관한 문제도 실질적으로 매우 중요한 문제이기는 하지만 본 연구범위에서는 제외하기로 한다.

본 연구의 범위는 제1장 서론에서는 연구의 목적 및 범위를, 제2장에서는 공동불법행위로 인한 손해배상책임에 관하여, 제3장에서는 선박충돌로 인한 손해배상책임에 관하여, 제4장에서는 양 책임의 비교에 관하여, 제5장에서는 양자의 관계를 중심으로 법리해석을 하는 한편 이상의 내용을 결론으로 도출한다.

II. 공동불법행위로 인한 손해배상책임

1. 의 의

공동불법행위라 함은 복수의 사람이 공동으로 불법행위를 하여 타인에게 손해를 주는 경우를 말한다. 우리 민법 제760조에서는 공동불법행위의 유형을 3가지로 규정하고 있다. 즉 첫째, 수인이 공동의 불법행위로 타인에게 손해를 가한 때에는 연대하여 그 손해를 배상할 책임이 있다고 하고(제1항), 둘째, 공동 아닌 수인의 행위 중 어느 자의 행위가 그 손해를 가한 것인지를 알 수 없는 때에는 전항과 같다고 하고(제2항), 셋째, 교사자나 방조자도 공동행위자로 본다고 하고 있다(제3항). 이 공동불법행위와 관련하여 문제가 되는 것은 크게 두 가지가 있는데, 첫째, 민법 제760조에서 규정하고 있는 공동불법행위로 인한 책임의 성질을 어떻게 볼 것인가 이고, 둘째, 공동불법행위자 중의 1인이 전액의 손해를 배상한 경우에 공동불법행위자간의 내부문제로서 구상권을 인정할 것인가, 인정한다면 그 근거는 무엇인가 하는 점이다. 이하에서는 이들에 관해 항을 바꾸어 상술한다.

2) 김연·박정기·김인유, 「국제사법」, 법문사, 2014, 62~63쪽.

2. 공동불법행위의 유형 및 그 요건

(1) 민법 제760조 제1항의 공동불법행위

수인이 공동의 불법행위로 타인에게 손해를 가한 때에는 연대하여 그 손해를 배상할 책임이 있다고 하는 동조 제1항의 공동불법행위는 공동불법행위의 가장 기본적인 형태이다. 이 유형의 공동불법행위가 성립하기 위해서는 각자의 행위가 독립하여 있어야 하고, 그 각자의 독립한 행위는 불법행위의 성립요건인 고의과실, 위법성, 책임능력, 인과관계 등이 존재해야 한다.[3)] 여기서 문제가 되는 것은 과실에 의한 불법행위를 인정할 것인지의 유무와 각 행위자간의 행위의 관련공동성의 개념을 어떻게 이해할 것인지이다.

먼저 과실에 의한 불법행위가 성립할 것인지와 관련하여 다수설은 공동불법행위의 성립에는 공모나 공동의 인식을 필요로 하지 않기 때문에 고의가 있는 자와 과실이 있는 자 사이, 또는 과실이 있는 자 사이에도 공동불법행위는 성립한다고 한다.[4)] 그 근거로 과실에 의한 공동불법행위가 해를 거듭할수록 증가하고 있고, 과실행위자 상호간 또는 고의와 과실있는 자 사이에 발생하는 공동불법행위를 인정하지 않으면 공동불법행위의 성립범위를 지나치게 좁게 해석하게 되기 때문이라고 하기도 하고, 손해전보에 있어서 고의냐 과실이냐에 차등을 둘 필요가 없다는 점을 들고 있다. 이에 반해 소수설은 공동불법행위의 성립에는 공모 또는 공동의 인식이 필요하므로, 고의있는 자와 과실있는 자 사이, 과실있는 자 사이에는 동조 제1항의 불법행위는 성립하지 않는다고 한다.[5)]

그리고 공동불법행위의 성립에는 관련공동성이 요구되는데 그 관련의 정도가 어느 정도에 이르러야 하는지에 대해 견해가 대립된다. 먼저 객관적 관련

---

3) 곽윤직, 「채권각론」, 박영사, 2004, 428쪽; 이은영, 「채권각론」, 박영사, 2002, 823쪽; 김주수, 「채권각론」, 삼영사, 1997, 823쪽.
4) 곽윤직, 앞의 「채권각론」, 429쪽; 김기선, 「한국채권법각론」, 법문사, 1982, 425쪽; 김석우, "공동불법행위", 중앙대법정논총, 제21권, 1981, 2쪽.
5) 김증한, 「채권각론」, 박영사, 1988, 511쪽 : 이태재, 「채권각론」, 진명문화사, 1990, 506쪽.

공동설은 공모나 공동의 인식은 필요 없고 그 공동의 행위가 오직 객관적으로 관련공동하고 있으면 족하다는 견해이다.[6] 공동불법행위에 관하여 공모가 있는 경우에 한정하는 것은 피해자 보호에 미흡하고 민법이 공동불법행위에 관하여 제408조의 원칙을 배제하여 공동책임으로 한 점, 주관적 관련공동설에 의하면 교통사고의 대부분이 과실에 의한 공동불법행위이지만 과실행위와 고의사이에는 공동불법행위가 성립할 수 없게 되어 그 성립범위가 지나치게 좁게 되어 불합리하다는 점 등을 그 근거로 들고 있다. 구체적으로는 사회적으로 보아서 수인의 가해행위가 일체로 보여질 때 또는 피해자의 입장에서 보아 피해가 수인의 행위로 인한 하나의 사고의 결과로 볼 수 있는 경우에 객관적 관련공동이 있다고 본다.

이에 비해 주관적 관련공동설은 행위자간에 주관적 공동인 공모 내지는 공동의 인식이 필요하다는 견해이다.[7] 그 근거로서는 첫째, 민법 제760조 제2항이 “공동 아닌” 수인의 행위라고 규정하고 있는 것은 수인이 공동으로 하나의 행위를 한 것이 아닌 주관적 공동이 없는 수인의 행위를 의미하고, 동조 제1항의 “공동”의 불법행위는 공모 내지 공동의 인식이 있는 행위라고 해석하는 것이 문리해석상 타당하다는 점, 둘째, 공동행위자 각자의 행위가 현실적으로 상당인과관계가 있는 손해를 넘어서 책임을 부담하는 것은 수인간의 의식적인 공동이 있으므로 일반불법행위보다 유책·비난가능성이 높기 때문이라는 점, 셋째, 객관적 관련공동설에 의하면 가해행위에 기여하는 정도에 차이가 있을 경우에는 기여도가 적은 행위자가 기여도가 큰 행위자와 같이 전 손해를 배상해야 하는 이유를 설명하기 곤란하다는 점 등을 들고 있다. 그런데 민법 제760조 제2항에서 “공동 아닌”이라는 의미는 수인의 행위 중 가담행위 그 자체에 공동성이 없다는 의미라는 점, 공동불법행위에서 각 가해자가 전 손해에 대하여 책임을 지는 것은 일반불법행위보다 유책·비난가능성이 높다는 이유에서라기 보다 피해자를 두텁게 보호하기 위해서라는 점, 일반불법행위에서도 가해자의 주관적 의사에 관계없이 책임을 지우는데 특수불법행위 중의 하나

6) 곽윤직, 앞의 「채권각론」, 429쪽; 김기선, 앞의 「채권각론」, 425쪽; 김현태, 「채권법각론」, 일조각, 1981, 398쪽; 鈴木祿弥, 「債權法講義」, 創文社, 1994, 104~105面; 幾代通, 「不法行爲法」, 有斐閣, 1993, 237面.

7) 김증한, 앞의 책, 511쪽; 이은영, 앞의 「채권각론」, 826쪽; 이태재, 앞의 책, 506쪽.

인 공동불법행위의 경우에만 가해자의 주관적 의사를 고려한다는 것은 문제가 있다는 점, 공동불법행위의 경우 수인이 유책하고 위법하게 타인에게 손해를 입힌 경우 기여도의 여부에 관계없이 가해자 전원에게 책임을 부과시키는데 그 존재의의가 있고, 기여도에 따른 책임의 경감문제는 구상의 문제로 해결하면 된다는 점 등으로 인해 객관적 관련공동설이 타당하다고 본다. 판례[8]도 공동불법행위자간에 공모 내지는 공동인식은 필요없고, 공동행위가 오직 객관적으로 관련공동하고 있으면 족하다고 하여 피해자를 두텁게 보호하고 있다.

(2) 민법 제760조 제2항의 공동불법행위

공동 아닌 수인의 행위 중 어느 누구의 행위가 그 손해를 가한 것인지를 알 수 없는 때에도 연대하여 그 손해를 배상할 책임이 있다라고 규정하고 있는데 이 유형의 불법행위가 성립하기 위해서는 불법행위의 일반요건인 고의과실, 위법성 및 책임성의 요건을 구비하여야 함은 물론이고 그 이외에도 공동아닌 수인의 행위가 있어야 하고, 가해자가 불명이어야 한다. 여기서 공동아닌 수인의 행위라 함은 위법행위가 될 위험성이 있는 행위를 수인이 행하되 가해행위 자체에 관하여 공동성이 없는 경우를 말한다. 다수설 및 판례의 입장인 객관적 관련공동설에 의하면 동조 제1항의 공동불법행위의 적용범위를 비교적 넓게 인정하기 때문에 제2항의 공동불법행위는 적용될 여지가 별로 없게 되지만, 주관적 관련공동설에 의하면 주관적 관련공동이 없는 위법행위가 사실상 경합하는 경우 동 조항이 적용되게 된다.

다만 다수설은 피해자가 가해자를 증명하는 것이 곤란하고 피해자에게 인과관계의 증명을 요구하게 되면 피해자는 가해자에게 배상을 받을 수 없는 경우가 발생하므로 피해자에게 인과관계의 입증곤란을 덜어주기 위한 규정[9]이라는데 동 조항의 존재의의를 두고 있다.

---

8) 대법원 2005. 9. 30. 선고 2004다52576 판결; 대법원 1994. 11. 25. 선고 94다35671 판결; 대법원 1993. 1. 26. 선고 92다4871 판결 등.

9) 김증한, 앞의 책, 512쪽; 곽윤직, 앞의 「채권각론」, 702쪽.

한편 공동불법행위자 중에 행위와 손해발생간에 인과관계 없음을 입증하면 그 자의 책임을 면할 수 있을 것인가와 관련하여 긍정설은 동조 제2항은 입증책임과 관련하여 피해자의 보호를 두텁게 하기 위한 규정이므로 행위와 손해간에 인과관계가 없음이 입증되면 감책 내지는 면책할 수 있다고 본다.[10] 반면에 부정설은 가해자 불명의 공동책임의 경우 피해자의 증명의무를 해제하여 구상을 용이하게 하려는 것과 공동불법행위의 위법을 중시하여 단순한 공동행위 이상의 반윤리성을 갖는 것이라고 하여 배상청구를 받은 자는 자기가 가해자 아닌 것을 입증하여도 책임을 면할 수 없다고 한다. 또한 동조는 피해자를 두텁게 보호하려는 정책적 규정이므로 가해자는 연대책임을 면할 수 없다고 한다.[11]

그런데 가해자불명의 공동불법행위에서 연대책임을 부과하는 것은 행위의 반윤리성에 근거하는 것이 아니라 위법행위 자체에는 공동성이 없으나 누가 가해자인지를 알 수 없는 경우에 피해자의 입증곤란을 덜어주기 위한 것이므로 원인을 제공하지 않은 자에게 결과에 대한 책임을 부과하는 것이 너무 가혹하다는 점에서 가해자가 판명되면 가해자에게만 책임을 물어야 하며, 공동불법행위자 중에서 인과관계가 없음이 판명되면 면책을 인정해야 하는 긍정설이 타당하다고 본다.

(3) 민법 제760조 제3항의 공동불법행위

민법 제760조 제3항에서는 "교사자나 방조자를 공동불법행위자로 본다"고 규정하여 교사자와 방조자도 공동불법행위자로 간주되어 직접적인 불법행위자와 연대책임을 지게 된다. 교사나 방조행위는 직접적으로 불법행위와 관련 공동성은 없지만 그것과 인과관계가 있기 때문에 피해자를 보호하기 위하여 교사자나 방조자의 행위에 대해서도 공동불법행위자로 간주하여 직접 불법행위를 한 자와 연대하여 모든 손해에 대해 책임을 지도록 규정하고 있는 것이다.

---

10) 이태재, 앞의 책, 507쪽; 김증한, 앞의 책, 512쪽.
11) 김기선, 앞의 「채권각론」, 425쪽.

판례는 교사나 방조의 경우에 공동불법행위가 성립한다고 하면서도 그 근거 조항이 동조 제1항인지 아니면 제3항인지를 명확하게 하고 있지 않은 현실 및 객관적 관련공동성이 있으면 제760조 제1항의 공동불법행위에 해당된다는 다수설의 입장을 고려하면 동조 제3항의 공동불법행위에 해당되는 경우는 그다지 많다고는 볼 수 없을 것이다.

3. 공동불법행위책임의 성질

(1) 서 설

수인이 공동의 불법행위로 타인에게 손해를 가한 때에는 연대하여 그 손해배상책임이 있다고 하는 민법 제760조의 공동책임의 성질을 어떻게 볼 것인지가 문제이다. 이 공동책임의 성질은 첫째, 피해자와 공동책임자 중의 1인과의 사이에서 발생한 사유가 다른 공동불법행위자의 책임에 어떠한 영향을 미치는지의 여부와 둘째, 전액을 배상한 공동책임자와 다른 공동책임자간의 내부관계인 구상권행사 여부와 밀접한 관련을 가지고 있다.

(2) 학 설

가) 부진정연대채무설

민법 제760조의 공동불법행위책임과 관련하여 다수설[12] 및 판례[13]는 부진정연대채무라고 해석하고 있다. 부진정연대채무라 함은 수인의 채무자가 동일한 내용의 급부에 관하여 각자 독립하여 전부의 급부의무를 부담하고, 그 가운데의 한 사람 또는 수인이 1개의 급부를 하면 모든 채무자의 채무가 소멸하지만, 채무자간의 공동목적에 의한 주관적 관련이 없기 때문에 채무자 한 사

12) 곽윤직, 앞의 「채권각론」, 427쪽; 이은영, 앞의 「채권각론」, 835쪽; 김주수, 앞의 책, 723쪽; 김증한, 앞의 책, 512쪽; 김기선, 앞의 「채권각론」, 425쪽; 潮見佳男, 「不法行爲法」, 信山社出版株式會社, 1999, 426面; 幾代通, 前揭書, 237面.

13) 대법원 1995. 11. 14. 선고 94다34449 판결; 대법원 1983. 5. 24. 선고 83다카208 판결; 대법원 1982. 4. 27. 선고 80다2555 판결.

람에 관하여 생긴 사유가 다른 채무자에게 영향을 미치지 않는 다수당사자의 채무관계를 말한다.[14)]

이 견해가 드는 근거는 첫째, 공동불법행위로 인한 책임은 피해자를 두텁게 보호하려는 민법 제760조의 입법취지를 고려하여 부진정연대채무로 보는 것이 보다 타당하다는 점, 둘째, 공동불법행위자의 책임을 공동으로 하는 목적은 공동불법행위자 각자에게 공동의 행위로부터 발생한 전손해를 배상시키는데 있음에 반하여, 연대채무에 있어서는 연대채무자 1인에 대해 생긴 사유에 관하여 절대적 효력을 광범위하게 인정하는 것은 연대채무자간에 긴밀한 주관적 공동관계가 있는 것을 예상하고 구상관계를 용이하게 처리할 것을 목적으로 하고 있다. 그런데 공동불법행위에서는 반드시 그러한 주관적 공동관계가 있다고 할 수 없다는 점, 셋째, 책임무능력자의 감독자와 대리감독자의 책임(민법 제755조), 사용자와 대리감독자 및 피용자의 책임(민법 제756조), 동물의 점유자와 보관자의 책임(제759조)은 모두 부진정연대채무로 보면서 피해자를 두텁게 보호해야 할 공동불법행위책임을 연대채무로 보는 것은 불합리하다는 점 등이다.

나) 연대채무설

연대채무라 함은 수인의 채무자가 동일한 내용의 급부에 관하여 각각 독립해서 전부의 급부를 하여야 할 채무를 부담하고, 그 중의 한 사람의 채무자가 전부의 급부를 하면 모든 채무자의 채무가 소멸하는 다수당사자의 채무를 말한다.[15)]

연대채무설[16)]이 드는 근거는 첫째, 민법 제760조에서 "연대"하여 손해를 배상할 책임이 있다고 규정한 점, 둘째, 부진정연대채무는 민법상의 개념이 아니라는 점, 셋째, 연대채무에서의 채무자간의 결합관계를 주관적 공동으로 이해하면서, 주관적 공동관계에 있는 민법 제760조 제1항과 제3항의 공동불법행위자간의 법률관계를 연대채무가 아니라고 하는 것은 모순이라는 점, 넷째,

14) 곽윤직, 「채권총론」, 박영사, 2004, 175~176쪽; 김기선, 「한국채권법총론」, 법문사, 1987, 225~226쪽; 김형배, 「채권총론」, 박영사, 1999, 480쪽; 이은영, 「채권총론」, 박영사, 2001, 502쪽.

15) 곽윤직, 앞의 「채권총론」, 161쪽; 김기선, 앞의 「한국채권법총론」, 206쪽; 김형배, 앞의 책, 447쪽.

16) 강동호, "공동불법행위에 관한 연구", 경상대 논문집, 제2권, 1979, 27쪽.

부진정연대채무는 원칙적으로 구상권이 없으므로 구상관계를 설명하기 위해서는 연대채무로 보는 것이 타당하다는 점 등이다.

한편 연대채무의 본질을 상호보증으로 보고, 공동불법행위책임을 부진정연대채무로 처리하는 다수설 및 판례는 오히려 구상관계를 포함하여 연대채무에 관한 규정의 적용에 소극적이므로 화해의 촉진을 저해하거나 조기화해에 의한 피해자구제가 곤란하다고 하면서 공동불법행위책임은 연대채무이고 연대채무에 관한 규정을 공동불법행위에 적용하여도 부당한 결과가 초래되지 않는다고 하는 견해[17]도 있다.

다) 절충설

공동불법행위책임이 연대채무인가 아니면 부진정연대채무인가 하는 판단기준을 어디에 두는가에 따라 연대채무가 되기도 하고 부진정연대채무가 되기도 한다는 견해로서 연대채무·부진정연대채무 2분설이라고도 한다. 즉 민법 제760조의 공동불법행위 중 수인이 서로 공모 또는 공동인식하에 하거나, 타인을 교사 또는 방조하는 등 상호간에 주관적 공동이 있는 가해행위인 제1항 및 제3항의 경우에는 연대채무를 인정하고, 손해원인이 공동 아닌 수인의 위법행위 중 누구에게 있는지가 불명한 경우인 제2항의 경우에는 부진정연대채무를 인정하자는 견해[18]이다.

(3) 소 결

공동불법행위의 책임을 어떻게 볼 것인지는 결국 피해자와 공동책임자 중의 1인과의 사이에서 발생한 사유가 다른 공동불법행위자의 책임에 어떠한 영향을 미치는지의 여부에 귀결된다고 본다.

독일의 경우 공동불법행위책임을 연대책임으로 보는 것은 공동불법행위의 가해자 1인에게 생긴 사유가 다른 가해자에게 미치는 절대적 효력을 인정하는 사유의 범위가 좁기 때문에 연대채무로 보더라도 공동불법행위의 피해자 구

17) 문진규, "공동불법행위에 관한 연구", 영남대학교 박사학위논문, 1997.8, 187쪽.
18) 이태재, 앞의 책, 506쪽; 정태륜, "공동불법행위에 관한 연구", 서울대학교 박사학위논문, 1994.8, 302~306쪽.

제에 별 어려움이 없지만,[19] 우리 민법처럼 연대채무에 절대적 효력사유를 광범위하게 인정하고 있는 경우에도 공동불법행위책임의 성질을 연대채무로 보는 것은 공동불법행위자들에게 무거운 책임을 부과시켜 피해자를 보호한다는 공동불법행위제도의 근본취지에 반하게 된다. 또한 채무자 중 1인에 관하여 생긴 사유의 효력과 관련하여 채권을 만족시키는 사유인 변제나 대물변제, 상계, 공탁의 경우에는 절대적 효력이 있지만, 채권의 전부만족을 가져오는 사유가 아닌 민법 제418조 제2항, 제419 내지 제422조는 부진정연대채무에는 적용되지 않는다. 특히 연대채무설의 입장에서는 면제의 경우 피해자가 가해자 중 일방에게 면제를 하게 되면 그 부담부분에 한하여 다른 연대채무자의 이익을 위해 효력이 있게 되어 담보력이 그 만큼 약해져서 피해자 구제에 불합리하게 된다는 점 때문에 연대채무설은 부당하다고 본다.

한편 절충설은 주관적 관련이 있는 공동불법행위인 제760조 제1항 및 제3항은 그 반윤리성으로 보아 가해자에게 무거운 책임을 인정하여 피해자를 두텁게 보호해야 함에도 불구하고, 주관적 관련이 없는 공동불법행위인 동조 제2항의 경우에 부진정연대채무를 인정하게 되어 주관적 관련이 있는 경우보다 더 무거운 책임을 부담하는 것은 타당하지 않다고 본다.

따라서 민법 제760조의 입법취지가 피해자를 두텁게 보호하는데 있다는 측면을 고려해 본다면 부진정연대책임으로 해석하는 것이 타당하다고 본다.

4. 구상관계

(1) 서 설

공동불법행위책임을 연대채무로 보게 되면 주관적 공동관계가 있으므로 공동불법행위자 상호간에는 그 부담부분이 있게 되게 당연히 구상권도 인정되지만, 부진정연대채무로 보게 되면 공동불법행위자 상호간에는 주관적 공동관계가 없게 되어 부담부분이 없으므로 원칙적으로는 구상권도 발생하지 않게

19) 김진, “공동불법행위에 관한 연구”, 성균관대학교 박사학위논문, 1999. 8, 213쪽.

된다. 그런데 공동불법행위책임을 부진정연대채무로 보는 학설·및 판례도 예외없이 공동불법행위자 상호간의 구상권을 인정하고 있다. 따라서 공동불법행위책임을 무엇으로 보든지 간에 구상권을 인정하는 결과면에서는 동일하게 된다. 결국 구상권문제와 관련해서는 공동불법행위책임의 성질을 무엇으로 볼 것인지가 중요한 것이 아니라 구상권을 인정하는 근거가 무엇인지가 중요하게 된다. 판례[20]는 공동불법행위책임을 부진정연대채무로 보면서도 가해자들 상호간의 구상권을 인정하고 있다. 다만 그 근거에 대해서는 명확하게 밝히고 있지 않으므로 학설에 의할 수밖에 없다.

(2) 학 설

가) 특별한 법률관계설

부진정연대채무자 사이에는 주관적인 공동관계가 없는 결과로서 부담부분이 없고, 따라서 구상관계가 당연히 발생하지는 않지만, 그들 사이에 특별한 법률관계가 있는 때에만 그에 기하여 구상관계가 생길 뿐이라는 견해이다.[21]

나) 형평 내지는 공평설

공동불법행위책임의 성질을 어떻게 보느냐와 상관없이 공동불법행위의 경우에도 그 중의 1인이 전부의 배상을 한 경우에는 그 배상자는 다른 불법행위자에 대하여 본래 부담하였을 비율에 따라서 구상권을 가지며, 그 근거에 대해서는 공동불법행위자는 손해의 발생에 공동의 원인을 부여한 자이므로 그에 대한 배상책임도 내부관계에 있어서는 이를 분담하는 것이 공평하다는데서 찾고 있는 견해이다.[22]

다) 부당이득설

연대채무자가 채권자에게 변제함에 따라 다른 연대채무자가 자기의 부담부

20) 대법원 2002. 9. 24. 선고 2000다69712 판결; 대법원 1995. 9. 29. 선고 94다61640 판결; 대법원 1989. 9. 26. 선고 88다카27232 판결; 대법원 1988. 4. 27. 선고 87다카1021 판결.

21) 곽윤직, 앞의 「채권총론」, 176쪽.

22) 서민, "공동불법행위", 충남대학교 사회과학연구소 논문집, 제4권 제1호, 1977, 79쪽; 정태륜, 앞의 논문, 311쪽.

분에 상당하는 채무변제를 면하게 되는 것은 타인의 배상으로 혹은 타인을 위한 배상으로 인하여 생긴 부당이득으로 볼 수 있다는 것이다. 우리나라에서는 이를 주장하는 자는 없다.

(3) 소 결

구상관계와 관련하여 그 근거를 특별한 법률관계에서 찾는 견해에 대해서는, 공동불법행위는 수인이 관여하여 하나의 손해를 발생시킨 경우에 각자에게 전액의 배상책임을 부과함으로써 피해자를 두텁게 보호하는데 그 목적이 있으므로 특별한 법률관계를 전제로 하는 것이 아니라는 점, 특별한 법률관계가 있는 경우에만 구상권을 인정하게 되면 교통사고의 경우에는 특별한 법률관계가 없는 경우가 많으므로 구상권이 인정되지 않는다는 불합리한 결과를 낳게 된다는 점, 구상관계를 발생시키는 특별한 법률관계가 없는 경우라도 구상권을 인정하지 않으면 불공평 내지는 불합리한 결과를 야기시킨 때에는 각 경우의 실질적인 관계로부터 구상관계가 발생한다는 점 등의 이유로 이 견해에는 동조할 수 없다. 한편 부당이득에서 찾는 견해에 대해서는, 공동불법행위자는 자기의 채무로서 자신을 위하여 피해자에게 손해를 배상한 것이므로 다른 공동불법행위자는 법률상 원인없이 이득을 얻은 자라고는 할 수 없으므로 부당이득에서 그 근거를 찾는 것은 부당하다고 본다. 따라서 공동불법행위에서 구상권의 근거는 공평 내지는 형평설에 근거함이 타당하다고 본다. 즉 공동불법행위에서 구상권은 공동불법행위책임의 성질이 연대채무냐 부진정연대채무냐에 의해서 결정되는 것이 아니라 공동불법행위자 각자가 부담해야 할 부분을 공동불법행위자 중의 1인이 부담하였으므로 자신이 부담해야 할 부분이상에 대해서는 다른 공동불법행위자에게 구상권을 행사하는 것이 불법행위의 이념인 형평 내지는 공평의 관념에 부합한다고 하겠다.

Ⅲ. 선박충돌로 인한 손해배상책임

1. 서 설

(1) 선박충돌의 의의

선박충돌이라 함은 항해선박 상호간 또는 항해선과 내수항행선박 간에 직접 또는 간접으로 수면에서 접촉하여 선박 또는 선박내에 있는 물건이나 사람에 대하여 손해를 발생하게 하는 경우를 의미한다(상법 제876조).[23]

이를 분설해 보면 선박충돌이 성립하기 위해서는 첫째, 2척 이상의 선박상호간의 충돌이어야 한다. 즉 항해선 상호간 및 항해선과 내수항행선간의 충돌, 국·공유선이 아닌 비영리 항행용으로 사용되는 선박간의 충돌을 말한다. 따라서 노도선 간의 충돌, 내수항행선 상호간의 충돌은 상법상의 충돌이 아니다.[24] 이 경우에도 상법규정을 유추적용하자는 견해가 있으나, 상법 및 선박법이 정한 선박의 범위에 포함되지 않고, 선박충돌협약에서도 이를 배제하고 있으므로 유추적용할 것이 아니라 민법의 불법행위 일반원칙에 의해야 할 것이다.[25] 또한 선박이 부두와 같은 항만시설과 충돌하거나 다른 선박과의 충돌을 피하려다가 좌초한 경우, 빙산, 부표 등과 충돌하는 경우 등은 선박충돌이라고 할 수 없다.[26] 둘째, 수면에서 선박간의 직·간접적인 접촉이 있어야 한다. 선박충돌은 2척 이상의 선박이 서로 접촉해야 한다. 문제는 현실적인 접촉은 아니지만 직접충돌에 준할 만한 행위에 의해 손해가 생긴 간접충돌[27]을 선박충돌에 포함시켜야 하는지에 관해 견해의 대립[28]이 있었다. 그러나 개정상

---

23) 박용섭, 「해상법론」, 형설출판사, 1998, 818쪽; 송상현·김현, 「해상법원론」, 박영사, 2015, 540~541쪽; 이기수·최병규·김인현, 「보험·해상법」, 박영사, 2008. 593쪽; 정영석, 「해상법원론」, 텍스트북스, 2009, 429쪽; 최기원, 「해상법」, 박영사, 2002, 293~294쪽.

24) 이기수 외 2인, 앞의 책, 596쪽; 박용섭, 앞의 책, 817쪽.

25) 동지: 최기원, 앞의 책, 294쪽; 이기수 외 2인, 앞의 책, 596쪽.

26) 서돈각, 「상법강의(하)」, 법문사, 1985, 602쪽.

27) 간접충돌의 예로서는 통항 선박에 의해 생긴 조파 때문에 다른 선박이 제3선박과 충돌하거나, 다른 선박이 전복되거나 좌초된 경우 등을 말한다.

28) 긍정하는 견해(박용섭, 앞의 책, 821쪽, 송상현·김현, 앞의 책, 541쪽, 배병태, 「주석해상법」, 한

법은 간접충돌의 경우에도 그 충돌을 야기한 선박에 과실이 있는 때에는 접촉사고와 다를 바가 없고, 충돌규정의 목적은 손해의 합리적인 귀속을 정하는데 있으며, 1910년 브뤼셀선박충돌조약 제13조도 간접충돌의 경우에 동 조약을 적용시키는 점을 참고하여[29] 간접충돌도 선박충돌로 본다는 규정(제876조 제2항)을 신설하였기에 견해의 대립은 큰 의미가 없어지게 되었다. 한편 선박충돌은 수면이면 되고, 海上이든 水中이든 관계없다. 셋째, 충돌로 인한 손해의 발생이 있어야 한다. 상법의 규정에 의하면 “선박 또는 선박내에 있는 물건이나 사람에 관하여 생긴 손해”라고 규정하고 있으므로 물적 손해나 인적 손해를 포함하고 있다. 충돌행위와 손해의 발생간에 상당인과관계가 있는 손해에 한함은 물론이다. 이 손해에는 직접손해 뿐만이 아니라 선박충돌과 관련하여 제3자에게 지출한 변호사비용 등 부수비용도 이 손해에 포함된다는 것이 판례이다.[30]

(2) 선박충돌의 유형

현행 상법은 선박충돌을 발생원인에 따라 불가항력이나 원인불명에 의한 충돌(제877조), 일방의 과실로 인한 충돌(제878조), 쌍방의 과실로 인한 충돌(제879조)로 구별하고 있다.

가) 불가항력이나 원인불명에 의한 충돌

“선박의 충돌이 불가항력으로 인하여 발생하거나 충돌의 원인이 명백하지 아니한 때에는 피해자는 충돌로 인한 손해의 배상을 청구하지 못한다”는 상법의 규정은 선박의 충돌이 우연한 사유 또는 불가항력으로 인한 때 또는 충돌의 원인이 불명한 경우에는 손해를 입은 자의 부담으로 한다는 선박충돌협약 제2조와 동일하게 규정하고 있다. 동조의 취지는 불가항력 또는 원인불명으로 인한 선박충돌의 경우 두 선박소유자가 책임을 균분하여야 한다는 사상에 있다고 본다. 한편 원인불명에 의한 선박충돌이란 선박충돌이 과실에 의하여 발

국사법행정학회, 1977, 351쪽)와 부정하는 견해(최기원, 앞의 책, 294쪽)가 있다.

29) 송상현·김현, 앞의 책, 541쪽.

30) 대법원 2005. 5. 27. 선고 2004다60584 판결; 대법원 1996. 11. 29. 선고 95다2951 판결; 대법원 1972. 6. 13. 선고 70다413 판결.

생한 것은 명백하지만 어느 쪽의 선박에게 현실적으로 과실이 있었는가를 입증하는 것이 불가능한 경우로서 결국은 피해자가 손해를 부담할 수 밖에 없게 된다. 다만 선박의 안전장비 및 항해기술이 현저하게 발달하고 국제간 충돌예방에 관한 통일법이 제정된 오늘날에는 불가항력 또는 원인불명으로 인한 충돌은 현저하게 줄어들어 그 중요성이 많이 감소되었다는 견해도 있다.[31)]

나) 일방의 과실로 인한 충돌

상법 제878조에 의하면 "선박의 충돌이 일방의 선원의 과실로 인하여 발생한 때에는 그 일방의 선박소유자는 피해자에 대하여 충돌로 인한 손해를 배상할 책임이 있다"고 규정하고 있다. 이는 불법행위의 일반원칙인 과실책임의 원칙상 당연한 규정이다. 동조에서 말하는 선원에는 선박소유자나 그 피용자 및 도선사의 과실도 포함된다(상법 제880조). 이 경우 선박소유자는 유한책임의 범위내에서 피해선박의 선체, 인명, 적하에 관하여 발생한 모든 손해에 대하여 배상책임을 부담한다. 한편 가해선박 자체의 적하나 여객의 손해에 대하여는 충돌로 인한 손해배상책임과 운송계약상의 채무불이행책임을 부담하며, 양자는 청구권경합에 해당된다고 본다. 다만 인적 손해가 아닌 적하에 대한 손해배상에 대해서는 선박소유자는 자신의 과실이 없는 한 선박사용인의 항해과실에 대하여 운송약관이나 선하증권상에 다른 특별한 약정이 없는 한 상법 제795조 제2항에 의해 책임을 면하게 된다. 다만 이 경우에 제795조 제2항의 면책조항은 피해자가 불법행위의 책임을 묻는 경우에도 적용되어야 하는지와 관련하여 부정한 판례[32)]가 있다.

다) 쌍방의 과실로 인한 충돌

상법 제879조에 의하면 "선박의 충돌이 쌍방의 선원의 과실로 인하여 발생한 때에는 쌍방의 과실의 경중에 따라 각 선박소유자가 손해배상의 책임을 분담한다. 그 과실의 경중을 판정할 수 없는 때에는 손해배상의 책임을 균분하여 부담한다", 그리고 "제3자의 사상에 대한 손해배상은 쌍방의 선박소유자가 연대하여 그 책임을 진다"고 규정하고 있다.

31) 문용호, "선박충돌", 재판자료 제52집, 「해상·보험법에 관한 제문제(상)」, 법원행정처, 1991, 550쪽.
32) 대법원 1989. 4. 11. 선고 88다카11428 판결; 대법원 1990. 5. 8. 선고 88다카7641 판결.

동조에 의하면 제1항에서 쌍방과실의 경중에 따른 각 선박소유자의 손해배상책임의 분담을 규정하고 있고, 제2항에서는 제3자의 사상에 대한 손해배상책임에 관하여 각 선박소유자의 연대책임을 규정하고 있다. 선박충돌의 유형 중 오늘날 가장 많이 발생하는 충돌유형임과 동시에 여러 법률문제를 내포하고 있다. 본 연구에서 염두에 두고 있는 선박충돌의 유형도 쌍방과실로 인한 충돌이다.

2. 선박충돌로 인한 손해배상책임

(1) 문제의 제기

선박충돌사고의 경우 해상에서 발생한다는 것 이외에는 도로에서 발생하는 충돌사고와 크게 다르지 않다. 선박충돌사고의 대부분도 선장, 도선사, 선원 등의 과실에 의해 발생하기 때문이다. 따라서 선박충돌로부터 발생하는 사법적 법률관계는 선주의 불법행위책임관계이다. 선박의 충돌이 불가항력으로 발생하거나 충돌의 원인이 명백하지 아니한 때에는 충돌로 인한 손해는 손해를 받은 선주나 하주 등 피해자가 부담해야 하며(상법 제877조), 선박의 충돌이 일방의 선원의 과실로 인하여 발생한 때에는 그 일방의 선박소유자는 피해자에 대하여 충돌로 인한 손해를 배상할 책임이 있다(상법 제878조). 선박충돌이 불가항력이거나 원인불명인 경우 및 일방의 과실로 인한 충돌의 경우에는 큰 문제가 없어 보이지만, 쌍방과실로 인한 선박충돌의 경우에는 선박소유자간 또는 제3자간의 인적, 물적 손해 등 복잡한 손해배상책임문제가 발생한다. 즉 각 선박소유자가 서로 상대방에 대하여 상대방의 과실비율에 따른 별개의 손해배상청구권을 갖는가 그렇지 않으면 각자의 손해액에 대하여 서로 과실의 경중에 따라 계산한 손해액을 차감하여 처음부터 하나의 손해배상청구권만을 가지게 되느냐의 문제, 제3자에 대한 물적 손해배상에 대해서는 법규정이 없으므로 상법 제879조 제1항에 의해 비율책임에 의할 것인지 아니면 공동불법행위에 따른 부진정연대책임을 져야 할 것인지의 문제, 선박소유자의 유한책임과의 관계 등이다.

이하에서는 쌍방과실로 인한 선박충돌에 있어서 전술한 문제점들에 관해 항을 바꾸어 순차적으로 법이론을 전개한다.

(2) 선박소유자 간의 손해배상책임

가) 과실비율에 따른 책임분담주의

상법은 선박의 충돌이 쌍방의 선원의 과실로 인하여 발생한 때에는 쌍방의 과실의 경중에 따라 각 선박소유자가 손해배상의 책임을 부담한다. 그 과실의 경중을 판정할 수 없을 때에는 손해배상의 책임을 균분하여 부담한다고 규정(제879조)하여 쌍방과실로 인한 선박충돌의 경우에는 각 선박소유자에게 과실의 비율에 따른 책임을 부담한다는 원칙을 천명하고 있다. 동조 후문에서 말하는 과실의 경중을 판정할 수 없는 경우란 쌍방의 선박에 과실이 있는 것은 증명이 되었지만 과실의 정도에 얼마의 차이가 있느냐를 판정하기 어려운 때를 말하므로 충돌의 원인자체가 불명한 제877조의 충돌의 원인이 명백하지 아니한 경우와는 구별해야 한다.

나) 학설의 대립

쌍방과실로 인한 선박충돌의 경우 발생한 손해배상책임(제879조)에 관해 해석론상 문제점이 제기된다. 즉 각자의 손해에 관하여 서로 과실의 경중에 따라 계산한 손해액을 차감하여 손해가 많은 일방의 선주만이 상대방에 대하여 처음부터 하나의 손해배상청구권을 가질 뿐이라는 단일책임설과 각 선주는 서로 상대방에 대하여 각각 상대방의 과실비율에 따른 손해배상청구권을 가지며 이를 서로 상계할 수 있다는 교차책임설이 대립되고 있다.

단일책임설이 들고 있는 근거는 첫째, 원래 일반불법행위에 관한 교차책임적인 성격이 상법의 충돌에 관한 특별규정에 의하여 단일책임적 관계로 바뀐 것이라는 점, 둘째, 양 선박이 관련되어 있더라도 충돌이라는 법률요건은 하나이므로 그로부터 생기는 손해도 일체로서 포괄적으로 파악해야 한다는 점, 셋째, 실제적인 이유로서 교차책임을 인정할 경우 선박충돌도 불법행위의 한 유형으로서 민법 제496조에 따라 충돌로 인한 채권의 상계가 금지된다는 점,

넷째, 어느 일방이 파산한 경우 상대방은 상계할 수 없다는 점, 다섯째, 일방의 선주가 유한책임을 주장하는 경우 상대방에게 불리하게 되는 등 불공평한 결과가 생긴다는 점 등이다.

한편 교차책임설이 들고 있는 근거는 첫째, 상법의 충돌에 관한 특별규정은 손해의 부담에 관한 비율을 정하는 원칙을 정한 것일 뿐 손해액의 계산방법에 관한 규정은 아니라는 점, 둘째, 충돌사실은 하나일지라도 과실 있는 쌍방이 각각 불법행위의 요건을 갖추고 있는 이상 그로부터 생기는 손해배상채권도 두개라고 보는 것이 타당하다는 점, 셋째, 민법의 불법행위로 인한 채권의 상계금지규정의 취지는 원래 자력구제 및 보복적 불법행위를 금지하자는 취지이어서 선박충돌과 같이 한개의 동시적 현상으로 쌍방에 발생하는 동질적 손해배상채무의 관계에까지 적용되는 것은 아니라는 점, 넷째, 일방이 파산하더라도 충돌이 파산선고전에 생긴 경우에는 상대방의 채권이 파산채권이 아니기 때문에 파산법에 의한 상계금지규정이 적용될 수 없다는 점, 다섯째, 일방의 선주가 유한책임을 주장하는 경우에도 공평의 요청에 따라 쌍방의 손해배상을 차감계산한 후가 아니면 책임제한을 주장할 수 없도록 해석함으로써 불공평한 결과를 막을 수 있다는 점 등이다.[33)]

다) 소 결

육상의 교통사고나 해상의 교통사고인 선박충돌의 경우 순수한 법이론적으로 설명해 본다면 자동차 충돌사고와 마찬가지로 쌍방과실에 의한 선박충돌의 경우 공동불법행위이론에 따라 각각의 선박소유자에게 별개의 손해배상청구권이 발생한다고 보는 교차책임설이 보다 더 논리적이다. 단일책임설에 의하면 각자의 과실비율에 따라 서로 분담할 손해액이 똑같은 경우에는 쌍방과실로 인한 선박충돌이라는 법률요건이 존재하는데도 처음부터 아무런 손해배상청구권이 발생하지 않게 되어 불합리한 경우가 발생한다. 또한 민법의 불법행위로 인한 채권에 기한 상계금지규정의 취지는 불법행위의 피해자로 하여금 현실의 변제를 받게 하는 동시에 불법행위의 유발을 방지하자는데 있으므로[34)]

33) 문용호, 앞의 논문, 576~578쪽.
34) 이은영, 앞의 「채권총론」, 759쪽; 곽윤직, 앞의 「채권총론」, 282쪽.

단일 사고로 인한 동질적인 손해배상채권 상호간에는 그러한 염려가 없을 뿐 아니라, 우리 민법 제496조에서는 "고의"의 불법행위로 인한 경우에만 상계금지를 규정하고 있으므로,[35] 과실의 경우 즉 쌍방과실로 인한 선박충돌의 경우에는 상계가 가능하다. 특히 쌍방의 배상능력에 차이가 있는 경우에는 오히려 상계를 인정함으로써 상계의 담보적 기능을 확보하는 것이 더 공평하다고 할 것이므로 교차책임설이 타당하다고 본다. 우리나라의 통설[36]이기도 하다.

(3) 제3자에 대한 손해배상책임

가) 물적 손해

상법은 제879조 제1항에서는 선주상호간의 과실비율에 따른 책임을, 제2항에서는 제3자의 인적 손해에 대한 연대책임을 각각 규정하고 있지만, 제3자에 대한 물적 손해배상에 대해서는 언급이 없으므로 제879조 제1항에 의해 비율책임에 의할 것인지 아니면 공동불법행위에 따른 부진정연대책임을 져야 할 것인지의 문제가 제기된다.

이에 대해 상법상 선박충돌에 관한 규정은 원칙적으로 국제선박충돌협약 제4조 제2항의 규정을 수용하여 비율책임을 지도록 한 것이므로 이 규정이 충돌선박간의 내부적 관계뿐만 아니라 제3자의 물적 손해에 대한 외부적 관계에 대해서도 해석론상 비율책임원칙을 근거로 삼을 수 있다는 것이다. 즉 상법 제879조 제2항은 인적 손해에 대해서만 연대책임원칙을 규정하고 있는 점을 고려해 보면 동조 제1항에는 제3자의 물적 손해가 포함된 것으로 이해할 수 있다는 것이다.[37] 이를 테면 제879조 제1항은 내부적 및 외부적 물적 손해의 배상책임을 포괄하여 규정하고 있음을 동조 제2항을 통하여 반대해석 내지는 유추해석할 수 있다는 것이다. 이렇게 해석하는 것이 지배적 견해[38]이며, 판례[39]

35) 동지의 판례: 대법원 1994. 8. 12. 선고 93다52808 판결; 대법원 1974. 8. 30. 선고 74다958(과실로 인한 손해배상청구권에 관해서는 민법의 상계금지규정이 적용되지 않는다고 판시).
36) 최기원, 앞의 책, 297쪽; 박용섭, 앞의 책, 862쪽; 이기수 외 2인, 앞의 책, 603쪽; 정영석, 앞의 책, 438쪽.
37) 지상원, "선박충돌의 손해배상책임법리에 관한 연구", 한국해양대학교, 박사학위논문, 1996, 73쪽.
38) 박용섭, 앞의 책, 853쪽; 이균성, 「해상법 대계」, 한국해양수산개발원, 2010, 987쪽; 정희철·정찬형, 상법원론(하), 박영사, 1998, 790쪽.
39) 대법원 1972. 6. 13. 선고 70다213 판결; 대법원 1975. 6. 24. 선고 75다356 판결.

또한 같은 태도이다.

문제는 제3자에 대한 손해배상책임에 대해 명문의 규정을 두거나, 일본 상법처럼 우리 상법 제879조 제2항의 규정이 없어서 해석으로 공동불법행위로 보고 연대책임을 진다고 해석[40]하면 될 것이다. 그러나 우리 상법 규정은 둘 중 어디에도 속하지 않음으로써 이러한 해석상의 문제가 제기된다.

제3자에 대한 손해배상책임과 관련하여 전술한 통설 및 판례에 의하면 쌍방과실로 인한 선박충돌의 경우 분명히 민법 제760조의 공동불법행위임에도 불구하고, 인적 손해에 대해서는 공동불법행위로 구성하여 연대책임을 지도록 하고, 물적 손해에 대해서는 공동불법행위책임을 배제하고 비율분담주의를 취하게 되어 하나의 해상사고를 놓고 법리를 2분화시켜 법적 안정성을 해칠 우려가 있을 뿐만이 아니라 물적 피해자의 보호를 위해서도 인적, 물적 손해의 구별없이 민법의 일반원칙인 공동불법행위로 인한 연대책임으로 이론구성을 하거나 입법화하는 것이 타당하다고 생각한다.[41]

나) 인적 손해

상법은 쌍방과실에 의한 선박충돌로 인하여 제3자가 사상(死傷)함으로써 발생한 손해배상은 선박소유자가 연대하여 그 책임을 진다고 규정하여, 제3자의 인적손해에 대해서는 비율분담주의를 채택하지 않고 공동불법행위의 일반원칙에 따라 연대책임을 부담하게 하고 있다.

공동행위 아닌 수인의 행위 중 어느 자의 행위가 그 손해를 가한 것인지 알 수 없는 때에도 공동불법행위가 성립함은 물론이다(민법 제760조 제2항).

동조의 취지는 피해자를 두텁게 보호하기 위한 것으로 인도주의적 고려에 기인한 것으로 본다.[42] 즉 공동불법행위를 인정하면 채권자나 채무자가 수인

40) 참고로 일본에서도 충돌한 선박의 쌍방에 과실이 있고, 그 결과로서 제3자인 積荷 또는 여객이 손해를 입은 경우 쌍방의 선주는 과실의 비율에 따라 손해를 분담하는가 아니면 피해자에 대해 연대하여 책임을 부담하는가에 관해 다툼이 있다. 우리 상법 제879조 제2항에 해당하는 규정이 없는 일본의 통설 및 판례는 일본 상법 제797조는 선주와 제3자의 관계에는 적용이 없고 각 선박소유자는 민법의 공동불법행위를 행한 자로서 제3자에 대해 연대하여 손해의 전액에 관한 책임을 부담한다고 하여 제3자에게 발생한 물적 손해에 대해서도 연대책임을 지게 된다 (山野嘉朗·山田泰彦, 「現代保險·海商法30講」, (株)中央經濟社, 1994, 278面).

41) 동지: 이성철, "선박충돌에 있어서 과실책임에 관한 연구", 한국해양대학교 박사학위논문, 2001. 2, 156~157쪽.

42) 임동철, "선박충돌에서의 손해배상책임법리의 발전", 법학연구 제4호, 한국해사법학회, 1992.

인 경우 특별한 의사표시가 없으면 각 채권자 또는 각 채무자는 균등한 비율로 권리가 있고 의무를 부담한다는 민법 제408조의 적용이 배제되어 각 당사자는 연대하여 배상하게 되므로 피해자를 두텁게 보호할 수 있다는 것이다.

동조에서 "연대하여 책임을 진다"는 연대채무를 의미하는 것인지 아니면 부진정연대채무를 의미하는지 견해의 대립이 있다. 양 견해의 근본적인 차이는 채무자의 일인에 관하여 생긴 사유가 다른 채무자에게 영향을 미치는 절대적 효력의 인정범위에 있다. 부진정연대채무는 절대적 효력을 인정하는 범위가 연대채무보다는 좁아서 피해자를 두텁게 보호할 수 있게 된다. 따라서 여기서 말하는 연대하여 책임을 진다는 의미도 부진정연대채무로 새기는 것이 피해자보호측면에서 더 타당하다고 본다.[43)]

(4) 선박소유자책임제한과의 관계

가) 문제의 제기

해상기업의 주체인 선주에 대해 상법은 해상법상 특수한 제도로서 선박소유자책임제한제도를 규정하고 있는데, 이는 선박충돌의 경우에도 당연히 선주의 책임제한이 인정됨은 물론이다. 따라서 선박충돌로 인한 손해배상채무에 관해서도 선주가 유한책임배제사유(상법 제773조)에 해당되지 않는 한, 상법 제770조 제1호에 해당되어 선주유한책임의 적용을 받게된다. 문제는 상법 제879조 제1항과 관련하여 자신의 과실비율에 따른 상대방 선주에 대한 손해배상채무와 상대방 선주의 과실비율에 따른 상대방 선주에 대해 가지는 손해배상채권을 서로 차감하는 것과 선주유한책임의 적용 중 어느 것을 우선적용할 것인지이다. 양자 중 어느 것을 우선적용 하느냐에 따라 채권자와 채무자의 지위가 전도되는 문제가 발생하기 때문이다.

나) 선박소유자책임제한과의 관계

쌍방과실로 인한 선박충돌의 경우 발생한 손해배상책임의 법적 성질과 관

12, 18쪽.

43) 곽윤직, 앞의 「채권각론」, 427쪽; 이은영, 앞의 「채권각론」, 835쪽; 김주수, 앞의 책, 723쪽; 김증한, 앞의 책, 508쪽.

련하여 단일책임설과 교차책임설 중 어느 견해를 취하느냐에 따라 결과는 달라지게 된다. 즉 단일책임설에 의하면 쌍방선주의 채권과 채무관계를 차감하고 난 후 하나의 손해배상채권만이 존재하므로 선주유한책임은 그 차감한 잔액에 대해서만 적용되는 것이 당연한 논리적 귀결이다. 따라서 차감한 잔액에 대해서만 선주유한책임을 적용하게 되어 불공평한 결과를 막을 수 있다는 것이 이 견해의 가장 유력한 근거이다. 이에 반해 교차책임설의 경우에는 어느 것을 우선하느냐에 따라 결과는 달라지게 된다. 즉 전술한 예에서 선주책임제한이 우선하게 되면 과실은 적고 피해액은 많은 B가 오히려 과실도 많고 피해액도 적은 A에게 손해배상을 해 주어야 된다는 결과를 초래하게 되어 누가 보더라도 이는 부당한 결과임을 알수 있게 된다. 이와 같은 부당한 결과는 피해액과 선주책임제한액과의 차이가 크면 클수록 더 높게 나타나게 된다.

전술한 바와 같이 쌍방과실로 인한 선박충돌의 경우 발생한 손해배상책임의 법적 성질과 관련하여 우리의 통설은 교차책임설이다. 그렇다면 이러한 부당한 결과를 어떻게 해결할 것인가, 참고로 일본에서는 교차책임설을 취하는 경우라 하더라도 선주유한책임과의 관계에 있어서는 단일책임설과 마찬가지로 쌍방 선주의 채권채무를 차감한 잔액에만 선주유한책임이 적용된다고 하고 있다.[44]

다) 소 결

선주유한책임과 관련하여 전술한 단일책임설에 의하면 논리적 귀결로서 공평한 결과를 도출할 수는 있지만 이는 채권채무의 복수라는 공동불법행위이론에 어긋나는 것이므로 취하기 어려운 견해이다. 그렇다면 우리의 통설인 교차책임설에 따라 해결할 수 밖에 없는데, 전술한 불합리한 경우를 어떻게 해결할 것인지가 교차책임설의 가장 큰 난제라고 할 수 있을 것이다. 결국은 부당한 결과를 발생하지 않게 해석론에 의할 수밖에 없고 종국에 가서는 입법화하는 방법밖에는 없다. 다만 개정상법은 선주유한책임을 적용함에는 단일책임주의를 채택하여 상대방에 대해 동일한 사고로 인하여 채권을 가지는 경우,

44) 戸田修三,「海商法」, 東京, 文眞堂, 1984, 227面 ; 鴻常夫, "雙方過失による船舶の衝突",「損害賠償責任の研究(中)」, 東京, 有斐閣, 1958, 632面.

그 채권액을 공제한 잔액이 책임제한의 대상채권이 되는 것으로 정했다고 하여 단일책임주의를 채택했다고 기술[45]하고 있으나, 이는 잘못된 해석이라고 생각된다. 왜냐하면 상법 제771조의 경우도 공동불법행위에 지나지 않는다. 단일책임설에 의하면 각자의 과실비율에 따라 서로 분담할 손해액이 똑같은 경우에는 쌍방과실로 인한 선박충돌이라는 법률요건이 존재하는데도 처음부터 아무런 손해배상청구권이 발생하지 않게 되어 이는 공동불법행위의 법리에 위반한다. 또한 제771조는 손해배상의 원칙 즉 비율분담에 따른 손해액을 선주책임제한 보다 먼저 하라는 것이지, 이 규정이 곧바로 단일책임설을 취했다고는 보기 어렵다.

불법행위법에서 요구되는 지도이념 내지는 지도원리라 함은 손해의 적절하고 공평한 분담에 있다고 할 것이다. 선박충돌에 의한 손해배상의 문제도 마찬가지라고 생각된다.

따라서 교차책임설을 취하되 선주유한책임과의 관계에 대해서는 양 당사자의 과실비율에 따른 손해배상액을 차감한 잔액에 대해서만 선주유한책임이 적용되어야 할 것이다. 이렇게 하는 것이 당사자 간에 공평한 결과를 도출할 수 있고, 공동불법행위책임의 일반원칙에도 부합하기 때문이다.

Ⅳ. 공동불법행위로 인한 손해배상책임과 선박충돌로 인한 손해배상책임의 비교

1. 손해배상책임의 인정범위

(1) 원인불명시 손해배상책임의 인정유무

민법 제760조 제2항에 의하면 “공동아닌 수인의 행위 중 어느자의 행위가 그 손해를 가한 것인지를 알 수 없는 때에도 전항과 같다”고 규정하여 연대책

45) 이기수 외 2인, 앞의 책, 604쪽.

임을 인정하고 있지만, 상법은 제877조에서 "충돌의 원인이 명백하지 아니한 때에는 피해자는 충돌로 인한 손해의 배상을 청구하지 못한다"고 규정하여 양자는 이 점에 있어서 차이가 있게 된다. 다만, 선박충돌이 불가항력에 의해 발생한 경우에는 손해의 배상을 청구하지 못한다고 규정한 상법 제877조는 민법의 공동불법행위의 경우에도 마찬가지이다. 다만 위험부담의 문제가 발생할 뿐이다.

(2) 면책규정의 유무

선장 등 자기 선박의 선원의 불법행위에 대한 선박소유자의 책임을 민법 제756조의 사용자책임으로 이론 구성할 수도 있을 것이다. 민법의 사용자 책임의 경우에는 제756조 단서에서 "사용자가 피용자의 선임 및 그 사무감독에 상당한 주의를 한 때 또는 상당한 주의를 하여도 손해가 있을 경우에는 그 손해를 배상할 책임이 없다"고 규정하여 사용자는 일정한 경우 면책을 주장할 수 있다. 그러나 상법에 있어서 선박소유자는 그러한 면책을 주장할 수 없으므로 이 점에 있어서 차이가 있게 된다.

2. 선박소유자 책임제한 적용유무

민법의 공동불법행위로 인한 손해배상책임의 경우에 불법행위와 인과관계 있는 모든 손해를 배상할 책임이 있다. 따라서 불법행위와 인과관계 있는 전 손해를 배상해야 하는 무한책임을 지게 된다. 그러나 상법은 해운업의 보호를 위하여 일정한 경우에 선박소유자 책임제한 규정을 두고 있다. 즉 선박소유자는 상법 제770조 각호의 규정에서 정한 채권을 성립하게 한 선장, 해원, 도선사, 기타 선박사용인 등의 불법행위로 인한 손해배상책임에 대해 상법 제770조 이하 선박소유자 책임제한 규정의 적용을 받게 되어 유한책임을 지게 된다.[46] 이 점에서 양 책임은 차이가 있게 된다.

46) 박용섭, 앞의 책, 227쪽.

3. 외부관계

민법 제760조에서는 "수인이 공동의 불법행위로 타인에게 손해를 가한 때에는 연대하여 그 손해배상책임이 있다"고 규정하고 있는데, 이는 공동불법행위자가 제3자에 대해서 어떠한 책임을 지는가의 외부관계에 대한 문제이다.

공동불법행위의 책임을 어떻게 볼 것인지는 결국 피해자와 공동책임자 중의 1인과의 사이에서 발생한 사유가 다른 공동불법행위자의 책임에 어떠한 영향을 미치는지의 여부에 귀결된다고 본다.

우리 민법이 연대채무에 절대적 효력사유를 광범위하게 인정하고 있음에도 불구하고 공동불법행위책임의 성질을 연대채무로 보는 것은 공동불법행위자들에게 무거운 책임을 부과시켜 피해자를 보호한다는 공동불법행위제도의 근본취지에 반하게 된다. 또한 채무자 중 1인에 관하여 생긴 사유의 효력과 관련하여 채권을 만족시키는 사유인 변제나 대물변제, 상계, 공탁의 경우에는 절대적 효력이 있지만, 채권의 전부만족을 가져오는 사유가 아닌 민법 제418조 제2항, 제419 내지 제422조는 부진정연대채무에는 적용되지 않는다. 특히 연대채무설의 입장에서는 면제의 경우 피해자가 가해자 중 일방에게 면제를 하게 되면 그 부담부분에 한하여 다른 연대채무자의 이익을 위해 효력이 있게 되어 담보력이 그 만큼 약해져서 피해자 구제에 불합리하게 된다는 점 때문에 연대채무설은 부당하다고 본다.

따라서 민법 제760조의 입법취지가 피해자를 두텁게 보호하는데 있다는 측면을 고려해 본다면 부진정연대책임으로 해석하는 것이 타당하다고 본다.

한편 상법은 쌍방과실에 의한 선박충돌로 인하여 제3자가 死傷함으로써 발생한 손해배상은 선박소유자가 연대하여 그 책임을 진다고 규정하여, 제3자의 인적손해에 대해서는 공동불법행위의 일반원칙에 따라 연대책임을 부담하게 하고 있다.

동조에서 "연대하여 책임을 진다"는 연대채무를 의미하는 것인지 아니면 부진정연대채무를 의미하는지 견해의 대립이 있지만 부진정연대채무로 새기는 것이 피해자보호측면에서 더 타당하다고 본다. 이 점에 대해서는 양 책임의 차이가 없다. 다만 상법은 물적 손해에 대해서 제879조 제1항에서는 선주상호간의 과실비율에 따른 분할책임을 진다고 규정하고 있으므로 이점에 있어서는 양자간의 차이가 있게 된다.

4. 내부관계

민법 제760조에 의하면 수인이 공동의 불법행위로 타인에게 손해를 가한 때에는 '연대'하여 그 손해를 배상할 책임이 있다고 규정하고 있는데, 공동불법행위자 중 어느 일방이 전부의 손해배상을 했다면 공동불법행위자간의 내부관계로서 구상권이 문제가 된다.

공동불법행위책임을 연대채무로 보게 되면 주관적 공동관계가 있으므로 공동불법행위자 상호간에는 그 부담부분이 있게 되어 당연히 구상권도 인정되지만, 부진정연대채무로 보게 되면 공동불법행위자 상호간에는 주관적 공동관계가 없게 되어 부담부분이 없으므로 원칙적으로는 구상권도 발생하지 않게 된다. 그런데 공동불법행위책임을 부진정연대채무로 보는 학설 및 판례도 예외없이 공동불법행위자 상호간의 구상권을 인정하고 있다. 따라서 공동불법행위책임을 무엇으로 보든지 간에 구상권을 인정하는 결과면에서는 동일하게 된다. 결국 구상권문제와 관련해서는 공동불법행위책임의 성질을 무엇으로 볼 것인지가 중요한 것이 아니라 구상권을 인정하는 근거가 무엇인지가 중요하게 된다. 이와 관련하여 특별한 법률관계설, 부당이득설 등이 견해가 있으나, 공평 내지는 형평설에 근거함이 타당하다고 본다.

한편 선박충돌의 경우에도 물적 손해에 대해서는 분할책임을 인정하므로 당연히 구상권이 인정되고, 인적 손해에 대해서도 책임의 성질을 부진정연대채무로 보는 이상 구상권은 인정된다. 따라서 이 점에 있어서는 양 책임은 차이가 없게 된다.

5. 시효관계

민법 제766조에 의하면, 공동불법행위로 인한 손해배상의 청구권은 피해자나 그 법정대리인이 그 손해 및 가해자를 안 날로부터 3년간 행사하지 아니하면 시효로 인하여 소멸한다(동조 제1항)고 규정하여 소멸시효기간을 정하고 있고, 불법행위를 한 날로부터 10년간 행사하지 않으면 시효로 소멸한다(동조 제2항)고 규정하여 제척기간을 정하고 있다.

이와 같이 3년의 단기 시효를 정한 이유는, 그만한 세월이 지나면 피해자의 감정이 가라앉게 된다고 생각되므로 그 후에 다시 당사가간의 관계를 분규케 하는 것이 타당하지 않다는 점, 오랫동안 내버려 두어서 불법행위에 의한 손해나 고통 등을 잊고 있는 자에게 법적 보호를 줄 필요가 없다는 고려에서이다.[47] 한편 상법은 제881조에서 "선박의 충돌로 인하여 생긴 손해배상의 청구권은 그 충돌이 있은 날로부터 2년 내에 재판상 청구가 없으면 소멸한다"고 규정하여 단기의 시효기간을 정하고 있다. 그 이유는 선박은 빈번한 사고로 인하여 손상이 추가될 수가 있고 또한 해상에서 증거보전이 어렵고 이에 따라 조기에 피해자에게 손해배상의 청구를 유도하기 위해서이다.[48] 이 점에 있어서 양 책임은 차이가 있게 된다.

V. 결 론

선박충돌 중 특히 쌍방과실에 의한 선박충돌의 경우 행위장소가 海上이고, 충돌의 객체가 선박이라는 점을 제외하면 육상의 자동차 사고의 경우와 크게 다를 것이 없다. 후자의 경우 민법의 일반이론인 공동불법행위책임(민법 제760조 제2항)에 의해 해결될 수 있을 것이고, 전자의 경우 선박충돌에 관한 실정법이나 학설 판례가 아직 미진한 상황을 고려해 볼 때, 민법상 공동불법행

47) 곽윤직, 앞의 「채권각론」, 472쪽.
48) 박용섭, 앞의 책, 855쪽.

위책임에 관한 내용은 해상법역의 자주성과 특수성에 입각하여 해석해야 할 선박충돌에 대한 법리에 기초적인 이론을 제시해 줄 것이다.

전술한 양 책임의 차이점을 근거로 선박충돌에 관한 손해배상책임에 있어서 2가지 측면에서 해석론 및 입법론을 제기한다. 먼저 선박충돌로 인한 제3자에 대한 손해배상책임과 관련하여 전술한 통설 및 판례에 의하면 쌍방과실로 인한 선박충돌의 경우 분명히 민법 제760조의 공동불법행위에 해당됨에도 불구하고, 인적 손해에 대해서는 공동불법행위로 구성하여 연대책임을 지도록 하고, 물적 손해에 대해서는 공동불법행위책임을 배제하고 비율분담주의를 취하게 되어 하나의 해상사고를 놓고 법리를 2분화시켜 법적 안정성을 해칠 우려가 있을 뿐만이 아니라 물적 피해자의 보호를 위해서도 인적, 물적 손해의 구별없이 민법의 일반원칙인 공동불법행위로 인한 연대책임으로 이론구성을 하거나 입법화하는 것이 타당하다고 생각한다. 아울러 이와 관련하여 공동불법행위자 중의 1인이 제3자에게 손해배상을 한 경우 구상권문제와 관련하여 상법학에서는 크게 논의되지 않고 있는 듯하지만, 공동불법행위책임의 성질을 어떻게 보느냐와 관계없이 공평 내지는 형평의 관념에서 구상권을 인정하는 것이 타당하므로 분쟁의 소지를 없애기 위해서는 구상권에 관한 내용도 입법화하는 것이 좋으리라 생각된다.

둘째로, 선박소유자간의 물적 손해에 대한 비율분담주의와 선주책임제한과의 관계와 관련하여(상법 제771조), 해석상 단일책임설과 교차책임설 모두 가능할 것이다. 그러나 동 규정은 손해배상의 원칙 즉 비율분담에 따른 손해액을 선주책임제한 보다 먼저 하라는 취지라는 점, 선박충돌의 경우에는 공동불법행위가 성립함에도 채권이 하나밖에 발생하지 않는다면 공동불법행위책임의 일반원칙에도 어긋나기 때문에 단일책임설이라고는 보기 어렵다. 따라서 교차책임설을 취하되 선주유한책임과의 관계에 대해서는 양 당사자의 과실비율에 따른 손해배상액을 차감한 잔액에 대해서만 선주유한책임이 적용되어야 할 것이다. 이렇게 해석하는 것이 당사간에 공평한 결과를 도출할 수 있을 뿐만이 아니라 공동불법행위책임의 일반원칙에도 부합하기 때문이다.

참고문헌

곽윤직, 「채권총론」, 박영사, 2004.

______, 「채권각론」, 박영사, 2004.

김기선, 「한국채권법총론」, 법문사, 1987.

______, 「한국채권법각론」, 법문사, 1982.

김연 · 박정기 · 김인유, 「국제사법」, 법문사, 2014.

김주수, 「채권각론」, 삼영사, 1997.

김증한, 「채권각론」, 박영사, 1988

김현태, 「채권법각론」, 일조각, 1981.

김형배, 「채권총론」, 박영사, 1999.

이은영, 「채권총론」, 박영사, 2001.

______, 「채권각론」, 박영사, 2002.

이태재, 「채권각론」, 진명문화사, 1990.

박용섭, 「해상법론」, 형설출판사, 1998.

서돈각, 「상법강의(하)」, 법문사, 1985.

송상현 · 김현, 「해상법원론」, 박영사, 2015.

이균성, 「해상법 대계」, 한국해양수산개발원, 2010.

이기수 · 최병규 · 김인현, 「보험 · 해상법」, 박영사, 2008.

정영석, 「해상법원론」, 텍스트북스, 2009.

정희철 · 정찬형, 「상법원론(하)」, 박영사, 1998.

최기원, 「해상법」, 박영사, 2002.

김석우, "공동불법행위", 중앙대법정논총, 제21권, 1981.

문용호, "선박충돌", 재판자료 제52집, 「해상 · 보험법에 관한 제문제(상)」, 법원행정처, 1991.

문진규, "공동불법행위에 관한 연구", 영남대학교 박사학위논문, 1997.8.

정태륜, "공동불법행위에 관한 연구", 서울대학교 박사학위논문, 1994.8.

김 진, "공동불법행위에 관한 연구", 성균관대학교 박사학위논문, 1999.8.

이성철, "선박충돌에 있어서 과실책임에 관한 연구", 한국해양대학교 박사학위논문, 2001. 2.

지상원, "선박충돌의 손해배상책임법리에 관한 연구", 한국해양대학교, 박사학위논문, 1996.

임동철, "선박충돌에서의 손해배상책임법리의 발전", 법학연구 제4호, 한국해사법학회, 1992. 12.

幾代通, 「不法行爲法」, 有斐閣, 1993.

山野嘉朗 · 山田泰彦, 「現代保險 · 海商法30講」, (株)中央經濟社, 1994.

鈴木祿弥, 「債權法講義」, 創文社, 1994.

潮見佳男, 「不法行爲法」, 信山社出版株式會社, 1999.

戸田修三, 「海商法」, 東京, 文眞堂, 1984.

용선자와 계약한 하역업자가 선하증권의 히말라야 약관을 원용할 수 있는가?*

- 대법원 2016. 9. 28. 선고 2016다213237 판결 -

정 영 석

Ⅰ. 머리말

선하증권은 운송인이 운송물의 수령 또는 선적을 증명하고 양륙항에서는 이것과 상환하여 운송물을 수령할 수 있는 청구권을 가진 유가증권이다. 상환성이라는 성질상 수하인은 양륙항에서 선하증권과 상환하지 아니하면 운송물의 인도를 청구할 수 없다. 그러므로 운송물이 양륙항에 도착하였음에도 불구하고 선적지로부터 선하증권이 도착하지 아니하면 수하인은 운송물을 수령하지 못하고 선하증권이 도착할 때까지 기다려야 하고 이로 인하여 영업활동에 지장을 초래하게 된다. 이러한 문제점 때문에 근거리 해상운송에서는 운송인이 발행한 선하증권을 송하인의 요청으로 발행지에서 회수하고 그 선하증권 전면에 서렌더(SURRENDERED)라는 스탬프를 찍은 후에 양륙지 대리점 등에 전신으로 "선하증권 원본 회수 없이 수하인에게 운송물을 인도하라"는 통지를 보내고 이에 의해서 수하인은 선하증권의 원본 없이 운송물을 인수할 수 있도록 하는 관행이 있다. 이러한 선하증권을 속칭 서렌더 선하증권이라고 하는데, 이러한 선하증권은 유가증권으로서 성질은 없고 단지 운송계약과 운송물 인수사실을 증명하는 증거증권에 불과한 것이 된다. 대법원 2016. 9. 28. 선고

* 이 논문은 2018년 7월 5일 아태해사중재센터에서 주최한 International Conference of Maritime Arbitration in Asia Pacific Region에서 발표한 "Can A Stevedore Who Contracted with a charterer use Himalaya Clause in B/L issued by Carrier?—Supreme Court 2016. 9. 28. Sentence 2016DA213237Decision—"를 수정하여 완성하였다.

2016다213237 판결은 선하증권 뒷면에 기재된 운송인의 책임제한 조항이 유효한지가 쟁점이 되었는데, 서렌더 선하증권(Surrender B/L)의 경우, 선하증권 뒷면에 기재된 내용에 따른 운송에 관한 책임은 유효하다고 판시하고 있다.

아울러, 선하증권 뒷면에 히말라야 약관(himalaya clause)이 삽입되어 있고, 그 내용에 "… 하위계약자에 …, 하역업자, …, 그리고 누구든지 운송의 수행을 보조하는 모든 자를 포함한다."고 규정되어 있어서 운송인과 직접적인 계약관계가 없이 운송인의 선하증권에 따른 업무범위 및 책임영역에 해당하는 작업의 일부를 대행한 하역업자도 책임제한을 원용할 수 있다고 판시하고 있다.

이 사건에서는 서렌더 선하증권의 효력(뒷면약관의 효력)과 선하증권의 히말라야 약관을 원용할 수 있는 하위계약자의 범위가 문제된다. 이 논문에서는 이 중 히말라야 약관의 효력과 관련된 판결 내용의 합리성을 검토해 보기로 한다.

II. 대상판결의 기초사실 및 경과

1. 대상판결 및 소송당사자

(1) 대상판결

대법원 2016. 9. 28. 선고 2016다213237 판결

(2) 원고 및 피고

원고 : 현대해상화재보험주식회사
피고 : 평택항만주식회사

2. 사실관계

(1) 물품공급계약

2010년 10월 일본의 Hitachi, Ltd(이하 '히타치'라 부른다)와 대림산업이 컨소시엄을 구성하여 한국의 동서발전주식회사가 발주한 당진화력발전소 보일러장치 공급계약을 체결하였다.

(2) 운송계약

대림산업은 대림코퍼레이션에 선적항에서 양륙항까지 해상운송주선을 위탁하였다. 대림코퍼레이션은 다시 태원상선에 위와 같은 내용의 해상운송주선을 위탁하였다. 태원상선은 엠스타쉬핑과 FIOST 조건(Free In, Out, Stowed, Trimmed)[1]으로 용선계약을 체결하였다. 엠스타쉬핑은 이스턴마린과 FIOST조건으로 선박 사가미코 호에 관한 용선계약을 체결하였다.

(3) 적하보험계약

2013년 1월 10일 원고(현대해상화재보험주식회사)는 대림산업을 피보험자로 하는 적하보험계약을 체결하였다.

(4) 선하증권 발행 및 서렌더

2013년 1월 11일 이스턴마린은 일본 쿠레항에서 히타치로부터 보일러장치 1세트를 수령하고 송하인을 히타치, 수하인을 동서발전으로 기재된 선하증권을 발행하였다.

이 선하증권의 이면약관에는 다음과 같은 조항이 들어 있었다.

---

1) 선적, 양륙, 적부, 선창 내 화물정리 비용을 용선자가 부담하는 용선계약상 하역조건.

<선하증권 이면약관>

제1조(정의규정) 하위계약자(subcontractor)는 선박소유자 및 용선자 그리고 운송인이 아닌 선복제공자, 하역업자, 터미널 및 분류업자, 그들을 위한 대리인 및 이행보조자, 그리고 누구든지 운송의 이행을 보조하는 모든 사람을 포함한다.

제5조(책임제한) 소송이 운송인의 이행보조자, 대리인 또는 하위계약자에게 제기된 경우에, 이들은 운송인이 이 사건 선하증권에 의하여 주장할 수 있는 항변 및 책임제한을 원용할 수 있다.

제6조(운송인의 책임기간) 선적항에서 선적하기 전이나 양륙항에서 양륙한 이후에 발생한 손해에 관하여는 운송인에게 어떠한 책임도 없다.

제21조(운송인의 책임범위) ② 운송인은 화물의 멸실 또는 손상 또는 화물에 관련하여 어떠한 경우에도 포장 또는 물건 당 666.67 계산단위(SDR) 및 화물의 총 중량의 1킬로그램 당 2계산단위(SDR) 중 높은 금액을 초과하여 책임을 지지 아니한다.

히타치의 서렌더 요청으로 이스턴마린이 선하증권을 회수하여 표면에 “SURRENDERED” 스템프를 찍고, 선하증권 원본 회수 없이 수하인에게 운송물을 인도하도록 함으로써 서렌더 선하증권(surrender B/L)[2)]이 되었다.

(5) 양륙작업계약

태원상선은 주된 용선계약에 따라 양륙항에서의 양륙작업을 세방주식회사

2) 단거리 해상운송의 경우 운송물 보다 선하증권 원본이 뒤늦게 도착하면 수하인이 신속하게 운송물을 인도받을 수 없게 되는 불편을 해소하기 위하여 출발지에서 선하증권 원본이 이미 회수된 것으로 처리함으로써 선하증권의 상환증권성을 소멸시켜 수하인이 양륙항에서 선하증권 원본 없이 즉시 운송물을 인도받을 수 있도록 하는 관행이 있다. 이를 선하증권 원지회수라고도 하는데, 이 경우 송하인은 운송인으로부터 선하증권 원본을 발행받은 후 운송인에게 선하증권에 의한 상환청구 포기(surrender)를 요청하며, 운송인은 선하증권 원본을 회수하여 그 위에 서렌터(surrender) 스탬프를 찍고 선박대리점 등에 전신으로 선하증권 원본의 회수 없이 운송물을 수하인에게 인도하라는 서렌더 통지(surrender notice)를 보낸다. 이와 같이 처리된 선하증권을 서렌더 선하증권(surrender B/L)이라고 하는데, 유가증권으로서의 성질이 소멸되고 단지 운송계약과 운송물 수령사실을 증명하는 증거증권으로서의 기능만 하게 된다. 이러한 효과는 송하인과 운송인 사이에 선하증권의 상환증권성을 소멸시키는 의사가 합치됨에 따라 발생하는 것으로 당사자 사이에 다른 의사표시가 없다면 상환증권성의 소멸 외에 선하증권에 기재된 내용에 따른 운송에 관한 책임은 여전히 유효하다.

에 도급을 주었다. 세방주식회사는 다시 피고(평택항만주식회사)에게 양륙작업을 하도급 주었다.

(6) 사고 및 손해발생

이스턴마린의 이 사건 선박(사가미코)은 2013년 1월 11일 일본 쿠레항을 출발하여, 2013년 1월 13일 평택항에 도착하여 2013년 1월 14일 평택 동편 부두 12번 정박지에 접안하였다.

평택항에서 피고(평택항만주식회사)의 직원이 기중기를 이용하여 보일러 장치를 하역하던 중 보일러 장치가 추락하여 파손되었다. 파손된 보일러장치를 일본으로 반송하여 수리하고 다시 동서발전에 인도하는 과정에서 수리비 69,628,900엔과 운송비 199,230,212 원이 지출되는 손해가 발생하였다.

〈그림 1〉 사건 개요도

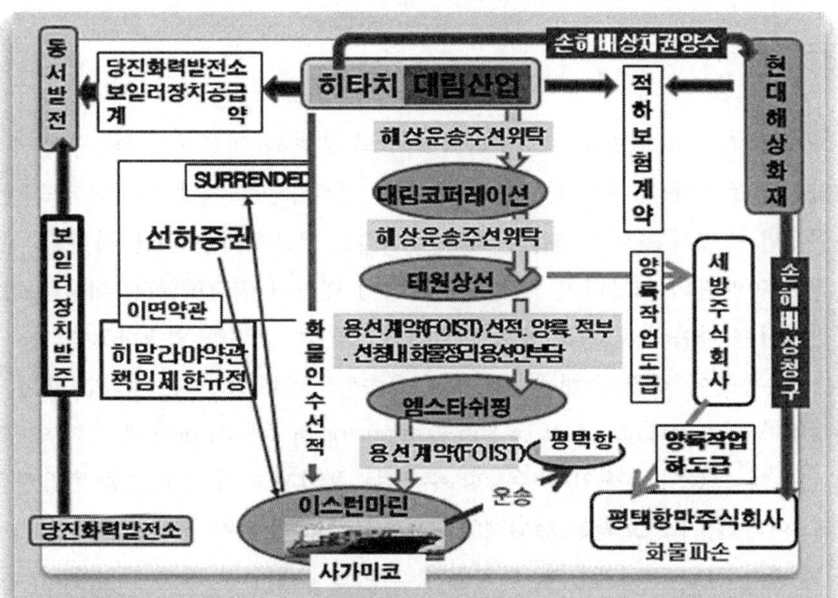

3. 소송의 경과

(1) 원고의 청구

원고(현대해상화재보험주식회사)는 이 사건 적하보험자로서 손해배상채권을 양수하여 피고(평택항만주식회사)를 상대로 보일러장치 수리비 및 운송비 추가액인 1,021,310,782원의 손해배상청구 소송을 제기하였다.

(2) 원심판결

원심법원은 원고의 청구에 대하여 서렌더 선하증권의 효력범위에 대하여 선하증권 원본 이면의 히말라야 약관과 책임제한 약관 효력이 유지됨을 인정하여 피고의 손해배상액을 책임제한 범위 이내인 114,070,836원으로 판시하였다.

(3) 대법원 판결

대상 사건에서 대법원은 히말라야 약관의 효력과 서렌터 선하증권에서 이면약관의 효력에 대하여 판결을 내렸는데, 선하증권을 서렌더 하더라도 상환증권성만 소멸하고 이면약관의 효력은 그대로 유효하다는 것을 전제로, 선하증권 이면약관의 히말라야 약관의 유효성에 대하여 판단하였다. 대상 사건의 판결에서는 다음과 같은 이유로 히말라야 약관의 효력을 인정하고 있다.[3)]

[1] 운송물에 대한 손해배상청구가 "운송인의 이행보조자, 대리인 또는 하위계약자(any servant, agent or Sub-contractor of the Carrier)'에 대하여 제기된 경우에 그들이 운송인이 주장할 수 있는 책임제한 등의 항변을 원용할 수 있고, 이와 같이 보호받는 하위계약자(Sub-contractor)에 '선박소유자 및 용선자, 운송인 아닌 선복제공자, 하역업자, 터미널 운영업자 및 분류업자, 그들을 위한 이행보조자와 대리인 및 누구든지 운송의 이행을 보조하는 사람이 포함

3) 판결 요지 [2]는 서렌더 선하증권의 효력과 관련된 내용이므로 이 논문에서는 생략하기로 한다.

된다."는 취지의 이른바 '히말라야 약관(Himalaya Clause)'이 선하증권의 이면에 기재되어 있는 경우에, 손해가 고의 또는 운송물의 멸실, 훼손 또는 연착이 생길 염려가 있음을 인식하면서 무모하게 한 작위 또는 부작위로 인하여 생긴 것에 해당하지 않는다면, 하위계약자인 하역업자도 선하증권에 기재된 운송과 관련하여 운송인이 선하증권 약관조항에 따라 주장할 수 있는 책임제한을 원용할 수 있다. 그리고 여기에서 말하는 '누구든지 운송의 이행을 보조하는 사람'에는 위 약관에서 운송인과 직접적인 계약관계가 있을 것을 요구하는 등의 특별한 사정이 없는 한, 운송인과 직접적인 계약관계 없이 운송인의 선하증권에 따른 업무범위 및 책임영역에 해당하는 작업의 일부를 대행한 하역업자도 포함된다.

4. 쟁점 사항

대상 판결의 쟁점은 크게 ① 서렌터 선하증권의 효력상 상환증권성이 소멸함과 동시에 이면약관도 무효가 되는지 아니면 이와는 독립적으로 이면약관의 효력은 유효한 것으로 볼 것인가와 ② 이면약관의 효력이 유효하다면 용선계약 하에서 하역업자가 운송인이 발행한 선하증권의 이면약관상의 히말라야 약관에 따라 운송인과 동일한 항변권을 주장할 수 있는가 하는 문제로 나눌 수 있다. 이 중 이 논문에서는 서렌더 선하증권 이면약관의 유효성은 인정되는 것으로써 별론으로 하고 히말라야 약관의 효력에 대하여 중점적으로 논하기로 한다.

Ⅲ. 히말라야 약관의 효력에 관한 판례와 학설

1. 의 의

히말라야 약관(himalaya clause)은 운송인 이외에 운송업무의 이행을 보조하는 사람[4]도 운송계약 상 운송인이 누릴 수 있는 각종의 항변과 면책사유, 책임제한 등을 자신의 이익을 위하여 원용할 수 있도록 한 약관을 말한다.[5]

영국 계약법(common law)는 직접계약관계의 법리(doctrine of privity of contract)[6]가 확립되어 있어서, 운송인의 이행보조자는 자신에 대한 손해배상청구에 운송계약상의 항변과 책임제한을 원용할 수 없었다.[7] 또 청구권경합이론을 취하는 대륙법계 국가에서도 운송계약의 직접 당사자가 아닌 항만하역사업자나 선원 등을 대상으로 직접 소송을 할 경우에는 불법행위 책임을 물을 수밖에 없었기 때문에 역시 같은 결과가 나타나게 된다. 결국 운송인에 대하여는 책임제한이나 면책을 인정하면서도 이보다 경제적으로 훨씬 열악한 운송인의 사용인이나 대리인 등의 이행보조자에 대하여는 이를 인정하지 않는 불합리한 결과가 발생하게 된다. 이러한 현상은 해상운송법상의 면책이나 책임제한을 회피할 수 있는 수단으로 활용됨으로써 면책과 책임제한 등 해상운송법이 추구하는 책임원칙을 퇴색시키는 결과를 가져오게 되었다. 이에 영미

4) 선장, 선원, 선박대리점 등의 운송인의 사용인, 운송인의 대리인, 항만하역사업자, 창고업자 등과 같은 하도급계약자 등을 들 수 있다.

5) 심재두, 「해상운송법」, 길안사, 1997, 438쪽.

6) 직접계약관계의 법리(doctrine of privity of contract)은 어떤 계약으로부터 생기는 권리는 그 계약의 직접 당사자에 의하여서만, 또 그 계약의 직접당사자에 대하여서만 주장할 수 있다고 하는 커먼 로상이 전통적인 원칙이다(정영석, 「국제해상운송법(개정판)」, 범한서적주식회사, 2008, 159~160쪽). 오늘날은 판례와 입법으로 직접계약관계의 법리가 완화되고 있는 추세이다(鴻 常夫編修, 「英美商事法辭典」, 대광서림, 1988, 575쪽 참조).

7) 이 원칙을 적용한 대표적인 판결이 Alder v. Dickson(The Himalaya) (1955) 1 Q.B. 158 사건(이하 '히말라야 사건'이라 한다)과 Scruttons v. Midland Silicones (1962) A.C. 446 사건(이하 '스크러톤 사건'이라 한다)이다.

첫째, 히말라야 사건의 내용은 다음과 같다: 선박 여행을 하던 어떤 여객이 승선하던 중 통로가 불안정하여 흔들리는 바람에 추락하여 중상을 입었다. 그런데 그 여객의 해상운송계약에는 여객의 상해에 대하여 운송인이 책임을 지지 않는다는 내용의 면책약관이 삽입되어 있었다. 이에 그 여객은 운송인인 아닌 그 선박의 선장과 갑판장을 상대로 손해배상청구소송을 하였다. 이에 선장과 갑판장은 자신의 이익을 위하여 해상운송계약상의 면책약관을 원용하였으나 제1심과 제2심 모두 선장과 갑판장은 운송계약의 직접 당사자가 아니므로 면책약관을 원용할 수 없다고 판시하였다.

둘째, 스크러톤 사건의 내용은 다음과 같다: 어떤 운송물이 뉴욕에서 런던으로 해상운송되어 양륙되던 중에 항만하역사업자의 잘못으로 땅에 추락하여 英貨 593파운드의 손해를 입었다. 이에 원고인 수하인은 항만하역사업자를 상대로 不法行爲에 기한 손해배상청구를 하였다. 그런데 운송계약에는 포장당 책임제한액이 미화 500달러로 규정된 1936년 US COGSA가 적용되도록 되어 있었으므로 항만하역사업자는 이 책임제한을 주장하였다(당시 미화 500달러는 영화 약 179파운드에 해당하였다). 이에 최고법원인 영국 상원은 항만하역사업자는 이 운송계약의 직접 당사자가 아니므로 책임제한을 원용할 수 없다고 판시하였다.

법계의 각국 법원에서 해상운송법 및 선하증권 뒷면약관에 의하여 운송인이 주장할 수 있는 각종의 항변권과 책임제한권을 운송물의 선적·양륙·환적 등의 작업에 종사하는 항만하역사업자와 기타의 독립계약자(independent contractor, sub-contractor)에게도 적용하도록 하려는 계약상의 시도로 히말라야 약관(himalaya clause)이 등장하게 되었다. 헤이그-비스비 규칙 제4조의2 제2항[8]과 상법 제798조 제2항은 이와 같은 취지를 입법적으로 해결한 것이다.[9]

히말라야 약관의 특색은 선하증권에 의한 일체의 권리, 책임제한 및 면책의 이익이 운송인의 사용인, 대리인 또는 독립계약자(Independent Contractor)에게까지 미친다고 규정하고 있다는 점이다.[10]

> "It is hereby expressly agreed that no servant or agent of the Carrier(including every independent contractor from time to time employed by the Carrier) shall in any circumstances whatsoever be under any liability whatsoever to the Shipper, Consignee or Owner of the goods or to any holder of this Bill of Lading for any loss, damage or delay of whatsoever kind arising or resulting directly or indirectly from any act, neglect or default on his part while acting in the course of or in connection with his employment and, without prejudice to the generality of the foregoing provisions in this Clause, every exemption, limitation from liability, defence and immunity of whatsoever nature applicable to the Carrier or to which the Carrier is entitled hereunder shall also be available and shall extend to protect every such servant or agent of the Carrier acting as aforesaid and for the purpose of all the foregoing provisions of this Clause the Carrier is or shall be deemed to be persons who are or might be his servants or agents from time to time(including independent contractors as aforesaid) and all such persons shall to this extent be or be deemed to be parties to the contract in or evidenced by this Bill of Lading."

8) 헤이그-비스비 규칙 제4조의2 제2항 2. If such an action is brought against a servant or agent of the carrier (such servant or agent not being an independent contractor), such servant or agent shall be entitled to avail himself of the defences and limits of liability which the carrier is entitled to invoke under this convention.(2. 그러한 소송이 운송인의 사용인 또는 대리인(그러한 사용인 또는 대리인은 도급 계약자가 아닐 것)에 대하여 제기된 경우에는 그러한 사용인 또는 대리인은 운송인이 이 협약에 기하여 원용하려는 항변 사유 및 책임 한도를 주장할 권리를 가진다.)

9) 심재두, 앞의 책, 441쪽 참조.

10) The Eurymedon [1974] 1 ALL E.R. 1015.

또 이와는 달리 운송인의 정의에서 운송인의 사용인, 대리인 및 독립계약자를 포함함으로써 실질적으로 운송인의 이행보조자에게도 운송인과 같은 책임제한과 면책을 원용할 수 있도록 한 약관도 있다.[11)]

2. 히말라야 약관의 효력에 관한 각국 판례 동향

(1) 의 의

선박소유자의 이행보조자인 선원을 대상으로 한 손해배상청구에 대하여 법원이 직접계약관계(privity of contract)의 법리를 적용하여 선박소유자의 면책약관을 이행보조자가 원용하지 못하게 한 Alder v. Dickson 사건[12)]의 항소심 판결을 계기로 히말라야 약관이 만들어졌다. Alder v. Dickson 사건의 내용과 히말라야 약관 제정의 계기를 살펴보면 다음과 같다.

> 원고인 Alder는 영국의 Peninsular and Oriental Steam Navigation Co. 소속 여객선인 히말라야 호의 승객이었다. 그는 해안산책을 한 후 귀선하기 위하여 현문(gangway)을 건너던 중 현문이 움직였기 때문에 안벽으로 추락하여 중상을 입었다. 선표에 '승객은 자기 자신의 위험으로 운송되고 회사는 선박 사용인의 과실로 인하여 발생한 승객의 신체의 상해에 대하여 일체 책임을 지지 않는다.'고 하는 면책약관이 있었다. 원고는 실제로 현문을 불안정하게 둔 책임이 있는 선장과 갑판장을 상대로 불법행위에 기한 손해배상청구소송을 제기하였다. 선박소유자의 사용인도 선박소유자와 같이 면책될 수 있는가 하는 점이 문제가 되었다. 피고는 사용자인 선박소유자의 운송계약상의 면책약관을 자기를 위하여 원용한 것 외에, 선박소유자는 피고의 대리인으로서 묵시적으로 그들을 위한 면책의 특약을 한 것이기 때문에 그것에 의하여 면책된다고 항변하였다.[13)] 그러나 제1심과 항소심에서는 피고가 승객과 선박소유자 사이의 계약 당사자가 아니라는 점을 이유로 항변을 인정하지 않고 피고 패소판결을 하였다.
>
> 다만, Denning 판사는 "면책약관의 문면이 운송인만을 보호하도록 되어 있지 선장과 갑판장을 보호하도록 되어 있지 않기 때문에 위의 면책약관이 적용될 수 없

11) The Mormacstar [1973] 2 Lloyd's Rep. p.485.
12)
13) 小町谷操三, 前揭論文, 6쪽 각주 3) 참조.

다."라고 언급함으로써 히말라야 약관이 만들어지는 계기가 되었다는 점에서 이 사건이 의미를 가진다.[14)]

그러나 1975년 Eurymedon 사건[15)]에서 추밀원(Privy Council)이 3대 2의 다수결로 항만하역사업자의 항변을 인정할 때까지 히말라야 약관이 선하증권에 도입된 이래 20여 년 동안 영연방 국가는 물론 미국에서 조치 법원이 그 효력을 인정하지 않았다.[16)]

히말라야 약관의 효력에 대하여는 영연방 국가, 미국의 법원 대부분이 여전히 부정적으로 해석하고 있다.

(2) 효력을 긍정하는 국가

가. 영 국

영국에서는 소위 히말라야 사건으로 불리는 Alder v. Dickson 사건에서 직접계약의 법리를 적용하여 운송인의 이행보조자가 운송계약에 근거한 운송인의 항변을 원용하지 못한다고 판결한 이래, 히말라야 약관이 사용되기 시작한 이후에도 1962년의 Midland Silicones Ltd. v. Scruttons 사건[17)]에 이르기까지 일관되게 직접계약의 법리에 따라 히말라야 약관의 효력도 부인하여 왔다. Midland Silicones Ltd. v. Scruttons 사건은 Alder v. Dickson 사건을 지지한 대표적인 사건으로 알려져 있지만,[18)] '운송약관에 명확하고 용의주도하게 명시된 규정이 있는 경우에는 항만하역사업자 등의 책임제한 및 면책의 권리를 누릴 수 있다고 한'Reid 판사의 소수의견[19)]이 이후 영국 법원이 히말라야 약관

---

14) 심재두, 앞의 책, 442쪽 참조.

15) The Eurymedon [1975] 1 ALL E.R. 1015.

16) 정영석, 앞의 책(국제해상운송법), 161~162쪽.

17) Midland Silicones, Ltd. v. Scruttons, Ltd. [1962] A.C. 446; [1961] 2L1. Rep. 365; 하역회사가 운송인의 선하증권 상의 면책약관을 자기를 위하여 원용할 수 있는가 하는 점에 대하여, Alder v. Dickson 사건의 판결을 지지한 대표적인 사건으로 히말라야 약관의 효력을 부인했다. 사건의 자세한 내용에 대하여는 정영석, 앞의 책(국제해상운송법), 164~166쪽 참조.

18) S. Mankabady, "Rights and Immunities of the Carrier's Servants or Agents", Journal of Maritime Law and Commerce, Vol. 5 No. 1, Oct. 1973, pp.114~115.

19) Reid 판사는 소수의견으로 히말라야 약관의 효력이 인정되기 위한 요건으로 다음과 같은 네 가지 조건을 설시하였다.

① 선하증권 중의 책임제한규정이 항만하역사업자를 보호한다는 의도가 선하증권에 명확하

의 효력을 인정하는 이론적 근거가 되었다는 점에서 히말라야 약관의 효력과 관련한 전환점이 된 판결로 평가 받고 있다.

라이드 판사의 소수의견이 설시된 Midland Silicones, Ltd. v. Scruttons, Ltd. 이후 10여년 후인 1974년 2월 뉴질랜드 항소법원에 상고된 The Eurymedon 사건[20]에서 영국 추밀원(Privy Council)[21]이 기존의 판례를 뒤집고 히말라야 약관[22]의 효력을 처음으로 인정하게 되었는데, Midland Silicones, Ltd. v. Scruttons, Ltd. 판결에서 소수의견으로 설시된 라이드 판사의 4가지 요건을 판결의 근거로 채택하였다.[23] 무리한 해석론이라는 비판도[24] 있지만 영국 법원은 이 판결 이후 라이더 판사의 4가지 요건을 충족할 것을 전제로 히말라야

게 나타나 있는 경우, ② 운송인이 자신을 위해서는 물론 그의 대리인으로서 항만하역사업자에게도 면책이나 책임제한 규정이 적용되도록 계약한 것을 선하증권이 명확하게 하고 있는 경우, ③ 운송인이 항만하역사업자로부터 계약체결의 대리권을 얻고 있거나 또는 계약 체결 후에 항만하역사업자가 추인할 것이라는 것을 명시한 경우, ④ 항만하역사업자와의 법률관계에서 약인이론(consideration)에 의한 문제점이 극복된 경우에는 대리이론을 적용할 수 있는 가능성이 있다. 또한 수하인에 대하여 이러한 대리이론에 의한 법률효과를 미치게 하기 위해서는 1855년 선하증권법의 규정이 적용된다는 것을 명시해 둘 필요가 있다; Midland Silicones, Ltd. v. Scruttons, Ltd. [1962] A.C. 446; [1961] 2L1. Rep. 365.

20) New Zealand Shipping Co. Ltd. v. A.M. Satterthwait & Co., Ltd.; The Eurymedon 〔1974〕 1 All E.R. 1015.

21) 영국 樞密院(Privy Council)의 司法委員會(Judicial Committee)는 上院(House of Lords)과 함께 상고사건을 관할한다. 여기서는 식민지·屬領 또는 인도 등을 제외한 영연방 각국으로부터 상고되는 사건도 최종심으로 심판한다. 내각의 장관과 왕이나 여왕이 임명한 프리비 카운슬러(privy councillor)로 구성한다(Joseph R. Nolan, M.J. Connolly, Black's Law Dictionary, 5th ed., St. Paul Minn, West, 1979, p.1080 참조).

22) 이 사건에서 사용한 히말라야 약관은 다음과 같다: "It is hereby expressly agreed that no servant or agent of the Carrier(including every independent contractor from time to time employed by the Carrier) shall in any circumstances whatsoever be under any liability whatsoever to the Shipper, Consignee or Owner of the goods or to any holder of this Bill of Lading for any loss, damage or delay of whatsoever kind arising or resulting directly or indirectly from any act, neglect or default on his part while acting in the course of or in connection with his employment and, without prejudice to the generality of the foregoing provisions in this Clause, every exemption, limitation from liability, defence and immunity of whatsoever nature applicable to the Carrier or to which the Carrier is entitled hereunder shall also be available and shall extend to protect every such servant or agent of the Carrier acting as aforesaid and for the purpose of all the foregoing provisions of this Clause the Carrier is or shall be deemed to be persons who are or might be his servants or agents from time to time(including independent contractors as aforesaid) and all such persons shall to this extent be or be deemed to be parties to the contract in or evidenced by this Bill of Lading."(이균성, 「국제해상운송법연구」, 삼영사, 1984, 123~124쪽).

23) 사건과 판결이유에 대한 자세한 내용은 정영석, 앞의 책(국제해상운송법), 167~168쪽 참조.

24) 吉本英雄, 傭船契約解釋基礎理論, 東京, 日本海運集會所, 1986, 357쪽.

약관의 효력을 인정하고 있는 것으로 보인다.

나. 오스트레일리아

오스트레일리아의 법원은 1948년 Gilbert Stokes 사건[25]과 1951년의 Waters Trading 사건[26]까지는 영국의 Elder Dempster 사건을 원용하여[27] 항만하역사업자에 대한 히말라야약관의 효력을 인정해 왔다. 그러나 1956년의 Wilson 사건[28]에서 앞의 두 판결을 뒤집어서 운송계약의 당사자가 아닌 항만하역사업자에게 히말라야약관의 효력을 인정하지 않게 되었다. 오늘날의 오스트레일리아 법원의 태도는 The New York Star 판결[29]에서 명확하게 되었는데, 영국의 The Eurymedon 판결은 항만하역사업자가 선하증권에 의한 운송인 의무의 일부를 이행하는 도중에 발생하였기 때문에 선하증권상의 책임제한의 이익을 누릴 수 있는 반면, The New York Star 판결은 항만하역사업자의 불법행위가 운송계약의 이행과 구별된다고 보았기 때문에 선하증권상의 책임제한의 이익을 주장할 수 없다고 하여 두 사건을 구별하였다.

이러한 지적은 항만하역사업자의 행위가 선하증권상의 의무이행의 일부인가 아닌가에 따라 히말라야약관의 적용 여부가 정해진다고 보는 견해로 미국과[30] 영국[31]에서 각각 지지 받았다. 따라서 이 사건 이후 오스트레일리아 법원은 항만하역사업자의 행위가 선하증권상의 운송계약의 이행의 일부에 해당할 경우에 한하여 항만하역사업자도 선하증권상 히말라야약관을 원용할 수 있다고 해석하고 있다.

25) Gilbert Stokes & Kerr Proprietary, Ltd. v. Dalgety & Co., Ltd. [1948] 81 Ll. Rep. 337(SC NSW).
26) Waters Trading Co., Ltd. v. Dalgety & Co., Ltd. [1951] 2 Ll. Rep. 385(SC NSW).
27) Raoul Colinvaux, op. cit., p.1243; 佐藤幸夫, 앞의 논문, 306쪽.
28) Wilson v. Darling Island Stevedoring & Lighterages Co., Ltd. [1956] Lloyd's Rep. 346 (HC Austr.) ; 항만하역사업자의 이동기중기(mobile crane) 조작 중 과실로 하치장에서 입은 운송물 손해에 관하여 항만하역사업자의 불법행위책임을 다투게 되었는데 운송계약의 제3자인 항만하역사업자는 선하증권 상의 면책사유를 원용할 수 없다고 판시하였다(S. Mankabady, op. cit., p.114; Astle, op. cit., pp.16~17).
29) The New York Star [1979] 1 Lloyd's Rep. 298.
30) Mitsubishi International Corp. v. S.S. Eurymedon [1977] A.M.C. 2370; 또한 미국 법원에서 운송인은 선적전 또는 선적후에 발생한 손해에 대하여 자기 자신 및 선내운송업자의 책임을, 적용되는 규칙에 표시되어 있는 금액까지 제한할 수 있다고 판결하고 있다(Herman C. Starch Inc. v. Universal Maritime Corp. [1978] A.M.C. 1330).
31) The Elbe Maru [1978] 1 Lloyd's Rep. 206.

다. 미 국

A.M. Collins & Co. v. Panama Railroad Co. 사건,[32] Autobuses Modernos 사건[33]과 Ford Motor 사건[34]과 같은 초기 판례에서는 영국의 Elder Dempster 사건과 같이 이행보조자도 운송인의 해상물건운송계약상의 이익을 누릴 수 있다고 인정하였으나, 1959년의 Krawill 사건[35]에서, 연방 대법원(Supreme Court)은 운송물의 손해에 대하여 과실이 있는 항만하역사업자를 상대로 손해 전액의 배상청구소송을 제기한 데 대하여, 미국 COGSA의 입법 연혁으로 미루어 보아 계약당사자가 아닌 항만하역사업자는 동법 및 그것을 그대로 규정한 선하증권 약관상의 책임제한의 이익을 누릴 수 없다는 점을 분명히 하였다.[36]

그러나 연방최고법원은 Carle & Montanari, Inc v. American Export Isbrandtsen Lines, Inc. 사건[37]에서, 선하증권의 "no one other than the shipowner or demise charterer should be deemed liable with respect to the goods as carrier, bailee, or otherwise, but that all limitations and exonerations form liability therein were available to any one (other than the ship owner or demise charterer) adjudged a carrier or bailee of the goods or under any responsibility with respect thereto."라는 약관[38]에 근거하여 과실 있는 항만하역사업자가 그

32) 197 F. 2d. 893, 1952, A.M.C. 2054 (5th cir. 1952); 양륙 작업 중 적하인 냉장기(freezer unit)가 항만하역사업자(파나마철도회사)의 과실로 인하여 훼손되었다. 이 사건에서 제5 순회항소법원에서는 미국 COGSA 제4조 제5항에 따른 선하증권 약관에 의한 운송인의 책임제한의 이익은 운송인 자신뿐만 아니라 운송계약의 이행을 위하여 사용하는 일체의 代理人에게도 미친다는 해석 아래 항만하역사업자도 그 이익을 누릴 수 있다고 판시하였다.

33) Autobuses Modernos S. A. v. The Federal Mariner, 125 F. Supp. 780, [1954] A.M.C. 1650(E.D. pa. 1954).

34) Ford Motor Co. Ltd. v. Jarka Corp., [1954] A.M.C. 1095(NY Mun. Ct. 1954).

35) Robert C. Herd & Co., Inc. v. Krawill Machinery Corp., 359 U.S. 297 [1959] A.M.C. 789; [1959] 1 Lloyd's Rep. 305.

36) 佐藤幸夫, 앞의 논문, 306쪽 이하 참조.

37) 275 F. Supp. 76, 1967 A.M.C. 1637, (S.D.N.Y. 1967), aff'd 386 F. 2d. 839 (2d cir), cert, denied, 390 U.S. 1013 (1968); accord, Middle East Export Co. v. Concordia Line, 1971 A.M.C. 64, 67(N.Y.C. civ. ct 1970).

38) 275 F. Supp. at 77−78, 1967 A.M.C. at 1638, Clause 1 (a) …of the bill of lading read in relevant part ; It is understood and agreed that, than said shipowner or demise charterer, no person, firm or corporation other or other legal entity whatsoever (including ... all agents, and all stevedores and other independent contractors whatsoever) is, or shall be deemed to be liable with respect to the goods as carrier, bailee or otherwise howsoever, in contract or in tort, If, however, it shall be adjudged that any other than said shipowner or demise charterer is carrier

책임을 1 포장당 500달러로 제한하는 것이 인정되었다.

반면, 한편, 선하증권 중에, 운송인의 정의로서, “선박, 선박소유자, 운항자, … 및 본 계약의 이행에 관하여 업무를 제공하는 모든 자”[39]라고 규정하고 있었는데, “항만하역사업자는 낙하시킨 운송물 때문에 업무를 제공하고 있었지만 손해를 입은 다른 하주를 위하여 업무를 제공하고 있는 것은 아니기 때문에 항만하역사업자의 과실에 의거한 손해에 대한 책임제한을 인정하지 않았다.[40] 또 Casa Export Co. v. Trans－American Freight Line, Inc. 사건[41]에서도 이와 유사한 판결을 하였다. 이와 같이 미국 연방최고법원은 손해배상청구자와 항만하역사업자와의 계약관계(약인)이 인정되는 경우에만 책임제한을 인정하고 있다.

(3) 효력을 부정하는 국가

가. 뉴질랜드

Herrick v. Leonad & Dingly Ltd. 사건[42] 등에서 보면 The Eurymedon 사건

---

or bailee of the goods or under any responsibility with respect thereto, all limitation of and exonerations from liability provided by law or by the terms hereof shall be available to such other. In contracting for the foregoing exemptions, limitations and exonerations from liability, the Carrier is acting as agent and trustee for the above mentioned.

39) Cabat Corp. v. S.S. Mormacscan, 235 F. Supp. 845, 1964 A.M.C. 2750 (S.D.N.Y. 1964).

40) Similar language (“all persons rendering services in connection with performance of this contract”) was the basis for limiting the pier operator’s liability in Leather’s Best, Inc. v. S.S. Morinaclynx, 313 F. Supp. 1373, 1376 (E.D.N.Y. 1970).

Virgin Islands Corp. v. Merwin Lighterage Co., 177 F. Supp. 810, 813 (D.V.J. 1959), the bill of lading stated; “If, however, it shall carrier and/ or bailee of the goods all limitations of and exonerations from liability provided by law or by the terms hereof shall available to such other”

The Court refused to extend the limitation to the lighterage company, holding that the language referred only to the period from loading of cargo on the vessel until discharge from the ship’s tackle and could not be construed as extending the limitation to from one port to another.

For suggestions regarding drafting of a bill of lading to extend limitations to third parties, see 5 Willamette L.J. 493 (1969).

41) 1968 A.M.C. 1351 (N.Y. Sup. Ct. 1968).

42) Herrick v. Leonad & Dingly Ltd. [1975] 2 N.Z.L.R. 566; McMullin 판사는 Eurymedon 사건 판결에서 Wilberforce 경의 의견은 Midland Silicones v. Scruttons 사건에서 Reid 경이 정립한 원칙을 무효로 한 것이 아니고, 항만하역사업자에 의한 약인이 충족된 경우에만 적용된다고 하는 제4의 원칙에 따라 판시하였다. 따라서 운송계약상의 이익은 제3자에게까지 미치지 않는다고 판시

에서 뉴질랜드 항소심 판결이 영국 추밀원에 의하여 변경된 후에도 항만하역사업자에 대하여 히말라야 약관의 원용을 인정하지 않는 뉴질랜드 법원의 태도에는 변화가 없다.

나. 캐나다

Quebec주 법원에서 항만하역사업자의 중과실 유무를 요건으로 히말라야 약관의 적용 유무를 결정한 Eisen Und Metal A.G. v. Ceres Stevedoring Co. Ltd. 사건[43]과 The Federal Schelde 사건[44]이 있다. 그러나 일반적 구속력을 가지는 것은 아니고,[45] 1970년 캐나다 최고법원이 The Lake Bosomtwe 사건[46]과 British Colombia 주의 최고법원에서 The Suleyman Stalsky 사건[47]에서 항만하역사업자에게 선하증권상의 히말라야약관의 적용을 부인하는 판례가 확립되어 있다.

(4) 각국 판례에서 히말라야 약관의 인정 요건

영국을 비롯한 영미법계의 대부분 법원은 독립계약자인 항만하역사업자에게

하였다.

43) Eisen Und Metall A.G.v. Ceres Stevedoring Co. Ltd. [1977] 1 Llody's Rep. 665; 항만하역사업자가 엔진을 작동시킨 채 승강기를 운송물 가까이 방치해 두었기 때문에 운송물에 손해를 발생시킨 것은 히말라야 약관의 원용을 불가능하게 한 중대한 과실에 상당한다고 판시하였다.

44) The Federal Schelde [1978] 1 Lloyd's Rep. 285; 봉인된 컨테이너를 울타리도 없이 지상에 방치해두었기 때문에 컨테이너에서 운송물을 도난당한 것은 항만하역사업자의 중대한 과실에 해당하지 않으므로 항만하역사업자는 손해배상청구에 대하여 책임제한을 인정받았다.

45) William Tetley, Marine Cargo Claims, 3rd ed., Montreal, International Shipping Publications, 1988 pp.765~767.

46) The Lake Bosomtwe [1970] 2 Lloyd's Rep. 81; [1971] S,C.R. 41 at pp.43~44; Midland Silicones v. Scruttons 사건의 판결을 지지하고 선하증권 중에 운송인의 '사용인 또는 대리인'을 보호한다는 규정이 있더라도 항만하역사업자는 적부불량에 대하여 책임제한의 이익을 누릴 수 없다고 판결하였다.

47) The Suleyman Stalsky [1976] 2 Lloyd's Rep. 609; 선하증권 중에 책임의 제한과 면책의 이익을 항만하역사업자에게 부여하고 운송인은 항만하역사업자의 대리인으로서 행위한다고 하는 조항이 있으나 항만하역사업자는 동 규정에 의거 보호는 인정되지 않았다. 즉, 항만하역사업자는 운송인의 지시에 따라 지붕이 없는 상옥에 운송물을 적부하였고, 그 결과 운송물에 손해가 발생하였다. Schultz 판사는 The Eurymedon 사건과의 차이를 인정하여 Reid경의 원칙을 적용할 수 있다고 생각하여 제3의 요건, 즉 운송인은 항만하역사업자의 대리인으로 계약을 체결할 권한을 가지고 있어야 한다는 요건이 충족되지 않았다고 판단하였다.

히말라야약관의 효력을 인정하지 않았는데 이러한 태도가 뉴질랜드, 캐나다 등에서는 그대로 유지가 되고 있다. 다만, 영국의 경우에는 Midland Silicones, Ltd. v. Scruttons, Ltd.에서 Reid 판사의 소수의견에서 제시된 4가지 요건을 근거로 The Eurymedon 사건에서 항만하역사업자가 히말라야 약관을 원용하여 선하증권상의 운송인의 책임제한이나 면책을 주장할 수 있다고 판결하기 시작하면서, 오스트레일리아와 미국에서도 이와 유사한 판결이 확립되고 있다. Reid 판사의 4가지 요건은 영국법상 직접계약관계의 법리를 변경하기 위한 원칙이라고 할 수 있는데, ① 선하증권에서 항만하역사업자 등 이행보조자에게 운송인과 동일한 책임제한과 면책을 받도록 하겠다는 의사가 명시되어야 한다는 점, ② 운송인이 항만하역사업자 등의 이행보조자(이하 '항만하역사업자 등'이라 한다)를 대리하여 화주와 계약을 체결하였다거나 추후 항만하역사업자 등의 추인을 받을 것이 명확함이 나타나 있어야 한다는 점, ③ 항만하역사업자 등과 하주 사이에 약인이 있어야 한다는 점으로 요약할 수 있다. 대륙법계 관점에서 보면 ① 운송인의 이행보조자를 위하여 운송인의 항변권을 주장할 수 있다는 명백한 조항이 히말라야 약관에 명시되어야 하고, ② 이행보조자와 화주 사이에도 하역요금의 인하와 운송인의 항변권 인정 등이 대가관계를 이루는 등의 히말라야 약관의 원용에 관한 이행보조자와 화주 사이에 계약관계가 있어야 하는 것으로 해석할 수 있다.

3. 히말라야약관의 유효성을 인정하는 법리와 상법 규정과의 관계

(1) 제3자를 위한 계약의 법리

히말라야 약관의 유효성을 인정하려는 이론에서는 계약당사자와 그 계약상에 규정된 이익을 주장하고자 하는 제3자(수익자)간에는 계약적인 관계가 존재하여야 하고, 운송인의 이행보조자로서의 독립계약자는 운송계약상 이익을 확대 적용하려는 의도된 수익자라야 한다고 주장한다.[48] 우리나라에서도 제3

48) 양석완, "서렌더 선하증권의 법적 성격과 히말라야 약관의 적용범위－대법원 2016. 9. 28. 선고

자를 위한 계약으로 이해하는데 계약운송인이나 실제운송인이 각자 선하증권에 미리 그 뜻과 수익자를 정확하게 표시한 약관을 삽입한다면 그 운송인의 선하증권에 따른 업무범위 및 책임영역에 해당하는 작업의 일부를 이행하는 이행보조자나 사용인에게도 선하증권 상의 약관에 의한 이익을 유효하게 부여할 수 있는 것으로 해석하고 있다.[49)]

(2) 상법 제798조 제2항 및 제799조와의 관계

상법 제798조 제2항 제1문은 "운송물에 관한 손해배상청구가 운송인의 사용인 또는 대리인에 대하여 제기된 경우에 그 손해가 그 사용인 또는 대리인의 직무집행에 관하여 생긴 것인 때에는 그 사용인 또는 대리인은 운송인이 주장할 수 있는 항변과 책임제한을 원용할 수 있다."라고 규정하여, 운송물에 관한 손해배상청구가 운송인의 사용인 또는 대리인에 대하여 제기된 경우에는 그 손해가 그 사용인 또는 대리인의 직무집행에 관하여 생긴 것인 때에는 그 사용인 또는 대리인은 운송인의 운송계약상 항변과 책임제한을 원용할 수 있도록 규정하고 있다. 그러나 상법 제798조 제2항 제1문의 사용인 또는 대리인의 범위를 어떻게 보느냐에 대한 해석문제이기는 하지만 대체로 '사용인'은 운송인과 고용계약 관계 하에서 운송인의 지휘·감독을 받아서 업무를 수행하는 자로, '대리인'은 운송인의 위임에 따라 위임된 업무를 처리하는 자로서 위임된 범위 내에서 운송인의 구체적 지휘·감독을 받아 업무를 수행하는 자를 의미하는 것으로 해석하기 때문에,[50)] 히말라야약관을 삽입하였다고 하더라도 운송인의 항변권과 책임제한권의 원용을 주장하기가 그리 쉽지는 않다.

또 상법 제799조의 입법취지가 해상운송계약의 한 당사자인 화주가 계약 당사자 사이의 협상력의 차이로 인하여 입을 수 있는 계약상 불이익을 막고, 운송계약상 소비자의 지위에 있는 화주측을 최소한도로 보호하기 위한 소비자

2016다213237 판결", 동아법학(73호), 2016. 11, 194쪽.

49) 김창준, "복합운송주선업자의 법적 지위에 관한 연구－법해석론적 쟁점을 중심으로", 경희대학교 대학원 박사학위논문, 2004. 2, 101쪽.

50) 이정원, "히말라야약관과 상법 제799조의 관계", 법학연구(제51권 제4호), 2010. 11, 571쪽 각주 24), 25) 참조.

보호법리가 스며있는 제도라는 점에서 운송인과 화주의 특약에 따라 운송인 자신이 이익을 받는 것이 아니라 독립계약자가 이익을 얻게 된다고 보는 것은 상법 제798조 제2항을 지나치게 기계적으로 해석한 것으로, 결과적으로 히말라야약관이 운송계약의 소비자인 화주의 지위를 불이익하게 변경하는 것으로 상법 제799조에 반하여 무효로 해석하는 것이 타당하다고 본다.[51)]

Ⅵ. 대상판결의 검토

1. 히말라야약관 적용대상의 확대

하급심 판결인 서울고등법원 2007. 10. 11. 선고 2007나28941 판결; 서울고법 1990. 9. 28. 선고 90나21362 제7민사부 판결; 서울지법 1990. 4. 12. 선고 89가합25354 제42부 판결 등에서 유효성을 엄격하게 다루고 있는 반면, 대상 판결은 히말라야약관의 효력에 관한 최초의 대법원 판결로서 히말라야 약관의 적용대상을 확대하고 있다는 점에서 기존 하급심의 태도와는 완전히 다른 판결이라고 할 수 있다.

대상판결에서 히말라야약관의 적용대상을 논함에 있어서 단순히 "'누구든지 운송의 이행을 보조하는 사람'에는 위 약관에서 운송인과 직접적인 계약관계가 있을 것을 요구하는 등의 특별한 사정이 없는 한, 운송인과 직접적인 계약관계 없이 운송인의 선하증권에 따른 업무범위 및 책임영역에 해당하는 작업의 일부를 대행한 하역업자도 포함된다."라고 하여 운송인과의 계약관계 여부를 묻지 않고 있다는 점과 운송인의 선하증권에 따른 업무범위 및 책임영역에 해당하기만 하면 해당 작업의 일부를 대행한 하역업자도 적용범위에 포함한다는 점에서 히말라야약관의 적용에 사실상 제한을 두고 있지 않다는 점이 특징이다.

51) 이정원, 위의 논문, 577~578쪽.

2. 대상판결의 문제점

첫째, 대상판결은 "운송인과의 직접적인 계약관계가 있을 것을 요구하는 등의 특별한 사정이 없는 한, 운송인과 직접적인 계약관계 없이 그 운송인의 선하증권에 따른 업무범위 및 책임영역에 해당하는 작업의 일부를 대행한 하위계약자도 히말라야약관의 적용범위에 포함된다."고 하는 판시 내용에서 판단의 근거가 되는 법리의 설명이 없다. 대상판결은 책임을 지는 채무자이기만 하면 직접 계약관계가 없는 독립계약자도 히말라야 약관의 적용대상에 속한다고 그 범위를 확장함으로써 운송인의 이행보조자에 대한 책임제한의 이익을 넓게 인정하고자 하는 취지는 이해할 수 있으나 그 이론적 근거는 명확하지 않다.

둘째, 히말라야약관에 의한 항변권 등의 이익을 주장하는 제3자는 운송인의 운송계약에 따른 업무범위 및 책임영역에 해당하는 작업의 일부를 이행하여야 하며, 독립계약자인 경우에는 그 계약을 이행하기 위하여 행한 업무의 범위 내에서 인정된다.[52] 독립계약자의 범위와 관련하여 대법원은 히말라야약관은 운송인의 항변이나 책임제한을 원용할 수 있는 운송관련자의 범위나 책임제한의 한도 등에 관하여 그 구체적인 내용을 달리하는 경우가 있으나, 터미널 운영업자나 하역업자 등 독립계약자도 운송인의 책임제한이나 항변을 원용할 수 있고 이러한 약관조항이 상법 제799조의 편면적 강행규정에 위배되지 않는다고 판시하고 있다.[53] 대상판결에서와 같이 운송인과 독립계약자 사이에 계약관계의 유무를 묻지 않고 독립계약자가 히말라야약관의 적용대상에 들어간다고 하는 논리를 인정한다고 하더라도, 과연 대상사건에서 하역업자가 운송인의 업무범위 및 책임영역에 해당하는 작업의 일부를 이행한 것인가에 대한 의문도 있다. 대상사건에서는 히타치/대림산업 컨소시움이 화주이고, 화주와 대림코퍼레이션 사이에 해상운송의 주선계약이 있고, 대림코퍼레이션이 다시 태원상선과의 사이에 해상운송주선계약의 재위탁이 있었다. 즉 재주선계

52) 양석완, 앞의 논문(서렌더 선하증권의 법적 성격과 히말라야 약관의 적용범위), 196쪽.
53) 대법원 2007. 4. 27. 선고 2007다4943 판결.

약에 의하여 태원상선은 히타치/대림산업을 송하인, 엠스타쉬핑을 운송인으로 하는 용선계약을 주선하였다. 또 태원상선은 해당 용선계약이 FIOST조건으로 체결되었기 때문에 용선자인 히타치/대림산업과 세방주식회사 사이의 하역계약을 주선하였다. 따라서 대상사건에서 해역작업은 용선자부담조건으로 이루어지는 것으로 운송인의 업무범위나 책임범위에 속하는 것은 아니라고 볼 수 있다. 엠스타쉬핑과의 재용선계약에 의하여 이스턴쉬핑 소속 선박인 사카미코에 의하여 재용선계약이 이행되면서 이스턴쉬핑이 선하증권을 발행하였는데, 용선자의 하역업무를 대행하는 독립계약자인 세방주식회사(항만하역업자)가 운송인의 선하증권상 히말라야약관을 원용하는 것이 과연 타당한가에 대하여는 의문이 아닐 수 없다. 즉 대상판결에서 셋방주식회사의 하역업무는 운송인의 운송계약에 따른 업무범위 및 책임영역에 해당하는 작업의 일부가 아니라 용선자(화주)의 업무범위 및 책임영역에 해당한다고 보는 것이 합리적인 해석이 아닌가 생각한다.

항만하역업무가 운송이행의 일부과정으로 인 것은 분명하지만, 대상사건에서의 항만하역작업은 운송계약의 일부에는 해당하지 않는다. 따라서 운송인의 업무범위나 책임영역에 해당하지 않기 때문에 대상판결이 항만하역업자가 주장한 선하증권상 히말라야약관의 원용을 인정한 것은 항만하역업무와 운송의 관계를 기계적으로 파악하고 계약관계에 다른 업무범위나 책임영역의 주체에 대한 실체적 이해를 잘못한 것으로 보인다.

V. 결 론

대상판결의 쟁점은 서렌더 선하증권의 이면약관의 효력과 항만하역업자가 히말라야약관에 의하여 선하증권상의 운송인의 항변권과 책임제한권을 주장할 수 있는가이다. 이 논문에서는 서렌더 선하증권의 이면약관이 유효성을 전제로, “운송인과의 직접적인 계약관계가 있을 것을 요구하는 등의 특별한 사정이 없는 한, 운송인과 직접적인 계약관계 없이 그 운송인의 선하증권에 따른 업무범위 및 책임영역에 해당하는 작업의 일부를 대행한 하위계약자도 히말라야약관의 적용범위에 포함된다."라고 하는 대상판결의 합리성을 검토하였다.

첫째, 대상판결은 "운송인과 직접적인 계약관계 없이 그 운송인의 선하증권에 따른 업무범위 및 책임영역에 해당하는 작업의 일부를 대행한 하위계약자도 히말라야약관의 적용범위에 포함된다."고 하였으나 그 이론적 근거 즉, 법리를 제시하지 못하였다.

둘째, 히말라야약관은 운송인의 선하증권에 따른 업무범위 및 책임영역에 해당하는 작업의 일부를 대행한 하위계약자에게 적용범위를 확대한 것으로 판시하였다. 개품운송계약이나 복합운송계약에서 항망하역업자가 운송인과의 계약에 의하여 항만하역작업을 이행하는 것과는 달리 대상사건은 FIOST 조건의 용선계약에 따라 운송인이 발행한 선하증권상의 히말라야약관을 용선자(화주)와의 계약에 따라 하역작업을 이행한 항만하역업자가 주장한 경우로서 "운송인의 선하증권에 따른 업무범위 및 책임영역에 해당하는 작업"에 해당하지 않는다는 점에서 사실관계를 잘못 판단한 것으로 생각된다.

참고문헌

심재두, 「해상운송법」, 길안사, 1997.

이균성, 「국제해상운송법연구」, 삼영사, 1984.

정영석, 「국제해상운송법(개정판)」, 범한서적주식회사, 2008.

정영석, 「선하증권론(제3판)」, 텍스트북스, 2008.

정영석, 「해상법원론」, 텍스트북스, 2009.

吉本英雄, 「傭船契約解釋基礎理論」, 日本海運集會所, 1986.

鴻 常夫編修, 「英美商事法辭典」, 대광서림, 1988.

김인현, "발행후 반환된 서렌더 선하증권의 효력", 한국해법학회지(제39권), 2017.

김창준, "복합운송주선업자의 법적 지위에 관한 연구－법해석론적 쟁점을 중심으로", 경희대학교 대학원 박사학위논문, 2004. 2.

양석완, "서렌더 선하증권의 법적 성격과 히말라야 약관의 적용범위－대법원 2016. 9. 28. 선고 2016다213237 판결", 동아법학(73호), 2016. 11.

이정원, "히말라야약관과 상법 제799조의 관계", 법학연구(제51권 제4호), 2010. 11.

Joseph R. Nolan, M.J. Connolly, *Black's Law Dictionary(5th ed.)*, West, 1979.

William Tetley, *Marine Cargo Claims*(3rd ed.), International Shipping Publications, 1988.

S. Mankabady, "Rights and Immunities of the Carrier's Servants or Agents", Journal of Maritime Law and Commerce, Vol. 5 No. 1, Oct. 1973.

수상레저선박 등의 예인 문제와 민간보험제도의 활용 등에 관한 연구*

지 상 규

Ⅰ. 머리말

2018년 한국은행은 4분기 및 연간 국민소득이 2017년보다 5.4% 증가한 1인당 GNI가 3만1,349달러에 이르렀다고 발표하였고, 그로부터 약 3년이 지났다. 즉 국민소득 3만불의 의미는 국가 경제력이 선진국으로 진입했다는 상징적 의미를 갖고 있는 것이며, 국민의 생활 수준 또한 비약적으로 발전하고 있음을 말하고 있다. 이러한 국민소득의 증가는 레저문화의 변화를 가져왔으며, 이를 통해 해양레저 활동[1]을 즐기는 인구 또한 비약적으로 발전하고 있다. 해양경찰청 자료에 의하면 동력수상레저조종면허의 취득자가 3년 평균 2만 명을 넘어서고 있으며, 2020년 6월 기준 총 면허취득자는 25만2,563명(누적)으로 그 수가 매년 증가하고 있다.[2] 그러나 해양레저 활동을 즐기는 인구의 수가 점차 늘어나면서 그에 따른 부작용으로서 해상안전사고도 이와 비례하여 증가하고 있는 추세에 있다. 특히 수상레저기구를 포함한 소형선박의 해양사고로 인한 해양경찰의 예인 선박의 숫자는 2017년 877건, 2018년 874건이며, 2019년에는

* 본 논문은 기업법연구 제35권 제3호에 게재된 논문을 수정 및 보완한 논문임.

1) 해양레저 활동이란 해양에서 요트, 모터보트, 카누 등의 동력 또는 무동력 레저기구를 이용하여 취미, 오락, 체육, 교육 등을 목적으로 이루어지는 활동을 의미한다.

2) 머니투데이 뉴스 인용에 따르면 "해양레저 활동에 대한 국내 관심은 날로 커지고 있다. 수상레저기구(5마력이상)를 조종하려고 하면 동력수상레저기구 조종면허증이 필요한데 해양경찰청 자료에 의하면 동력수상레저조종면허의 취득자가 연간 3년 평균 2만 명을 넘어서고 있다. 2020. 6. 30. 기준 총 면허취득자는 25만2563명(누적)으로 그 수가 매년 증가하고 있는 것은 해양레저를 하고 있거나 준비하고 있는 사람들이 많다는 것을 알 수 있다."고 하여 해양레저인구의 증가 및 조종면허취득자의 증가에 관하여 이를 언급하고 있다. https://news.mt.co.kr/mtview.php?no=2020082517341775120.

1,088건 등 총 2,839건이다. 또한 해양경찰에 의해 피 예인된 선박들의 사고 유형을 살펴보면 선박 간 충돌 및 접촉, 좌초, 전복, 화재 및 폭발 등의 심각한 사고에 의한 경우는 2017년부터 2019년까지 177건이지만, 단순한 기관손상, 추진기 손상, 키 손상 및 부유물 감김에 의해 예인된 선박의 건수는 총 2,662건으로서 대부분이 단순한 해양사고로 인한 예인이었음을 알 수 있다. 아울러 피 예인된 선박들의 총톤수를 조사한 결과 수상레저기구와 어선 등 10톤 미만의 선박들이 2017년부터 2019년 3년간 총 예인건수인 2,839건 중 2,391건에 해당한다. 이러한 데이터를 종합해 보면 2017년부터 최근 3년간 해양사고로 인해 해양경찰이 예인한 선박의 대부분이 수상레저기구, 어선, 낚시어선 등의 10톤 미만의 선박이었으며, 이러한 해양경찰의 예인에 따른 행정 공백은 생각보다 심각했음을 어렵지 않게 짐작할 수 있다. 이에 본 논문에서는 수상레저안전법 상의 수상레저 활동의 개념과 해양사고 현황을 살펴보고, 상법과 수상에서의 수색·구조 등에 관한 법률상의 구조료 부담책임과 관련한 예인비용의 지급주체, 미국·일본의 예인과 관련된 법률 및 정책 및 수상레저기구 등의 예인과 관련한 문제점들에 대한 해결방안을 제안하고자 한다. 다만 본 논문에 인용된 어선과 관련된 사고 및 예인 현황 등은 어선보험 등을 통해 따로 논의되어야 할 사항이므로, 참고 자료로서만 활용된다.

II. 수상레저안전법 상의 수상레저 활동의 개념과 해양사고 현황

1. 수상레저안전법상의 수상레저활동의 정의

수상레저안전법은 1999년 2월 수상레저활동의 안전과 질서를 확보하고, 수상레저사업의 건전한 발전을 도모하고자 제정되었다. 따라서 수상레저활동과 관련하여서는 제2조 제1호에서 수상레저활동이란 수상에서 수상레저기구를 이용하여 취미·오락·체육·교육 등을 목적으로 이루어지는 일체의 활동을 규정하고 있으며, 수상레저기구와 관련 하여서는 수상레저안전법시행령[3]에서

3) 시행령에 따른 기구현황; 모터보트, 세일링요트(돛과 기관이 설치된 것), 수상오토바이, 고무보

정의하는 기구와 수상레저안전법시행규칙[4]에서 정하는 수상레저활동에 이용되는 선박이나 기구를 말하고 있다. 또한 수상레저활동과 관련된 일체의 관할은 해양경찰이 관할하고 있다.

2. 동력수상레저기구 등록 현황

동력수상레저기구는 보통 모터보트, 세일링요트, 수상오토바이, 고무보트, 스쿠터, 호버크래프트를 말한다. 여기에서 스쿠터와 호버크래프트를 제외한 나머지 4종류를 정하고, 그 중 모터보트는 선외기형과 선내기형으로 구분하였다.

2020년 7월 14일 기준,[5] 전국 지정기관에 등록된 동력수상레저기구는 모터보트(선외기) 16,953건, 모터보트(선내기) 3,176건, 고무보트 2,983건, 수상오토바이 6,367건 및 세일링요트 831건으로 총 등록대수는 30,310건에 이른다. 이 중에서 등록대수가 많은 모터보트(선외기)의 경우, 우리나라의 시·도별로 구분하면 경상남도가 3,174건, 경기도가 2,852건, 전라남도가 1,829건, 충청남도가 1,430건으로 많았으며, 가장 적은 곳은 42건의 세종특별자치시이었다. 그리고 모터보트(선내기)는 경상남도가 530건으로 가장 많았고, 고무보트, 수상오토바이 및 세일링요트는 경기도가 각각 608건, 1,39건, 172건으로 가장 많았으며, 전체적인 등록대수로도 5,151건으로 약 17%로 가장 높았다. 차 순위로 경상남도가 4,625건으로 약 15%였으며, 세종특별자치시가 전체등록대수가 75건으로 가장 낮았다.

3. 해양사고에 따른 예인 현황

최근 해양경찰 자료에 따르면 3년간 해양사고로 인하여 해양경찰이 사고 선

트, 스쿠터, 호버크래프트, 수상스키, 패러세일, 조정, 카약, 카누, 워터슬레드, 수상자전거, 서프보드, 노보트, 그밖에 수상레저기구와 비슷한 구조·형태 및 운전방식을 가진 것을 말한다.

4) 시행규칙에 따른 기구현황 ; 무동력 요트, 윈드서핑, 웨이크보드, 카이트보드, 케이블 수상스키, 케이블 웨이크보드, 수면비행선박, 수륙양용기구, 공기주입형 고정식 튜브, 물추진형보드, 그밖에 수상레저기구와 비슷한 구조·형태 및 운전방식을 가진 것을 말한다.

5) 통영 해양경찰 내부자료.

박을 예인한 총 건수가 2,839건에 이르며, 연 평균으로 계산하더라도 950여건에 달하고 있다. 아울러 2018년 대비 2019년에는 무려 24.5%나 증가했다. 또한 사고선박을 기준으로 선종별 구분하면 어선·수상레저선박·낚시어선이 총 2,839건 중 2,739건으로 96%에 해당하고 사고선박의 대부분을 차지하고 있다.

〈표 1〉 피예인 선박 선종별 구분 자료

구분	계	어선	낚시 어선	레저 선박	예부선	화물선	기타
계	**2,839**	**1,308**	**198**	**1,233**	**16**	**4**	**80**
2019년	**1,088**	455	81	512	6	1	33
2018년	**874**	402	56	383	6	1	26
2017년	**877**	451	61	338	4	2	21

* 해양경찰 통계자료

아울러 사고유형별로 3년간 사고의 유형을 살펴보면 단순한 사고에 해당하는 기관손상, 추진기 손상, 키손상, 부유물감김 그리고 방향상실 등의 사고 비율이 약 92% 2,616건으로 대부분을 차지하나, 충돌·좌초·전복 등의 대형사고도 177건에 이르고 있다.

〈표 2〉 피예인 선박 사고유형별 자료

구 분	계	기관 손상	추진기 손상	부유물 감김	키 손상	침수	좌초	충돌	화재	전복	기타
계	**2,839**	**1,279**	**480**	**366**	**129**	**48**	**46**	**25**	**28**	**30**	**408**
2019년	**1,088**	475	186	140	42	17	21	14	14	14	165
2018년	**874**	374	163	104	49	18	15	6	9	7	129
2017년	**877**	430	131	122	38	13	10	5	5	9	114

* 해양경찰 통계자료

사고선박의 톤수를 기준으로 예인된 선박들을 구분하면 10톤 미만의 선박이 85%에 해당하는 2,391건에 이르며, 그중 레저선박과 어선의 비율이 76%에 해당하는 2,153건에 이른다. 이는 아래의 도표에서 톤수별 사고선박을 확인할 수 있다.

〈표 3〉 피예인 선박 톤수별 자료

구 분	계	2톤 미만	2~ 5톤	5~ 10톤	10~ 20톤	20~ 30톤	30~ 50톤	50~ 100톤	100톤 이상
계	**2,839**	**1,188**	**802**	**401**	**65**	**174**	**88**	**97**	**24**
2019년	**1,088**	471	302	171	30	45	29	30	10
2018년	**874**	384	247	104	15	58	30	29	7
2017년	**877**	333	253	126	20	71	29	38	7

* 해양경찰 통계자료

결론적으로 2017년부터 2019년까지 해양사고로 인해 해양경찰이 사고선박을 예인한 건수는 총 2,839건에 이르며, 선종별로는 어선·레저선박 및 낚시어선 등이 대부분의 예인건수를 차지하고 있다. 또한 사고 유형도 단순한 기관손상, 추진기 손상, 키손상, 부유물감김 그리고 방향상실 등으로 예인이 되었으며, 선박의 톤수 또한 10톤 미만의 선박으로서 레저선박과 어선이 해양경찰의 예인 대상이 되고 있음을 알 수 있다. 아울러 해양경찰의 예인을 위해 소요되는 시간은 보통 5시간~10시간이 걸리고 있다. 이러한 결과로서 알 수 있는 사실은 3년간 해양사고로 인해 예인된 선박의 대부분은 소형선박이며, 그 중 수중레저기구에 해당하는 레저선박과 소형선박이 대부분임을 알 수 있다. 이러한 해양경찰의 예인은 막대한 시간과 장비가 동원될 뿐만 아니라 이 모두는 국민들의 세금에 의해 충당되고 있다.

Ⅲ. 해난구조와 구조비용 부담 주체

1. 해난구조의 개념

해난구조[6]와 관련하여 우리나라 상법은 2007년 개정을 기점으로 2007년 개정 전에는 임의구조만을 해난구조로 규정하였으나, 2007년 개정 시에 계약구조에 관한 내용을 제887조에 신설하였다.[7] 따라서 2007년 개정 상법은 해난구조와 관련하여 총 14개의 조항을 갖추고 있으며, 1989년 해난구조협약을 참작하여 해난구조 보수 결정기준(제883조), 환경손해방지작업에 대한 특별보상규정(제885조), 구조료 지급의무(제886조), 계약구조(제887조) 등 새로운 내용을 추가하여 규정하였다. 해난구조와 관련한 국제협약들을 살펴보면, 1910년에 "해상에서의 구원 및 구조에 관한 일부 규정의 통일을 위한 협약(Convention for the Unification of Certain Rules of Law Relating to Assistance and Salvage at Sea, 1910)"이 성립되었고, 1967년에 군함과 국공유선으로 확장하는 등 약간의 개정이 있었다. 우리나라는 이 협약에 정식으로 가입하지는 않았지만 구상법 제849조 내지 제860조에서 이 협약상의 원칙을 수용하여 입법하였다. 이후 1960년대 후반부터 초대형 유조선에 의한 해양 유류오염문제와 선복량의 급증에 따른 해운환경이 급격하게 변화하면서 1910년도 해난구조협약에 대한 재검토가 이루어졌고 1989년 4월 런던에서 개최된 IMO 국제회의에서 새로운 해난구조협약(International Convention on Salvage 1989)이 채택되었다. 1989년 해난구조협약은 기존의 불성공 무보수원칙을 수정하여 구조자가 환경손해를 경감 또는 방지하는 작업을 한 경우에는 구조가 성공하지 못한 경우에도 특별보상(special compensation)을 청구할 수 있도록 개정한 것이 특징이다. 이러한 특징은 위에서 설명한바와 같이 2007년 상법이 개정되면서 이를 국내

---

6) 해난구조란 항해선 상호간 또는 항해선과 내수항행선간에 선박 또는 그 적하 그 밖의 물건이 어떠한 수면에서 위난에 조우한 경우에 이를 구조하는 것을 말하며, 사법상 구조의무 없이 구조를 행하는 해난구조, 즉 임의구조와 미리 당사자 사이에 구조에 관한 계약을 통해 구조를 행하는 계약구조 등 두 가지가 있다.

7) 최종현, 「해상법상론」, 박영사, 2009, 544면 참조; 김인현. 「해상법(제5판)」, 법지사, 2018, 424면 참조.

법으로 수용하였다.[8)]

2. 해난구조의 성립요건

해난구조는 해난으로 재산이 멸실 또는 훼손의 위험에 처한 경우에 이루어지며, 해난구조가 성립하기 위해서는 선박이나 적하를 위험상황이나 구체적인 손실을 벗어나 안전한 장소로 이동하는 경우에 성립한다. 따라서 해난구조가 성립하기 위해서 급박하거나 위험이 상당할 필요는 없고 항행을 하기에 어렵거나 난처한 상황이면 충분하다.[9)] 우리나라 상법 제882조에 의하면 "항해선 또는 그 적하 그 밖의 물건이 어떠한 수면에서 위난에 조우한 경우에 의무 없이 이를 구조한 자는 그 결과에 대하여 상당한 보수를 청구할 수 있다."라고 규정하여 해난구조의 요건으로서 첫째, 선박의 재난을 우연하게 조우한 경우, 둘째 의무 없이 구조하는 임의구조이며, 셋째, 재산을 구조하기 위한 노력을 요구하고 있다. 또한 동법은 임의구조 뿐만 아니라 계약구조의 경우에도 제887조에서 "당사자가 미리 구조계약을 하고 그 계약에 따라 구조가 이루어진 경우에는 그 성질에 반하지 아니하는 한 구조계약에 정하지 아니한 사항은 임의구조에 관한 사항에 따른다."라고 규정하여 당사자의 합의를 성립요건으로서 추가하고 있다. 임의구조이든 계약구조이든 해난구조는 구조행위로 인하여 전부 또는 일부가 구조되는 효과가 있어야 한다. 즉 해난구조의 효과가 발생하기 위해서는 선박 또는 적하의 구조가 있어야 하며, 만일 구조가 미수에 그친 경우에는 보상을 받을 수 없다(상법 제882조). 이와 관련된 영국판례로는 The Tabert 사건[10)]에서 해안에 침몰한 선박을 예인하도록 요청받은 예인선이 예인을 하던 중에 피예인선이 방파제와 충돌하여 손상을 입었다. 피예인선의 적하는 구조되었으나 선박은 심해에 침몰하였다. 이에 대하여 법원은 예인선의 구조자가 적하의 일부는 구조하였으나 선박을 구조하지 못하는 등 구조가

8) 정완용, "개정 상법상의 해난구조규정에 관한 고찰", 한국해법학회지, 제32권 제2호, 2010, 206~207면.
9) 권오, "해난선박의 구조와 구조비 보상에 관한 연구", 관세학회지, 제15권 제4호, 2014, 246면.
10) The Tabert [1926], p.372.

완전하지 못하였으므로 구조비를 보상받을 수 없다고 판단하였다. 그러나 이러한 경향은 1989년 해난구조협약에 의해 변화되었고, 동 협약 제14조에서 선박 또는 그 적하로 인하여 환경손해가 발생할 우려가 있는 경우, 그 손해를 경감 또는 방지하기 위한 작업에 종사한 구조자는 그의 성공 여부와 상관없이 구조에 소요된 비용을 특별보상으로서 청구할 수 있도록 규정되었다. 이에 따라 상법 제885조는 계약구조와 관련하여, 특별보상에 관한 사항을 규정하고 있다.

3. 상법과 수상에서의 수색·구조 등에 관한 법률(이하 수상구조법) 상의 구조료 부담책임

3.1. 상법상의 구조료와 구조료 지급책임

구조자는 해난구조의 성립요건을 충족하게 되면 구조료청구권, 즉 보수청구권과 특별보상청구권을 갖게 된다(상법 제882조 및 제886조). 이를 임의구조와 계약구조로 분설하면, 임의구조의 경우 구조 당시 당사자 간에 사전 약정이 없으므로 보수액에 관하여는 구조가 완료된 후 당사자의 합의에 의하여 결정된다. 만약 당사자 사이에 합의가 성립하지 아니한 때에는 법원이 당사자의 청구에 의하여 구조된 선박·재산의 가액, 위난의 정도, 구조자의 노력과 비용, 구조자나 그 장비가 조우했던 위험의 정도, 구조의 효과, 환경손해방지를 위한 노력, 그 밖의 제반사정을 참작하여 그 액을 정한다(상법 제883조). 계약구조의 경우에는 구조계약의 내용에 따라 보수청구권이 발생한다. 즉 도급형 구조계약에서는 구조를 완료한 때, 그리고 위임형 또는 고용형 구조계약에서는 구조계약에서 정한 때에 보수청구권이 발생한다(상법 제884조). 환경손해방지작업에 대한 특별보상은 상법 제885조에 이를 규정하고 있다. 아울러 구조료의 지급책임자는 임의구조의 경우에는 구조된 선박의 소유자 및 적하 등의 재산의 관리자, 즉 피구조자이다. 구조의 보수를 지급할 채무자는 그 구조된 선박 또는 재산의 가액에 비례하여 구조에 대한 보수를 지급할 의무가 있다(상법 제886조 전단). 또한 특별보상에 관하여도 구조된 선박의 소유자 및 구조된 적하 등의 재산의 권리자가 그 구조된 선박 또는 재산의 가액에 비례하여 특별보상을 할 의무를 부담한다고 규정하고 있다(상법 제886조 후단). 계약구조의 구조료부담 책임자는 구조자와 계약을 체결한 당사자이다. 또한 특별보상과 관련하여서는 1989년 해난구조조약과 같이 계약구조의 경우에도 선박소유자가 특별보상을 지급할 채무를 부담한다.[11] 또한 선박소유자 및 적하의 소유자는 해상위험을 담보하기 위하여 해상보험계약을 체결하게 되는데 이렇게 체결된 해상보험계약에 따라 임의구조료 뿐만 아니라 계약구조료의 경우에도 보험자는 보상책임의 대상에 포함된다. 즉 1955년 기간보험약관(ITC Hull Insurance)에는 보험계약상 담보위험으로 인한 해상사고의 구조에 따라 발생하는 구조료에 대하여 보험자의 보상책임을 인정하고 있다(동 약관 제10조 제1항 및 제4항). 또한 적하보험에 관한 런던보험업자협회의 1982년 적하보험약관(ICC (A), (B), (C))도 마찬가지로 이를 규정하고 있다. 그런데 환경손해의 방지 및 경감과 관련하여서는 선박소유자가 계약구조에 따라 특별 보상하는 금액으로서 선박보험자 또는 적하보험자가 아닌 선주책임상호보험자인 P&I에 의해 보상된다.

3.2. 수상구조법상의 구조료 부담책임

수상구조법 제2조 제4호의 규정에 의하면 수난구호란 수상에서 조난된 사람 및 선박, 항공기, 수상레저기구 등의 수색·구조·구난과 구조된 사람·선박 등 및 물건의 보호·관리·사후처리에 관한 업무를 말한다고 명시되어 있으며, 반면 구조는 조난을 당한 사람을 구출하여 응급조치 또는 그 밖의 필요한 것을 제공하고 안전한 장소로 인도하기 위한 활동을 말하며, 구난은 조난을 당한 선박 등에 관한 원조를 위하여 행하여진 행위 또는 활동이라고 규정되어 있다. 결과적으로 수상구조법 상 조난 선박의 예인 등의 조치는 포괄적으로 수난구호에 해당한다 할 것이다. 아울러 해상에서의 수난구호는 관할해양경찰

11) 최종현, 앞의 책 556 ~ 558면 참조.

서장이 행하고, 하천에서의 수난구호는 관할소방서장이 행하도록 규정되어 있다. 이는 수난구호를 국가가 책임지고 이를 수행하도록 규정하고 있는 것이다. 그러나 수상구조법상에는 물건의 구조에 따른 소유자에 대한 관련 비용의 직접적 청구에 대하여 명확한 규정을 두고 있는지 않다. 이로 인해 수난구호비용청구권을 국가가 수익자에게 직접적으로 청구할 수 있는지가 문제가 된다. 이러한 국가의 수난구호비청구권과 관련하여, 수상구조법 제37조 제2항은 조난된 선박 등의 선장·소유자·운항자 또는 관리자나 물건의 소유자는 특별자치도지사 또는 시장·군수·구청장이 상당하다고 인정하는 담보를 제공하고 해당 물건의 인도를 청구할 수 있다고 규정하고 있는데, 이는 지방자치 단체장이 구조와 구난에 따른 비용 즉, 예선 등을 포함한 비용의 구상 근거를 마련했다고 해석된다. 결과적으로 지방자치단체장은 법률의 규정에 따라 제공받은 담보 등을 활용하여 구난 또는 구조에 소요된 비용을 충당 할 수 있을 것이다.

Ⅳ. 수상레지기구 배상책임보험

1. 수상레저안전법상의 보험가입 규정

수상레저안전법 제34조에 따르면 "등록 대상 동력수상레저기구의 소유자는 동력레저기구의 운항으로 다른 사람이 사망하거나 부상한 경우에 피해자에 대한 보상을 위하여 해당 동력레저기구의 소유일부터 1개월 이내에 대통령령으로 정하는 바에 따라 보험 등에 가입하여야 한다. 또한 시행령 제25조에 의하면 수상레저기구를 소유한 개인은 수상레저기구의 등록기간 동안 계속하여 보험에 가입하여야 하며, 가입금액은 "자동차손해배상 보장법 시행령 제3조 제1항"에 따른 금액 이상으로 가입하여야 함을 규정하고 있다. 즉 자동차손해배상 보장법 시행령 제3조 제1항에 따라 동력레저기구의 소유자는 보험금액으로서 사망의 경우 1억5천만원 이내, 부상의 경우 상해 1급 3천만원에서 상해 14급 50만원 이상의 보험금액을 유지하여야 한다. 이러한 보험가입 규정은 강제규정이며, 수상레저기구를 등록하기 위해서는 반드시 보험가입증명서를 제출하도록 되어 있다.

2. 배상책임보험과 손해보험 약관의 담보 범위

2.1. 배상책임보험약관

배상책임보험약관[12)]상의 배상책임약관에 따르면 보험자는 보험증권상의 보장지역 내에서 보험기간 중에 발생된 보험사고로 인하여 타인에게 입힌 손해에 대한 법률상의 책임을 담보하고 있다. 이는 보험자가 손해배상책임을 담보하기 위해서는 피보험자가 보험계약기간 중에 피보험수상레저기구의 소유, 사용, 관리로 제3자를 사망하게 하거나 부상으로 입게 되는 손해를 보상하는 것을 내용으로 하고 있다. 따라서 수상레저안전법 제34조에 따른 수상레저기구 소유자인 피보험자는 기본적으로 대인배상책임을 담보하는 보험에 가입하면 법률상의 의무를 이행하게 되는 것이다. 그리고 이러한 배상책임은 운항 중의 기술상 과실 뿐만 아니라, 관리상의 과실로 인한 책임 즉 소유, 사용 및 관리로 인한 손해를 담보한다. 또한 피보험자는 수상레저기구의 소유자에 국한되지 아니하고, 임차인으로서 또는 소유자의 동의를 얻어 피보험 목적물을 사용 또는 관리하는 경우에도 보험자의 보상책임의 대상이 된다.[13)] 아울러 피보험자의 범위[14)]로서 ① 보험증권에 기재된 피보험자, ② 기명피보험자와 같이 살거나 살림을 같이하는 친족으로서 피보험수상레저기구를 사용 또는 관리중인 자, ③ 기명피보험자의 승낙을 얻어 피보험수상레저기구를 사용 또는 관리중인 자, ④ 기명피보험자의 사용자(도급계약, 위임계약 또는 이들과 유사한 계약에 기하여 기명피보험자의 사용자에 준하는 지위에 있는 자를 포함), ⑤ 피보험자를 위하여 피보험수상레저기구를 운전중인 자 등이 피보험자에 해당된

12) 삼성화재 수상레저보험약관을 기준으로 함.
13) 홍성화, "개인용 수상레저기구 배상책임보험에 관한 일고찰", 기업법연구, 제20권 제2호, 2006, 316면.
14) 삼성화재 배상책임조항(의무보험)－수상레저기구 개인소유자 약관 제3조(피보험자의 범위).

다. 따라서 피보험수상레기기구를 사용 또는 관리 및 운전하는 경우 기명 피보험자의 승낙을 얻으면, 피험자에 해당하여 담보의 혜택을 입게 된다. 이때 승낙은 피보험자의 직접적 승낙뿐만 아니라 묵시적 승낙 및 사고 등 필요에 따른 승낙도 가능하다 할 것이다.[15)]

2.2. 손해보험 약관

보험자는 수상레저기구의 멸실과 훼손으로 발생한 손해를 담보한다. 따라서 피보험목적물인 수상레저기구가 멸실한 경우에는 보험가액을 한도로 한 보험금을 지급하며, 훼손과 관련하여서는 수리비용 등을 지급한다. 보험약관에 따른 담보범위[16)]는 ① 보험증권에 기재된 수상레저기구가 보험기간 중에 침몰, 좌초, 충돌, 화재, 폭발, 도난 등의 우연한 사고로 입은 손해, ② 피보험수상레저기구에 장착 또는 설치되어 있는 표준기기· 장비품 및 보험증권에 명기된 부속기기·장비품을 담보하지만, 연료, 식료품 기타 소모품은 담보범위에 포함되지 않는다. 또한 수리비 지급과 관련된 약관[17)]을 살펴보면, ① 손해를 입은 피보험수상레저기구를 사고발생 직전의 상태로 복구하기 위하여 필요한 수리비, ② 회사가 보상하는 손해를 입은 피보험수상레저기구를 손해발생지에서 수리공장 또는 회사가 지정한 장소까지 예인 또는 운반하는데 필요한 비용, 또는 이러한 장소까지 항해하기 위해 필요한 가수리비용 등을 보험자가 담보하고 있다. 결과적으로 개인이 수상레저기구의 손해보험 계약을 보험자와 체결하는 경우에는 수상레저기구의 멸실에 따른 보험금액 한도의 보험금과 훼손에 따른 수리비 그리고 예선비 등의 관련 비용을 보험자로부터 지급받을 수 있다. 그리고 피보험자의 손해방지의무와 관련된 약관 규정[18)]을 두고 있어, 피보험자는 보험사고가 발생한 때, 손해의 방지와 경감에 노력하여야 하며, 보험자는 손해방지 또는 경감에 소요된 필요 또는 유익한 비용을 지급

15) 대법원 1993. 1. 19. 선고 92다32111판결; 대법원 1993. 2. 23. 선고 92다24127 판결; 대법원 1997. 3. 14. 선고 95다48728 판결 인용.
16) 삼성화재 수상레저기구손해 약관 제3조(보상하는 손해).
17) 삼성화재 수상레저기구손해 약관 제11조(수리비).
18) 삼성화재 수상레저기구손해 약관 제9조(손해방지의무).

하여야 한다.

3. 수상레저안전법상 담보범위의 문제점

위에서 살펴보았지만, 수상레저안전법 제34조와 시행령 제25조에 의하여 수상레저기구를 소유한 개인은 제3자의 사망과 부상으로 발생하는 손해를 담보하기 위하여 배상책임보험에 가입하도록 강제되고 있다. 그러나 법률의 규정에 의해 강제되어 지는 보험은 제3자 배상책임보험에 한정되어 있음으로 인해, 수상레지기구를 소유한 사업체 또는 개인은 등록을 위해서라도 제3자 배상책임보험에는 가입하고 있으나, 강제가입 사항이 아닌 수상레저기구의 손해보험에는 가입하는 비율이 상대적으로 적다. 즉 수상레저 관련 보험의 보험료가 비싸 수상레저업체는 경영수지의 악화등을 이유로 손해보험 가입에 소극적이며, 개인은 더 더욱 보험료의 절감 등을 이유로 손해보험의 가입을 기피하고 있는 실정이다. 이로 인해 선박의 기관손상, 추진기 손상 및 부유물 감김 등의 사고로 예인이 필요한 경우, 예인 관련 비용은 전적으로 수상레저기구 소유자의 부담으로 남게 된다. 특히 해양사고로 인한 해양경찰의 구조 및 예인의 경우 예인비용의 지급과 관련하여 앞에서 분쟁이 발생하고 있다. 따라서 해양사고로 인한 해양경찰의 수상레저기구 구조와 예인 시 발생하는 비용 분쟁을 줄이기 위해서는 아래서 설명하겠으나 수상레저기구를 대상으로 한 미국이나 캐나다 등의 레저선박 예인서비스 산업의 도입을 고려할 필요가 있으며, 일본에서 운영되고 있는 회원제 예인서비스와 일본어선보험조합에서 운영하는 정책보험 등의 도입을 고민할 필요가 있어 보인다. 따라서 이하에서는 해양경찰의 수상레저기구의 선박예인 현황 및 사례, 그리고 미국과 캐나다, 그리고 일본의 예인관련 법률과 정책에 대해 살펴보도록 하겠다.

V. 미국·일본의 예인과 관련된 법률 및 정책

해양사고로 인해 예인된 수상레저선박들은 정당한 예인 비용을 국가에 지급하여야 함에도 불구하고, 이를 이행하지 않음으로 인하여 해양경찰 인력의 공백 초래와 세금의 누수가 상당히 발생하고 있다. 이러한 수상레저선박 등의 예인 문제를 해결하기 위하여 미국과 일본의 법률과 정책들을 살펴볼 필요가 있다.

1. 미국의 예인과 관련한 법률과 정책

1.1. 미국의 법률 규정

미국해안경비대(United States Coast Guard; 이하 USCG 칭함)는 해양에서의 인명구조와 환자의 수송, 국경지역과 해양에서의 범죄와 관련된 임무를 수행하고 있다. 따라서 USCG는 해양사고로 인한 구조작업 및 예인과 관련하여 임무를 수행하고 있는데 이는 미국의 연방법률 규정 14 USC 521(Saving Life and Property)에 명시되어 있다. 규정의 내용을 살펴보면, (a)조에서 "USCG는 공해상 및 미국의 관할해역에서 조난자, 선박, 항공기에 대한 원조 및 홍수로 위험에 처한 사람과 재산에 대한 원조를 제공한다."[19]라고 규정하여 사람과 재산에 대한 원조 원칙을 천명하고 있다. 제1항[20]에서 "사람을 구조하거나 원조하고 재산을 보호하거나 보존하는데 필요한 모든 조치를 수행"하도록 하고 있으며, 제4항[21]에서 "항행의 위험이 되는 부유물 또는 침몰물을 파괴하거나 항구로 예인"하도록 규정하고 있다. 또한 (b)조 제1항[22]에서는 "USCG는 USCG 세

19) US Code 521 (a), "In order to render aid to distressed persons, vessels, and aircraft on and under the high seas and on and under the waters over which the United States has jurisdiction and in order to render aid to persons and property imperiled by flood, the Coast Guard may:".
20) US Code 521 (a) (1) "perform any and all acts necessary to rescue and aid persons and protect and save property;".
21) US Code 521 (a) (4) "destroy or tow into port sunken or floating dangers to navigation".
22) US Code 521 (b) (1) "the Coast Guard may render aid to persons and protect and save property

력 및 인력이 언제, 어느 곳에서나 개인에게 원조를 제공하고 재산을 보호, 보존하는 활동을 할 수 있도록 효과적으로 관리하여야 한다"고 규정하고 있다. 그러나 상기 규정은 해난사고를 당한 선박의 예인과 관련하여서는 구체적인 규정을 명문화하고 있지 아니하다. 그 이유는 1982년 미국 의회는 민간예인업체와 USSG간의 해양사고 선박의 구조를 위한 경쟁이나 간섭을 최소화 하기 위해 연구용역을 실시하였고, 그 이듬해인 1983년 미국의회 상선 및 어선위원회 소관 'USCG 및 항해에 관한 소위원회'에서 USSG에 5가지의 권고를 하게 된다. 첫째, USCG는 비긴급성 수색구조 대응을 우선순위가 매우 낮은 것으로 인식하고, 일반적으로 다른 도움을 받을 수 없는 시간 또는 조건인 경우에만 대응해야 한다. 둘째, USCG는 훈련 목적하에서 비긴급성 수색구조 대응을 제한적으로 지속 수행할 필요가 있다. 셋째, USCG는 USCG 민간보조대, 해군, 해상경찰 및 민간회사 등을 포함한 모든 구조세력들을 완전하게 업데이트하고 그 목록을 유지하여야 한다. 넷째, 긴급상황과 비긴급 상황 모두에서 재산보호를 위한 수색구조서비스에 대하여는 수익자에게 비용을 청구할 것을 권장한다. 단 재산을 보호하지 않은 인명구조의 경우는 무료로 한다. 마지막으로, USCG에게 25피트 미만의 유료 예인선 운항자에 대한 새로운 면허기준을 수립하고 시행할 것을 권고하였다. 이러한 미국의회의 권고 내용을 정리하면, USSG는 긴급을 요하지 않는 구조와 예인의 경우에는 민간예인업체에 그 임무를 수행하도록 하는 결정이었다.

1.2. 미국의 민간예인사업

미국에는 레저보트 등의 예인과 관련하여 대표적으로 'TowBoatUS'와 'SEA TOW'라는 레저보트 예인서비스 사업이 있다. 'TowBoatUS'는 1987년 예인서비스 사업을 시작하였고, 주로 보트보험, 보트캐피탈, 보트관련 각종 사업 분야를 운영하고 있다. 아울러 선박의 예인서비스는 300개 이상의 항구에서 제공되며, 예인선은 약 600여척을 보유하고 있다. 'TowBoatUS'가 운영하는 회사의

at any time and at any place at which Coast Guard facilities and personnel are available and can be effectively utilized".

약관에 따르면 예인서비스는 회원제로 운영되고 있으며, 회원인 경우에는 연간 159달러의 회비로 약정된 항구로부터 25마일 이내의 예인 서비스는 무료로 제공되고 있다. 그러나 비회원의 경우에는 시간당 250달러의 예인비용이 청구된다. 또한 'TowBoatUS'는 보트보험을 개발하여 옵션으로서 예인서비스를 제공하고 있는데 보트의 크기와 예인 위치에 따라 가격을 금액을 달리 정하고 있다.[23] 반면 'SEA TOW'는 1983년 미국의회의 USSG 권고 결정에 따라 1983년부터 보트 등의 선박에 대하여 예인서비스를 시작하였다. 미국내 100개의 지역에서 사업을 운영하고 있으며, 회원제와 보험서비스를 제공하고 있다. 회원의 경우에는 해양과 내해를 구분하여, 해양구간의 예인서비스 제공 회원의 년간 가입 금액은 179달러이며, 내해구간의 경우에는 년간 119달러이다.[24]

2. 일본의 예인 정책

일본의 경우에는 미국과 달리 예인 등 구조 원칙과 지침 관련한 명시적인 법률의 규정을 갖고 있지 아니하다. 따라서 해양사고로 인한 사고 선박의 예인 등 구조는 민간 자율주도 방식에 따른 일본해양레저안전진흥협회에서 운영하고 있는 플레저보트의 회원제 예인서비스가 있으며, 정부 보조 방식의 어선보험[25]을 통해 예선을 제공하고 있다. 즉 민간과 정부의 이원적 구조를 갖고 있다. 먼저 일본해양레저안전진흥협회가 네트워크형으로 운영하고 있는 예인서비(Boat Assistance Network; BAN)을 살펴보면, 1992년 처음으로 실시되었고, 레저보트 등 소유자를 대상으로 민관이 협력하여 설립된 회원제 시스템으로 서비스의 가입 대상은 비영업용 레저기구, 즉 모터보트, 크루저요트 등을 소지한 개인 또는 법인이다. BAN 서비스는 경미한 해양사고의 선박 견인에 제공되며, 1시간 이내의 도착을 목표로 하고 있다. 따라서 선박의 사고가 화재, 폭발, 충돌 및 전복 등의 중요 해난사고 시에는 해상보안청이 예인 및

23) https://www.boatus.com/products-and-services/boat-towing.
24) https://www.seatow.com/.
25) 일본의 어선보험은 일본어선보험조합에서 인수하여 정부에 재보험을 부보하는 형태로 정부는 특별회계를 마련하여 재보험사의 형태를 유지하고 있다. 또한 어선보험의 약관에 따르면 가입 대상 어선은 총톤수 1,000톤 미만의 어선 소유자 또는 사용자이다.

사고에 관한 전반적인 지휘와 감독을 하므로 BAN 서비스는 제공되지 않는다. BAN 서비스는 회원규정 약관에 따라 회원제로 운영되고 있으며, 일반회원의 경우에는 선박의 톤수에 따라 등급이 나뉘어져 있는데 A등급(5톤미만) 회원은 연회비가 18,000엔이며, B등급(5~20톤) 회원의 경우는 년간 36,000엔이다. 그리고 C등급(20~40톤) 회원은 100,000엔이다. 또한 예인서비스는 사고 발생지점으로부터 가장 가까운 항구로의 예인은 무료이나, 원하는 항구가 있는 경우에는 비용이 추가되기도 한다. 어선의 손해 보상 및 예인등과 관련하여 일본정부는 일본어선보험조합[26]을 통해 재보험을 부보하는 형태로 일정의 재정을 지원하고 있다. 특히 플레저보트 책임보험을 개발하여 스포츠 또는 레크레이션 용도로 사용하는 총톤수 5톤 미만의 소형선박(이하 플레저보트라 함) 소유자 또는 사용자를 보험계약자로 하여 보험사고로 인한 제3자 배상책임 및 해당 플레저보트 또는 그 승선자의 수색이나 구조에 소요된 비용을 담보하고 있다.

3. 소 결

2017년부터 2019년까지 3년간 해양경찰이 선박의 해양사고로 예인 등을 실시한 건수가 2,800건에 이르고 있으며, 2020년 10월까지의 예인건수를 보더라도 약 1,900여건이 발생하였다. 그러나 선박의 충돌, 좌초 및 화재 등의 대형해양사고로 해양경찰에 의해 예인된 선박은 약 130여건 밖에는 되지 않는다. 주로 대부분의 예인 사고는 단순한 기관손상, 추진기 손상, 키손상, 부유물감김 그리고 방향상실 등이다. 그러나 이러한 단순한 선박의 고장 등의 사고의 경우에도 수상구조법에 따라 조난선박을 구조하거나 구난하여야 할 의무가 정부에게 있다. 또한 수상구조법 제40조에 따르면 수난구호비용은 수익자부담으로서 조난당한 선장이나 소유자의 부담으로 하고 있으며, 이를 납부하지 않는 경우에는 공매 등의 절차를 통해 구호비용을 충당하도록 규정되어 있다. 그러나 실무적으로는 해양에서의 조난선박 구조 시 수난구호비용의 청구와

26) 일본어선보험조합은 어선손해보상법에 근거하여 어선보험사업의 원활한 운영과 건전한 발전을 도모하기 위하여 1952년 창립되었고, 1973년에는 정부의 어선 재보험특별회계로부터 47억엔의 잉여금을 교부받아 어선보험진흥사업을 실시하고 있다(www.ghn.or.jp참조).

납부가 법률의 규정에 따라 이루어지지 않는 경우가 많으며, 비용의 납부에 관하여는 해당 선박의 소유자와 분쟁이 발생하는 경우가 대부분이다. 이는 법률인 수상구조법의 따라 수난구호의 의무를 정부에게 부과하고 있기 때문이다. 미국의 경우에는 US Code 521에 따라 USCG는 공해상 및 미국의 관할해역에서 조난자, 선박, 항공기에 대한 원조 및 홍수로 위험에 처한 사람과 재산에 대한 구조를 명시하고 있으나, USCG는 미국의회의 결정에 따라 긴급을 요하지 않는 구조와 예인의 경우에는 민간예인업체에 그 임무를 수행하도록 하고 있다. 이에 따라 미국의 경우에는 민간차원에서 'TowBoatUS'와 'SEA TOW'라는 레저보트 예인서비스 사업이 시행되고 있으며, 일본의 경우에도 해양사고로 인한 사고 선박의 예인 등 구조는 일본해양레저안전진흥협회를 통해 민간자율주도 방식을 적용하고 있다. 아울러 어선보험의 경우에 한하여 일부의 재정을 지원하고 있을 뿐이다. 따라서 우리나라의 경우에도 예인 서비스의 제공 등은 법률 규정의 개정을 통해 민간 협회 또는 보험사를 통해 이를 해결할 수 있도록 그 방안을 모색할 필요가 있어 보인다.

Ⅵ. 수상레저기구 등 소형선박의 예인과 관련한 문제점들에 대한 해결방안

1. 수상레저안전법상 손해보험 강제 가입규정의 신설

수상레저안전법 규정에 따르면 동력 수상레저기구의 소유자는 제3자 배상 책임을 목적으로 한 배상책임보험에 강제로 가입하여야 한다. 또한 시행령 제25조는 배상책임의 한도를 설정하고, 자동차손해배상 보장법 시행령 제3조제1항에 따른 금액 이상을 규정하여 제3자의 해양 사고로 인한 사망이나 부상으로 입게 되는 손해를 담보하고 있다. 그러나 수상레저안전법의 제3자 배상책임보험가입 강제규정은 인사 사고의 배상에 한정되어 있음으로 인하여 해양사고로 인해 발생할 수 있는 손해, 즉 선박의 멸실 또는 훼손으로 인한 손해와 예인 등으로 인해 발생하는 관련 비용은 고스란히 개인의 부담으로 남게 된다. 현재 우리나라의 주요 보험사들은 수상레저기구와 레저활동에 활용되는 기구의 물적 손해를 담보하기 위하여 보험상품을 출시하여 판매하고 있다. 또한 담보의 범위 역시 전손과 수리비 지급에 한정하는 것이 아니라 수색 및 구조비용 그리고 예인과 관련된 비용 역시 담보하고 있다. 그러나 고액의 보험료로 인해 손해보험의 가입은 사실상 저조한 편이다. 이러한 수상레저기구 소유자들의 손해보험 가입 기피로 인해 해양사고 발생 시 예인 등의 관련 비용은 전적으로 수상레저기구 소유자의 부담으로 남게 되며, 수상구조법에 따라 예인 등의 관련 비용을 납부하여야 함에도 불구하고, 비용을 납부를 면피하기 위하여 해양경찰 등과 분쟁이 발생하기도 하며, 해양경찰은 여론의 비난 등을 의식해 비용을 청구하지 않는 사례도 상당 건수에 이른다. 이는 수익자들에게 도덕적 해이를 조장할 수 있다. 물론 민간자율구조선을 이용해 조난 선박의 구조와 예인을 할 수 있으나, 구조비용의 선 지급은 해양경찰이 부담하고 이를 수익자에게 청구하여야 함에도 불구하고 위에서와 같은 이유로 사실상 청구가 기피되고 있고, 이는 곧바로 세금의 낭비로 연결된다. 이러한 구조비용의 분쟁을 미연에 방지하고 구조 요청의 활성화를 위해서라도 수상레저안전법 제34조에 제3자 배상책임보험 뿐만 아니라 해난 구조에 따른 예인비용 담보를 위한 손해보험 가입도 강제하는 법률의 개정이 필요하다고 본다.

2. 수상구조법의 개정

수상구조법은 1961년 제정·공포된 뒤 1994년 12월 전문 전문개정을 포함하여 그 후 수차례 일부 개정되어 현재에 이르고 있다. 그리고 수상구조법의 제정 목적은 국가 및 지방자체단체가 조난된 사람과 선박 등의 수색·구조 및 보호에 필요한 사항을 규정하고, 해상에서의 수난구호는 관할해양경찰서장이 행하고, 하천에서의 수난구호는 관할소방서장이 행하도록 규정되어 있다. 이는 수상구조를 국가가 책임지고 이를 수행하도록 규정하고 있는 것이다. 이를 구체적으로 수상구조법 제3장 수난구호 규정을 통해 명시하고 있으며 해난사고에 따른 예인 등의 모든 활동은 수난구호에 포함된다. 특히 수상구조법 시행령 제20조에는 소형선박에 대한 구난 규정을 두어 소형선박에 대한 국가의 구조를 규정하고 있다. 그러나 위에서 기술한 바와 같이 USCG의 긴급을 요하지 않는 구조의 경우에는 US Code 521 규정에도 불구하고 구조와 예인을 민간예인업체에 그 임무를 위임하고 있다. 또한 일본의 경우에도 예인 등 구난 지침과 원칙 등을 규정한 명시적인 규정이 없으며, 예인 등의 구난정책은 민간 자율 주도 방식을 시행하고 있다. 따라서 수상구조법도 개정을 통해 인사 사고를 포함한 광범위한 해양사고 즉, 선박 충돌, 좌초나 화재 그리고 해양오염의 경우와는 별도로 소형선박의 기관고장, 추진기 손상, 부유물 감김 등으로 인한 선박 예인은 국가의 의무가 아닌 민간예인 협회나 민간 보험을 통해 수상구조가 될 수 있도록 개정함으로써 국가 예산의 절감 및 분쟁을 줄일 필요가 있다.

3. 예인관련 민간업체와 정책보험의 육성

미국의 경우, USCG의 정책과 지침에 따라 긴급을 요하지 않는 구조와 예인의 경우는 민간업체인 'TowBoatUS'와 'SEA TOW', 'Boat Safe'[27] 등 이 레저선박 예인서비스를 제공하고 있으며, 많은 민간 보험사들이 'Boat Insurance' 상품을 개발하여 다양한 예인보험을 판매하고 있다. 일본 역시 정부 차원에서 일본어선보험조합에 어선 재보험특별회계를 통해 재정을 일정부분 지원하고 있으며, 일본어선보험조합은 '플레저보트 책임보험 약관'을 통해 예인 서비스를 제공하고 있다. 또한 일본해양레저안전진흥협회는 자체적으로 회원제 예인서비스(BAN)를 통해 해상에서의 안전과 구조 서비스를 제공하고 있다. 따라서 정부도 한국수상레저안전협회에 재정 지원을 통해 정책보험 형태의 회원제 예인서비스 보험을 개발하도록 장려 할 필요가 있다.[28] 정책보험을 통한다면, 국가와 지방자치단체가 보험료의 일부를 지원하고 나머지를 수상레저기구

27) https://www.boatsafe.com/?nowprocket=1.

28) 여희정 · 구종순, "우리나라 해운산업의 안정화를 위한 해운정책보험의 개발", 해운물류연구, 제26권 제1호(통권64호), 2010, 185면 참조.

등 소형선박의 소유자들이 부담하게 된다면 저비용으로 예인서비스를 이용할 수 있을 것이다.

Ⅶ. 맺는 말

국민소득의 증가에 따라 해양레포츠를 이용하는 사람들의 수가 점차 증가하고 있으며, 동력수상레저기구 역시 기술의 발전을 통해 고속화, 대형화 되고 있는 추세이다. 그러나 이러한 수상레저기구 및 소형선박들의 발전은 해양사고의 증가를 가져오게 되었고, 이러한 결과로 인해 해양경찰이 최근 2017년부터 2019년까지 3년간 예인한 선박의 건수는 약 2,800여건에 이른다. 그러나 예인된 선박 중 대부분은 10톤 미만의 선박이며, 사고의 유형 또한 단순사고인 기관고장, 추진체 손상, 부유물 감김, 키손상 등이 전체사고의 92%를 차지하고 있다. 이러한 해양경찰의 수상레저기구의 예인은 경찰 행정력 공백을 초래할 뿐만 아니라, 수상구조법에 따라 예인 수익자인 선박의 소유자가 예인비용을 국가에 납부하여야 함에도 불구하고, 민원 발생 등 분쟁으로 인해 사실상 비용의 추징이 거의 이루어지고 있지 않다. 이는 국가의 세금 낭비라는 비난을 면하지 못할 것이다. 따라서 단순한 해양사고로 인한 소형 선박의 해양경찰청의 예인은 다음의 사항들이 고려되어야 할 것이다. 첫째, 수상레저안전법상 손해보험 강제 가입규정의 신설이다. 수상레저안전법 제34조는 제3자배상책임보험의 가입만을 강제 가입하도록 규정하고 있는데, 이를 개정하여 수상레저기구의 소유자에게 손해보험을 강제 가입하도록 함으로써 해양경찰에 의한 예인비용 발생 시 해양경찰이 보험사에 관련 비용을 직접 청구할 수 있도록 할 필요가 있다. 둘째 수상구조법의 개정이다. 수상구조법은 해난사고의 긴급성, 중요성 등을 고려하지 아니하고 해난사고의 발생 시 국가 또는 지방자치단체는 조난된 사람과 선박 등의 수색·구조하도록 규정하고 있다. 따라서 동법에 의하면 국가와 지방자치단체는 단순한 선박사고의 경우에도 해당 선박의 예인을 실시하여야 한다. 그러나 미국 및 일본의 경우에는 수상구조법과 다른 정책을 실시하고 있다. 즉 미국의 경우 USCG의 긴급을 요하지 않는 구조의 경우에는 US Code 521 규정에도 불구하고 구조와 예인을 민간예인업체에 그 임무를 위임하고 있으며, 일본은 예인 등의 구난정책을 민간 자율 주도 방식을 수행하고 있다. 이를 통해 예인을 위해 소요되는 국가의 자원과 시간을 민간업체를 통해 해결하고 있다. 따라서 우리나라도 미국과 일본의 예와 같이 예인관련 민간업체의 육성 및 정책보험의 마련을 고려할 필요가 있다. 구체적으로는 국가가 민간업체의 회원제 예인서비스를 개발하도록 지원하고, 국가의 일정비용 보조를 통한 정책보험을 활성화하여 저비용의 예인서비스를 제공한다면 많은 수상레저기구 및 소형선박의 소유자들은 이러한 정책보험을 쉽게 이용하게 할 수 있을 것이며, 해당 선박들의 예인과 관련된 문제들도 해결을 할 수 있는 기초가 마련될 것이라 생각한다.

참고문헌

구종순, 「해상보험」, 박영사, 2010.

김인현, 「해상법(제5판)」, 법지사, 2018.

최종현, 「해상법상론」, 박영사, 2009.

권 오, "해난선박의 구조와 구조비 보상에 관한 연구", 관세학회지, 제15권 제4호, 2014.

여희정·구종순, "우리나라 해운산업의 안정화를 위한 해운정책보험의 개발", 해운물류연구, 제26권 제1호(통권 64호), 2010.

정완용, "개정 상법상의 해난구조규정에 관한 고찰", 한국해법학회지, 제32권 제2호, 2010.

하영석·한종길, "해운산업의 지속적 성장을 위한 정책과제", 한국해운물류학회지, 제25권 제4호, 2009.

홍성화, "개인용 수상레저기구 배상책임보험에 관한 일고찰", 기업법연구, 제20권 제2호, 2006.

제 3 장

선박금융분야

≫ 선박금융상의 선수금환급보증의 법적 쟁점_ 정 대

선박금융상의 선수금환급보증의 법적 쟁점*

정 대

Ⅰ. 서 론

1. 선박금융의 개관

(1) 선박금융의 의의

선박금융(ship finance)[1]이란 선박건조계약, 선체용선계약 등과 같은 선박거래와 관련하여 선박의 자산가치 및 선박으로부터 발생하는 미래수익을 담보로 이루어지는 자금의 융통이라고 할 수 있다.[2]

(2) 국내 선박금융의 현황과 동향

1) 개 관

국내 선박금융이란 국내·외 선주가 선박을 건조하거나 선박을 매매하는데 필요한 자금을 국내기관에서 조달하는 것이라고 할 수 있다. 2014년부터 2019년까지의 국내 선박금융의 규모는 2014년부터 증가하다가 선복과잉 현상과

* 본 논문은 2017년 한국법학회 「법학연구」제17권 제3호에 게재한 논문을 수정 및 보완한 것임.

1) 선박금융자금을 제공하거나 주선하는 주된 금융기관으로는 상업은행(commercial bank), 투자은행(investment bank), 리스회사(leasing company) 등을 들 수 있다. Martin Stopford, *Maritime Economics*, Second Edition, London: Routledge, 1997, p. 204; 선박금융을 자금조달의 방법에 따라 구분하면, ① 대상 선박을 소유하는 해운회사 자체의 신용력에 기초한 기업금융(Corporate Finance),② 대상 선박의 자산가치에 기초한 자산담보부 금융(Asset-Based Finance), ③ 대상 선박의 운항이익에 기초한 프로젝트 파이낸스(Project Finance)로 구분할 수 있다. 森田 果, "造船とファイナンス", 江頭憲治朗·落合誠一 編「海法大系」, 商事法務, 2003, 138-139面.

2) 정대, "선박금융의 법적 구조에 관한 연구", 「법과 정책」, 제18집 제2호, 제주대 법과정책연구소, 2012, 551면.

저시황의 영향으로 시장의 규모가 급감하였는데, 2018년 미국 셰일가스 붐에 따른 LNG선 발주로 인해 293억 달러 규모까지 다시 확대되었다([표 1] 참조).3)

[표 1] 2014~2019 국내 선박금융 추정 규모

단위: 억 달러

구분	2014	2015	2016	2017	2018	2019*
국내 조선소 수주금액	334	240	44	173	274	70
국내선사	11	32	7	23	35	11
해외선사	323	208	37	150	239	59
국내 해운기업 신조발주 금액	16	45	10	33	50	16
국내조선	11	32	7	23	35	11
해외조선	5	13	3	10	15	5
국내 중고선 매입금액**	17	8	6	12	4	3
국내 선박금융 추정 규모	356	262	53	195	293	78

* 2019년 6월까지 취합액

** 국내 중고선 매입척 × 5년 선령 주요선종 평균 중고가(Clarkson 5Y Clarkprice Index)

2) 국내 선박금융기관

① 정책금융기관

가. 한국수출입은행

한국수출입은행은 국내의 선박금융에 있어서 중심적 역할을 수행하는 정책금융기관이라고 할 수 있다([표 2] 참조).4)

[표 2] 수출입은행 선박금융 잔액(대출 및 대외채무보증)

단위 : 십억 달러

구 분	2013	2014	2015	2016	2017	2018
금액	15.5	18.9	15.3	14.1	10.1	8.7

자료: Marine Money 각호(검색일: 2019. 11. 8.)

3) 전형진·윤희성·윤재웅, 「국내외 해운금융 비교를 통한 국내 해운금융 역량강화 방안연구」, 한국해양수산개발원, 2019. 12, 7~8면.

4) 상게 보고서, 12~13면.

나. 한국무역보험공사

한국무역보험공사는 수출신용보험을 제공하는 정책금융기관이지만, 선박금융에 있어서도 일정한 역할을 수행하고 있다. 2016년 이후 한국무역보험공사의 선박금융의 규모는 감소하고 있는 추세에 있다고 할 수 있다(표 3 참조).[5]

[표 3] 한국무역보험공사의 연간 선박금융 규모

단위 : 십억 달러

구분	2013	2014	2015	2016	2017	2018
금액	3.9	3.5	3.4	2.1	0.6	1.4

자료: Marine Money 각호(검색일: 2019. 11. 8.)

다. 한국산업은행

한국산업은행은 1970년대 국내 계획조선에 따라 선박금융을 공급하면서 선박금융제도를 국내 최초로 시행한 정책금융기관이라고 할 수 있다. 한국산업은행의 선박금융 규모는 연간 50억 달러 내외의 규모라고 할 수 있으며, 국내 해운사를 위한 선박금융의 최대 공급원이라고 할 수 있다([표 4] 참조).[6]

[표 4] 한국산업은행의 연간 선박금융 규모

단위 : 십억 달러

구분	2013	2014	2015	2016	2017	2018
금액	6.5	4.7	4.6	5.1	5.0	1.4

자료: Marine Money 각호(검색일: 2019. 11. 8.)

라. 한국자산관리공사

한국자산관리공사는 2009년 3월, 정부가 발표한 해운업 구조조정 추진방향에 따라 구조조정기금을 투입하여 국내선사로부터 중고선박을 매입한 후, 재용선하는(Sale & Lease Back; S&LB) 사업을 시행하고 있다. 한국자산관리공사는 선박투자회사제도를 통해 선박금융을 제공하고 있다([표 5] 참조).[7]

5) 상게 보고서, 14~15면.
6) 상게 보고서, 16~17면.
7) 상게 보고서, 18면.

[표 5] 한국자산관리공사 선박투자회사 설립 실적

구분	2015	2016	2017	2018	2019(3)	합계
척수	7	11	28	7	3	56
선종	벌커 7	벌커 9 컨선 1 화학선 1	벌커 12 컨선 16	벌커 2 컨선 5	벌커 3	벌커 33 컨선 22 화학선1

자료 : 캠코선박운용(주)(검색일: 2019. 11. 8.)

마. 한국해양진흥공사

한국해양진흥공사는 후순위 선박금융을 활성화하기 위해 설립되었던 한국해양보증보험과 Tonnage Provider로 출범한 한국선박해양을 통합하여 설립된 기관이다. 한국해양진흥공사는 선박금융을 통해 해운기업의 안정적인 선박 도입과 유동성 확보를 지원하는 역할을 수행하고 있다.[8)]

② 민간금융기관

가. 상업은행

국내 상업은행의 선박금융 참여 규모는 한진해운 파산 이전에는 연간 3~4천억원 수준이었으나 2016년 2,121억원으로 축소된 후, 더 감소하여 최근에는 연간 1천억원을 약간 상회하는 수준으로 추정되고 있다([표 6] 참조).[9)]

[표 6] 국내 상업은행의 연간 선박금융 규모

단위 : 억 원

구 분	2012	2013	2014	2015	2016	2017*	2018*
국내 선박금융 (해외선사)	4,425 (93)	8,258 (3,478)	8,749 (3,917)	3,996 (235)	2,121 (-)	1,100 (-)	1,400 (-)

*추정치

자료 : 국회 김정훈 의원실 (2015), 김현미 의원실 (2017)

나. 선박펀드

국내의 선박펀드는 선박투자회사법에 따른 선박펀드와 자본시장법에 따른

8) 상게 보고서, 20~21면.

9) 상게 보고서, 24~25면.

특별자산 펀드 중 선박펀드가 있다. 선박투자회사법에 따른 선박펀드는 2004년부터 2017년까지 총 222개 펀드가 인가되었으며, 펀드규모로는 13조원이 형성되었다([표 7] 참조).[10]

[표 7] 국내 선박투자회사 운영규모 현황

단위: 십억 원

구분	2013	2014	2015	2016	2017	총계 ('04~'17)
펀드 규모	1,200	1,113.6	1,140.7	258.8	745	13,041
펀드 수	17	9	18	12	33	222

자료: 해양수산부, 「2018 선박투자회사 운영 현황」, 2018

이에 반해, 자본시장법에 따른 특별자산 펀드 중 선박펀드의 비중은 약 5% 내외를 차지하며, 사모펀드를 중심으로 투자금의 유입이 증가하여 2016년 2조 3,800억 규모를 형성하였다([표 8] 참조).[11]

[표 8] 국내 특별자산펀드(선박펀드) 추정 규모

단위 : 십억 원

2013	2014	2015	2016
1,316	1,550	1,982	2,380

자료: 금융위원회·금융감독원·금융투자협회, 「2016 펀드시장 동향 및 향후 대응과제」, 2016, p. 13

(3) 해외 선박금융의 현황과 동향

세계 선박금융의 규모는 2017년 LNG선 수요를 중심으로 반등하여 2018년 948억 달러 규모를 보이고 있는데, 이 중 중고선 매매금액은 178억 달러로 신조선 발주금액 대비 23%수준을 보이고 있다([표 9] 참조).[12]

10) 상게 보고서, 30면.
11) 상게 보고서, 30면.
12) 상게 보고서, 57면.

[표 9] 2014~2018 세계 선박금융 투자 규모

단위 : 억 달러

구분	2014	2015	2016	2017	2018	2019*
세계 중고선 매매금액	253	237	125	191	178	89
세계 신조 발주금액	1,139	910	370	700	770	292
합계	1,392	1,147	495	891	948	381

* 2019년 6월까지 취합액

자료: Clarkson, *World Shipyard Monitor*, 26(1~7), 2019.을 저자 재구성
Clarkson Shipping Intelligence Network(검색일: 2019. 7. 27.)

세계 선박금융의 공급 규모는 2007년 연간 8,120억 달러까지 확대된 후, 2008년 글로벌 금융위기 발생과 함께 전반적으로 감소하는 추세에 있다고 평가할 수 있다. 이에 더하여 장기간의 해운불황과 한진해운의 파산과 같은 대형선사의 파산의 영향이 컸다고 판단된다.

세계 선박금융의 경우 은행대출이 70% 내외를 차지할 정도로 높은 비중을 차지하고 있다고 할 수 있다([그림 1] 참조).[13]

[그림 1] 세계 선박금융 연간 공급 규모

단위 : 십억 달러

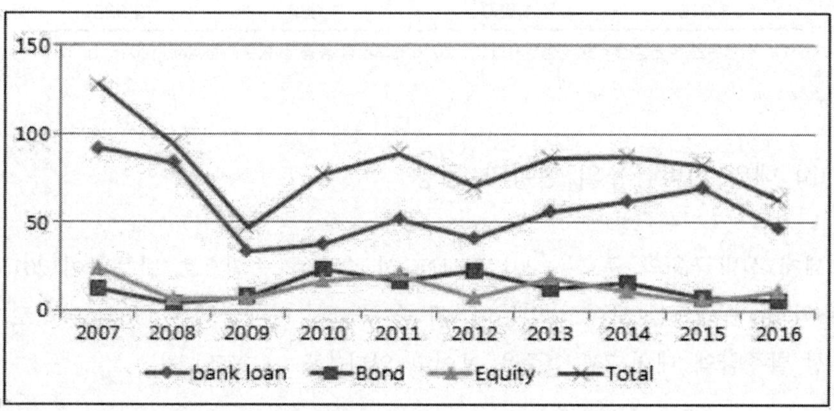

자료: Marine Money 각호(검색일: 2019. 11. 8.)

13) 상계 보고서, 58면.

2008년 글로벌 금융위기 이후, 유럽계 은행의 선박금융 투자의 비중이 크게 감소한 반면, 아시아계 은행의 선박금융의 비중은 확대되고 있는 추세에 있다고 할 수 있다. 2016년 말을 기준으로 중국의 Bank of China와 China Exim이 선박금융 부문에서 각각 2, 3위를 차지하고 있으며, 한국의 수출입은행도 5위에 오르는 등 아시아계 은행이 선박금융에 있어서 중요한 역할을 수행하고 있는 흐름이라고 평가할 수 있다([그림 2] 참조).14)

[그림 2] 세계 주요 금융기관의 선박금융 규모(2017년 기준)

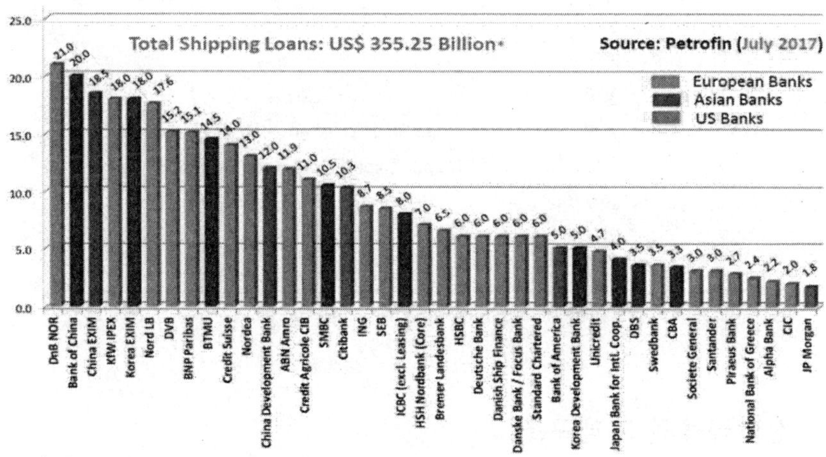

자료 : Alexopouls,I(2017). *Export Credit Agencies(ECAs) in shipping*

전체적으로 세계 선박금융의 규모 및 역할과 관련하여 보면, 각 국가의 정책금융기관이 선박금융시장에서 중요한 역할을 수행하고 있다고 평가할 수 있다([표 10] 참조).15)

14) 상게 보고서, 63~64면.
15) 상게 보고서, 99면.

[표 10] 주요 지역별 ECA

지역	국가	ECA
스칸다비아	노르웨이	GIEK
	노르웨이	Eksportskreddit
	덴마크	Eksport Kredit Fonden
	필란드	Finnerva
유럽	독일	Euler Hermes
	이탈리아	SACE
	프랑스	COFACE
	네덜란드	Atradius
아시아	한국	KEXIM
	한국	K-sure
	중국	Sinosure
	중국	CEXIM
	일본	Japan Bank for International Cooperation
	일본	Nippon Export and Investment Isurance
	말레이시아	Export Import Bank of Malaysia
기타	미국	Ex-Im Bank
	호주	Export and Finance Corporation

자료 : Clarkson Shipping Intelligence Network(검색일: 2019. 7. 27.)

2. 선박금융의 거래구조

[그림 3] 신조선 선박금융의 거래 구조도

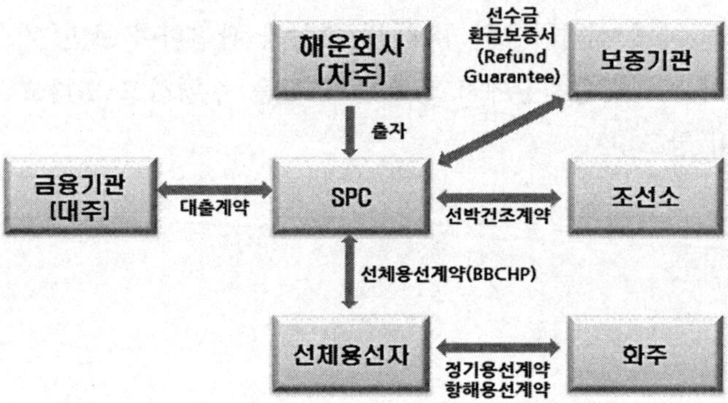

첫째, 해운시장에서의 선박의 수요와 해운회사의 장래의 영업전망 등을 고려하여 선박의 건조에 관한 경영판단을 한 해운회사는 조선회사와 선박건조계약의 협상을 진행한다.

둘째, 선박건조계약에 관한 여러 조건에 대한 합의를 한 후, 해운회사는 조선회사와 선박건조계약[16]을 체결한다. 그리고 조선회사는 보증기관(즉 금융회사)로부터 선수금환급보증서(Refund Guarantee; RG)를 발급받아 해운회사에 제공한다.

셋째, 해운회사는 대주단과의 협상[17]을 통해 주요 금융조건에 대하여 합의를 하게 되는데, 이 때 해운회사는 편의치적국[18]에 특수목적법인(Special Purpose Company; SPC)[19]을 설립하고, 선박건조계약 및 선수금환급보증서(RG)상의

16) 선박건조계약(shipbuilding contract)은 조선소와 특수목적법인(SPC)간에 체결되며, 그 주요 내용은 선박의 건조, 선박건조가격 및 선박건조대금의 지급방법, 건조기간, 선박건조에 대한 감독방법, 불가항력 사유, 계약해지사유, 분쟁해결방법 등이다. 특히 선박건조대금은 선박인도시에 일시에 지급되는 경우는 거의 없고, 선박건조의 진행 단계에 따라 통상 5회에 걸쳐 나누어 지급되는 것이 통상이다. 예를 들면, 계약체결(Contract) 직후 20%, 강재절단(Steel Cutting)시 20%, 용골거치(Keel Laying)시 20%, 진수(Launching)시 20%, 인도(Delivery)시 20% 등 5회에 걸쳐 지급하는 형식을 취하게 된다. 정우영, "선박금융의 실무 소개", 「BFL」 제19호, 서울대금융법센터, 2006, 94면.

17) 선박금융협상은 해운회사가 자금조달을 요청하는 제안서를 은행에 제출하면서 시작된다. 은행이 대출가능 여부에 대한 1차적인 판단을 하면, 해운회사와 대출협상을 위해 필요한 대출조건명세서(Term Sheet)를 작성하게 된다. 대출조건명세서는 은행과 차주 사이에 이루어지는 대출조건을 협상하는데 기본이 되는 서류이다. 대출조건명세서에는 선박의 종류, 계약금액, 관련 당사자의 정의, 대출금액, 대출기간, 이자율, 수수료, 대출금의 상환방법 및 채권보전방법 등에 관한 내용이 담겨져 있다. 이기환·오학균·신주선·이재민, 개정판「선박금융원론」, 두남, 2016, 254−265면.

18) 현대 해운업계에서는 국제적 선박등록의 방식으로 편의치적을 활용하는 것이 일반적이다. 예컨대 선박보유상위 10개국의 편의치적의 비율은 70%에 이를 정도이다. 편의치적이란 선박운영경비, 세금절감, 저임금의 선원고용 등의 편의를 목적으로 등록에 따른 수입을 목적으로 하는 제3국에 선적을 두는 제도를 말한다. 우보연, "편의치적선에 대한 법적 규제와 대응에 관한 고찰", 「외법논집」 제34권 제1호(한국외대 법학연구소, 2010), 373면; 선진국의 해운회사는 선원의 고임금과 엄격한 노동기준 때문에 외국선적(foreign flag)을 선택하게 된다고 한다. See Jan Hoffmann, Ricardo J. Sanchez & Wayne K. Talley, "Determinants of Vessel Flag", Kevin Cullinane ed., *Shipping Economics*, Elsevier, 2005, p. 205.

19) 본래 특수목적법인(SPC)은 금융대상사업의 수익(revenue)을 기초로 하여 금융을 제공하는 프로젝트 파이낸스의 경우 그 실질 운영자의 다른 수익(revenue) 및 위험(risk)과 혼재되는 것을 회피할 목적으로 설립되는 것이 일반적이다. 선박금융의 구조와 관련하여 특수목적법인(SPC)이 많이 이용되는 이유는 선박의 소유와 운영을 분리하는 해운업의 오랜 전통 때문이다. 즉 해운업은 위험기업으로 선박의 소유에 따른 위험이 해운회사의 기타 자산에까지 확산되는 것을 방지할 목적으로 특수목적법인(SPC)이 설립된다. 이러한 이유로 1선박 1선주(SPC)의 원칙은 해운업계의 확고한 전통이라고 할 수 있다. 정우영, 전게논문, 92~93면.

발주자의 지위를 특수목적법인으로 이전한다.

넷째, 특수목적법인(SPC)은 대주단과 대출계약을 체결하게 되고, 선체용선자와 선체용선계약[20]을 체결한다. 특수목적법인(SPC)은 선체용선료의 수입을 재원으로 하여 대출원리금을 상환하게 된다.[21]

3. 논문의 구조와 체계

최근 한국에서는 선박금융과 관련하여 발주자인 해운기업과 선수금환급보증기관인 금융회사 사이의 법적 분쟁이 증가하고 있다. 그 주된 이유는 선박건조계약의 당사자인 조선회사가 도산함으로써 계약의 이행을 할 수 없게 되었기 때문이다.

본 논문에서는 첫째, 선수금환급보증의 법적 구조를 개관한 후(II), 둘째 선수금환급보증계약을 둘러싼 법률문제를 우리나라의 대법원 판례와 영국의 대법원 판례를 통해 분석하고자 한다(III).

II. 선수금환급보증의 법적 구조

1. 선수금환급보증의 의의

국제거래에 있어서 독립적 은행보증(first demand bank guarantee, independent bank guarantee)[22]은 수익자가 보증의 요건이나 서류에 관한 조건에 따라 서

20) 선체용선계약은 ① 용선계약이 종료된 후에 용선자가 선박을 매수 또는 인수할 권리를 갖는 국적취득조건부 또는 소유권취득조건부 선체용선계약(Bareboat Charter Hire Purchase; BBCHP)(상 제848조 제2항 전단)과 ② 그렇지 않은 단순선체용선계약(Bareboat Charter; BBC)(상 제847조 제1항)으로 구분할 수가 있다. 선체용선계약의 표준서식으로는 발틱국제해사위원회(Baltic and International Maritime Council; BIMCO)에서 작성한 Barecon 2001(BIMCO STANDARD BAREBOAT CHARTER CODE NAME: BARECON 2001)이 사용되고 있다.

21) 김도경, "선박금융과 국내선사의 도산", 「선진상사법률연구」 제55호, 법무부, 2011, 84~85면.

22) 독립적 은행보증은 은행보증(bank guarantee), 독립적 보증(independent guarantee), 요구불 보

면에 의해서 지급을 요구하거나 보증에서 요구되는 서류를 제시하여 지급을 요구하는 경우에 은행이나 그 밖의 금융기관 또는 보증인이 수익자에게 일정한 금액을 일정한 기간 내에 지급하도록 하는 독립적인 확약이라고 할 수 있다.[23] 이와 관련하여 대법원은 독립적 은행보증이란 주채무자(보증의뢰인)와 채권자(수익자) 사이의 원인관계와는 독립되어 그 원인관계에 기한 사유로서는 수익자에게 대항하지 못하고 수익자의 청구가 있기만 하면 보증인의 무조건적인 지급의무가 발생하는 것이라고 판시하고 있다.[24]

이러한 독립적 은행보증의 일종으로서 선수금환급보증은 선박건조계약에 있어서 건조자(보증의뢰인, 매도인)의 요청으로 금융기관(보증인)이 발주자(수익자, 매수인)에 대해 선수금의 지급약속을 보증한 것이라고 할 수 있다. 따라서 보증인으로서 금융기관은 발주자에게 선수금환급보증서를 발행하게 된다. 즉 선수금환급보증서는 금융기관이 건조자의 요청에 따라 발주자에게 발행하여 교부하는 증서로서 선박건조계약상 발주자가 어떠한 이유로든지 건조자로부터 선수금[25]을 반환받아야 할 사유가 발생한 경우에 금융기관이 선수금의 환급을 약속한 증서라고 할 수 있다.[26]

일반적으로 금융기관이 발행하는 선수금환급보증서는 발주자가 선박건조대금으로서 분할하여 지급할 금액 중 인도대금을 제외한 나머지 금액 전액과 이에 대한 일정한 이자의 지급을 약속하며, 건조자가 취득하여야 할 선수금환급

증(demand guarantee) 등으로 불리기도 하는데, 주로 은행이 보증업무를 한다는 점에서 독립적 은행보증이라고 한다. 독립적 은행보증이 국제거래에 있어서 본격적으로 등장한 것은 1960년대이지만, 널리 이용되기 시작한 것은 1970년대부터이다. 즉 1970년대 중동의 산유국들이 대규모의 석유판매대금을 바탕으로 도로, 항만, 병원 등의 건설과 같은 각종의 프로젝트를 발주하였는데, 이때부터 독립적 은행보증이 널리 활용되기 시작하였다. 최준선, 제8판 「국제거래법」, 삼영사, 2013, 354면; 독립적 은행보증의 유형으로는 입찰보증(tender guarantee, bid bond), 이행보증(performance guarantee, performance bond), 선수금환급보증(advance payment guarantee, repayment bond), 유보금보증(retention guarantee), 하자담보보증(maintenance or warranty guarantee) 등이 있다. 이기수·신창섭, 제6판「국제거래법」, 세창출판사, 2015, 456면; 서헌제, 제4판 「국제거래법」, 법문사, 2006, 360면.

23) 이기수·신창섭, 상게서, 449면.

24) 대법원 1994. 12. 9. 선고 93다43873 판결.

25) 선박건조계약상 선박의 인도 전에 발주자가 조선소에 지급하는 선박건조대금을 선지급금이라고 하는데, 이를 조선소의 입장에서 보면 선수금이 된다. 서영화, “선박건조계약과 관련한 몇 가지 법률문제들”, 「한국해법학회지」, 제32권 제1호, 한국해법학회, 2010, 49면.

26) 서영화, 상게논문, 49면.

보증서의 초안을 선박건조계약에 첨부하는 것이 실무라고 할 수 있다. 금융기관이 선수금환급보증서를 발행하는 경우에는 신용장 양식(advance payment standby letter of credit)으로 발행하기도 한다.27)

2. 선수금환급보증의 법률관계

[그림 4] 선수금환급보증의 법률관계

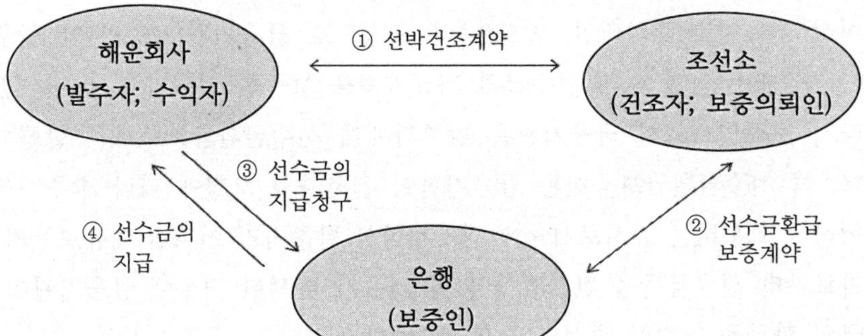

(1) 보증의뢰인과 보증은행의 관계

보증의뢰인인 건조자와 보증인인 은행의 관계는 민법상의 위임계약에 해당한다고 할 수 있다. 선수금환급보증의 사안은 아니지만, 독립적 은행보증에 관한 사건에서 대법원은 보증의뢰인과 보증인 사이의 은행보증서의 발행을 위한 보증의뢰계약은 그 보증에 따른 사무처리를 내용으로 하는 민법상의 위임계약에 해당한다고 판시하였다.28) 따라서 보증인은 그 수임인으로서 상대방인 보증의뢰인의 당해 보증서에 관한 이익을 보호하여야 할 의무를 부담한다. 특히 보증인은 수익자의 보증금 지급청구가 권리남용임이 객관적으로 명백할 때에는 보증의뢰인에 대한 관계에 있어서 그 지급을 거절하여야 할 보증

27) 서영화, 상계논문, 49면.

28) 대법원 1994. 12. 9. 선고 93다43873 판결.

의뢰계약상의 의무를 부담하게 되는데, 이러한 경우 보증의뢰인은 보증인에 대한 수익자의 청구가 권리남용임이 명백하다는 것을 입증하여 그 보증금의 지급거절을 청구할 수 있는 권리를 갖는다.[29)]

(2) 보증의뢰인과 수익자의 관계

보증의뢰인인 건조자와 수익자인 발주자는 기본계약인 선박건조계약의 당사자 관계에 있다고 할 수 있다. 선박건조계약상 건조자는 발주자에게 선수금환급보증을 제공할 의무를 부담하고 있기는 하지만, 선수금환급보증에 있어서 건조자와 발주자는 직접적인 법률관계를 갖지는 않는다고 할 수 있다.[30)]

(3) 보증은행과 수익자의 관계

선수금환급보증에 있어서 보증은행은 건조자의 발주자에 대한 선수금환급채무를 보증하는 것이 아니라 주채무자로서 선박건조계약상 발주자인 수익자에게 지급하여야 할 선수금을 환급할 의무를 부담하게 된다. 다시 말하면 비록 선수금환급보증서의 명칭에 보증이라는 용어를 쓰고 있지만, 그 내용상 보증은행의 의무는 보증책임이 아니라 선수금환급보증서에 의하여 창설된 주채무자로서 부담하는 채무라고 할 수 있다. 이러한 측면에서 선수금환급보증서는 신용장과 일치하는 성격을 갖는다고 할 수 있다.[31)]

따라서 보증은행이 선수금환급보증을 제공하면, 수익자는 선수금환급보증상의 권리를 행사할 수 있게 된다. 즉 수익자는 선수금환급보증서가 요구하고 있는 서류를 갖추어 선수금의 지급을 청구할 수 있다.[32)]

선수금환급보증의 수익자는 발주자가 되는 것이 일반적이지만, 원활한 선박금융을 위해 금융을 제공하는 대주(lender)를 수익자로 정하거나 선수금환급

29) 대법원 1994. 12. 9. 선고 93다43873 판결.
30) 김상만, "선박수출거래에서 환급보증의 특성과 문제점에 대한 연구", 「서울대학교 법학」, 제52권 제3호, 서울대 법학연구소, 2011, 460~461면.
31) 서영화, 전게논문, 50~51면.
32) 김상만, 전게논문, 461면.

보증서를 그 대주에게 양도하기도 한다. 이러한 경우 대주도 선수금환급보증상의 권리를 행사할 수 있게 되며, 선수금환급보증의 양도를 위해 선수금환급보증서에 양도가능(assignable)이라고 명시한다.[33]

3. 선수금환급보증과 독립추상성의 원칙

(1) 독립추상성의 원칙의 의의

독립적 은행보증은 원인관계와 관련된 수익자의 이익을 보호하기 위한 것이지만 추상적인 지급약속이라는 점에서 원인관계로부터 독립되어 있다.[34] 따라서 독립적 은행보증의 일종인 선수금환급보증은 기본계약(underlying contract)인 선박건조계약과 독립적이며, 일반 보증과는 달리 원칙적으로 부종성이나 보충성이 없다. 따라서 수익자의 선수금환급청구가 있으면 보증은행은 선수금환급보증서상의 지급조건의 충족 여부만을 기준으로 선수금의 지급 여부를 결정하게 된다.[35]

이와 관련하여 대법원은 "주채무자(보증의뢰인)와 채권자(수익자) 사이의 원인관계와는 독립되어 그 원인관계에 기한 사유로서는 수익자에게 대항하지 못하고 수익자의 청구가 있기만 하면 보증인의 무조건적인 지급의무가 발생하게 되는 이른바 독립적 은행보증(first demand bank guarantee)이라고 할 것이고, 따라서 이러한 은행보증의 보증인으로서는 수익자의 청구가 있기만 하면 보증의뢰인이 수익자에 대한 관계에 있어서 채무불이행책임을 부담하게 되는지의 여부를 불문하고 그 보증서에 기재된 금액을 지급할 의무가 있다고 할 것이며, 이 점에서 이 은행보증은 수익자와 보증의뢰인과의 원인관계와는 단절된 추상성 내지 무인성을 가진다"고 판시하고 있다.[36]

---

33) 김상만, 상게논문, 461면.
34) 서헌제, 전게서, 354면; 독립성이란 독립적 은행보증서가 원인거래에 기초하여 발행되지만 독립적 은행보증을 중심으로 한 당사자 간의 법률관계는 그러한 원인거래에 영향을 받지 않는 별개의 거래라는 것을 말한다. 김선국, "독립적 은행보증의 법리", 「재산법연구」, 제25권 제1호, 한국재산법학회, 2008, 310면.
35) 김상만, 전게논문, 457면.

한편, 선수금환급보증에 있어서 보증은행이 수익자로부터 선수금의 지급청구를 받게 되는 경우 보증은행은 서류심사에 의해서만 선수금의 지급 여부를 판단하게 되는데, 이러한 원칙을 추상성의 원칙이라고 한다.[37] 선수금환급보증의 내용에 따라 선수금의 지급청구의 조건으로 일정한 증빙서류의 제출을 요구하는 경우도 있고, 수익자의 절대적 판단에 따라 선수금의 지급청구을 하면 무조건적으로 지급해야 하는 경우도 있다. 보증은행의 서류심사는 제시된 서류가 문면상 선수금환급보증의 조건과 일치하는지의 여부만을 판단하며, 서류가 실질적으로 진정한 것인지 또는 선박건조계약에 따른 의무를 이행하지 않았는지의 여부 등을 조사할 의무는 없다.[38]

(2) 독립추상성의 원칙의 예외

독립적 은행보증의 독립추상성의 원칙에도 불구하고 수익자의 부당한 지급청구에 대해서는 보증은행이 보증금의 지급을 거절할 수가 있다.[39] 대부분의 국가에서는 독립적 은행보증의 독립추상성을 존중하면서도 수익자의 "명백히 불공정한(manifestly unfair)" 지급청구에 한해서 보증은행의 지급거절을 인정하고 있다. 지급거절의 사유로는 첫째 보증조건의 불이행을 들 수 있다. 예를 들면, 지급개시일 이전의 지급청구 또는 유효 기일 이후의 지급청구 등을 들 수 있다. 둘째, 명백한 사기(manifest fraud)를 들 수 있다. 예를 들면, 수익자의 명백한 사기가 있고 보증은행이 이러한 사실을 알았을 경우에는 보증금의 지급을 거절할 수 있다.[40] 이와 관련하여 대법원[41]은 수익자의 보증금 지급청구

36) 한국외환은행이 수급인인 건설회사의 보증의뢰에 따라 도급인인 사우디아라비아 왕국 보건성을 수익자로 하여 발행한 지급보증서를 둘러싼 법적 분쟁을 다룬 사건이었다. 대법원 1994. 12. 9. 선고 93다43873 판결.

37) 추상성(abstraction)이란 독립적 은행보증거래가 서류에 의한 거래이므로 거래의 당사자들은 서류에 의해서만 당사자들의 권리 및 의무 요건의 충족 여부를 판단하여야 한다는 것을 의미한다. 김선국, 전게논문, 309면.

38) 김상만, 전게논문, 457~458면.

39) 독립추성성의 예외 사유에 관한 미국, 영국 및 독일의 판례의 입장에 대한 상세한 설명은 김선국, 전게논문, 312~319면.

40) 서헌제, 전게서, 367면.

41) 한국외환은행이 수급인인 건설회사의 보증의뢰에 따라 도급인인 사우디아라비아 왕국 보건성을 수익자로 하여 발행한 지급보증서를 둘러싼 법적 분쟁을 다룬 사건이었다. 대법원 1994. 12.

가 권리남용임이 객관적으로 명백할 때 보증은행은 보증금의 지급을 거절할 수 있다고 판시하고 있다.[42]

Ⅲ. 선수금환급보증의 법적 쟁점

1. 조강해운 대 국민은행 사건 판결의 분석

[그림 5] 사실관계

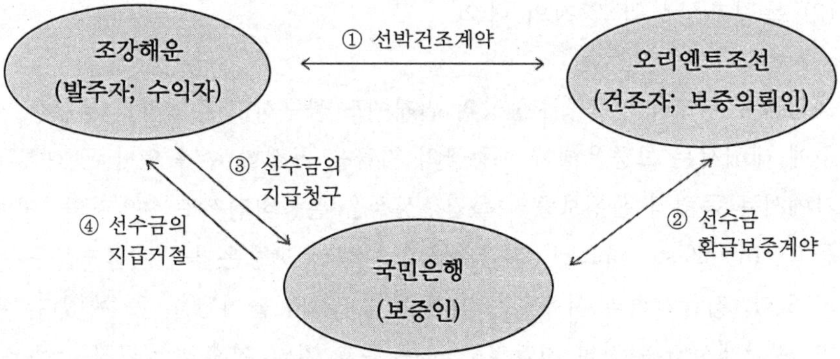

(1) 사실관계

이 사건 원고들은 파나마 공화국 법률에 따라 설립된 회사로서 선박의 소유를 목적으로 하는 회사[43]이고, 조강해운 주식회사(이하 "조강해운"이라 한다)는 원고들의 모회사이며, 피고는 대한민국 은행법에 따라 설립된 은행인 국민은행 주식회사이다. 피고 보조참가인인 주식회사 오리엔트조선(이하 "오리엔

---

9. 선고 93다43873 판결.

42) 윤진수, "독립적 은행보증의 경제적 합리성과 권리남용의 법리", 「법조」, 제692권, 법조협회, 2014, 59면; 김인현, "독립적 보증으로서의 선수금 환급보증과 권리남용", 「국제거래법연구」, 제24집 제2호, 국제거래법학회, 2015, 161면.

43) 원고는 퍼시픽 캐리어 시핑 에스 에이(Pacific Carrier Shipping S. A.)와 아틀란틱 캐리어 시핑 에스 에이(Atlantic Carrier Shipping S. A.)였다.

트조선"이라 한다)은 선박건조회사로서 2012년 3월 22일 회생절차개시결정(부산지방법원 2012회합3호)[44]을 받았다.

조강해운은 2007년 8월 9일 오리엔트조선과 사이에 선체번호 OSN-1006호(이하 "1006호 선박"이라 한다) 및 OSN-1009호(이하 "1009호 선박"이라고 한다)에 대하여 대금을 각 미화 34,200,000달러로 하는 선박건조계약을 체결하였다. 선박건조계약서는 각 선박마다 개별적으로 작성되었으나 선박인도기한(1006호 선박의 경우 2009년 8월말, 1009호 선박의 경우 2010년 5월말)을 제외하고는 내용이 동일하였다. 선박건조계약서의 주요 내용은 아래의 표와 같다.

Article Ⅹ. 건조대금지급

2. 지급조건

선박건조대금은 계약의 효력이 유지되는 한 아래와 같은 방법으로 지급한다 ;

(a) 1차 선수금

매수인은 선박건조대금의 20%에 해당하는 금액인 미화 6,840,000달러를 건조자로부터 본 조 제8항이 규정하고 있는 선수금환급보증서를 수령한 후, 2007. 9. 20. 전까지 지급한다.

(b) 2차 선수금

매수인은 선박건조대금의 20%에 해당하는 금액인 미화 6,840,000달러를 건조자로부터 강재절단(steel cutting) 공정완료 통지를 받은 날로부터 5 영업일 이내에 지급한다. 다만, 2차 선수금에 대한 지급요청은 2008. 6.말 전까지는 할 수 없다.

(c) 3차 선수금

매수인은 선박건조대금의 20%에 해당하는 금액인 미화 6,840,000달러를 건조자로부터 용골거치(keel laying) 공정완료 통지를 받은 날로부터 5 영업일 이내에 지급한다.

(d) 4차 선수금

매수인은 선박건조대금의 20%에 해당하는 금액인 미화 6,840,000달러를 건조자로부터 진수(launching) 수행 통지를 받은 날로부터 5 영업일 이내에 지급한다.

(e) 5차 선수금

매수인은 선박건조대금의 20%에 해당하는 금액인 미화 6,840,000달러에서 이

44) 오리엔트조선은 2010년 8월 9일 부산지방법원 2010회합11호로 회생개시결정을 받았으나 2012년 1월 27일 회생절차가 폐지되었다가 다시 같은 법원 2012회합3호로 회생개시결정을 받고 2012년 7월 25일 회생계획인가결정을 받았다.

사건 계약서 제3조 및 제5조에 따라 선박의 인도 이전에 발생한 계약의 변경 또는 수정으로 인해 증감된 금액을 선박 인도(delivery)와 동시에 건조자에게 지급한다.

(중략)

건조자와 매수자는, 건조자와 매수인 사이의 어떠한 분쟁이나 불일치를 이유로 하여 이 조항에 따른 모든 지급을 지체하거나 유보할 수 없음에 합의한다. 어떠한 분쟁이 있으면 이는 이하 제13조의 중재조항에 따라 해결되어야 한다.

5. 건조자의 선수금환급의무

매수인이 선박의 인도에 앞서 건조자에게 지급한 금원은 건조자에게 지급한 선수금으로 본다. 이 사건 계약상 조건에 의거하여 매수인이 선박의 인수를 거절하거나, 제11조에 따라 건조자가 이 사건 계약을 해제 또는 취소하는 경우를 제외하고, 만일 매수인이 이 사건 계약을 종료, 취소 또는 해제할 수 있도록 허용하고 있는 이 사건 계약상 어느 조항에 따라 매수인이 해제, 취소, 종료하면, 건조자는 매수인이 기지급한 선수금을, 미화로, 인도 전에 지급한 금원 전액 및 그에 대한 이자를 합산한 금원을 매수인의 거절의사표시를 수령한 날로부터 7 은행 영업일 내에 즉시 매수인에게 환급한다.(밑줄은 필자의 강조표시) (중략) 환급시 이자율은 각 선수금을 지급받은 날의 다음날부터 계좌이체 등을 통한 환급이 이루어지는 날까지 연 7%의 비율로 한다.

Article XI. 채무자의 채무불이행

1. 채무불이행의 정의

채무자는 다음의 각 경우에 이 사건 계약의 채무불이행에 해당한다.

(a) 1, 2, 3차 및 4차 선수금 중 어떤 것이라도 해당 선수금의 각 지급기일 내에 건조자에게 지급되지 아니할 경우.(밑줄은 필자의 강조 표시)

2. 선박 인도전 매수인의 채무불이행의 효과

만약 매수인이 이 사건 계약상 의무 위반으로 상기 채무불이행에 해당할 경우,

(a) 그러한 채무불이행이 계속되는 실제 기간 동안 선박의 인도일이 자동으로 연장된다.

(d) 건조자가 매수인의 채무불이행을 통지한 날로부터 7일이 경과할 동안 매수인의 채무불이행이 계속될 경우, 건조자는 그 선택에 따라 서면으로 건조계약을 해제할 수 있다.(밑줄은 필자의 강조 표시)

(e) 상기에서와 같이 매수인의 채무불이행에 따라 건조자가 건조계약을 해제하였을 경우, 건조자는 매수인으로부터 지급받은 선수금을 보유하며, 매수인의 채

> 무불이행 및 그에 따른 건조계약의 해제로 인하여 건조자가 입은 손실 및 손해의 전보에 충당할 수 있고, 동시에 선박을 공매 또는 사적매매의 방법으로 처분할 수 있는 권리를 갖는다.

이러한 선박건조계약에 따라 오리엔트조선은 피고에게 선수금환급보증을 의뢰하였고, 피고는 2007년 9월 20일 수익자를 조강해운으로 하는 선수금환급보증서(Letter of Guarantee 또는 Refund Guarantee)[45]를 발급하였다. 이 선수금환급보증서의 주요 내용은 다음과 같다.

> 피고는 이로써 조강해운을 수익자로 하여, 오리엔트조선을 위하여, 이 사건 각 선박을 건조하는 것을 내용으로 하여 매수인과 건조자간에 2007년 8월 9일 체결된 선박건조계약에 의거하여 당 은행의 취소불가능한 보증서를 개설한다.
>
> 만약, 이 사건 계약의 조건과 관련하여, 매수인이 선박의 인도 이전에 건조자에게 지급한 선수금의 환급을 청구할 수 있게 되는 경우, 우리는 취소불가능하고 무조건적으로(아래에서 적시한 조건들을 제외하고는) 처음 서면요구를 한 날로부터 30일 이내에 매수인에게 그 반환을 보증한다.(밑줄은 필자의 강조 표시)
>
> (중략)
>
> 본 보증서는 매수인이 계약 제10조에 의거하여 건조자에게 환급청구를 하였다는 점 및 건조자가 환급하지 못하였다는 점을 내용으로 하는 매수인의 단순한 서면진술서에 기하여 지급이 가능하다.(밑줄은 필자의 강조 표시)
>
> (중략)
>
> 위에서 언급한 조항에도 불구하고, 상기 건조자에 대한 선수금반환청구일로부터 30일 내에, 당 은행이 귀사의 건조계약해제 혹은 그에 따른 선수금환급청구가 다투어지고 이 계약에 따른 중재절차에 회부되었다는 서면확인서가 첨부된 통지서를 귀사 또는 건조자로부터 수령한 경우, 당 은행은 이 보증하에서 그와 같은 중재절차에서 내려진 중재판정에 의거 귀사가 건조자에게 지급받도록 판정받은 금액을 귀사로부터 그와 같이 판정된 금액의 지급요청 및 중재판정문 사본을 수령하는 즉시 지급한다.
>
> (중략)
>
> 본 보증서는 개설일로부터 건조자가 매수인에게 계약이 정하고 있는 바에 따라 선박을 인도하는 시점까지 양도가능하고 유효하다.

45) 본 선수금환급보증 사건의 준거법은 선수금환급보증서의 문면상 대한민국 법이었고, 대한민국의 법원을 비전속적인 재판관할로 하고 있었다.

> <u>본 보증서는 대한민국 법의 적용을 받고, 해석되며, 하기 서명인은 대한민국의 법원을 비전속적인 재판관할로 한다.</u>(밑줄은 필자의 강조 표시)
> 본 보증서는 개설은행의 확인 하에 양도된다.

조강해운은 선수금환급보증서 발급 이후인 2007년 9월 27일 오리엔트조선에게 각 선박에 대한 1차 선수금 각 6,840,000달러를 지급하였다. 그리고 2007년 11월 19일 조강해운, 오리엔트조선과 원고들은 1006호 선박에 대한 선박건조계약의 매수인 지위를 원고 퍼시픽 캐리어 시핑 에스 에이(이하 "원고 퍼시픽"이라 한다)로, 1009호 선박에 대한 선박건조계약의 매수인 지위를 원고 아틀란틱 캐리어 시핑 에스 에이(이하 "원고 아틀란틱"이라 한다)로 각 변경하는 계약을 체결하였다. 그 이후 원고 퍼시픽은 2008년 7월 30일 오리엔트조선에게 1006호 선박에 대한 2차 선수금 6,840,000달러를 지급하였다.

그런데 원고들은 2011년 8월 26일 오리엔트조선에게 "오리엔트조선의 채무불이행을 이유로 선박건조계약을 해제하므로 이미 지급한 선수금을 환급하라"고 요구하였다. 이러한 요구에 대해 오리엔트조선은 선수금을 반환하지 않았다. 결국 원고들은 2011년 11월 25일 피고를 상대로 선수금환급보증서에 기한 선수금환급보증금의 지급을 청구하는 소송을 제기하였다.

이 소송에서 원고들은 선수금환급보증서는 독립적 은행보증에 해당하고, 선수금환급보증서에 정한 요건에 따라 선수금의 환급을 청구한 이상 피고는 선수금을 지급할 의무가 있다고 주장하였다.

이러한 원고들의 주장에 대해 피고 및 피고 보조참가인은 선수금환급보증서는 독립적 은행보증에 해당하지 않고, 원고들의 주장처럼 독립적 은행보증이라고 하더라도 원고들의 선수금환급청구는 그 요건을 충족하지 못하였다고 주장하였다. 더 나아가 피고 및 피고 보조참가인은 이 사건상의 선박건조계약이 원고들의 채무불이행을 이유로 오리엔트조선에 의해 이미 해제되었기 때문에 원고들은 오리엔트조선에 대하여 선수금반환을 청구할 권리가 없음이 명백함에도 불구하고 선수금환급보증서에 기한 권리를 행사하는 것은 권리남용에 해당한다고 주장하였다.

(2) 소송의 경과

1) 제1심 판결

서울중앙지방법원 제22민사부는 "독립적 은행보증의 경우에도 신의성실의 원칙 내지 권리남용금지의 원칙의 적용까지 배제되는 것은 결코 아니라고 할 것이므로 수익자가 실제에 있어서는 보증의뢰인에게 아무런 권리를 가지고 있지 못함에도 불구하고 위와 같은 은행보증의 추상성 내지 무인성을 악용하여 보증인에게 청구를 하는 것임이 객관적으로 명백할 때에는 이는 권리남용의 경우에 해당하여 허용될 수 없는 것이고, 이와 같은 경우에는 보증인으로서도 수익자의 청구에 따른 보증금의 지급을 거절할 수 있다고 보아야 할 것이다"고 판시하였다.

이러한 판단기준을 근거로 서울중앙지방법원 제22민사부는 오리엔트조선이 선박건조계약을 적법하게 해제한 이상 원고들이 오리엔트조선에 대하여 선수금환급을 구할 권리가 없음이 객관적으로 명백하다고 판시하면서 원고들이 이러한 사정을 잘 알면서도 선수금환급보증서의 독립추상성을 근거로 선수금보증금의 지급을 구하는 것은 권리남용에 해당한다고 판시하였다.[46]

2) 항소심 판결

항소심인 서울고등법원[47]은 오리엔트조선이 선박건조계약을 적법하게 해제하였기 때문에 원고들이 오리엔트조선에 대하여 선수금환급을 청구할 권리가 없다고 판단한 제1심의 판결을 인용하면서 원고들의 항소를 모두 기각하였다. 이에 불복한 이 사건 원고들이 대법원에 상고하였다.

(3) 대법원의 판결요지

은행이 보증을 하면서 보증금 지급조건과 일치하는 청구서 및 보증서에서 명시적으로 요구하고 있는 서류가 제시되는 경우에는 그 보증이 기초하고 있는 계약이나 이행제공의 조건과 상관없이 그에 의하여 어떠한 구속도 받지 않

46) 서울중앙지방법원 제22민사부 2012. 9. 28. 선고 2011가합124948 판결(선수금환급보증금).
47) 서울고등법원 제19민사부 2013. 11. 29. 선고 2012나90216 판결(선수금환급보증금).

고 즉시 수익자가 청구하는 보증금을 지급하겠다고 약정하였다면, 이는 주채무에 대한 관계에서 부종성을 지니는 통상의 보증이 아니라, 주채무자인 보증의뢰인과 채권자인 수익자 사이의 원인관계와는 독립되어 원인관계에 기한 사유로는 수익자에게 대항하지 못하고 수익자의 청구가 있기만 하면 은행의 무조건적인 지급의무가 발생하게 되는 이른바 독립적 은행보증이다. 이러한 독립적 은행보증의 보증인으로서는 수익자의 청구가 있기만 하면 보증의뢰인이 수익자에 대한 관계에서 채무불이행책임을 부담하게 되는지를 불문하고 보증서에 기재된 금액을 지급할 의무가 있으며, 이 점에서 독립적 은행보증에서는 수익자와 보증의뢰인 사이의 원인관계와는 단절되는 추상성 및 무인성이 있다. 다만 독립적 은행보증의 경우에도 신의성실 원칙이나 권리남용금지 원칙의 적용까지 완전히 배제되는 것은 아니므로, 수익자가 실제로는 보증의뢰인에게 아무런 권리를 가지고 있지 못함에도 불구하고 은행보증의 추상성과 무인성을 악용하여 보증인에게 청구를 하는 것임이 객관적으로 명백할 때에는 권리남용에 해당하여 허용될 수 없고,(밑줄은 필자의 강조 표시). 이와 같은 경우에는 보증인으로서도 수익자의 청구에 따른 보증금의 지급을 거절할 수 있으나, 원인관계와 단절된 추상성 및 무인성이라는 독립적 은행보증의 본질적 특성을 고려하면, 수익자가 보증금을 청구할 당시 보증의뢰인에게 아무런 권리가 없음이 객관적으로 명백하여 수익자의 형식적인 법적 지위의 남용이 별다른 의심 없이 인정될 수 있는 경우가 아닌 한 권리남용을 쉽게 인정하여서는 아니 된다(대법원 2014. 8. 26. 선고 2013다53700 판결 참조).[48](밑줄은 필자의 강조 표시).

(4) 판결의 의의

대법원은 선수금환급보증상의 수익자의 권리남용의 인정 여부에 대한 판단과 관련하여 다음과 같은 취지로 판시하였다.[49] 첫째, 선수금환급보증의 독립

48) 대법원은 원심 판결을 파기하고, 사건을 서울고등법원에 환송하였다. 대법원 2015. 7. 9. 선고 2014다6442 판결.

49) 대법원 2015. 7. 9. 선고 2014다6442 판결. 이 판결에 대한 상세한 분석은 정대, "선수금환급보증과 권리남용의 판단기준", 「국제거래와 법(Dong-A Journal of International Business Transactions

추상성에도 불구하고 신의성실의 원칙 내지 권리남용금지의 원칙이 적용된다.

둘째, 수익자의 보증금의 청구가 권리남용에 해당하여 보증은행이 그 지급을 거절할 수 있는 경우는 수익자가 보증금을 청구할 당시 보증의뢰인에게 아무런 권리가 없음이 객관적으로 명백하여 수익자의 형식적인 법적 지위의 남용이 별다른 의심 없이 인정될 수 있는 경우라고 할 수 있다.

셋째, 수익자의 권리남용의 객관적 명백성의 판단은 사실심 변론종결 당시까지 수집된 모든 증거에 의해서가 아니라 보증은행이 보증금 청구를 받을 당시 이미 입수하였거나 지체 없이 입수할 수 있는 증거에 의해서 판단되어야 한다.

2. Rainy Sky S.A. 대 국민은행 사건 판결의 분석

(1) 사실관계

2007년 5월 11일, 발주자(Buyers)인 6개 회사(원고; 이하 "발주자"라고 한다)는 진세조선(Builder)과 6척의 선박건조계약(shipbuilding contracts)을 체결하였다. 이 선박건조계약에 따라 진세조선은 각 발주자에게 선박을 건조하여 매도하기로 합의하였다. 각 선박의 가격은 3,330만 달러였고, 5회의 각 선수금(instalments)은 균등 분할된 금액인 666만 달러로 특정 시점에 지급하기로 하였으며, 마지막 선수금은 선박의 인도시점에 지급하기로 하였다.

선박건조계약서 제10조[대금의 지급] 제8항에 의하면, 건조자(Builder)가 발주자의 금융회사(financiers)가 수용할 수 있는 서식으로 1회 선수금과 그 후의 선수금에 관한 선수금환급보증서(refund guarantees)를 발주자에게 교부하는 것이 발주자의 1회 선수금 지급의 선결조건(condition precedent)이었다.

Law)」, 제15권, 동아대 법학연구소, 2016.

[그림 6] 사실관계

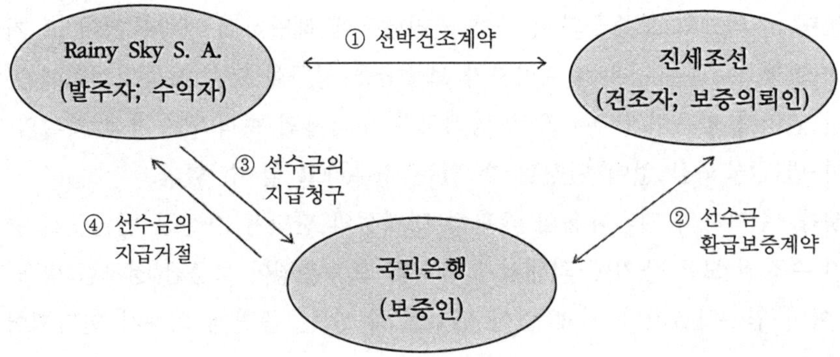

국민은행(피고)은 2007년 8월 22일자 편지에서 국민은행이 각 발주자에게 선수금환급보증서(공식명칭은 Advance Payment Bonds)를 발행하였다고 하였다. 7번째 원고(Seventh Claimant)는 이 선수금환급보증서의 양수인(Assignee)이었다.50)

2007년 8월 29일, 선박건조계약에 따라 각 발주자는 1회 선수금인 666만 달러를 지급하였다. 그리고 2007년 9월 29일, 첫 번째 원고(first claimant)인 발주자는 2회의 선수금 666만 달러를 계약의 당사자에게 지급하였다.

2008년 진세조선은 재정난(financial difficulties)에 처하게 되어 2009년 1월 말 한국의 기업구조조정촉진법(Korean Corporate Restructuring Promotion Law of 2007)에 따른 워크아웃절차(debt workout procedure)에 들어가게 되었다.

2009년 2월 25일, 발주자는 진세조선에게 편지로써 워크아웃절차의 개시는 선박건조계약서 제12조[건조자의 채무불이행] 제3항의 권리를 발생시킨다고 통지하고, 연이율 7%의 이자와 함께 기지급된 모든 선수금의 신속한 반환을 요구하였다. 그러나 진세조선은 발주자가 주장하는 것처럼 선박건조계약서 제12조[건조자의 채무불이행] 제3항의 권리가 발생하지 않았다는 점을 들어 선수금의 반환을 거부하였다. 발주자와 진세조선의 분쟁은 선박건조계약서 제14

50) 이 판결에 대한 선행연구로 오원석·허해관, "선박수출 관련 선수금 환급보증 사례연구- Rainy Sky SA v. Kookmin Bank 사건-", 「국제상학」, 제27권 제3호, 한국국제상학회, 2012; 김창준, "선박건조계약에 있어서 선수금환급보증서의 법률관계-2011~2012 영국 판례를 중심으로-", 김인현 편집대표「선박건조·금융법연구I」, 법문사, 2016, 214~226면; 김상만, 전게논문, 469~471면.

조 제3항에 따라 중재에 회부되었다.[51] 특히 선박건조계약서 제12조 제3항의 규정 내용의 아래의 표와 같다.

Article XII: Builder's Default

---
3. If the Builder shall apply for or consent to the appointment of a receiver, trustee or liquidator, shall be adjudicated insolvent, shall apply to the courts for protection from its creditors, file a voluntary petition in bankruptcy or take advantage of any insolvency law, or any action shall be taken by the Builder having an effect similar to any of the foregoing or the equivalent thereof in any jurisdiction, the Buyer may by notice in writing to the Builder require the Builder to refund immediately to the Buyer the full amount of all sums paid by the Buyer to the Builder on account of the Vessel and interest thereon at seven percent (7%) per annum on the amount to be refunded to the Buyer, computed from the respective date such sums were paid by the Buyer to the date of remittance of the refundable amount to the Buyer and immediately upon receipt of such notice the Builder shall refund such amount to the Buyer. (이하 생략)

2009년 4월 23일, 발주자는 국민은행에게 편지를 써서 선수금환급보증서에 따라 기지급된 선수금의 반환을 요구하였다. 국민은행은 이를 거부하였는데, 국민은행은 발주자와 진세조선 간의 분쟁이 중재절차 진행 중이므로 지급할 의무가 없다는 점을 그 사유로 들었다.

선수금환급보증서상 법적 쟁점이 되었던 부분의 내용은 아래의 표와 같다.

51) 이 선수금환급보증서는 양도가능한 것이었고, 그 준거법은 영국법으로 지정되었으며, 영국의 상사법원(Commercial Court)이 재판관할권을 갖는다는 취지의 조항이 규정되어 있었다. 오원석·허해관, 상게논문, 72~73면.

Advance Payment Bonds

— — —

[2] Pursuant to the terms of the Contract, you are entitled, upon your rejection of the Vessel in accordance with the terms of the Contract, your termination, cancellation or rescission of the Contract or upon a Total Loss of the Vessel, to repayment of the pre-delivery instalments of the Contract price paid by your prior to such termination or a Total Loss of the Vessel(as the case may be) and <u>the value of the Buyer's Supplies delivered to the Shipyard (if any)</u> together with interest thereon at the rate of 7% per annum (or 10% per annum in the case of a Total Loss of the Vessel) from the respective dates of payment by you of such instalments to the date of remittance by telegraphic transfer of such refund.

[3] In consideration of your agreement to make the pre-delivery instalments under the Contract and for other good and valuable consideration (the receipt and adequacy of which is hereby acknowledged), <u>**we hereby, as primary obligor, irrevocably and unconditionally undertake to pay to you, your successors and assigns, on your first written demand, all such sums due to you under the Contract**</u> (or such sums which would have been due to you but for any irregularity, illegality, invalidity or unenforceability in whole or in part of the Contract) **PROVIDED THAT** the total amount recoverable by you under this Bond shall not exceed US$[26,640,000] plus interest thereon at the rate of 7% per annum (or 10% per annum in the case of a Total Loss of the Vessel) from the respective dates of payment by you of such instalments to the date of remittance by telegraphic transfer of such refund.

— — —

(2) 소송의 경과

1) 제1심 법원52)의 판결

원고(Claimants)는 국민은행이 선박건조계약서 제12조 제3항에 따라 선수금을 환급할 건조자의 의무를 보증하였다고 주장하였다. 이러한 원고의 주장에 대해 국민은행은 선수금환급보증서는 이러한 건조자의 의무를 담보하지 않는

52) [2009] EWCH Civ 2624 (COMM).

다고 주장하였다. 결국 양 당사자는 영국법원에 약식재판(summary judgment)을 신청하였다.

제1심 법원은 원고의 주장이 분명히 옳다고 판시하면서 다음과 같이 설시하였다. 선수금환급보증서의 두 번째 단락은 원고의 건조자에 대한 권리를 상세히 설명하고 있다는 의미에서 서문에 해당하고, 세 번째 단락은 선박건조계약에 따라 발주자에게 지급하여야 할 금액을 환급할 피고의 의무를 상세히 설명하고 있다. 피고의 환급의무는 선수금환급보증서 세 번째 단락과 네 번째 단락에 의하여 구체적으로 발생한다. 세 번째 단락에서 규정하고 있는 "선박건조계약에 따라 지급하여야 할 모든 그러한 금액(all such sums due to you under the Contract)"이라는 구절(phrase)의 의미는 분명하고 완전무결하다. 결과적으로 피고의 해석은 발주자가 선순위 담보가 요구될 것 같은 사건이 발생할 경우 선수금환급보증을 요구할 수 없다고 하는 놀랍고 비상업적인 결과(the surprising and uncommercial result)를 초래한다고 판시하였다.

2) 항소법원(Court of Appeals)[53]의 판결

이 사건은 상사법원의 판사 Simon J.의 명령(order)에 대한 상소이다. 상사법원의 판사는 피고 국민은행에 대하여 일곱 번째 원고를 위한 약식판결(summary judgment)을 하였다. 그 내용은 피고 국민은행이 원고에게 요구불(on demand) 선수금환급보증서의 조건에 따라 총 4,665만 2천 달러와 그 이자를 지급하라는 것이었다.

항소심에서 국민은행 측은 선수금환급보증서의 세 번째 단락의 표현은 두 번째 단락을 참조하라는 의미로 해석해야 한다고 주장하였다. 왜냐하면, 두 번째 단락은 오로지 발주자의 공급품(Buyer's supplies)에 대한 지급과 선박건조계약의 해제, 취소 또는 종료, 혹은 선박의 전손(total loss) 또는 선박의 인수거절에 기인하여 지급하여야 할 상환금액(repayments)만을 언급하고 있기 때문이다. 즉 이것은 선박건조계약서 제12조 제3항을 언급하는 것이 아니다. 건조자의 지급불능(insolvency) 등은 제12조 하에서 선박건조계약을 해제, 취소 또는 종료하거나 선박의 인도를 거절할 권리를 발생시키지 않기 때문이다.

53) [2010] EWCH Civ 582.

항소심 재판부의 의견[54]은 갈리었지만, 다수 의견[55]은 다음과 같이 판시하였다. 선수금환급보증서에서 지급불능의 경우의 상환을 누락시킨 이유를 추측하는 것은 허용될 수 없다고 하는 원고 측 주장에 동의한다. 판사가 객관적으로 보아 지급불능에 대한 담보(cover)가 바람직하다고 말하는 것이 옳다고 하더라도 그것만으로는 선수금환급보증서의 자연스럽고 명백한 해석으로부터 이탈하는 것을 정당화시키기에는 충분하지 않다. 건조자가 지급불능의 경우 은행담보의 제공을 꺼리거나 은행담보의 제공을 할 수 없는 많은 이유가 있을 수 있고, 발주자가 리스크를 부담하는 많은 이유가 있을 수 있다. 이 사건에서 법적 다툼이 있는 해석이 부조리하거나 비합리적인 결과를 가져오는 것은 아니다. 이 사건의 선수금환급보증의 범위가 제한적인 것에 대한 어떠한 신뢰할 수 있는 상업적 이유가 제시되지 않았다고 단순히 말하는 것은 거래의 상업성(commerciality of the transaction)에 대한 법원의 판단을 실제 그 거래의 당사자의 판단으로 대체할 현실적인 위험이 있다.[56]

결론적으로 항소심 재판부의 다수의견은 건조자의 지급불능은 이 사건 선수금환급보증의 적용범위에 들지 않는다고 하는 피고 국민은행 측의 주장을 수용하였다.

(3) 대법원(United Kingdom Supreme Court)[57]의 판결요지

대법원은 선수금환급보증서의 해석에 대한 정확한 접근법을 다음과 같이 제시하였다. 즉 계약, 특히 상사계약(commercial contract)의 규정을 해석하는 궁극적인 목적은 그 계약서에 사용된 언어를 통해 당사자가 의미하는 바를 결정하는 것이다. 그것은 합리적인 사람(reasonable person)이 당사자가 의미하는 것이 무엇인가를 확인하는 것을 포함한다. 합리적인 사람이란 계약체결시의 상황에서 당사자들에게 합리적으로 이용할 수 있는 모든 배경 지식

---

54) 소수의견(Sir SIMON TUCKEY)은 제1심인 상사법원의 판결을 지지하였다. [2010] EWCH Civ 582, para. 31.
55) LORD JUSTICE THORPE와 LORD JUSTICE PATTEN.
56) [2010] EWCH Civ 582, para 51.
57) [2010] UKSC 50 (2 November 2011).

(background knowledge)을 가진 자를 말한다.[58] 그리고 이 소송에서 당사자 간의 쟁점은 당사자가 무엇을 의미했는지를 결정함에 있어서 비즈니스 상식(business common sense)의 고려의 중요성이라고 할 수 있다.[59]

나아가 대법원은 계약서의 한 규정을 두 가지 의미로 해석할 수 있는 경우에는 어떠한 의미도 상식을 무시할 수 없다고 하면서, 그러한 상황에서는 가능한 한 상업적 해석(commercial construction)을 더 많이 채택하는 것이 적절하다고 설시하였다.[60] 즉 본질적으로 계약서의 용어가 한 가지 해석 이상이 가능한 경우에는 일반적으로 비즈니스 상식과 가장 일치하는 해석을 채택하는 것이 적절하다.[61]

이상과 같은 법리를 전제한 후, 대법원은 선수금환급보증서의 세 번째 단락에 대해서는 두 가지 가능한 해석이 항소심에서 제기되었고, 논쟁이 되었다는 점을 인정하였다.[62] 그리고 국민은행 측의 해석의 강점은 세 번째 단락에 대한 발주자 측의 해석이 옳다면, 선수금환급보증서의 두 번째 단락의 요점을 보기 어렵다는 점이다. 이에 반해, 발주자 측의 해석은 간명하다. 선수금환급보증서의 두 번째 단락이 없다면, 의심할 여지없이 "그러한 금액(such sums)"은 선수금환급보증서의 세 번째 단락의 "선수금(pre-delivery instalments)"을 지칭하는 것이라고 할 수 있다. 건조자의 지급불능의 경우에 발주자가 지급한 선수금의 상환에 대한 담보를 갖는다는 점을 당사자들이 합의했다고 보는 것이 자연스럽다고 할 수 있고, 그것이 완벽하게 의미가 통한다고 할 수 있다.[63] 문제는 선수금환급보증서의 두 번째 단락의 존재가 다른 결론으로 이끄는 지의 여부라고 할 수 있다.[64]

모든 상황을 고려했을 때, 선수금환급보증서의 두 번째 단락의 해석의 어려움 때문에 그 규정의 언어에 초점을 맞추어야 하고, 그렇게 했을 때 국민은행 측의 해석보다 발주자 측의 해석이 우선되어야 한다. 선수금환급보증서의 세

58) [2010] UKSC 50 (2 November 2011), para 14.
59) [2010] UKSC 50 (2 November 2011), para 15.
60) [2010] UKSC 50 (2 November 2011), para 29.
61) [2010] UKSC 50 (2 November 2011), para 30.
62) [2010] UKSC 50 (2 November 2011), para 31.
63) [2010] UKSC 50 (2 November 2011), para 32.
64) [2010] UKSC 50 (2 November 2011), para 33.

번째 단락의 언어가 두 가지 의미를 가질 수 있기 때문에 법원은 합리적인 사람이 당사자가 의미한 바를 무엇이라고 이해하였는지의 문제를 해결할 때 상거래 상식(commercial common sense)을 고려하는 것이 적절하다.[65]

결론적으로 대법원은 선수금환급보증서의 세 번째 단락에 대한 두 가지의 논쟁의 여지가 있는 해석 중에서 발주자 측의 해석이 우선되어야 하는데, 그 이유는 선수금환급보증서의 상업적 목적(commercial purpose)에 일치하기 때문이라고 판시하였다.[66] 다시 말하면 국민은행 측의 주장처럼 건조자가 지급불능에 처한 경우에는 발주자가 선수금의 상환을 받을 수 없다고 제한적으로 해석할 경우 과연 발주자가 이것을 계약체결 시에 어떻게 수용할 수 있었는지 상상할 수 없기 때문이라는 것이다.[67]

(4) 판결의 의의

이 사건 판결의 상업적 논리(commercial logic)는 다음과 같다. 만약 건조자가 지급불능의 상황에 처한다면, 발주자는 선수금의 상환을 받을 수 있어야 한다. 선수금환급보증서가 필요한 이유는 바로 그러한 상황에 대비하기 위한 것이기 때문이다.[68]

이 사건 판결의 교훈은 처음 계약서를 작성할 때 분명하게 작성해서 일체의 모호함(ambiguity)을 피하는 것이라고 할 수 있다. 만약 그렇게 하지 못해서 계약서에 모호함이 있을 때 법원은 문자 그대로의 해석보다 상업적 해석을 우선적으로 적용하고자 할 것이고, 따라서 비즈니스 상식과 모순되는 기술적 이의 제기는 성공하지 못할 것이라는 점이다.[69] 이 사건 판결에서 국민은행 측이 지급불능이 배제되어야만 하는 어떠한 상업적 이유(commercial reason)도

65) [2010] UKSC 50 (2 November 2011), para 40.
66) [2010] UKSC 50 (2 November 2011), para 45.
67) [2010] UKSC 50 (2 November 2011), para 39.
68) Case Comment: Rainy Sky S.A. & Ors v Kookmin Bank [2011] UKSC 50, http://ukscblog.com/rainy-sky-s-a-and-others-appellants-v-kookmin-bank-respondent(Nov. 2011)(2017년 4월 27일 방문).
69) 이러한 영국 대법원의 접근법에 대해서는 비즈니스 상식이라는 개념이 이해하기 어려운 추상적 개념이라는 비판이 제기되고 있다. Id.

제시하지 못했다는 결론이 중요하다는 점은 분명하다고 할 수 있다.[70)]

Ⅳ. 결론: 정책적 시사점

선박금융의 법적 구조에 있어서 선수금환급보증은 독립적 은행보증의 일종으로 독립추상성이라는 특징이 있다. 즉 선수금환급보증은 기본계약인 선박건조계약과 독립적인 것이라고 할 수 있다. 따라서 보증은행은 선수금환급보증상의 조건이 충족되기만 하면 보증금을 지급할 의무가 있다.

첫째, 조강해운 대 국민은행 사건 판결에서 대법원은 선수금환급보증의 독립추상성은 절대적인 것은 아니라는 점과 선수금환급보증의 독립추상성에도 불구하고 사법상의 대원칙인 신의성실의 원칙 또는 권리남용금지의 원칙이 적용될 수 있다는 점을 재확인했다고 평가할 수 있다. 다만 신의성실의 원칙 또는 권리남용금지의 원칙이 적용된다고 하더라도 독립추상성이라는 독립적 은행보증의 본질적 특성을 고려하면 수익자의 보증금 청구가 권리남용에 해당하는지의 여부는 가능하면 엄격하게 해석할 필요성이 있다는 것이 대법원의 입장이라고 할 수 있다.

둘째, Rainy Sky S.A. 대 국민은행 사건 판결은 영국 법원의 판결이었다. 선수금환급보증서상의 준거법이 영국법이었을 뿐만 아니라 재판관할권 조항에 따라 영국의 법원에서 재판이 진행되어야만 했다. 이 사건 판결의 핵심 쟁점은 조선회사가 지급불능에 처했을 때, 선수금환급보증서상의 수익자인 발주자가 선수금의 상환을 받을 수 있는지의 여부였다. 주로 선수금환급보증서상의 문구의 해석이 쟁점이 되었는데, 영국 대법원의 입장은 보증서상의 문구의 해석이 다의적일 경우에는 비즈니스 상식에 합치하는 해석을 하여야 한다는 점을 명확히 한 것이라고 평가할 수 있다.

본 연구의 대상이 되었던 판결은 모두 2008년 금융위기 이후 우리나라의 중소조선회사의 도산과 관련된 사안이었다. 중소조선회사가 도산한 경우 발주자

70) Id.

의 입장에서는 선박건조계약의 이행을 기대할 수 없기 때문에 선수금환급보증계약에 기해 선수금의 반환을 요구하게 되는 것이 일반적이라고 할 수 있다. 이 경우 법적 쟁점이 되는 것은 건조자의 도산이 선수금 반환의 사유가 되는지의 여부라고 할 수 있다. 특히 건조자가 기업구조조정촉진법상의 워크아웃절차에 들어가게 되는 경우가 문제된다. 선수금환급보증을 제공한 은행의 입장에서는 건조자가 워크아웃절차에 들어간 경우 수익자에 대한 선수금의 환급을 제한하고 싶다면 이러한 취지를 보증서에 명백하게 기재하는 것이 필요하다고 생각된다.[71] 더 나아가 선수금환급보증이 국제거래적인 성격이 있음에도 불구하고 준거법을 대한민국 법으로 지정하고, 재판관할권도 대한민국 법원으로 규정하는 계약 협상에 관심을 기울일 필요가 있다.[72]

선박금융의 활성화라는 정책적 관점에서는 선수금환급보증을 받기 곤란한 중소조선회사에 대해서는 일정한 제약조건 아래에서 한국무역보험공사의 수출보증보험제도를 활용할 수 있도록 유도할 필요가 있다고 생각된다.[73] 즉 민간의 상업은행이 선수금환급보증을 제공하도록 하고, 보증은행에 대해서는 한국무역보험공사가 수출보증보험계약을 통해 정책적 지원을 하는 방안을 추진할 필요가 있다고 본다.

71) 오원석·허해관, 전게논문, 81~82면.
72) 오원석·허해관, 상게논문, 82면.
73) 김상만, 전게논문, 471면.

참고문헌

Ⅰ. 국내문헌

1. 단행본

서헌제, 제4판 「국제거래법」, 법문사, 2006.

이기수·신창섭, 제6판 「국제거래법」, 세창출판사, 2015.

이기환·오학균·신주선·이재민, 개정판 「선박금융원론」, 두남, 2016.

전형진·윤희성·윤재웅, 「국내외 해운금융 비교를 통한 국내 해운금융 역량강화 방안연구」, 한국해양수산개발원, 2019.12.

최준선, 제8판 「국제거래법」, 삼영사, 2013.

2. 논문

김도경, "선박금융과 국내선사의 도산", 「선진상사법률연구」 제55호, 법무부, 2011.

김상만, "선박수출거래에서 환급보증의 특성과 문제점에 대한 연구", 「서울대학교 법학」, 제52권 제3호, 서울대 법학연구소, 2011.

김선국, "독립적 은행보증의 법리", 「재산법연구」, 제25권 제1호, 한국재산법학회, 2008.

김인유, "건조중인 선박에 관한 법률관계", 「한국해법학회지」, 제32권 제1호, 한국해법학회, 2010.

김인현, "독립적 보증으로서의 선수금 환급보증과 권리남용", 「국제거래법연구」, 제24집 제2호, 국제거래법학회, 2015.

김창준, "선박건조계약에 있어서 선수금환급보증서의 법률관계－2011～2012 영국 판례를 중심으로－", 김인현 편집대표「선박건조·금융법연구I」, 법문사, 2016.

서영화, "선박건조계약과 관련한 몇 가지 법률문제들", 「한국해법학회지」 제32권 제1호, 한국해법학회, 2010.

오원석·허해관, "선박수출 관련 선수금 환급보증 사례연구－Rainy Sky SA v. Kookmin Bank 사건－", 「국제상학」, 제27권 제3호, 한국국제상학회, 2012.

우보연, "편의치적선에 대한 법적 규제와 대응에 관한 고찰", 「외법논집」 제34권 제1호, 한국외대 법학연구소, 2010.

윤진수, "독립적 은행보증의 경제적 합리성과 권리남용의 법리", 「법조」, 제692권,

법조협회, 2014.

정 대, “선수금환급보증과 권리남용의 판단기준”, 「국제거래와 법(Dong−A Journal of International Business Transactions Law)」, 제15권, 동아대 법학연구소, 2016.

_____, “선박금융의 법적 구조상의 BBCHP의 법적 성질에 관한 연구”, 「국제거래와 법(Dong−A Journal of International Business Transactions Law)」, 제13권, 동아대 법학연구소, 2015.

_____, “선박금융의 법적 구조에 관한 연구”, 「법과 정책」, 제18집 제2호, 제주대 법과 정책연구소, 2012.

정우영, “선박금융의 실무 소개”, 「BFL」 제19호, 서울대금융법센터, 2006.

Ⅱ. 외국문헌

森田 果, “造船とファイナンス”, 江頭憲治朗·落合誠一 編 「海法大系」, 商事法務, 2003.

Jan Hoffmann, Ricardo J. Sanchez & Wayne K. Talley, “Determinants of Vessel Flag”, Kevin Cullinane ed., *Shipping Economics*, Elsevier, 2005.

Martin Stopford, *Maritime Economics*, Second Edition, London: Routledge, 1997.

찾아보기

[국 문]

[영 문]

[공저자 약력]

강 우 예

미국 인디애나 주립대학교 법학전문대학원 졸업(법학박사, 법학석사)
한국형사정책연구원 부연구위원
대법원 양형위원회 전문위원/대법원 양형연구회 운영위원
법심리학회: 법정 편집위원/Editorial Board Member in Psychology and Behavioral Science
현) 국립 한국해양대학교 해사법정학부 교수

김 인 유

한국해양대학교 대학원 졸업(법학박사)
부산광역시지방토지수용위원회 위원
한국국제사법학회·민사법의 이론과 실무학회 이사
현) 국립 한국해양대학교 해사법정학부 교수

김 철 수

동아대학교 대학원 법학과 졸업(법학박사)
일본 동경대학 법학부(객원연구원)
영국 Cardiff University(Visiting Professor)
현) 국립 한국해양대학교 해사법정학부 교수

이 용 희

경희대학교 대학원 법학과 졸업(법학박사)
Richardson School of Law, Univ. of Hawaii(Visiting Scholar)
Korean Expert, Special Arbitration of UNCLOS
국제해양법학회 회장
해양수산부 해양수산과학기술위원회 공동위원장
해양수산부 해양수산정책자문위원회 위원
해군 발전자문위원회 해양법분과장, 해양경찰청 국제해양법위원회 위원
현) 국립 한국해양대학교 해사법정학부 교수

정 대

건국대학교 대학원 법학과 졸업(법학박사)
Southern Methodist University Law School(LL. M.)
School of Law, Univ. of California, Berkeley(Visiting Scholar)
(사)은행법학회 회장
한국기업법학회·한중법학회·한국법학회·한국금융소비자학회 부회장
현) 국립 한국해양대학교 해사법정학부 교수

정 영 석

한국해양대학교 대학원 졸업(법학박사)
법제처 입법자문관
부산지방법원 동부지원 국선변호감독위원
한국해운조합 자문교수
의료분쟁조정중재원 조정위원
대한상사중재원 중재인
아시아태평양해사중재센터 중재인
금융감독원 금융분쟁조정위원회 전문위원(역)
Faculty of Law, University of British Columbia(Visiting Scholar)
2018, Albert Nelson Marquis Lifetime Achievement Award 수상
2018, 2019, 2020, 2021 Marquis Who's Who 등재
한국해법학회 부회장
현) 국립 한국해양대학교 해사법정학부 교수

지 상 규

한국해양대학교 대학원 졸업(법학박사)
공무원시험·계리사시험·손해사정인시험 출제위원
공공기관 법률자문위원
한국법학회·한국해사법학회·한국법학교수회·한국전자상거래학회 이사
현) 국립 한국해양대학교 해사법정학부 교수

한 병 호

서울대학교 대학원 법학과 졸업(법학박사)
현) 국립 한국해양대학교 해사법정학부 교수

바다를 둘러싼 법적 쟁점과 과제 V

초판발행 2021년 12월 30일

지은이 강우예 · 김인유 · 김철수 · 이용희 ·
정 대 · 정영석 · 지상규 · 한병호
펴낸이 박노일

총괄기획 최준규
편 집 심성보 · 김인숙

펴낸곳 pnc publishing and culture 피앤씨미디어
경기도 고양시 일산동구 강송로 153 310-1501
등록 제396-2012-000203호
전 화 070)7550-3758 팩 스 02)718-8554
홈페이지 www.pncmedia.co.kr 이메일 pnc@pncmedia.co.kr
ISBN 979-11-5730-807-1 94360
979-11-5730-595-7 (세트)

정 가 30,000원